易經爻辭
改回原意

從上古考證入手

原來——著

自 序

　　我是易經的獨立研究工作者，沒有師承，也沒有參加任何易經相關的團體，所以幾乎誰也不認識，當然，也沒有多少大師認識我；我從七歲開始讀書，至今大約讀了 10000 本，求學問一直在追溯源頭，很可能這是我的宿命，因為我的名字被我老爸取為「原來」，這個真實姓名和筆名一樣，唯一的好處是我出版書的著作權是真名作者的權利，算是我給我孩子的可貴且可紀念的遺產。

　　剛開始接觸易經，我就覺得盲點太多，誇大言論也很多，搞得我必須往上古考古資料求證，又發現儒家思想著墨太多而有蒙蔽易經原意之嫌，所以我就全部刪除「十翼」而只留下易經原始爻辭，頓時覺得清爽無比，就這樣不斷地添加中國天文考古和易學考古的資料，寫成了第一本書《易經原意》，當時自覺很得意，沒有想到身旁朋友都說看不懂！按理，我的文字很淺白啊！

　　我就開始做圖像的設計，將爻位關係以圖案表示，慢慢地我竟然摸索出，使用六層樓的架構來解釋每一層樓（爻）所遇到的情況，之後對應到爻辭，以方便理解，這樣就出版了第二本書《易經圖解占卜攻略》，也出版了英文版《Easy in I Ching》，它是我和西方國家講解易經的重要工具。

　　有一天，我就在想，怎麼使用撲克牌就可以占卜，而且還可以

抽到 384 個爻之一，想了兩天終於想到新的紙牌結構，也獲得了兩岸專利，出版第三本書《超簡單易經占卜＋易經占卜撲克牌》，也製作了多達 70 萬字的 leyuan.me 易經占卜現代解說網站，以提供使用撲克牌占卜而想要解惑的朋友使用。

我也開課，根據上古考證資料真實地講易經，沒有傳說，沒有歌功頌德，就是以考證、實證提供正知，「零基礎秒懂易經，超準占卜自己來」網路線上課開了很多期，我也在「易經原意」FB 粉絲頁不斷地發表最新研究所得，以及開課的訊息，上過課的學員大多反映幾乎全部解答他們的疑點。本來事實就是很清楚簡單，因為早有學者考證完畢，我只不過是整理成有系統的教材而已。

想著想著，我開始在整理與爻辭文字相關的甲骨文，發現在甲骨文學者的眼中，許慎《說文解字》錯誤百出，因為東漢許慎當時並不知道有甲骨文，所以他所認知的文字應該只有漢朝社會通念，以及更早的一些文獻，但是絕對沒有甲骨文，所以他並不知道一個文字真正的造字源頭的觀念。所以，真正瞭解古代商朝歷史，甚至歷代史實的，應該就是我們現代人，因為我們有甲骨文，我們有不斷出土的考古文物。

當我有甲骨文造字源頭的認知，反過來看多本著作多以許慎或

其後名儒的字義解釋去詮釋爻辭，有些地方就會誤解更誤解；而以甲骨文的造字意思推演爻辭合意，反而更為直觀正確，易經會顯得更為清楚簡單，我就開始蒐集整理甲骨文，並且查閱多達三十多篇討論通假字的博碩士論文，以完整標示某些爻辭可能有通假字的可能，以做完整的理解思考。

這是一個苦差事，幾乎沒有人要做，因為整理古文字本來就很枯燥；這也是一個有可能被罵的工作，因為比對古籍之後，將王弼本誤寫的爻辭校正，建議「比較對」的文字，這本身就是一個吃力不討好的工作，因為只要看不順心，就會說亂寫、亂編。

本來我有一些疑慮，但是想想，考古，是一件上不頂天，下不著地的事情，因為資料少而推演多；上古易經資料很少，但是各有不同文字，也難說哪一個才是對的；加上，我發覺有一些爻辭，還真的要提出來為好，因為王弼本實在寫錯了，會誤解；更加上，我看了一些易學考古論文，已經有學者論證爻辭錯誤，但是卻沒有人理，那麼，錯的爻辭就一直錯下去，「對的爻辭」（學者論證）永無出頭之日。

我還是當這個出頭鳥吧！就是先寫出來，要罵的，自己就另外寫一本來說我的不對吧！這也是學問可以進步的原因，透過不斷地

思辯，才會有真理的冒出。否則，永遠是王弼本說了算，如果離開易經原意很遠，還要根據錯誤的爻辭延伸一堆人生大學問，不僅錯上加錯，而且浪費了寶貴的人生。

　　這一本，真的是拋磚而已，希望能夠引出更多研究「易經原意」的大作出來。

謹識
2022 年 4 月於板橋

目 錄

壹、

易經上古考證之原貌

壹、　易經上古考證之原貌

一、以考古和歷史邏輯正視易經原初

　　本書不以許慎《說文解字》、戰國末期的彖傳、象傳等，甚至後世的漢書、玉篇等古籍詮釋爻辭，其理由如下。

　　古人，也有年代差距，不是全部都在同一時期，二十年算一代，各古代賢士相差好幾代，解釋經常有誤解或是偏向個人主觀臆測。試想，當今媒體發達的年代，超過二十年以上的重要事件，不僅無法釐清真實的事實，反而陷入各個主觀意見和霸權主流刻意傳播的假消息之林，我們都無法釐清了，更何況古人僅憑手上數卷古冊，而且他們還不知道有甲骨文，對於商朝全部都是臆測想像。

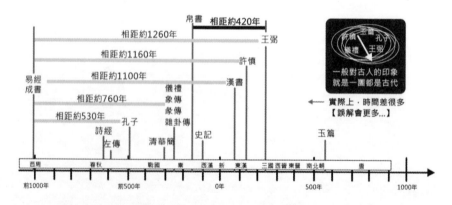

　　當我們把古代各名人所處的年代清楚標示出來以後，您會發現，都是相距五百年以上，在動亂多變的年代，怎麼能夠準確認知西周成書的易經？特別是許慎《說文解字》相距約 1160 年，以甲

骨文學者的觀點，許慎所理解的文字，錯誤百出，因為許慎當時不知道有甲骨文，他看到的是當時的文字以及手上殘有金文；而最懂文字源流走向的是我們現代人，因為自清末發現甲骨文後，我們得以經過卜辭含意和各時代文字形狀比對，整理出甲骨文造字原理，其準確度當然比許慎好多了。

如果我們都是使用一千年後的《說文解字》、《玉篇》等書考證易經爻辭，解釋的時間邏輯不對，因為這些人當時不知道有甲骨文，不僅誤解文字造字意思，而且事隔一千年以上，所言僅限於個人意見，只能參考，不能當作是答案。

考證易經最大的困難就是上古資料太少，我們能夠找到最早最完整的史料就是馬王堆帛書，而王弼本距離帛書也相差了 420 年，再加上今文版、帛書版確為漢人所抄成也，故今文雖稱為古文本，實乃經漢人改動之抄本，此一論點請見師卦上六考證說明。

我們只能在這些有限的文字中，以甲骨文造字意思，以及爻位互動關係去推想，可能的易經原意，經過比對，王弼本有將「工事」改為「凶事」，以及一些文字差異，這些都是要從最上游的甲骨文研究去探討；而不能從戰國以降的古籍往前去推論，因為歷史年代的邏輯不對。

二、商王受和妲己不壞，周文王沒有演繹六十四卦

紂王死後，周人以勝者為王的優勢在掌權的幾百年加大強度的

汙衊，相隔大約 950 年以後的司馬遷，所得到的資料應該只有春秋戰國的傳書，而這些傳書又多是抄自於主導發言權的周朝人刻意宣傳，如何準確考證紂王言行？看司馬遷殷本紀只寫商朝歷代帝王排序（經夏商周斷代工程判定有些錯誤），並沒有明確寫在位多少年？經過夏商周斷代工程，根據甲骨文及考古史料已經可以判定各王在位年代，而史記卻無法確定，可見司馬遷所得的資料有限，最重要的關鍵是，司馬遷沒有拿到甲骨文證據。

中研院的「為己而來」展覽：被史家耽誤的女人——妲己，以出土的墓葬古物和史料，歸納出妲己可能是一位女將軍，而不是禍水。這很容易理解，一個小國打敗了當時的大國，為了要合理化自己的行為，將紂王和妲己醜化，是最佳的宣傳。（編者按：商王受死後的謚號是由周朝勝利者封的，「紂」字是馬屁股的韁繩，取為紂王已經盡醜化之能事了。）

《易經》中的蓍、卦、爻、辭等基本要素大約出自西周初葉之前的巫祝卜史之手，或許還承襲了一些殷商龜卜的東西，歷代累積並不斷整理而成形。《易經》雖不是由某一個人或某幾個人分門別類創造出來的，但有一點可以確定，即最後有人對它進行了大體的整理加工，編撰而成現今這個樣子。編撰加工的痕跡，最明顯的莫過於《易經》的卦爻辭，對它們的選擇、編排和文字加工，尤見編者的匠心。[1]

《易經》卦、爻辭並不是司馬遷所說文王演「六十四卦」和「三百八十四爻」，它是反映了商、周的社會面貌，產生的時代是

在西周前期，作者卻不一定是文王和周公，而是由當時掌握卜筮的史官採輯、訂正、增補、編撰而成，並非出自一時一人之手。[2]

所以，周文王沒有演繹六十四卦，這是易卦自然發展的必然，不是周文王一人發明。

占筮的「卦」的創始人有「神農」說、「伏羲」說、「夏禹」說，但最流行的還是「文王」說。《史記・周本紀》：「西伯(文王)蓋即位五十年，其囚羑里，蓋益《易》之八卦為六十四卦。」司馬遷是歷史上最有名的史學大家，因此他的這段推測之詞也就為後人普遍相信了。其實仔細讀他的書就會發現，他在這段話裡，連用了兩個「蓋」字，也就是「大概」的意思，說明他對這種說法是沒有把握的。[3]

另外，易學考古論文提出的證據如下：資料 1-3、30-32 (編者按：這是作者提出的甲骨出土證據) 都是商朝後期的重卦，有的略早於文王，有的與文王活動的時代相當。以資料 30 來說，平陽朱家橋 M9 的時代雖與文王約略相當，如果「重卦」是文王發明的，怎麼可能在那麼短的時間內，把這種複雜的筮法普及到遙遠的東方平民

1 朱伯崑 (1993)。周易知識通覽。山東：齊魯書社。
2 朱伯崑 (1993)。周易知識通覽。山東：齊魯書社。
3 張亞初、劉雨。從商周八卦數字符號談筮法的幾個問題。文章取自蔡運章、董延壽、張應橋主編 (2016)。洛陽市文物管理局，洛陽易經學會編。易學考古論集。北京：中華書局。

中去呢？這是不好理解的。 **4**

　　資料說明，在文王之前或同時，從商王都城到邊遠地區都廣泛地流行著這種重卦的占筮方法。因此，說「重卦」是文王發明的，是不太可能的。「重卦」這種比較複雜的占筮方法，說是某個人在一時一地發明的，按常理推論也是不大可能的。正如說「火」是燧人氏發明的、「文字」是倉頡造的、「採桑養蠶」是嫘祖發明的等等一樣，是不足為信的。 **5**

三、 沒有連山和歸藏卦，那是壯族語，用漢語解釋就誤解了

　　經李學勤論證而小結如後：「王家台簡《歸藏》是流行於戰國末的一種筮書，並在後世流傳增廣，直到宋朝還有篇章保存。目前無法論證的是這種《歸藏》與《周禮》所記的《歸藏》、孔子所見的《坤乾》等有多少關係，但其卜例繇辭文氣不能與《周易》相比，不會很古是肯定的。」 **6**

　　蔡運章也歸納說明「秦簡《歸藏》應是戰國早中期人在《周易》

4　張亞初、劉雨。從商周八卦數字符號談筮法的幾個問題。文章取自蔡運章、董延壽、張應橋主編 (2016)。洛陽市文物管理局，洛陽易經學會編。易學考古論集。北京：中華書局。

5　張亞初、劉雨。從商周八卦數字符號談筮法的幾個問題。文章取自蔡運章、董延壽、張應橋主編 (2016)。洛陽市文物管理局，洛陽易經學會編。易學考古論集。北京：中華書局。

6　李學勤。王家台簡《歸藏》小記。文章取自蔡運章、董延壽、張應橋主編 (2016)。洛陽市文物管理局，洛陽易經學會編。易學考古論集。北京：中華書局。

筮占體系的影響下,利用春秋戰國文獻裡的神話人物故事編撰而成的一部具有獨特風格的易學著作。[7]」

根據黃懿陸在壯族的田野調查發現,我們所謂的連山和歸藏兩詞其實是壯族語「跟三」和「三的重疊」。

先越民族若干後裔的讀音對所謂的漢語上,中古音幾乎是毫無保留地繼承下來了。有關數的讀音中,漢語是一直在向前發展的,到了現代,漢語的上、中古音基本上失去了傳統的繼承性,而先越民族的後裔一直把數的上古音的原始性始終如一地保留了下來。所謂「很奇怪地『三』廣泛地出現在整個畫面上」,實際在說明《易》之八卦係「連山(跟三)」而得。[8]

「連山」是先越之民語言「跟三」(編者按:三數相跟,就是基本的八卦符號)的意思沒有錯,錯就錯在漢朝以來的古人把「連山」當成漢語來解釋。[9]

商朝的《歸藏》易名,也不是漢人解釋「把天下財富歸藏於地」的意思,而用先越後裔壯族語言來解釋是「三的重疊」的意思。「三的重疊」是八卦重疊形成六十四卦的必然規律。……按理說,《歸藏》稱為殷商之易,而從出土文物看,當時商之中晚期尚處於重卦

---

7 蔡運章。秦簡寡、天、螫諸卦解詁。文章取自蔡運章、董延壽、張應橋主編(2016)。洛陽市文物管理局,洛陽易經學會編。易學考古論集。北京:中華書局。

8 黃懿陸 (2007)。中國先越文化研究:從壯族雞卦看《易經》起源。昆明:雲南人民出版社。

9 黃懿陸 (2007)。中國先越文化研究:從壯族雞卦看《易經》起源。昆明:雲南人民出版社。

階段，所出土的數字卦也僅僅是有數字，沒有卦辭。但王家台秦簡《歸藏》已是在數字卦基礎上向前發展的產物，使數字基本上向「一」和「六」集中，接近於通行本《易經》上的卦爻，與商朝中晚期數字卦普遍存在的「五」、「六」、「七」、「八」等「大衍之數」有別；在卦辭方面，也與商朝中晚期只有數字卦而無卦辭不同。特別是其中有兩卦辭中有「平公」、「宋君」之名，二者稱謂有別，實為一人。此君於公元前 575 至前 532 年在位，屬於春秋時期人，可見出土的王家台秦簡《歸藏》成書時間不算太早。即便商朝有《歸藏》，有可能只是有卦名而無卦辭，即卦名大致不變，但卦辭有異，應因人因時因事而定。 [10]

四、「周易」自古有兩大意思爭論，但現在卻只認知周朝而便於思考

對於《周易》，「周」字的含意，自古以來有兩種說法：其一，以「周」為「周普」、「普遍」之說。最早持此說者是東漢的經學大師鄭玄 (康成)。他在釋《周禮》「三易」之義時，將「周」字解釋為「周普」。唐朝孔穎達在《周易正義‧序》中接受了鄭玄對《周易》之名的解釋。陸德明在《經典釋文》中也說，「周」訓

10　黃懿陸 (2007)。中國先越文化研究：從壯族雞卦看《易經》起源。昆明：雲南人民出版社。

11　朱伯崑 (1993)。周易知識通覽。山東：齊魯書社。

為「至」、「備」，取《周意》之名，其意義為「周普」。清朝的姚配中也贊成鄭玄的說法。其二，以「周」為周朝。這種解釋在漢朝就已出現，如《易緯》上說「因朝以名周也」。到唐朝孔穎達又力主此說，他在《周易正義，序》中指出，周文王作《易》是為了題周以別於殷。宋朝學者也多採用此說，如程頤的《周易程氏傳》、朱熹的《周易本義》、朱震的《漢上易集傳》，都認為「周」是朝名，《周易》即周朝之易。 **11**

第二個主張基本上是很粗糙只是方便思考而已，對於商朝不公平，因為爻辭收集於各地巫師占卜紀錄，商朝巫師的貢獻當屬最大，雖然成書於西周，但功勞不能全部給周朝；同時，根據考古資料也推論周文王不太可能作《易》之六十四卦，這是易卦演變的必然趨勢，就不能說周易為周朝之易。

但是，問題就出在「周」這個字的取名，後世之人不明其理，看到「周」就認知為「周朝」，從此就一直歌功頌德下去了。

筆者個人的建議是，當我們看到「周易」之時，不能只有「周朝」的單一思考，而應該還有「周普」的概念，這樣看待易經才會有更為完整的概念。

五、 先天八卦、河圖、洛書是北宋以後發明的，與 上古易經無關

北宋時代，出現《河圖》、《洛書》、《先天圖》等等，作者

們說是上天所賜，聖人所作，他們只是發現了這長期失傳的祕密。從此以後，作圖風起，明朝以後的易學著作，幾乎是無圖不成書。[15]

先天圖既不是像邵雍表白的那樣，伏羲所畫，見於《說卦傳》；也不是來自《參同契》，而是另有來源。這另有的來源，就是如我們所分析的，邵雍為了更合理地安排卦序，以描述陰陽消長，借太極兩儀這種自然而然的逐次相生而完成的。乾坤二卦的卦位是人為的。其原因，也應是這代表天地、君主的卦象不能讓其處於偏位。這兩卦已定，其他就自然而然。[13]

漢朝絕無《太極圖》，而有《天一圖》。漢初夏侯灶墓所出的木式(編者按：木頭的形式)，中央圓圈之內放一圓點，可能即表示「中央元氣」，應是漢人經常所崇拜的太一。馬王堆出土的《陰陽五行》書乙本有《天一圖》，在方框之內，含一小圓圈，圓內中央，記「天一」之名。[14]

宋朝以前，人們所談的八卦方位都是這樣一種方位(編者按：現今熟知後天八卦的卦位)。宋朝邵雍開始，又造了一個八卦方位說。邵雍說，他的八卦方位是伏羲所傳，震東、兌西、離南、坎北的方位是文王所傳，伏羲在文王之前，所以叫先天方位，文王所傳

---

12 朱伯崑 (1993)。周易知識通覽。山東：齊魯書社。
13 朱伯崑 (1993)。周易知識通覽。山東：齊魯書社。
14 饒宗頤。帛書《繫辭傳》「大恆」說。文章取自蔡運章、董延壽、張應橋主編 (2016)。洛陽市文物管理局，洛陽易經學會編。易學考古論集。北京：中華書局。

的則只好叫後天方位。 [15] 所以，從考古文獻考證而知，出現了很有趣的現象，所謂的「文王八卦」(後天八卦) 其實早就存在，清華簡的卦位圖即是，但是它卻被稱為「後」天；而所謂的「伏羲八卦」(先天八卦) 誕生於宋朝邵雍，晚出生的八卦卻被稱為「先」天。

馮時教授撰文 [16] 再三強調「宋儒所杜撰的所謂『先天八卦方位』至今仍得不到任何宋元時代以前的考古資料的支持。」

先天八卦是宋朝邵雍發明，查遍唐朝五代占卜紀錄也沒有發現，邵雍根據易經說傳言之有理，其實彝族八卦也是同理。至於邵雍所言的後天八卦，他當時應該有找到證據。「在《筮法》簡裡，還發現了一幅八經卦分配於八方的卦位圖，乃是迄今所見最早的卦位圖。」 [17] 這是後天八卦，清華簡的卦位與「後天八卦」的卦位相似，只是坎離易位而已。

邵雍當時應該有掌握到這個卦位圖，但是他歸功於文王創造而稱文王八卦、後天八卦，這只是邵雍一人之言，不能盡信。

邵雍雖然言之鑿鑿，說他這個伏羲 (先天) 八卦和說卦傳天地定位的排序相同，而確定這就是遠古的八卦，其實還有另外一個卦也合乎說卦傳天地定位的排序呢。

15 朱伯崑 (1993)。周易知識通覽。山東：齊魯書社。
16 馮時 (2018)。文明以止：上古的天文、思想與制度。北京：中國社會科學出版社。
17 李學勤。清華簡《筮法》與數字卦問題。文章取自蔡運章、董延壽、張應橋主編 (2016)。洛陽市文物管理局，洛陽易經學會編。易學考古論集。北京：中華書局。

　　帛書《繫辭》有這樣四句話：「天地定立（位），[山澤通氣]，火水相射，雷風相榑（薄）。」今本《說卦傳》作「天地定位，山澤通氣，雷風相薄，水火不相射。」我們以帛書的四句話做為排列的依據，只把「火水」改為「水火」，再根據傳統的乾為天、坤為地、艮為山、兌為澤、坎為水、離為火、震為雷、巽為風的說法，就可把八個卦做如下排列：**18**

　　如上圖所示，從鍵（乾）起，從左至右的次序是：鍵（乾）、根（艮）、贛（坎）、辰（震）、巛（坤）、奪（兌）、羅（離）、筭（巽）。這是上卦排列的次序。

　　對角的兩卦相連，然後再從左至右，其次序是：鍵（乾）、巛（坤）、根（艮）、奪（兌）、贛（坎）、羅（離）、辰（震）、筭（巽）。這是下卦排列的次序。

　　漢石經、《周易集解》和通行本，六十四卦排列次序相同，帛

書卻與之全然不同，因此，帛書本顯然是另一系統的本子。 [19]

　　這就是彝族八卦的卦序，顯然邵雍沒有去關心就在西邊「所謂的蠻夷之邦」所使用的八卦，根據自己做一個合乎《說卦傳》描述的八卦卦序，而自定義這就是遠古伏羲氏所創立的先天八卦。

　　依彝族八卦的卦序也一樣合乎《說卦傳》所言，可見，古人所言，參考就好，真的不要當真。

18　于豪亮。帛書周易。文章取自蔡運章、董延壽、張應橋主編 (2016)。洛陽市文物管理局，洛陽易經學會編。易學考古論集。北京：中華書局。

19　于豪亮。帛書周易。文章取自蔡運章、董延壽、張應橋主編 (2016)。洛陽市文物管理局，洛陽易經學會編。易學考古論集。北京：中華書局。

貳、

對於易卦的重新思考
與本書圖例解說

貳、對於易卦的重新思考與本書圖例解說

一、陽靜、陰動的定義

定義，是一切學問之始，因為從定義之後，就是系統推演的延伸歷程，所以定義「慎始」很重要。

目前所有易經書籍的陰陽定義都是陽動、陰靜，這是文字直觀認知使然，因為看到「陽」就聯想光明躍動，看到「陰」就想到陰暗安靜。

但是根據以下推論以及整個八卦的構成，陽靜、陰動似乎更為合理。

1. 實證：

根據李嗣涔的實驗 [20] 顯示，高功能者感受到的「乾卦」六畫陽爻，順時鐘轉了一圈就消失了，而「坤卦」六畫陰爻，卻是整個炸開。

2. 實例：

彝族對於八卦的定義也傾向陽靜陰動，乾卦是日，太陽靜靜地

20　李嗣涔 (2017)。陰陽糾纏的氣場─風水的科學根據。佛學與科學，18:2，p.40-
54。也同時在其著作收錄。李嗣涔 (2020)。撓場的科學：解開特斯拉未解之謎，
揭曉風水原理，領航靈界取能、星際通訊的人類發展新紀元！台北市：參采文
化。

在天上照射，雖然每天日出日落有流動，但是實際上我們看到的太陽就是在每段時間在天上一個定點照亮大地；坤卦代表人和路，一堆人在活動，走在多變化的路上。

這個定義比較合乎道理，按理，兩儀已經將「天」、「地」定位用完了，乾卦就不能重複定義為「天」，應該從自然景象當中找一個，「日」當然是首選；而不要為了用詞的工整，重複地說乾為天，坤為地。

3. 古文和考古推論：

甲骨文陽、單數都是一直線，陰、雙數都是折或斷成兩線，顯見事物之始就是一直線 (陽靜)，之後受到外力衝擊而折或斷線 (陰動)。

根據馮時教授[21] 考古考證所列出的古文獻描述如下：

(1) 陶寺[22] IIM22 所出土圭適為兩件，當非巧合。如果用陰陽的觀點分析兩圭的選材與製作特點，則與兩圭分別具有的陰陽內涵無有不合。兩圭一為青色，上鑽一孔，屬陽；另一為赤色，上鑽二孔，屬陰。其陰陽性質既透過方色的形式得到了表現，又借助奇偶之《易》數以明喻之，可謂周備。《周易 · 繫辭上》：

21　馮時 (2018)。文明以止：上古的天文、思想與制度。北京：中國社會科學出版社。
22　山西襄汾陶寺遺址的發掘為夏朝或先夏時代圭表的認證提供了重要契機。此圭的編號或為 M22:2，見中國社會科學考古研究所山西隊，山西省考古研究所，臨汾市文化局《陶寺城址發現陶寺文化中期墓葬》，《考古》2003 年第 9 期。

「天一，地二」在《易》學體系中，青為東方陽位之色，「一」為天數陽數；赤為南方陰位之色，「二」為地數陰數。故兩圭一青一赤，配數「一」或「二」，其所具有的陰陽意涵至為明顯。

(2) 古代制度以夏至配南而屬陰，故古禮以冬至祭天於圜丘，夏至祀地於方丘，適合夏至祭地主陰的觀念。很明顯，IIM22 所出的兩件土圭，其一赤紅，係南方夏至之色，且配屬地數「二」，相對於配以天數「一」的屬陽之青圭，正屬陰圭。(筆者按：陰紅色 2 有刑表示動夏天祀地，陽青色 1 有德表示靜冬天祭天，遠古時代就有這樣的認知。)

4. 八卦推演：

(1) 乾卦，三個陽靜，全陽散發陽氣，但是向太陽固定點安靜地照射大地。

(2) 坤卦，三個陰動，全陰內部躁動，就像人和路全部散開或流通；

(3) 艮卦，底下兩個陰躁動，被上面一個陽靜壓著，形成山；

(4) 兌卦，底下兩個陽靜不動，上面一個陰動而變化，合乎「澤」底下兩個陽靜為泥地，上面一個陰動是水；也合乎彝族「霜、禾」的定義，因為在底下兩個陽靜泥土，上面一個陰動，霜是來了就化掉，禾成熟了也會收割，上面都是變幻浮動的。

請見本書兌卦解釋，與古卦名「奪」卦，以陽靜陰動和甲骨文

解釋剛好合乎卦象。

(5) 坎卦，上下外面兩個陰動適應環境造型，中間一個陽靜，和水一樣。

(6) 離卦，中間一個陰動，被上下外面兩個陽靜擋著。這要對照「離」的甲骨文造字意思是網捕鳥，古代所稱為「羅」卦，羅的甲骨文造字意思也是網捕鳥，中間一隻鳥(陰動)，被外面的籠子關住(陽靜)。

(7) 震卦，上面兩個陰躁動，一直打擊著底下一個陽靜，促使打雷；

(8) 巽卦，上面兩個陽靜似為平靜，底下一個陰動吹拂不定，古人感受到風吹是在底下地面，高空上面還是感覺不動。

　　以上的陽靜、陰動的定義，再加上古人一向的「直觀思維」，在往後章節的卦象解釋，將會以此推演。

　　筆者另外解釋：

　　所謂的古人「直觀思維」，體現在很多方面，古人通常都是以視覺直觀定之。

1. 乾卦即有說明，6000年前極光在貝加爾湖出現，天上有變幻無窮的景象，因此稱為「龍」，這與紅山文化的「玉龍」造型相吻合。是時 6000 年前看到極光而定東方蒼龍七宿為龍，體現在河南濮陽西水坡 45 號坑的「中華第一墓」(現藏於北京國家博物館)之蚌殼推砌圖樣，左青龍右白虎之形狀，而事隔 3000

年後才有商朝甲骨文出現，這 3000 年期間極光早已經遠離中國地區，因此古人只有龍的傳說，而無法親眼見到天上奇觀。

2. 二十八星宿，東方蒼龍七宿的星辰造型就是商朝「龍」字代表天上之神獸；西方白虎七宿表示地上之猛虎；北方玄武七宿形狀單調，類似一個橢圓形，以烏龜稱之；南方七宿繁星點點，很像孔雀羽毛，以朱雀為名。

3. 有人論證，以 6000 年前的中國古代天文星辰位置，劃分十二等份，「子」的位置的星辰形狀畫出「子」的甲骨文字，考察其十二地支 (子、丑、寅、卯……) 的甲骨文字和該星空位置的星辰形狀，相似度頗高。這個說法可信的原因是，古人多以視覺直觀定事；而以當時夜空星宿形狀畫一個符號，更容易溝通，只要畫出一個符號，對方就知道所指的方位。[23]

二、直觀思維，甲骨文造字意思，推論易經爻辭原意

筆者認為，要考察易經原意，就要學習古人的直觀思維，也就是說，要想得越來越簡單，有時候根據視覺形狀，有時候根據簡單的上下卦互動，有道理就可以。

複雜，是後代人為了顯示自己終於找到易經厲害的地方而刻意

---

[23] 擷取自 https://zhuanlan.zhihu.com/p/508531177，擷取日期：2022 年 5 月 26 日，該篇文章，筆者認為地支之說可信，天干之說待考證。

創造的說法，或是先預設「易經是最完整無所不包的理論」，而找到一大堆形式或內容相符的各種領域學說應證；但是，對於天文地理還沒有完整理解、物理科學知識不足的古代人，應該不會想那麼多，在他們應付出征、嫁娶、打獵等事務的預測上面，能使用到的就是繩子、草根、龜殼等物品，能定義的就是眼睛所看到的景象，無論是星辰形狀或是自然事物影像，直觀思考取之，就可以應用了。

縱然甲骨文是商朝文字，據說易經成書於西周可能使用金文，後世傳抄也多有通假字，後又有戰國七國各創文字，秦朝推動篆字，直到漢朝文字已經演化多變，後世人無論是默寫或傳抄易經所使用的文字幾乎不會知道該爻辭的甲骨文造字原意，因為他們不知道有甲骨文。

但是我們在思考爻辭意思的時候，應該從甲骨文造字意思去著手，特別是我們現代擁有歷代古人不知道的文字大祕密，從甲骨文造字意思去理解爻辭，這樣的邏輯思緒才順當；如果從後世各古籍去推論當時著書時，一千年以前的西周易經成書年代的思維，筆者總覺得本來許慎就誤解甲骨文造字本意，許慎已經詮釋錯誤了，後世再根據許慎所言，不就是連環錯再錯嗎？

所以，本書盡量屏除春秋以後對易經的詮釋，盡量拿甲骨文造字意思做解釋，即使所得到的甲骨文解釋只有170字，盡量再依考古學者比對帛書文字，盡量思考可能的通假字，再用古人經常用的「形象直觀」思考，從以上各個取向盡量尋出易經原意。

三、卦象圖解說明

本書為了能夠讓讀者瞭解卦爻之意，特以房子結構和窗戶形狀的圖解方式表達，共有六層樓。

上半層樓(4-6樓)和下半層樓(1-3樓)的牆壁顏色稍有不同，主要是方便識別上下卦。

每一層樓的本質應該是陽或陰，以「窗戶形狀」表示。例如一、三、五樓的窗戶是「陽」的形狀，二、四、六樓的窗戶是「陰」的形狀。

如果各卦的爻的陽或陰和窗戶形狀相吻合，就是得位、當位、正位；如果形狀不相符，就是失位、不當位、非其位。

住在每一層樓的心理狀態也各有不同。

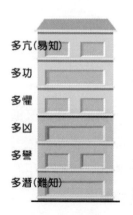

多亢(易知)
多功
多懼
多凶
多譽
多潛(難知)

住在一樓有「多潛」難知，因為事物才剛開始，能力也較無經驗，適宜安守潛修，對未來發展也比較難以預料。

住在二樓經常「多譽」，自己位於下卦的中央(臣子)，離五樓(君王)遠而不受干擾，而且和五樓是相應的位置，獲得美譽的機會比較多。

住在三樓比較會「多凶」，位於下卦最上端末路之位，和六樓相應但是六樓自己也是上卦最上端末路之位，六樓都自顧不暇了，三樓沒有獲得六樓強力的相應支援，如果是陽爻剛好符合窗戶形狀（陽）凶險較小，但是如果是陰爻（與窗戶不相符）則多凶險。

　　住在四樓則「多懼」，因為距離五樓（君王）最近，伴君如伴虎而感覺不安，四樓和一樓相應但是兩者都是位於上下卦的最下位，事情才剛剛開始，經常拿不定主意，所以較多恐懼。如果四樓和五樓陰陽相合，多懼的情況會較緩和；但是如果四樓和五樓同是陰或同是陽，同性相斥，則四樓將如履薄冰。

　　住在五樓「多功」，位於上卦的中央（君王），是整棟樓中至尊至貴的位置，所以多功績。

　　住在六樓會「多亢」易知，已經位於最高樓，代表宗廟、祖宗等，也表示事情做得過頭，爻辭有警示之語；也表示事情已經到了最終狀態，全部過程及結果都很清楚，爻辭也有清楚明示。

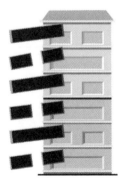

　　這六個爻都畫得歪斜，因為爻和窗戶的形狀不相符，也就是說，一樓本來應該是陽位，窗戶的形狀就是陽，但是陰爻放在一樓無法嵌入窗戶，所以歪斜。

　　二樓的本質就是陰位，窗戶的形狀就是陰，但是陽爻在二樓無法融入，所以歪斜。

這就是不得位、失位、不當位、非其位。

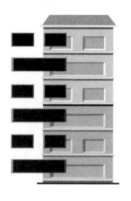

這六個爻都畫得很正，因為爻和窗戶的形狀相吻合，也就是說，一樓本來應該是陽位，窗戶的形狀就是陽，陽爻放在一樓剛好嵌入窗戶，所以畫得正。

二樓的本質就是陰位，窗戶的形狀就是陰，陰爻在二樓可以融入，所以畫得正。

這就是得位，正位，當位。

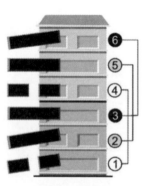

這六層樓其實是分為兩大部份，上半部和下半部，兩部分的相對位置就會互相溝通，因為它們的處境都一樣。

一樓和四樓都處於上下卦的最下爻，二樓和五樓都是上下卦的中央位置，而三樓和六樓則處於上下卦的最頂端。

這就是「應」。

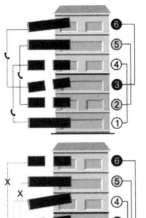

因為陰陽相合，異性相吸，會互相打電話溝通，相應支持，所以如果一、四樓，二、五樓，三、六樓分別是陰和陽，就是「相應」，或得應。

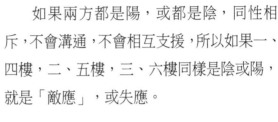

如果兩方都是陽，或都是陰，同性相斥，不會溝通，不會相互支援，所以如果一、四樓，二、五樓，三、六樓同樣是陰或陽，就是「敵應」，或失應。

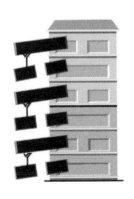

陰會支持陽，柔弱者會順承陽剛者，或是賢臣輔佐明君；所以如果往上走的時候，遇到單一的陰爻，或是多個陰爻再往上轉為陽爻時，底下的陰爻會支持陽爻，這是一種一種支撐、烘托、承繼等作用，稱為「承」。

例如一樓(陰)承二樓(陽)，三樓(陰)承四樓(陽)，五樓(陰)承六樓(陽)。

所以使用手托著的抽象符號表示。

相鄰的上下樓有比鄰、比肩的關係，例如一樓和二樓，四樓和五樓等。因為同性相斥，異性相吸，所以相鄰比鄰的如果是同性（陽陽，陰陰）就稱為「敵比」，沒有相求相得之意；如果是異性（陰陽）就是「親比」。

例如一、二樓，二、三樓，四、五樓是陰陽相鄰，所以是親比，畫圓圈有正負符號。這陰或陽哪一個在上方也有不同，陽在上陰在下（一、二樓）是「順」，合乎常理，陽乘陰，陰承陽；而陰在上陽在下（二、三樓）是「逆」，雖然陰陽相合，但是不太順利。

三、四樓是陰陰相鄰，是敵比，畫圓圈負負符號。

五、六樓是陽陽相鄰，也是敵比，畫圓圈正正符號。

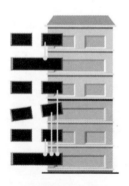

陰會對陽趁虛、趁危，居高臨下；陰爻在上面乘了底下的陽爻，表示臣子欺辱君王，小人乘凌君子。如果從上而下，單一個陰轉成陽，或是很多個陰之後轉成陽之時，就有「乘」的作用。

例如：六樓（陰）乘五樓（陽）。四、三、二樓（陰）乘一樓（陽）。

所以使用紫色線拉到一圓點表示。

陽靜　　　陰動

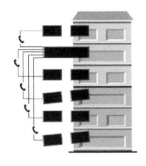

如果六層樓中只有一個陰爻，或只有一個陽爻，而且不是在第一或第六層樓，就是在二、三、四、五樓這個爻得位（爻的形狀和窗戶相吻合）或位居尊位（五樓），則其他五層樓都會和這個爻對應而陰陽相合。

例如五樓是陽爻，位於尊位且得位，則一、二、三、四、六樓（陰）都會和五樓打電話溝通，相應支持。

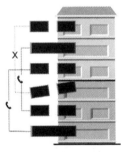

爻和爻之間會有相應溝通，通常都是上下卦相對應的位置，例如下卦的最底層（一樓）和上卦最底層（四樓），下卦中央（二樓）和上卦中央（五樓），下卦最頂端（三樓）和上卦最頂端（六樓）。

如果兩層樓都是同性，陽和陽，陰和陰，同性相斥，不會相互溝通，例如三樓和六樓是「敵應」。

如果兩層樓都是異性，陰陽相合，會相互打電話支持，例如一樓和四樓，二樓和五樓是「相應」。

陽會控制陰，陽的底下有陰就有佔據、盤據、居高臨下的現象，這就是「據」，例如二樓（陽）據一樓（陰），六樓（陽）分別據五樓（陰）、四樓（陰）和三樓（陰）。

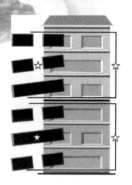

一個卦是由三個爻組成，中間那個爻是中位，這整棟樓有上下兩個卦，就有兩個中位，上卦的中位在五樓，下卦的中位在二樓。

五樓本質是陽（窗戶形狀是陽），如果陽爻位居五樓，又有剛中之德；二樓本質是陰（窗戶形狀是陰），如果陰爻位居二樓，則有柔中之德。

中位畫上一顆星星，代表大多是有好的情況，而五樓是尊位代表君王，俗稱「九五之尊」；二樓就是臣子、賢達人士等。

陽靜、陰動的定義已於前章節論證，本書以陽平滑表面、陰曲折晃動的符號，詮釋整個卦象。

陽靜　　　　　陰動

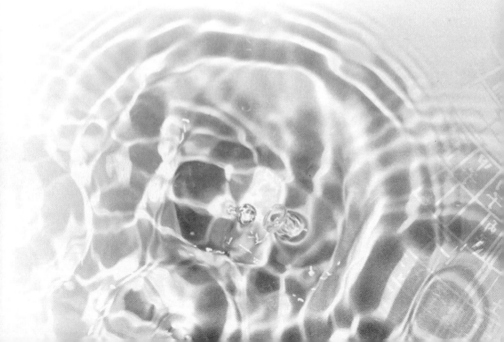

參、

爻辭再思考

參、 爻辭再思考

［乾上乾下］乾為天（帛書：鍵 [24]）（海昏竹書易占：建，建（健）
也 [25]）

第一卦：《乾卦》 ䷀

乾：元亨，利貞。（王弼本周易 [26]）

鍵，元亨，利貞。（馬王堆帛書 [27]）

【甲骨文造字思考與古籍比對校讀】

乾：元亨，利貞。

【白話】乾：可舉行大享祭祀，並有利於占問。

一、甲骨文造字意思和易學考古考證等諸多資料彙集

1. 乾卦以龍為主，龍的起源約有二十多種說法，筆者個人只相信
   一說，就是極光說，因為 6000 年前在西伯利亞貝加爾湖北方
   就可以看到極光，古人看到天上有流動的異象，很容易聯想一
   隻神獸，之後商周時期已經看不到極光了，慢慢地移動到目前
   北美洲加拿大黃刀鎮，現在地磁又要回移至西伯利亞，6000 年

---

24 嚴靈峰 (1994)。馬王堆帛書易經構理。台北市：文史哲。

25 朱鳳瀚主編 (2021)。海昏簡牘初論。北京：北京大學出版社。

26 魏・王弼、晉・韓康伯 (2016)。周易王韓注。台北市：台大出版中心。

27 張政烺 (2008)。馬王堆帛書《周易》經傳校讀。北京：中華書局。

後又可以看到極光。

2. 試想古人在 6000 年前看到天上有一整條或很多條移動變幻的神物，簡直無法言喻加上有些恐懼，請看當時紅山文化的玉龍，中國龍的雛型，應該就可以感受到極光飄動的感覺，往後再加上歷代古人的創意附加而形成了造型複雜莊嚴的龍。再對應湖南濮

陽西水坡 45 號坑「中華第一墓」(現藏於北京國家博物館)，約在 6400 年前已經用蚌殼擺上左邊青龍，右邊白虎的圖樣，這幾方面的對應和極光在當時可見於中國北方，龍在 6000 年前即深植人心了。而事隔 3000 年後才有商朝甲骨文出現，這 3000 年期間極光早已經遠離中國地區，因此古人只有龍的傳說，而無法親眼見到天上奇觀。

3. 所以東方的七個星宿就想像成龍，商朝的龍字 𩨹 就是蒼龍七宿的形狀，易經所稱的龍也是蒼龍七宿在季節移動的星象記錄。𩨹 這是兩周金文。

4. 帛本乾卦作「鍵」，坤卦作「川」(編者按：應為巛，當時出土卦名都也巛，直至唐朝才全部以坤為卦名)，亦皆立足於《說卦》「乾，鍵也」，「坤，順也」。由帛本卦名以《序卦》、《說卦》、《繫辭》等傳文之釋為據這點考之，帛本當為漢初

田何所傳今文本無疑也。 **28**

5. 乾。遠古時期,「乾」有兩種讀音:一為「qian(讀為前音)」;一為 Ken (讀為干音)」。在壯族語言中,讀為「quan(前)」代表「最高之處」的意思;讀為「ken(干)」才是「天」和「太陽」的意思。 **29**

6. 雞卦卦名之意為:咱們看兩邊,所謂兩邊,則天地兩儀。天地兩邊有口,就是天地兩邊都有出路,是為吉祥之路。上卦的兩邊有口,有路可走,是天地的頭 (婁雙方叭);而天地之腳 (婁雙方丁,叭),也有口,就是說天地始終都有吉祥之路可走。而且,有口,口在頭上,加上有腳,就是頂天立地,是為巫術通天的象徵,故為「乾」卦。 **30**

7. 享 (註二) 甲骨文造字意思,祭祀鬼神的廟堂建築。【為節省篇幅,詳細的甲骨文字形與造字含意,請見本書後面的注釋,以後看到 (註 XX) 請詳見書後說明。】

8. 利 (註三) 甲骨文造字意思,可會意用刀收割禾穀。

9. 甲骨文「貞」 ♓ (註一) 為方鼎,甲骨文「鼎」 ♉ 字為圓鼎。

---

28 劉大鈞。今、帛、竹書《周易》疑難卦爻辭及其今、古文辨析 (二)。文章取自蔡運章、董延壽、張應橋主編 (2016)。洛陽市文物管理局,洛陽易經學會編。易學考古論集。北京:中華書局。

29 黃懿陸 (2007)。中國先越文化研究:從壯族雞卦看《易經》起源。昆明:雲南人民出版社。

30 黃懿陸 (2007)。中國先越文化研究:從壯族雞卦看《易經》起源。昆明:雲南人民出版社。

10. 方鼎為祭奠、占卜的禮器，圓鼎則為象徵貴族身分的禮器。巫使用的是方鼎，天子、諸侯使用的是圓鼎。[31] 所以這可以間接證明《易經》是巫覡卜筮之書，因為所使用的是巫覡使用的工具。

二、爻位所處情況解析

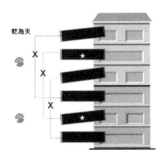

上卦、下卦都是天，上天陽剛的磁場，循環不已地運行。

整棟樓全部都是剛健純陽，大而周流順暢，萬物生成繁盛。乾卦是全部易經之始，以中國人崇敬龍為主角描述。

三、爻辭建議

1. 「元」，大；「亨」，通「享」，即以供物祭祀神靈；「利」，利益的利；「貞」，占筮。[32]

2. 依整個乾卦的整體形象，以「享」為宜，合乎並呼應後面「貞」占筮字義。

---

31 源自：李守力解讀：易經「解讀易經（第一卦）──乾卦」http://m.lnka.tw/detail.aspx?articleId=2151，擷取日期：2022 年 6 月 14 日。
32 朱伯崑 (1993)。周易知識通覽。山東：齊魯書社。

初九：潛龍勿用。（王弼本周易）

初九：浸龍勿用。（馬王堆帛書）

【甲骨文造字思考與古籍比對校讀】

初九：浸龍勿用。

【白話】初九：龍尚潛伏在水中，養精蓄銳，暫時還不能發揮作用。

一、甲骨文造字意思和易學考古考證等諸多資料彙集

1. 潛 (註四) 甲骨文造字意思，疑為水名之義。

二、爻位所處情況解析

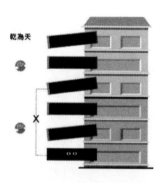

一樓陽坐得正位，和四樓陽不應，一樓陽處於多潛位置，所以一樓陽這條龍是潛伏在底下，本身還沒有足夠的實力可堪用。

這時候正是冬至的夜晚，蒼龍七宿還在地平線下，也是在銀河底下，所以稱為浸 (潛) 龍。

三、爻辭建議

相對於九四「淵」以銀河解釋，初九應以「浸」字表示浸入水裡，而「潛」字雖然也是深入底下，但是沒有在水裡的意思，如果要做整個卦爻辭的呼應的話，而且「潛」字甲骨文疑為水名，不是深潛之意。

　　九二：見龍在田，利見大人。（王弼本周易）

　　九二：見龍在田，利見大人。（馬王堆帛書）

　　【甲骨文造字思考與古籍比對校讀】

　　九二：見龍在田，利見大人。

　　【白話】九二：龍角宿天田星出現在地平線上(二月二龍抬頭)，利於往見德高勢隆的大人物。

一、甲骨文造字意思和易學考古考證等諸多資料彙集

角宿春分時天田星已升起在地平線之上，人們能觀測到。[33] 爻辭謂田是天田星，不是一般所稱的田地，天田星共有兩星，屬角宿，東方蒼龍七宿第一宿。《石氏星經》記載：「左角為天田，右角為天門也。」天田星如果在清晨見於東方，就表示春天降臨了。

---

33 盧央(2003).易學與天文學。中國書店出版社，頁31。

二、爻位所處情況解析

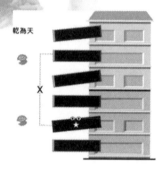

二樓陽不得位，和五樓陽無法溝通支持，二樓陽位於下卦乾卦的中央，獲得了一顆星星（臣子），東方蒼龍七宿二月二龍抬頭，龍已經出現在地平線上，君子可以出來往見大人。

九三：君子終日乾乾，夕惕若厲，無咎。（王弼本周易）

九三：君子終日鍵鍵，夕泥若厲，無咎。（馬王堆帛書）

【甲骨文造字思考與古籍比對校讀】

九三：君子終日鍵鍵，夕泥若厲，無咎。

【白話】九三：君子整天自強不息，晚上也不敢有絲毫的懈怠，這樣即使遇到危險也會逢凶化吉。

一、甲骨文造字意思和易學考古考證等諸多資料彙集

1. 君（註六）甲骨文造字意思，持筆寫字的人是發號令的長官。

2. 終（註七）甲骨文造字意思，終結、結束的意思。

3. 《步天歌》云「房四星直下主明堂，鍵閉一黃斜向上。」觀諸其他史籍，凡鍵閉有任何異常者，天子、宗廟、國必有大災。鍵閉處於房宿東北，其星占意義主要是君王謹慎防凶，晝夜不

歇。[34] 所以東方蒼龍七宿第四房宿的鍵閉（鍵，別字是爻辭乾）一有異樣，整天都要謹慎小心。

4. 帛書之夕下一字，右下角殘損，據卷後佚書《二三子問》引文知是泥字。此字王弼本作惕。泥與惕古音相近，可以通假。[35]

5. 咎（註五）甲骨文造字意思，代表一種災殃。

二、爻位所處情況解析

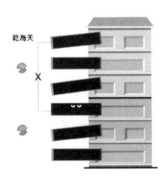

　　三樓陽坐得正位，和六樓陽無法打電話溝通，三樓陽位於下卦乾卦最上端偏位多凶位置，本來就有不安的情況；這時候就必須注意蒼龍七宿第四房宿的鍵閉星（鍵＝乾），只要鍵閉星一有異樣，表示天子、宗廟、國必有大災，所以整天都要謹慎小心。

三、爻辭建議

1. 鍵鍵，可以從字義引發對於鍵閉星功能的聯想；乾乾，容易誤導至其他方向的解釋。所以將爻辭寫為「鍵鍵」，以避免與卦

---

34 柯資能 (2007)。乾卦爻辭中星宿信息鉤沉。周易研究，第二期，中國科學技術大學科技史與科技考古系，安徽合肥 230026。

35 張政烺 (2011)，李零等整理。張政烺論易叢稿。北京：中華書局。

名「乾」同字而致混淆認知。

2. 泥，與初九「浸」，九四「淵」（銀河）相呼應，表示如果龍在泥水中，就要警惕。

九四：或躍在淵，無咎。（王弼本周易）

九四：或鯩在淵，無咎。（馬王堆帛書）

【甲骨文造字思考與古籍比對校讀】

九四：或躍在淵，無咎。

【白話】九四：龍或騰躍而起，或隱入於銀河，獲得施展才能的機會，都會平安無事。

一、甲骨文造字意思和易學考古考證等諸多資料彙集

1. 宋會群先生對「淵」字提出了一個合理化解釋：《說文》：「淵，回水也。」銀河的「回水」部分也可稱「淵」。九四爻辭「或躍在淵」，形象地反映了夏曆五月夏至初昏時蒼龍星所呈現的這種天象。[36]

2. 淵（註九十八）甲骨文造字意思，有一定範圍的淵潭中的水波。

---

[36] 柯資能 (2007)。乾卦爻辭中星宿信息鉤沈。周易研究，第二期，中國科學技術大學科技史與科技考古系，安徽合肥 230026。

二、爻位所處情況解析

四樓陽坐不得位，和一樓陽沒有溝通相應，四樓陽位於上卦乾卦最底端，輔佐五樓陽君王，正可以一躍而出做一番事業；這時候正是夏曆五月，天上銀河呈現圓形猶如一汪漩渦，而蒼龍七宿的上半身（角宿、亢宿、氐宿、房宿）蜿蜒向斜上方伸長，就像在銀河上躍躍欲出，而下半身（心宿、尾宿、箕宿）陷在銀河內，天空正是一幅龍躍於淵而欲出之象。

九五：飛龍在天，利見大人。（王弼本周易）

九五：翟龍在天，利見大人。（馬王堆帛書）

【甲骨文造字思考與古籍比對校讀】

九五：飛龍在天，利見大人。

【白話】九五：龍飛上了中天，君子躍居高位，得以施展才華，大展鴻圖。

一、甲骨文造字意思和易學考古考證等諸多資料彙集

1. 春分後天蠍座自地平線冉冉上升，直到中天的景象。天為天門星，龍度天門則是得天時之象。

2. 非(註八)甲骨文造字意思，通「飛」字，此可會相背之意。

帛書 字下非上有羽，可通飛字。

二、爻位所處情況解析

五樓陽形狀和窗戶相吻合，坐得正位，和二樓陽無法溝通相應，

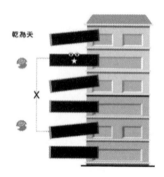

五樓陽位於上卦乾卦的中央，獲得了一顆星星（君王），坐得尊位稱為九五之尊；這時是夏至，蒼龍七宿完整地在南天，天蠍座（蒼龍七宿第五心宿）居於中天的位置。另外，也可意會為天、為天門星，龍度天門則是得天時之象。

上九：亢龍有悔。（王弼本周易）

尚九：抗龍有悔。（馬王堆帛書）

【甲骨文造字思考與古籍比對校讀】

上九：亢龍有悔。

【白話】上九：龍已經越過中天不能回頭，有悔恨、煩惱。

一、甲骨文造字意思和易學考古考證等諸多資料彙集

1. 天蠍座已過中天之象，龍星已偏中天，直向西落，往而不返。

2. 亢為東方蒼龍七宿第二亢宿，亢宿主疾，有悔。

3. 亢（註九）甲骨文造字意思，是「桱」的初文。以「亢」作聲

符兼義符有「抗」字。

二、爻位所處情況解析

六樓陽坐不得位，和三樓陽無法相應支持，六樓陽已經位於最高樓，上卦最上端偏位多亢位置(不是中位)，前無進路，如果一

味固執往前，不知止退，將會有悔恨；這時候是秋分納日祭典之後，進行秋收冬藏的工作，天蠍座(蒼龍七宿第五心宿)已過中天之象，龍星已偏中天，直向西落，往而不返。而且蒼龍的尾宿偕日落，加上亢為東方蒼龍七宿第二亢宿，亢宿主疾，有悔。

用九：見群龍無首，吉。（王弼本周易）

迵九：見羣龍無首，吉。（馬王堆帛書）

【甲骨文造字思考與古籍比對校讀】

用九：見群龍無首，吉。

【白話】用九：統合眾陽，群星燦爛，英雄群起，沒有為首，吉利。

一、甲骨文造字意思和易學考古考證等諸多資料彙集

1. 迵，帛書多讀作通，通與用音義相近。[37] 請見謙卦初六考證說明，用九即通九之意。

2. 吉（註七十一）甲骨文造字意思，原始的意思是使鑄件更為光滑美善，後來延伸為表達良善的意義。

［坤上坤下］ 坤為地（帛書：𝌀）（海昏竹書易占：𝌀，𝌀（順）也）

第二卦：《坤卦》

　　坤：元亨，利牝馬之貞。君子有攸往，先迷，後得主利。西南，得朋；東北，喪朋。安貞，吉。（王弼本周易）

　　𝌀：元亨，利牝馬之貞。君子有攸往，先迷，後得主利。西南得朋，東北，亡朋。安貞，吉。（馬王堆帛書）

　　【甲骨文造字思考與古籍比對校讀】

　　坤：元亨，利牝馬之貞。君子有攸往，先迷，後得主利。西南，得朋；東北，喪朋。安貞，吉。

　　【白話】坤：元始，亨通，利於堅守像雌馬柔順的正道，則是

---

37 張政烺 (2011)，李零等整理。張政烺論易叢稿。北京：中華書局。

吉利的。君子從事某項事業，雖然開始時不知所從，但結果會找到陽剛之氣的領路人。如往西南方，則會得到朋友的幫助。如往東北方，則會失去朋友的幫助。占問是否平安，吉利。

一、甲骨文造字意思和易學考古考證等諸多資料彙集

1. 帛本乾卦作「鍵」，坤卦作「川」(編者按：應為巛，當時出土卦名都也巛，直至唐朝才全部以坤為卦名)，亦皆立足於《說卦》「乾，鍵也」，「坤，順也」。[38]

2. 原始雞卦名，亦與女巫聯繫在一起，念的是陰數「六」。[39]

3. 元亨：始亨，開始時亨通，其後則不可知矣。

4. 君(註六)甲骨文造字意思，持筆寫字的人是發號令的長官。

5. 攸(註十)甲骨文造字意思，手持杖打擊一人之背部，後加流血之狀。

6. 亡(通假字)，無(本字)，根據其他古籍研究，疑為通假字。[40]

---

38 劉大鈞。今、帛、竹書《周易》疑難卦爻辭及其今、古文辨析(二)。文章取自蔡運章、董延壽、張應橋主編(2016)。洛陽市文物管理局，洛陽易經學會編。易學考古論集。北京：中華書局。

39 黃懿陸(2007)。中國先越文化研究：從壯族雞卦看《易經》起源。昆明：雲南人民出版社。

40 廖燕(2015)。里耶秦簡通假字、古今字研究。吉首大學碩士學位論文。

二、爻位所處情況解析

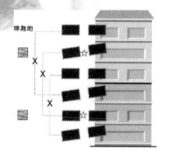

　　上卦、下卦都是陰，全部都是躁動，所以彝族八卦定義坤卦為人或路，意為全動之意；現代定義坤卦為地，坤代表母親，本質柔和順從，但坤地堅厚實在，可以承載萬物，有柔順與忍耐之意。

初六：履霜，堅冰至。（王弼本周易）

初六：禮霜，堅冰至。（馬王堆帛書）

【甲骨文造字思考與古籍比對校讀】

初六：禮霜，堅冰至。

【白話】初六：禮敬霜降，氣候變冷，冰雪即將到來。

一、甲骨文造字意思和易學考古考證等諸多資料彙集

1. 履（註十一）甲骨文造字意思，鞋子，強調高級貴族的形象。

2. 禮（註十二）甲骨文造字意思，表示
祭臺、敬神。

二、爻位所處情況解析

　　一樓陰坐不得位，和四樓陰無法相應溝通，整棟樓都是陰，而一樓陰正是陰開

始凝結而成霜，順著自然的運行慢慢地會結成冰，這是事物積漸而成的過程。

三、爻辭建議

按甲骨文造字意思，履就是鞋子，而禮有敬畏之意，以坤卦在易經的極高地位，似以「禮」為宜，意即以敬禮虔誠之心看待霜降，特別是在初六多潛位置。

六二：直方，大，不習無不利。（王弼本周易）
六二：直方，大，不習無不利。（馬王堆帛書）
【甲骨文造字思考與古籍比對校讀】
六二：直方，大，不習無不利。
【白話】六二：平直，端正，廣大，具備這樣的品質，尚未熟習也無所不利。

一、甲骨文造字意思和易學考古考證等諸多資料彙集

1. 直(註十三)甲骨文造字意思，以眼睛檢驗標竿是否筆直。

2. 方：並。並直，直而又直，全部以正直之道行之。[41]

3. 不習無不利：不須再三卜問，亦知無有不利。[42]

---

41 林益勝 (1995)。周易坤卦原始本義試探。空大人文學報，第四期，p.77-106。
42 林益勝 (1995)。周易坤卦原始本義試探。空大人文學報，第四期，p.77-106。

二、爻位所處情況解析

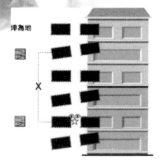

坤為地

二樓陰坐得正位，和五樓陰無法打電話溝通，二樓陰位於下卦坤卦的中央，獲得了一顆星星（臣子），二樓陰坐了中位心存正直，行事端方，無論做什麼事都沒有問題。

六三：含章可貞。或從王事，無成有終。（王弼本周易）

六三：合章可貞。或從王事，無成有終。（馬王堆帛書）

【甲骨文造字思考與古籍比對校讀】

六三：含章可貞。或從王事，無成有終。

【白話】六三：胸懷才華而不顯露，如果輔佐君主，雖然沒有什麼成就，但事情有好結果。

一、甲骨文造字意思和易學考古考證等諸多資料彙集

1. 章 (註十四) 甲骨文造字意思，有彰顯的意義。

2. 合 (通假字)，含 (本字)[43]，依查詢比對古籍，疑為通假字。

3. 終 (註七) 甲骨文造字意思，終結、結束的意思。

---

43 林孟侃 (2008)。上古簡帛通假字喉音聲母研究—兼論其開展。靜宜大學中國文學研究所碩士論文。

二、爻位所處情況解析

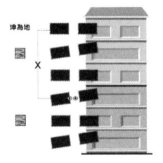

三樓陰坐不得位，和六樓陰無法打電話溝通，三樓陰居陽位，內在陽剛而外在柔德，就好像是內有文采卻含蓄不顯，這就好像是輔佐君王處理事情，看起來好像沒有做成，其實已經完成實質任務了。

六四：括囊，無咎，無譽。（王弼本周易）

六四：括囊，無咎，無譽。（馬王堆帛書）

【甲骨文造字思考與古籍比對校讀】

六四：括囊，無咎，無譽。

【白話】六四：紮緊袋口，沒有禍患，也沒有聲譽。

一、爻位所處情況解析

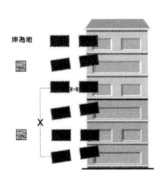

四樓陰坐得正位，和一樓陰無法溝通相應，四樓陰位於上卦坤卦最下端是一位正直謙遜的大臣，輔佐五樓陰（君王）掌管一國內政之事，從上卦坤卦來看，四樓陰就像是一個袋子的底部，囊括所有的糧食物資且包裹得密實，對外不求讚譽，謹言堅守，也沒有禍患。

六五：黃裳，元吉。（王弼本周易）

六五：黃常，元吉。（馬王堆帛書）

【甲骨文造字思考與古籍比對校讀】

六五：黃裳，元吉。

【白話】六五：身著黃裳，起頭吉祥。

一、爻位所處情況解析

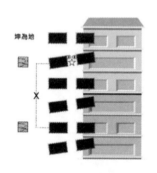
坤為地

五樓陰坐不得位，和二樓陰無法相應支持，但是五樓陰位於上卦坤卦的中央，獲得了一顆星星（君王），母儀天下，有中順之德。

上六：龍戰於野，其血玄黃。（王弼本周易）

尚六：龍戰於野，其血玄黃。（馬王堆帛書）

【甲骨文造字思考與古籍比對校讀】

上六：龍戰於野，其血玄黃。

【白話】上六：陰氣盛極，與陽氣相戰郊外，天地混雜，乾坤莫辨，君子過份柔順，將助長君王陽剛戾氣，後果是不堪設想的。

一、甲骨文造字意思和易學考古考證等諸多資料彙集

1. 于(註一百二十四)甲骨文造字意思，稱桿之形。土圩(土堡)。後世則用「于」字表示「所在」之義。

二、爻位所處情況解析

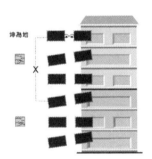

六樓陰坐得正位，和三樓陰無法溝通相應，六樓陰已經位於最高樓郊外之地，陰已經逼到極點，陽已經無路可退，必須一戰以決勝負，陰和陽兩大能量的交戰，勢必兩敗俱傷，玄黃混濁。

用六：利永貞。（王弼本周易）

迴六：利永貞。（馬王堆帛書）

【甲骨文造字思考與古籍比對校讀】

用六：利永貞。

【白話】用六：統合眾陰，利於占問長遠前景。

一、甲骨文造字意思和易學考古考證等諸多資料彙集

1. 請見謙卦初六考證說明，用六即通六之意。

［坎上震下］水雷屯（海昏竹書易占：屯，𧰼（蠢）也）（阜陽漢簡：肫）

第三卦：《屯卦》

屯：元亨，利貞。勿用有攸往，利建侯。（王弼本周易）

屯：元亨，利貞。勿用有攸往，利律疾。（馬王堆帛書）

【甲骨文造字思考與古籍比對校讀】

屯：元亨，利貞。勿用有攸往，利建侯。

【白話】屯：元始，亨通，有利於占問。不要急於發展，最好是先建立王侯基業。

一、甲骨文造字意思和易學考古考證等諸多資料彙集

1. 屯（註一百二十七），把東西包裹起來。

2. 雞卦卦意：眼睛看不到自己的脖子和頭，唯有停留在臉上。停留，則是囤積，這就引申出團聚的意思來。 **44**

3. 攸（註十）甲骨文造字意思，手持杖打擊一人之背部，後加流血之狀。

4. 建（註八十四）甲骨文造字意思，手持筆規劃道路的修建。

---

44 黃懿陸 (2007)。中國先越文化研究：從壯族雞卦看《易經》起源。昆明：雲南人民出版社。

二、爻位所處情況解析

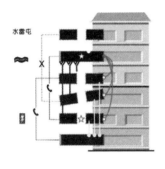

水在上方，雷在下方，上方有水很危險，而下方的雷想要動卻遇上水險的阻礙，難以伸張；這種情況就好像是大地雖有一聲雷，但是卻遇到大雨滿盈於地，使得萬物受困，必須等待時機而進，所以有混沌不明、醞釀等待成形的意思。

初九：磐桓，利居貞，利建侯。（王弼本周易）

初九：半遠，利居貞，利建矦。（馬王堆帛書）

初九：般……（阜陽漢簡 [45]）

【甲骨文造字思考與古籍比對校讀】

初九：磐桓，利居貞，利建侯。

【白話】初九：營造成郭宮室，利於在家堅守正道，以建立王侯基業。

一、甲骨文造字意思和易學考古考證等諸多資料彙集

1. 盤桓，就是桓表，今稱華表，比喻為營造成郭宮室，利於建立王侯基業。

2. 建（註八十四）甲骨文造字意思，手持筆規劃道路的修建。

---

45 王聰潘 (2013)。阜陽漢簡《周易》集釋。吉林大學古籍研究所碩士論文。

二、爻位所處情況解析

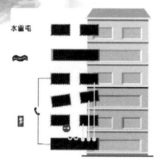

水雷屯

一樓陽坐了正位，可是這才剛開始，基於陰陽相合，一樓陽要往上走第二、三、四樓陰都是很順的，但是到五樓陽就必須返回，這樣就有水流徘徊不進的盤桓現象。二、三、四樓陰都乘一樓陽，而四樓陰也經常打電話和一樓陽溝通，這時候一樓陽應該立定志向，先設立自己的根據地，以做未來往上進的準備。

三、爻辭建議

維持王弼本的磐桓，比較合乎固守本業的爻辭含意。

六二：屯如邅如，乘馬班如。匪寇，婚媾，女子貞不字，十年乃字。（王弼本周易）

六二：屯如邅如，乘馬煩如。非寇，闔厚，女子貞不字，十年乃字。（馬王堆帛書）

【甲骨文造字思考與古籍比對校讀】

六二：屯如邅如，乘馬煩如。非寇，婚媾，女子貞不字，十年乃字。

【白話】六二：前行困難而在原地盤旋不進，乘上馬又在原地

打轉,原來不是盜賊,而是前來求親的人馬。結婚之後,女子占問為何無法懷孕生子,十年之後才有可能會懷孕。

一、甲骨文造字意思和易學考古考證等諸多資料彙集

1. 乘(註三十六)甲骨文造字意思,一人站立在樹上之狀。

2. 非(註八)甲骨文造字意思,通「飛」字,此可會相背之意。本爻辭之「非」字意謂不是之意,也合乎現代的認知,故採用之,取代王弼本「匪」字。

3. 寇(註七十二)甲骨文造字意思,強寇手持利器破壞屋中之物。

4. 厚(註六十八)甲骨文造字意思,垣墉之意。一種上古版築技術。

二、爻位所處情況解析

二樓陰坐了正位,二樓陰想要和一樓陽結合,但是二樓陰和五

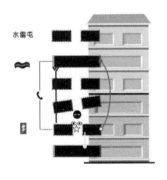

水雷屯

樓陽的關係太好了,不僅經常打電話溝通,而且支持和控制的關係很密切;但是當二樓陰要往上去會見五樓陽時,卻遭到三、四樓陰的阻擾,想要上樓又無法如意,二樓陰卻一心想要和五樓陽結合,就是等久一點也沒有關係。

三、爻辭建議

1. 依照爻位來回不定的情況，以「煩」字較為貼切心理狀態，如果還是使用「班」字則需要多加解釋；同理，「非」字清楚明確，所以沿用帛書爻辭，而不用「匪」字，也不合現代認知。

2. 閩厚，已不可考其意；婚媾，用詞含意清楚，故採用王弼本。

　　　　六三：即鹿無虞，唯入於林中，君子幾不如捨，往吝。（王弼本周易）

　　　　六三：即鹿毋華，唯入於林中，君子幾不如捨，往㝩。（馬王堆帛書）

　　　　【甲骨文造字思考與古籍比對校讀】

　　　　六三：即鹿無虞，唯入於林中，君子幾不如捨，往吝。

　　　　【白話】六三：追逐鹿時，由於缺少管山林之人的引導，致使鹿逃入樹林中去。君子此時如仍不願捨棄，輕率地繼續追蹤，則可能會有問題。

一、甲骨文造字意思和易學考古考證等諸多資料彙集

1. 即 (註六十七) 甲骨文造字意思，一人跪坐食物之前，即將進食之意。

2. *毋* (通假字)，無 (本字)，根據其他古籍研究，疑為通假字。**46**

3. 入 (錯字)，人 (本字) [47] 經比對古籍，有可能寫入是錯字，唯在本爻辭都可以通用。

4. 君 (註六) 甲骨文造字意思，持筆寫字的人是發號令的長官。

5. 舍，捨，豫。[48] 經比對古籍，疑為通假字。

6. 吝 (註六十) 甲骨文造字意思，覺得惋惜。

二、爻位所處情況解析

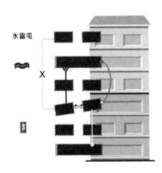

三樓陰坐不正位，而三樓陰正位於下方震卦的最上爻，正處於往外動的情況，可是三樓陰無法和六樓陰打電話溝通，如果三樓陰堅持要往前進，沒有人會幫忙三樓陰，會有窮困或一些險難情況。

六四：乘馬班如，求婚媾，往吉，無不利。（王弼本周易）

六四：乘馬煩如，求闉厚，往吉，無不利。（馬王堆帛書）

【甲骨文造字思考與古籍比對校讀】

六四：乘馬煩如，求婚媾，往吉，無不利。

【白話】六四：乘馬徘徊，前來求親，大膽前進，結果是吉祥

46 廖燕 (2015)。里耶秦簡通假字、古今字研究。吉首大學碩士學位論文。
47 成蒂 (2006)。《張家山漢墓竹簡 · 二年律令》通假字研究。國立成功大學中國文學研究所碩士論文。
48 毛玉靜 (2019)。《清華大學藏戰國竹簡 (柒)》字用研究。安徽大學中國語言文學碩士論文。

順利的。

一、甲骨文造字意思和易學考古考證等諸多資料彙集

1. 乘 (註三十六) 甲骨文造字意思，一人站立在樹上之狀。

2. 厚 (註六十八) 甲骨文造字意思，垣墉之意。一種上古版築技術。

二、爻位所處情況解析

　　四樓陰坐得正位，又得到一樓陽的相應支援，四樓陰支持五樓陽，相對地也受到五樓陽的眷顧 (據)；可是雖然四樓陰想要去支

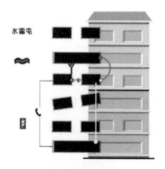

水雷屯

援五樓陽，但是四樓陰的力量過小，想要去幫忙但猶豫，稍微停止一下，畢竟四樓位於多懼位置；但是四樓陰如果想要和五樓陽相合，由於四樓陰和五樓陽關係密切，往上走是可行的。

三、爻辭建議

　　「煩」字之選取理由，與六二同。

　　九五：屯其膏，小貞吉，大貞凶。(王弼本周易)
　　九五：屯其膏，小貞吉，大貞凶。(馬王堆帛書)

【甲骨文造字思考與古籍比對校讀】

九五：屯其膏，小貞吉，大貞凶。

【白話】九五：積聚脂膏，占問小事有成功的可能，但占問大事則會出現凶險。

一、甲骨文造字意思和易學考古考證等諸多資料彙集

1. 膏 (註一百五十八) 甲骨文造字意思，指肥肉、油脂，泛指膏狀物，引申為甘美、豐潤。

二、爻位所處情況解析

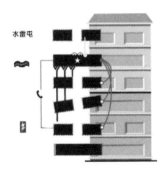

水雷屯

　　　　　　五樓陽坐得正位，又獲得了一顆星星 (君王)，可見五樓陽是個陽剛君王，但是五樓陽雖然有二樓陰相呼應，可是二樓陰力量過小無力支援，只是叫好聽的而已。第二、三、四樓陰都承五樓陽，也受到五樓君王據著；但是五樓陽也被六樓陰乘著，五樓陽往下做一點小事情是可以的，如果想要往上做大事，會有一些問題。

上六：乘馬班如，泣血漣如。（王弼本周易）

尚六：乘馬煩如，汲血連如。（馬王堆帛書）

【甲骨文造字思考與古籍比對校讀】

上六：乘馬煩如，泣血漣如。

【白話】上六：乘馬前進而徘徊，悲傷哭泣，泣血不止。

一、甲骨文造字意思和易學考古考證等諸多資料彙集

1. 乘（註三十六）甲骨文造字意思，一人站立在樹上之狀。

二、爻位所處情況解析

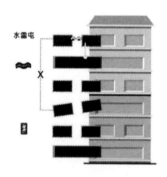

六樓陰坐到正位，可是六樓陰已經是最高樓了，沒有前進的空間，偏偏五樓陽君王只顧自己的事，不管六樓陰，而六樓陰也沒有和三樓陰相呼應，位於頂端的六樓陰簡直孤立無援。

六樓陰本身力量就很小，面對這艱難的情況簡直是淚水直下，不知所措。

三、爻辭建議

「煩」字之選取理由，與六二同。

[艮上坎下] 山水蒙（海昏竹書易占：蒙，勝也）

第四卦：《蒙卦》

蒙：亨。匪我求童蒙，童蒙求我。初筮，告；再三瀆瀆則不告。利貞。（王弼本周易）

蒙，亨。非我求童蒙，童蒙求我；初筮，吉，再參擯，擯即不吉。利貞。（馬王堆帛書）

【甲骨文造字思考與古籍比對校讀】

蒙：亨。非我求童蒙，童蒙求我。初筮，吉；再三瀆，瀆則不告。利貞。

【白話】蒙：亨通。不是我有求於幼童，應該是幼童求教於我。第一次占筮，有問必答，如果一而再、再而三地重複占筮，就是褻瀆神靈，則不予回答。利於占問。

一、甲骨文造字意思和易學考古考證等諸多資料彙集

1. 蒙（註六十九），有「覆蓋」的意義。在甲骨卜辭中，借視線不清，表示「陰天」。本卦卦名「蒙」釋義：古人為了馴養剛捕獲的鳥獸，避免牠們因看到到陌生環境而掙扎或逃脫，幫助牠們安靜下來，特地將牠們的眼睛罩住，以利馴養。

2. 在雜卦中，雜卦的卦象告訴我們：兩邊都說大，翻來翻去都一樣。其原始含意則是：糊塗不清，難以判斷，蒙在鼓裡，不好

下論，言說誰大的意思。 [49]

3. 經古書查證，應為王弼本「瀆則不告」，帛書之「吉」應為形近易訛而誤寫。

4. 即 (註六十七) 甲骨文造字意思，一人跪坐食物之前，即將進食之意。

二、爻位所處情況解析

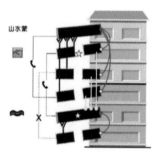

山水蒙

　　山在上，水在下，山在前面，山下的泉水受到阻礙沒有流通，或是有遮蔽或蒙昧無知之意，就像小孩剛開始學習，需要老師啟蒙一樣的意思。

三、爻辭建議

　　「非」字清楚明確，所以沿用帛書爻辭，而不用「匪」字，也不合現代認知。

---

49 黃懿陸 (2007)。中國先越文化研究：從壯族雞卦看《易經》起源。昆明：雲南人民出版社。

初六：發蒙，利用刑人，用説桎梏。以往，吝。（王弼本周易）

初六：廢蒙，利用刑人，用説桎梏。已往，閵。（馬王堆帛書）

【甲骨文造字思考與古籍比對校讀】

初六：發蒙，利用刑人，用説桎梏。以往，吝。

【白話】初六：啟發愚蒙，貴在樹立典型，脫去罪人的枷鎖，進行教育。如果前往，有困厄。

一、甲骨文造字意思和易學考古考證等諸多資料彙集

1. 發 (註七十) 甲骨文造字意思，發出。

2. 發，廢。[50] 經比對古籍，疑為通假字。

二、爻位所處情況解析

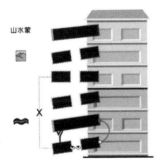

一樓陰坐得不正，四樓陰不想要和一樓陰相呼應，可見一樓陰頑劣是必須要受教育的；但是上面的二樓陽和一樓陰關係密切，二樓陽可以引導教育啟發一樓陰，但必須要用法律規範才能導正坐得不正的一樓陰；但是一樓陰因為得不到四樓陰的呼應，而且一樓陰又位於下方坎卦 (水) 的險惡，要前進是有困難的。

---

50 毛玉靜 (2019)。《清華大學藏戰國竹簡 (柒)》字用研究。安徽大學中國語言文學碩士論文。

九二：包蒙，吉。納婦，吉。子克家。（王弼本周易）

九二：枹蒙，吉。入婦，吉。子克家。（馬王堆帛書）

……老婦吉，子克家。（阜陽漢簡）

【甲骨文造字思考與古籍比對校讀】

九二：枹蒙，吉。納婦，吉。子克家。

【白話】九二：周圍都是上進心很強的蒙童，希望獲得知識，這是很吉利的。如果迎娶新媳婦，也是吉祥的。由於渴望接受教育，上進心很強，所以連孩子們也能成家立業了。

一、甲骨文造字意思和易學考古考證等諸多資料彙集

1. 枹（註一百六十）甲骨文造字意思，手持枹。

2. 入（錯字），人（本字）[51] 經古籍比對，疑為誤植錯字。

3. 今本「老婦」作「納婦」。這是竹簡發生了錯誤。據下接第14 號簡（阜陽漢簡），補出殘文應為「利嫁（女娶婦）」，正與「納婦吉」相合。[52]

---

51 成蒂 (2006)。《張家山漢墓竹簡 · 二年律令》通假字研究。國立成功大學中國文學研究所碩士論文。

52 王聰潘 (2013)。阜陽漢簡《周易》集釋。吉林大學古籍研究所碩士論文。引述於胡平生 (1998)。《阜陽漢簡周易概述》。李學勤、謝桂華主編：《簡帛研究》第三輯，南寧：廣西教育出版社，1998 年 12 月。

二、爻位所處情況解析

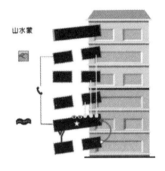

山水蒙

二樓陽坐不正位，但是二樓陽在窗戶形狀陰的外面，有陽包覆著陰的感覺；而二樓陽位於下方坎卦的中央位置，受到周遭的朝拜，又和五樓陰相呼應，有二樓陽去娶五樓陰的現象；二樓陽位於下卦中央代表示臣子、兒子，五樓陰位於上卦中央代表君王、父親，下幫上，有臣子協助君王、兒子繼承父業的意思。

三、爻辭建議

本爻辭似以「枹」字為宜，係對應於婦人與家，「枹」比「包」更有形象意涵。

六三：勿用取女，見金夫，不有躬，無攸利。（王弼本周易）

六三：勿用取女，見金夫，不有𦣻，無攸利。（馬王堆帛書）

六三：勿用取女，見金……（阜陽漢簡）

【甲骨文造字思考與古籍比對校讀】

六三：勿用取女，見金夫，不有躬，無攸利。

【白話】六三，不能搶奪女子為妻，否則見到武夫，小命難保，沒有利益。

一、甲骨文造字意思和易學考古考證等諸多資料彙集

1. 取(註八十五)甲骨文造字意思，殺死敵人後割下死者的左耳，以便領賞。

2. 娶(註八十六)甲骨文造字意思，戰爭中抓女俘，或以手取女之意。

3. 取(通假字)，娶(本字)，根據其他古籍研究，疑為通假字。[53]

4. 攸(註十)甲骨文造字意思，手持杖打擊一人之背部，後加流血之狀。

二、爻位所處情況解析

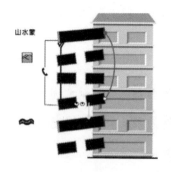

山水蒙

三樓陰坐不正位，本身歪斜意志不堅定，因為三樓陰想要和二樓陽相合，但是三樓陰又經常打電話給六樓陽，偏偏六樓陽位於上方艮卦的頂端較為偏執；而六樓陽在外，三樓陰在內，三樓陰又去引誘二樓陽，這個三樓陰可能行為不端正，意志不堅，應該不是賢妻，最終是不會得到應有的利益。

---

53 廖燕 (2015)。里耶秦簡通假字、古今字研究。吉首大學碩士學位論文。

六四：困蒙，吝。（王弼本周易）

六四：困蒙，闟。（馬王堆帛書）

【甲骨文造字思考與古籍比對校讀】

六四：困蒙，吝。

【白話】六四，人處於困難的境地，不利於接受啟蒙教育，因而孤陋寡聞，必然舉步維艱。

一、甲骨文造字意思和易學考古考證等諸多資料彙集

1. 困（註八十七），一棵樹被困在一個小範圍內，沒有空間可以充分成長，表現「困難」、「困頓」的意義。

二、爻位所處情況解析

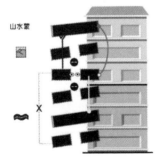

四樓陰坐得正位，但是一樓陰不呼應四樓陰，四樓陰想要和二樓陽、六樓陽聯絡相合，卻分別受到三樓陰和五樓陰的阻隔，整個就是困在中間動彈不得。

六五：童蒙，吉。（王弼本周易）

六五：童蒙，吉。（馬王堆帛書）

【甲骨文造字思考與古籍比對校讀】

六五：童蒙，吉。

【白話】六五，蒙童虛心地向老師求教，這是很吉祥的。

一、爻位所處情況解析

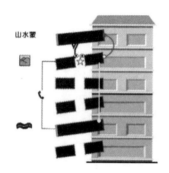

山水蒙

五樓陰坐不正位，象徵位於上卦中央的君王不成熟，而這個不成熟的君王卻得到二樓陽賢臣的支持，經常打電話溝通，所以有賢臣支持，即使君王不成熟，仍然是吉祥的。

上九：擊蒙，不利為寇，利禦寇。（王弼本周易）

□□：□□，□□□□，利所寇。（馬王堆帛書）

【甲骨文造字思考與古籍比對校讀】

上九：擊蒙，不利為寇，利禦寇。

【白話】上九，啟蒙教育要及早實行，要針對蒙童的缺點，先發治人。教導他們侵犯別人，對自己不利；抵禦侵犯，對自己有利。

一、甲骨文造字意思和易學考古考證等諸多資料彙集

1. 寇（註七十二）甲骨文造字意思，強寇手持利器破壞屋中之物。

2. 利（註三）甲骨文造字意思，可會意用刀收割禾穀。

二、爻位所處情況解析

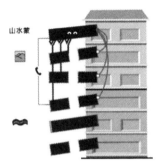

山水蒙

六樓陽坐得不正，而且性情陽剛；雖然六樓陽可以和三樓陰溝通，但是三樓陰自身就位於下方坎卦的最上爻，而下方整個坎卦(三層樓)都坐得不正，如盜賊一般。六樓陽站在最高點據下面三個陰，也受到下面三個陰的承，所以六樓陽可以執行導正行動。

［坎上乾下］水天需（帛書：襦）（海昏竹書易占：需，濡也）

第五卦：《需卦》

需：有孚，光亨，貞吉，利涉大川。（王弼本周易）

襦：有復，光亨，貞吉，利涉大川。（馬王堆帛書）

乳（需）：有孚，光亨，貞吉，利涉大川。（上海楚簡部分難字轉譯）[54]

【甲骨文造字思考與古籍比對校讀】

---

54 侯乃峰 (2014)。上博楚簡儒學文獻校裡。上海：上海古籍出版社。

需（濡）：有復，光亨，貞吉，利涉大川。

【白話】《需卦》承蒙上恩：有重複獲得上恩的情況，光明正大，亨通順利，占問的結果是吉祥的，出外遠行利於冒險渡過大河。

一、甲骨文造字意思和易學考古考證等諸多資料彙集

1. 需(註七十四)甲骨文造字意思，一個人全身濕透，連鬍鬚(而)也被雨淋濕了。

2. 從雞卦的卦象看，婁、忙兩卦的爻都有絞纏在一起的現象。其中絞纏的爻數分別為三。在壯話中，「九（讀為勾）」的發音帶有漢語的兩種意思，一為數「九」，一為「樹根」。其中的「拉」也有漢語的兩種意思，一為「卡」，一為「拴」。「拉九」，就是被「樹根」拴成樹疙瘩或被「樹幹拴住了」的意思。 [55]

3. 乳(註七十五)甲骨文造字意思，一婦女給懷中的嬰兒授乳之狀。

4. 濡(註七十三)甲骨文造字意思，可會意人沐浴濡身。通「需」。

5. 孚(註二十)甲骨文造字意思，引申有誠信的意思。

6. 复(註二十四)甲骨文造字意思，復，有「反覆」、「往復」的意思。會腳圍繞城邑往來之意。

---

55 黃懿陸 (2007)。中國先越文化研究：從壯族雞卦看《易經》起源。昆明：雲南人民出版社。

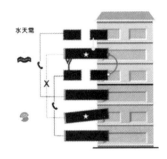

7. 孚，復，疑為通假字。 [56]

8. 涉（註七十六）甲骨文造字意思，兩腳跨越水流之狀。

二、爻位所處情況解析

水在上，天在下，猶如水淋濕下方的天，蒙受天上之水的恩寵。

三、爻辭建議

1. 這是一個較有爭議的卦名，王弼本的「需」字目前傾向於需要，感覺就是沒有得到的意思；但是觀諸帛書「襦」、上海楚簡「乳」都具有包容之意，再衡諸「需」字甲骨文造字意思是一個人全身濕透，可以想像的是，王弼本當初制定「需」字應該是水淋下交融天的感覺，而不是現代的需要、需求之意。所以卦名以「濡」字較貼合卦意，而不用帛書「襦」字較難理解，但考量卦名已經約定俗成，故不更改既成卦名，而以後面括弧輔助解釋為宜，需（濡）。

2. 帛書所有的「復」字，王弼本皆改為「孚」字，雖然經過古籍比對，孚和復疑為通假字，但是從「中孚」卦應改為「中復」

---

56 呂佩珊 (2011)。《上海博物館藏戰國楚竹書（一～六）》通假字研究。國立台灣師範大學國文學系博士論文。

卦更為妥切，詳情請看中孚卦的解釋。依本爻辭來看，以「復」較為實際直觀，如果使用「孚」這個傾向誠信等意涵，則離古代占筮斷事的原意，則偏離占卜紀錄，朝向哲學方向。

初九：需於郊，利用恆，無咎。（王弼本周易）

初九：襦於茭，利用恆，無咎。（馬王堆帛書）

初九：乳於蒿（郊），利用互（恆），無咎。（上海楚簡部分難字轉譯）

【甲骨文造字思考與古籍比對校讀】

初九：需（濡）於郊，利用恆，無咎。

【白話】初九，在郊外等待，必須有恆心，長久耐心地靜候時機，不會有什麼禍患。

一、甲骨文造字意思和易學考古考證等諸多資料彙集

1. 恆 (註五十六) 甲骨文造字意思，亙古不變。

2. 利 (註三) 甲骨文造字意思，可會意用刀收割禾穀。

二、爻位所處情況解析

一樓陽坐得正位，又可以經常和四樓陰打電話問候，最幸運的是，一樓陽遠離上卦坎卦的危險，又位於下卦乾卦的第一

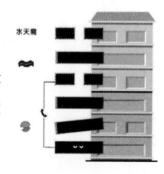

水天需

層樓，自己守在上卦坎卦 (水險) 的遠處郊外，安居是沒有問題的。

　　九二：需於沙，小有言，終吉。（王弼本周易）

　　九二：襦於沙，少有言，冬吉。（馬王堆帛書）

　　九二：乳於沙，少又言，終吉。（上海楚簡部分難字轉譯）

　　【甲骨文造字思考與古籍比對校讀】

　　九二：需（濡）於沙，小有言，終吉。

　　【白話】九二，在沙灘上等待，雖然要受到別人的一些非難指責，耐心等待終究會獲得吉祥。

一、甲骨文造字意思和易學考古考證等諸多資料彙集

1. 少 (通假字)，小 (本字)，根據其他古籍研究，疑為通假字。[57]

2. 又 (通假字)，右、有、佑 (本字)[58] 經比對古籍，疑為通假字。

3. 言 (註八十八) 甲骨文造字意思，用長管樂器形，用以宣告。

4. 終 (註七) 甲骨文造字意思，終結、結束的意思。

57 廖燕 (2015)。里耶秦簡通假字、古今字研究。吉首大學碩士學位論文。
58 林瑞能 (2009)。甲骨刻辭與上博楚竹書通假字比較研究。國立東華大學中國語文學系碩士論文。

二、爻位所處情況解析

二樓陽坐得不正，又無法打電話給五樓陽，上卦的水一直無情地淋到坐不正的二樓，難免有一些小事發生。

可幸的是，二樓陽就在下卦的中央，得了一個榮譽的星星符號（大臣），而且本身是陽有剛健之氣，所以最後會沒有事的。

九三：需於泥，致寇至。（王弼本周易）

□三：𥍗於泥，致寇至。（馬王堆帛書）

九三：乳於坭（泥），至寇至。（上海楚簡部分難字轉譯）

【甲骨文造字思考與古籍比對校讀】

九三：需（濡）於泥，致寇至。

【白話】九三，在泥濘中等待，結果遭致強盜的到來。

一、甲骨文造字意思和易學考古考證等諸多資料彙集

1. 寇（註七十二），強寇手持利器破壞屋中之物。

二、爻位所處情況解析

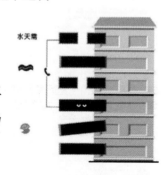

三樓陽坐得正位；但是三樓陽處於上卦坎卦正下方旁邊，當然是沾到水氣成為

泥巴，上卦坎卦是水，水代表危險，也經常被比喻為盜賊，基本上，三樓陽不在上卦坎卦之內，沒有立即的危險。

但是三樓陽位於下卦乾卦的最上方，有想要往上前進的衝動，偏偏前方是盜賊或是水險，所以很容易會受到攻擊，或是招致災禍。

六四：需於血，出自穴。（王弼本周易）

六四：濡於血，出自穴。（馬王堆帛書）

六四：乳於血，出自坎（穴）。（上海楚簡部分難字轉譯）

【甲骨文造字思考與古籍比對校讀】

六四：需（濡）於血，出自穴。

【白話】六四，在河溝中等待自己從洞穴中走出來。

一、甲骨文造字意思和易學考古考證等諸多資料彙集

1. 自 (註二十五) 甲骨文造字意思，鼻子。

二、爻位所處情況解析

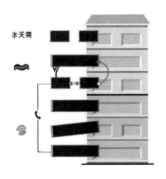

水天需

　　四樓陰坐得正位，上面和下面都是陽，從外表的樣子來看，四樓陰就像是在一處穴，而且這個穴正處於上卦坎卦危險之內。

不過，四樓也蠻幸運的，一樓陽經常打電話給四樓陰打氣，而且四樓陰支持五樓陽，五樓陽（君王）也會幫四樓陰脫離險境。

九五：需於酒食，貞吉。（王弼本周易）

九五：襦於酒食，貞吉。（馬王堆帛書）

九五：乳於酒食，貞吉。（上海楚簡部分難字轉譯）

【甲骨文造字思考與古籍比對校讀】

九五：需（濡）於酒食，貞吉。

【白話】九五，準備好酒食招待客人，占問的結果是吉祥的。

一、爻位所處情況解析

水天需

五樓陽坐得正位，又得了一顆星星符號（君王），坐到王位的正位，在坎卦的中央獲得酒食，上下（四樓陰和六樓陰）都有支援扶助，可以從容處理事務，行事穩定。

上六：入於穴，有不速之客三人來，敬之，終吉。（王弼本周易）

尚六：入於穴，有不楚客三人來，敬之，終吉。（馬王堆帛書）

上六：入於坎（穴），有不速之客三人逨（來），敬之，終吉。（上海楚簡部分難字轉譯）

【甲骨文造字思考與古籍比對校讀】

上六：入於穴，有不速之客三人來，敬之，終吉。

【白話】上六，走進洞穴之中，忽然有不請自來的三位客人到來；對他們恭恭敬敬，以禮相待，終究會得到吉祥的結果。

一、甲骨文造字意思和易學考古考證等諸多資料彙集

1. 入 (錯字)，人 (本字) **59** 經比對古籍，似為誤植錯字。

2. 楚字和速字的聲母和韵母都很相近，楚字可以假借為速字。

3. 終 (註七) 甲骨文造字意思，終結、結束的意思。

二、爻位所處情況解析

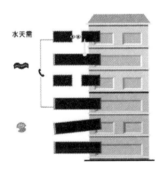

六樓陰坐得正位，但是六樓陰處於上卦坎卦最上端的危險位置，加上從外觀來看，六樓陰剛好陷在穴裡面，看起來是很危險了。

還好，三樓陽經常打電話給六樓陰關心，一有困難，三樓陽馬上邀一、二樓，三個陽一起上去營救，六樓陰當以迎貴人之禮恭敬待之，而且六樓陰本身就坐了正位，因此最終應該能化險為夷。

59 成蒂 (2006)。《張家山漢墓竹簡‧二年律令》通假字研究。國立成功大學中國文學研究所碩士論文。

［乾上坎下］天水訟（海昏竹書易占：訟，□頁（頌）也）

第六卦：《訟卦》 ䷅

【甲骨文造字思考與古籍比對校讀】

訟：有孚，窒惕，中吉，終凶。利見大人，不利涉大川。（王弼本周易）

訟，有復，洫寧，衷吉；冬兒。利見大人，不利涉大川。（馬王堆帛書）

【甲骨文造字思考與古籍比對校讀】

訟：有復，窒惕，中吉，終凶。利見大人，不利涉大川。

【白話】訟：將有反覆爭訟的現象，心中畏懼並有戒備。警惕堅守正道居中不偏會有吉祥；堅持把官司打到底則有凶險。利於會見德高望重的大人物，但不利於冒險渡大河。

一、甲骨文造字意思和易學考古考證等諸多資料彙集

1. 訟的原始卦名在雞卦中的含意是：娄、忙兩卦都被樹疙瘩所拴，都需要解脫。此卦是「晚（忙）」卦起頭，從卦象看，娄、忙兩卦都沒有出現被樹根拴住的現象，但其卦名卻名之有「拉」，說明此卦象有「拴」的含意。其中，「晚（忙）」卦被拴於數六，娄卦被拴於數四，有大小之別。可見，數大被拴，數小亦被拴，因而發生了爭訟。既然有爭訟，肯定得有解決爭訟的辦法，最

後得有一個結果。在婁卦之後，有「晚拉 (你被拴)，婆 (囗)」之結論，就是說，雖然「你被拴住了」，與「婁」發生爭訟，但找到瞭解決的辦法，有「囗」就是有出路，使難處有出口，有辦法，把這事解決了。[60]

2. 孚 (註二十) 甲骨文造字意思，引申有誠信的意思。

3. 复 (註二十四) 甲骨文造字意思，復，有「反覆」、「往復」的意思。會腳圍繞城邑往來之意。

4. 孚，復，疑為通假字。[61]

5. 終 (註七) 甲骨文造字意思，終結、結束的意思。

6. 利用見大人，王弼本無用字，疑衍。漢石經校記殘石出「利用見大人」五字，或即此卦之校記，唯校語已不可見。「漢石經」以下，初用紅筆畫去，後用鉛筆在右側加「△」符號，表示恢復。影印本在此條旁貼有小紙條，上書「入巽卦之校記，未必」。紙條正好蓋在「王弼本無用字」上。[62]

7. 利 (註三) 甲骨文造字意思，可會意用刀收割禾穀。

60 黃懿陸 (2007)。中國先越文化研究：從壯族雞卦看《易經》起源。昆明：雲南人民出版社。
61 呂佩珊 (2011)。《上海博物館藏戰國楚竹書 (一～六)》通假字研究。國立台灣師範大學國文學系博士論文。
62 張政烺 (2011)，李零等整理。張政烺論易叢稿。北京：中華書局。

二、爻位所處情況解析

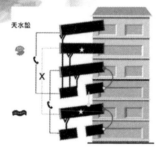

天水訟

　　天在上，水在下，天往上不斷上升，下方的水流則往下流動，上下兩方不相遇；上方乾卦代表父親，下方坎卦是次子，父子之間意見不合，有爭執不讓之象。

三、爻辭建議

　　孚和復用字理由，請見需卦和中孚卦的解釋。

初六：不永所事；小有言，終吉。（王弼本周易）

初六：不永所事；少有言，冬吉。（馬王堆帛書）

初六：不出御事；小有言，終吉。（上博楚簡 [63]）

【甲骨文造字思考與古籍比對校讀】

初六：不永所事；小有言，終吉。

　　【白話】初六，不能完成所做之事；雖然會受到一些非難和指責，但終究將獲得吉祥。

---

63 林沂蓁 (2018)。試論上博楚簡與今本《周易》之異。第十四屆青年經學學術研討會，主辦單位：國立高雄師範大學經學研究所研究生學會。

一、甲骨文造字意思和易學考古考證等諸多資料彙集

1. 言（註八十八）甲骨文造字意思，用長管樂器形，用以宣告。

2. 終（註七）甲骨文造字意思，終結、結束的意思。

二、爻位所處情況解析

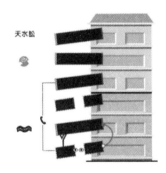

天水訟

一樓陰坐不得位，本身的力量就很柔弱，剛開始要爭吵，但是二樓陽會去壓迫一樓陰，四樓陽也經常關心一樓陰，所以這個小爭吵是不會拖太久的，能退一步和解，雙方都吉祥。

九二：不克訟，歸而逋其邑，人三百戶，無眚。（王弼本周易）
九二：不克訟，歸而逋其邑，人三百戶，無省。（馬王堆帛書）
九二：不克訟，歸而逋，其邑，人三百戶，無眚。（上博楚簡）
【甲骨文造字思考與古籍比對校讀】
九二：不克訟，歸而逋其邑，人三百戶，無省。

【白話】九二，打官司失利，走為上策，跑到只有三百戶人家的地區，在此居住可以避開災禍。

一、甲骨文造字意思和易學考古考證等諸多資料彙集

1. 歸（註二十一）甲骨文造字意思，古時歸嫁時隨行所帶的東西。

2. 省(註八十九)甲骨文造字意思,用目視察田獵、禾苗、草木等農事。通「眚」字。

二、爻位所處情況解析

天水訟

二樓陽坐得不正,自己有拿到一顆星星符號(大臣),也是下卦坎卦的重要臣子,但是和五樓陽(君王)不溝通,五樓陽剛乾卦屬天往上,二樓陽也是陽剛坎卦屬水往下,兩人不和,但是五樓坐得正位當然壓得住二樓陽歪斜不得位,如果二樓陽想要向五樓陽提出告訴,二樓陽一定會輸。

二樓陽最終只能逃回自己的封地,窩在大約三百戶的封地內,這樣就可避禍了。

三、爻辭建議

「省」字合乎現代認知,所以從帛書「省」。

六三:食舊德,貞厲,終吉。或從王事,無成。(王弼本周易)
六三:食舊德,貞厲;或從王事,無成。(馬王堆帛書)
【甲骨文造字思考與古籍比對校讀】

六三：食舊德，貞厲，終吉。或從王事，無成。

【白話】六三，安享著原有的家業，占問有危險，但最後會沒事；如果輔佐君王建功立業，不會有什麼成就的。

一、甲骨文造字意思和易學考古考證等諸多資料彙集

1. 德(註五十七)甲骨文造字意思，有以目檢驗築路是否平直的才幹。

二、爻位所處情況解析

三樓陰坐不正位，居於下卦坎卦最上端偏位，三樓陰一直支持上卦三層樓，是可以安享舊日獲得的尊榮與祿位；但是處於多凶位置，有邁向上卦未知的風險，但是三樓陰有獲得六樓陽的支持，四樓陽也會照應三樓陰，所以三樓陰最後會沒事的。

六樓陽經常打電話給三樓陰，六樓陽有意邀請三樓陰上來就任處理政事，但是三樓陰能力很弱，又坐不得位，是很柔順，剛強果絕不足，是無法成就大事的。

三、爻辭建議

從爻位關係來看，三樓有終吉之意，所以保留王弼本終吉二字。

九四：不克訟；復即命，渝安，貞吉。（王弼本周易）

九四：不克訟；復即命，俞安，貞吉。（馬王堆帛書）

【甲骨文造字思考與古籍比對校讀】

九四：不克訟；復即命，渝安，貞吉。

【白話】九四，打官司失利，回來服從王命；改變了當初的主意，安分守己，占問吉祥。

一、甲骨文造字意思和易學考古考證等諸多資料彙集

1. 复（註二十四）甲骨文造字意思，復，有「反覆」、「往復」的意思。會腳圍繞城邑往來之意。

2. 即（註六十七）甲骨文造字意思，一人跪坐食物之前，即將進食之意。

3. 俞（註一百五十九）甲骨文造字意思，表示木中空之意。借用做答應、允許，多用為表示首肯、感慨地嘆詞。

4. 渝，愈，俞，疑為通假字。 **64**

---

64 呂佩珊 (2011)。《上海博物館藏戰國楚竹書 (一～六)》通假字研究。國立台灣師範大學國文學系博士論文。

二、爻位所處情況解析

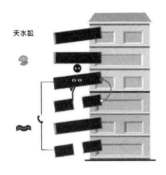

四樓陽坐不得位，四樓陽在五樓陽（君王）之下，四樓陽受到三樓陰的支持，四樓陽的位置也接近宰相了，四樓本來應該柔順為宜，結果四樓陽偏偏要和五樓（陽，君王，坐得正位）爭訟，兩個陽相撞，四樓陽一定會輸的。

四樓陽只能退回去服從五樓陽的判令，加上一樓陰經常和四樓陽溝通，讓四樓陽念頭一轉，改變初衷，安於本分，就可吉祥了。

九五：訟，元吉。（王弼本周易）

九五：訟元吉。（馬王堆帛書）

【甲骨文造字思考與古籍比對校讀】

九五：訟，元吉。

【白話】九五，官司得到了公正的判決，開始獲得吉祥。

一、爻位所處情況解析

五樓陽坐得正位，有一顆星星符號（君王），是一位公正嚴明、剛正不阿的審判官，五樓陽說的話都有道理，公理必然獲得伸張，可以使訟事停止。

上九：或錫之鞶帶，終朝三褫之。（王弼本周易）

尚九：或賜之般帶，終朝三拑之。（馬王堆帛書）

上九：或賜之鞶帶，終朝三表之。（上博楚簡）

【甲骨文造字思考與古籍比對校讀】

上九：或賜之鞶帶，終朝三褫之。

【白話】上九，因打官司獲勝，君王可能會賞賜給飾有皮束衣帶的勳帶，但在一天之內，會三次賜予，三次剝奪。

一、爻位所處情況解析

天水訟

六樓陽坐不得位，以陽剛之氣加上最高位置的優勢要提出爭訟，就是沒有道理也是會勝訴，或是很會爭訟獲勝因而得到五樓陽（君王）的喜愛，可是這種不正的行為不會受到民眾或屬下的認同，而且即使六樓陽因而獲得了什麼，也很快就消失，無法長久保有。

五樓陽（君王）知道六樓陽的爭訟行為不值得鼓勵，本來頒授的勳章又拔下，光是一天就有多次（三代表多次）頒發與拔除的行為，這樣的下場是不吉利的。

二、爻辭建議

以「賜」字取代王弼本「錫」字，更適合現代認知。

[坤上坎下] 地水師（海昏竹書易占：師，將也）（阜陽漢簡：帀）

第七卦：《師卦》 ䷆

師：貞，丈人吉，無咎。（王弼本周易）

□，□□人吉，無咎。（馬王堆帛書）

【甲骨文造字思考與古籍比對校讀】

師：貞，丈人吉，無咎。

【白話】《師卦》象徵兵眾（師指軍隊）：堅守正道，由老成持重、德高望重的長者統帥軍隊可以得到吉祥，不會有災殃。

一、甲骨文造字意思和易學考古考證等諸多資料彙集

1. 師（註二十三）甲骨文造字意思，人數眾多的軍隊。

2. 從雞卦卦名看：一個人，腳腫脹了，非常疼痛，難受得發出呻吟之聲。這聲音從腳響到頭，說明全身顫慄，哆嗦不已，疼痛異乎尋常。表示出師大捷，敵方戰敗，舉手投降，顫抖不已，開口討饒。**65**

---

65 黃懿陸 (2007)。中國先越文化研究：從壯族雞卦看《易經》起源。昆明：雲南人民出版社。

二、爻位所處情況解析

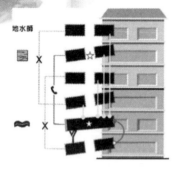

地水師

地在上，水在下，水在地下不侵犯；整個卦只有第二爻是陽爻是主帥，其餘陰爻都是兵將部隊，有行正義之師之勢；但是下方是水代表危險，也有兵不厭詐的詭道，所以有軍旅、出師之意。

整棟樓只有二樓陽得高望眾的臣子當作主帥，統領其他各樓陰出征，所以五樓陰君王要任命德孚眾望的人擔任軍隊統帥，即使兵者詭道，最終仍會吉祥的。

初六：師出以律，否臧，凶。（王弼本周易）

初六：師出以律，不臧凶。（馬王堆帛書）

初六：師出以律，不臧，凶。（上博楚簡）

【甲骨文造字思考與古籍比對校讀】

初六：師出以律，否臧，凶。

【白話】初六，出師征戰，需要嚴守紀律，如果軍紀廢弛，前景必然有凶險。

一、甲骨文造字意思和易學考古考證等諸多資料彙集

1. 臧（註一百零九），以戈刺瞎奴隸的眼睛，反抗能力減低不得不順服。

2. 否 (註一百六十二) 甲骨文造字意思，不，不然。卜辭用作句末語氣助詞，表示選擇語氣，相當於是不是，能不能。

二、爻位所處情況解析

一樓陰坐不正位，還好戰爭才剛開始，二樓陽也會來指導一樓陰，要整軍經武，嚴守軍紀，否則軍隊沒有紀律，是很凶險的。

九二：在師中，吉，無咎。王三錫命。（王弼本周易）

九二：在師中，吉無咎；王三湯命。（馬王堆帛書）

九二：在師中，吉無咎；王三賜命。（上博楚簡）

【甲骨文造字思考與古籍比對校讀】

九二：在師中，吉，無咎。王三賜命。

【白話】九二，在軍中任統帥，持中不偏可得吉祥，不會有什麼災禍；君王三次進行獎勵，並被委以重任。

一、甲骨文造字意思和易學考古考證等諸多資料彙集

1. 湯 (註五十) 甲骨文造字意思，祈雨時，賜宴臣民。

二、爻位所處情況解析

二樓陽坐不得位，但是因為二樓陽是主帥陽剛受到各層樓陰的擁戴，而二樓陽的陽剛與窗戶陰產生剛柔並濟，恩威並施的現象。

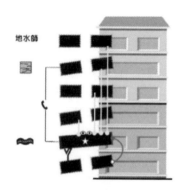

五樓陰（君王）又經常向二樓陽打氣鼓勵，二樓陽（臣子）獲得五樓陰（君王）的信任，獲得君王多次的任命，充分授權。

三、爻辭建議

1. 本爻辭帛書「湯」之甲骨文造字意思即有賜予之意，但王弼本書寫「錫」不合現代之認知，故依上博楚簡改為「賜」字更為直觀清楚，也不違原意。

六三：師或輿尸，凶。（王弼本周易）

六三：師或輿𡰥，凶。（馬王堆帛書）

【甲骨文造字思考與古籍比對校讀】

六三：師或輿尸，凶。

【白話】六三，不時有士兵從戰場上運送戰死者的屍體回來，凶險。

一、甲骨文造字意思和易學考古考證等諸多資料彙集

1. 輿(註五十一)甲骨文造字意思,四手共舉一個另一形式的肩輿之形。

2. 尸(註五十二)甲骨文造字意思,夷人坐姿、蹲坐,亦為屈肢葬之姿勢。二次葬所採用的葬姿。

3. 屄為尸的異體字,讀音與尸字同。鄂君啟節「夏屄之月」的也如此做,因此,「夏屄之月」的 字也當讀與尸字同。 **66**

二、爻位所處情況解析

三樓陰坐不得位,不是一個剛強的主帥,位於下卦坎卦的最上端危險之地,往上看都是和三樓陰一樣的陰柔(四、五、六樓),

都是陰互相煽惑而無法果斷,偏偏又要面對二樓陽主將的挑戰,因而陷於相爭相敵,一個軍隊裡面有很多主將各有意見,而且主事者(三樓陰)本身柔弱不正無法做正確判斷,加上六樓陰也不支持三樓陰,這個軍隊是會打敗仗的。

---

66 于豪亮。帛書周易。文章取自蔡運章、董延壽、張應橋主編(2016)。洛陽市文物管理局,洛陽易經學會編。易學考古論集。北京:中華書局。

六四：師左次，無咎。（王弼本周易）

六四：師左次，無咎。（馬王堆帛書）

【甲骨文造字思考與古籍比對校讀】

六四：師左次，無咎。

【白話】六四，軍隊退守紮營，沒有禍患。

一、甲骨文造字意思和易學考古考證等諸多資料彙集

1. 次（註五十三）甲骨文造字意思，有次等的意義。

二、爻位所處情況解析

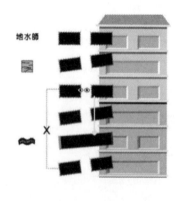

地水師

四樓陰坐得正位，但是四樓陰自己知道自己的實力較為薄弱，不敢領軍往前衝，而且一樓陰也不支持四樓陰，四樓陰得不到援兵相助，最好的辦法就是退而求其次，宜靜不宜動，或是利用地形地勢掩護，保持實力，這樣就不會有危險。

六五：田有禽，利執言，無咎。長子帥師，弟子輿尸，貞凶。（王弼本周易）

六五：田有禽，利執言，無咎；長子率師，弟子輿尿，貞凶。（馬

王堆帛書）

　　六五：田有禽，利執言，無咎。長子帥師，弟子輿尸，貞凶。

　　【白話】六五，田野中有野獸出沒，率軍圍獵捕獲，執簫奏樂，平安無事；委任德高望重的長者或長子為軍中主帥，必將戰無不勝，委任無德小人將運送著屍體大敗回，占問的結果必然是凶險的。

一、甲骨文造字意思和易學考古考證等諸多資料彙集

1. 禽（註五十四）甲骨文造字意思，長柄田網形，用以捕捉鳥獸。

2. 執（註五十五）甲骨文造字意思，犯人雙手上桎梏之形。

3. 言（註八十八）甲骨文造字意思，用長管樂器形，用以宣告。

4. 輿（註五十一）甲骨文造字意思，四手共舉一個另一形式的肩輿之形。

5. 尸（註五十二）甲骨文造字意思，夷人坐姿，蹲坐，亦為屈肢葬之姿勢。二次葬所採用的葬姿。

二、爻位所處情況解析

　　五樓陰坐不得位，五樓陰位於上卦坤卦的中央位置，有獲得一顆星星（君王），在田中打獵是會有擒獲的。要打

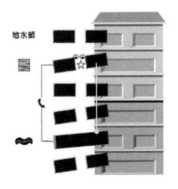

戰了，五樓陰（君王）命二樓陽（主帥）出戰，但是二樓陽在下卦坎卦中央又坐得歪斜，和五樓陰一樣，相互猜疑，五樓陰柔弱無法成為剛強果斷的君王（柔弱居於剛位），才不稱職，加上二樓陽雖然陽剛，周遭卻是陰柔小人圍繞，這個軍隊無法致勝，必然是凶險的。

上六：大君有命，開國承家，小人勿用。（王弼本周易）

尚六：大人君有命，啟國承家，小人勿□。（馬王堆帛書）

上六：大君子有命，啟邦承家，小人勿用。（上博楚簡）

上六：大君有命，啟邦……（阜陽漢簡）

【甲骨文造字思考與古籍比對校讀】

上六：大君有命，開國承家，小人勿用。

【白話】上六，凱旋而歸，天子頒佈了詔命，分封功臣，各享封國，但小人絕不可以重用。

一、甲骨文造字意思和易學考古考證等諸多資料彙集

1. 君（註六），持筆寫字的人是發號令的長官。

2. 經查古書多使用「大君」，非大人君。

3. 今本「開國承家」，帛本作「啟國承家」，竹書作「啟邦承（家）（難字）」。由帛本、竹書此處皆作「啟」字考之，今本作「開」當為後人抄書者所改。《象》稱：「大君有命，以正功也；小

人勿用，必亂邦也。」此《象》作者所見《易》本作「邦」之確證也。帛、今本抄書者為避漢諱，故改「邦」為國，此亦可證今、帛本確為漢人所抄成也。故今文雖稱為古文本，實乃經漢人改動之抄本也。[67]

4. 啟，王弼本作開，避漢景帝諱改。[68]

二、爻位所處情況解析

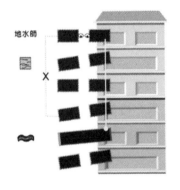

地水師

X

六樓陰坐得正位，而且坐到最上面的極位，是個大人的位置，可以頒發誥命。但是三樓陰沒有和六樓陰相呼應，六樓陰又擁有群陰(一、三、四、五樓)，很容易有小人竊位得勢的現象。所以不能任用小人做大事，否則國家必亂。

三、爻辭建議

啟邦、啟國、開國，三詞意思相同，故仍留用王弼本。

---

67 劉大鈞。今、帛、竹書《周易》疑難卦爻辭及其今、古文辨析（一）。文章取自蔡運章、董延壽、張應橋主編 (2016)。洛陽市文物管理局，洛陽易經學會編。易學考古論集。北京：中華書局。
68 張政烺 (2011)，李零等整理。張政烺論易叢稿。北京：中華書局。

［坎上坤下］水地比（海昏竹書易占：比，二也）

第八卦：《比卦》 ䷇

比（註一百五十六）：親密。

比：吉。原筮，元永貞，無咎。不寧方來，後夫凶。（王弼本周易）

比：吉。原筮，元永貞，無咎。不寧方來，後夫兇。（馬王堆帛書）

比，备筮，元永貞，吉，亡咎。不盨（寧）方迷（來），後夫凶。（上海楚簡部分難字轉譯）

【甲骨文造字思考與古籍比對校讀】

比：吉。原筮，元永貞，無咎。不寧方來，後夫凶。

【白話】比：吉利，初筮時之誠敬，占問長遠的事情，沒有禍患；不馴服的方國來朝，有後來逼近的危險。

一、甲骨文造字意思和易學考古考證等諸多資料彙集

1. 在《大普弄本》中，比卦是數與數的相比，數多者為大；在《阿科本》中，比卦是親情和國家大事相比，兩者之間誰為大。古往今來，異口同聲，一個答案：當然是國事大於家事。既然如此，幫的當然是大王。[69]

2. 筮（通假字），噬（本字），根據其他古籍研究，疑為通假字。[70]

3. 方（通假字），伐（本字），根據其他古籍研究，疑為通假字。[71]

4. 亡（通假字），無（本字），根據其他古籍研究，疑為通假字。[72]

二、爻位所處情況解析

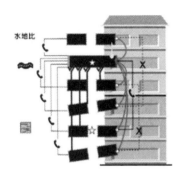

水在上，地在下，地上有水，兩者親密無間，水土相互夾雜而同流，有親密、相比為鄰的意思。

初六：有孚比之，無咎。有孚盈罐，終來，有它吉。（王弼本周易）

初六：有復，比之，無咎；有復盈罐，冬來或池吉。（馬王堆帛書）

初六：又（有）孚，比之，亡咎。又孚盈缶，終逨（來）又它，吉。（上海楚簡部分難字轉譯）

---

69 黃懿陸 (2007)。中國先越文化研究：從壯族雞卦看《易經》起源。昆明：雲南人民出版社。

70 范紅麗 (2012)。《銀雀山漢木竹簡 [貳]》通假字研究。

71 林瑞能 (2009)。甲骨刻辭與上博楚竹書通假字比較研究。國立東華大學中國語文學系碩士論文。

72 廖燕 (2015)。里耶秦簡通假字、古今字研究。吉首大學碩士學位論文。

【甲骨文造字思考與古籍比對校讀】

初六：有復比之，無咎。有復盈缶，終來，有它吉。

【白話】初六，持續的吉祥，不會有災禍；不斷地美酒注滿了酒缸，最終可以招撫遠方的人，結果是吉祥的。

一、甲骨文造字意思和易學考古考證等諸多資料彙集

1. 孚 (註二十) 甲骨文造字意思，引申有誠信的意思。

2. 复 (註二十四) 甲骨文造字意思，復，有「反覆」、「往復」的意思。會腳圍繞城邑往來之意。

3. 孚，復，疑為通假字。[73]

4. 亡 (通假字)，無 (本字)，根據其他古籍研究，疑為通假字。[74]

5. 又 (通假字)，右、有，佑 (本字)[75] 比對其他古籍，疑為通假字。

6. 終 (註七) 甲骨文造字意思，終結、結束的意思。

二、爻位所處情況解析

---

73 呂佩珊 (2011)。《上海博物館藏戰國楚竹書 (一～六)》通假字研究。國立台灣師範大學國文學系博士論文。

74 廖燕 (2015)。里耶秦簡通假字、古今字研究。吉首大學碩士學位論文。

75 林瑞能 (2009)。甲骨刻辭與上博楚竹書通假字比較研究。國立東華大學中國語文學系碩士論文。

一樓陰坐不得位，但是位於下卦坤卦之始，雖然沒有和四樓陰打電話溝通，但是和五樓陽過從甚密 (一樓陰承五樓陽、五樓陽據一樓陰)，上卦是坎卦與下卦坤卦承載豐實萬物，是很吉祥的。

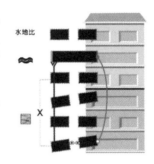

三、爻辭建議

　　孚和復用字理由，請見需卦和中孚卦的解釋。

　　六二：**比之自內，貞吉。**（王弼本周易）

　　六二：**比之□□，貞吉。**（馬王堆帛書）

　　六二：**比之自內，吉。**（上海楚簡部分難字轉譯）

　　【甲骨文造字思考與古籍比對校讀】

　　六二：**比之自內，貞吉。**

　　【白話】六二，在內部親密團結，占問是吉祥的。

一、甲骨文造字意思和易學考古

考證等諸多資料彙集

1. 自 (註二十五) 甲骨文造字意思，鼻子。

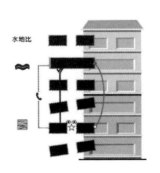

二、爻位所處情況解析

二樓陰坐得正位，又拿到一顆星星（臣子），位於下卦坤卦的中央，代表二樓陰內心是誠懇信實的，獲得五樓陽（君王）的相應支持，一陰（二樓）一陽（五樓）身分都很恰當。

六三：比之匪人。（王弼本周易）

六三：比之非人。（馬王堆帛書）

六晶（三）：比之非人。（上海楚簡部分難字轉譯）

【甲骨文造字思考與古籍比對校讀】

六三：比之非人。

【白話】六三，所親近的人是行為不端正的人。

一、甲骨文造字意思和易學考古考證等諸多資料彙集

1. 非（註八）甲骨文造字意思，通「飛」字，此可會相背之意。

二、爻位所處情況解析

三樓陰坐不得位，沒有獲得六樓陰相應協助，而且三樓陰位於下卦坤卦最上端，本身就是多凶的位置，又靠近上卦坎卦的危險邊緣；偏偏二樓陰和四樓陰不會幫助三樓陰，所以三樓陰交的朋友都是壞人，不是好人。

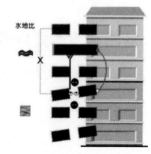

水地比

三、爻辭建議

「非」字清楚明確，所以沿用帛書爻辭，而不用「匪」字，也不合現代認知。

六四：外比之，貞吉。（王弼本周易）

六四：外比之，貞吉。（馬王堆帛書）

六四：外比之，亡不利。（上海楚簡部分難字轉譯）

【甲骨文造字思考與古籍比對校讀】

六四：外比之，貞吉。

【白話】六四，在對外交往中互相信任，親密團結，占問是吉祥的。

一、爻位所處情況解析

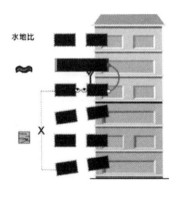

水地比

四樓陰坐得正位，而且本身柔而正，和五樓陽剛而正，兩相配合緊密，受到五樓陽的照應，五樓陽位於上卦，所以四樓陰、五樓陽是上卦的範圍之內最親密的夥伴。而且一樓陰也不會和四樓陰聯絡感情，所以四樓陰如果往上跟從君王，或是尋求賢能人士，都是吉祥的。

九五：顯比，王用三驅，失前禽，邑人不誡，吉。（王弼本周易）

九五：顯比；王用三驅，失前禽，邑人不戒吉。（馬王堆帛書）

九五：顯比，王晶（三）驅，失前禽，邑人不戒，吉。（上海楚簡部分難字轉譯）

【甲骨文造字思考與古籍比對校讀】

九五：顯比，王用三驅，失前禽，邑人不誠，吉。

【白話】九五，光明無私，親密團結，廣為宣導；跟隨君王去田野圍獵，從三面驅趕，網開一面，看著禽獸從放開的一面逃走，百姓感到君王仁慈，不害怕，吉祥。

一、甲骨文造字意思和易學考古考證等諸多資料彙集

1. 禽（註五十四）甲骨文造字意思，長柄田網形，用以捕捉鳥獸。

二、爻位所處情況解析

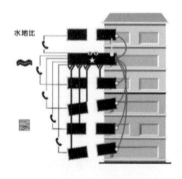

水地比

五樓陽坐得正位，受到各層樓陰的相應，是一個光明正大的君王。既然是有仁德的君王，就連狩獵時也會以三面合圍的方式，讓獵物有逃走的空間，捕獲留下來的獵物；民眾看到君王有此仁心，都對君王尊崇仰望，對君王沒有戒心，上下一心。

用三面圍捕來形容這位君王的光明與仁德，一切都吉祥。

上六：比之無首，凶。（王弼本周易）

尚六：比無首，兇。（馬王堆帛書）

上六：比亡首，凶。（上海楚簡部分難字轉譯）

…六：比毋首……（阜陽漢簡）

【甲骨文造字思考與古籍比對校讀】

上六：比之無首，凶。

【白話】上六，丟了腦袋，將有凶險。

一、甲骨文造字意思和易學考古考證等諸多資料彙集

1. 亡（通假字），無（本字），根據其他古籍研究，疑為通假字。[76]

二、爻位所處情況解析

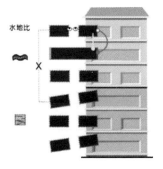

六樓陰坐得正位，和五樓陽是有相呼應，但是六樓陰已經在最頂端最上位，雖然六樓陰的位置已經是最高等級，五樓陽卻擁有所有的權力，六樓陰只是空有顯貴之名，沒有實權；六樓陰自己孤立在最上方，和三樓陰也不相應，而且六樓陰想要用自身的柔弱去駕馭陽剛的五樓陽（君王），其作為並不適當，所以呈現凶象。

---

76 廖燕 (2015)。里耶秦簡通假字、古今字研究。吉首大學碩士學位論文。

[巽上乾下] 風天小畜（帛書：少蓺）（海昏竹書易占：小畜，小口也）（王家台秦簡：少督）

第九卦：《小畜卦》 ䷈

小畜：亨。密雲不雨，自我西郊。（王弼本周易）

少蓺，亨；密雲不雨，自我西茭。（馬王堆帛書）

【甲骨文造字思考與古籍比對校讀】

小畜：亨。密雲不雨，自我西郊。

【白話】《小畜卦》象徵農產小有積蓄，亨通順利；天空佈滿濃密的積雲，從西郊過來，但還沒有下雨。

一、甲骨文造字意思和易學考古考證等諸多資料彙集

1. 少（通假字），小（本字），根據其他古籍研究，疑為通假字。[77]

2. 畜（註一百一十六）甲骨文造字意思，動物的胃連帶有腸子的形象。有收容、保存等引申意義。

3. 從壯族雞卦卦名看，其卦名與易卦之名沒有什麼必然的聯繫，而易卦名「小畜」與「大畜」也沒有什麼必然的聯繫。[78]

---

77 廖燕 (2015)。里耶秦簡通假字、古今字研究。吉首大學碩士學位論文。

78 黃懿陸 (2007)。中國先越文化研究：從壯族雞卦看《易經》起源。昆明：雲南人民出版社。

4. 自 (註二十五) 甲骨文造字意思，鼻子。

二、爻位所處情況解析

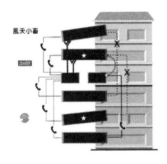

風在上而天在下，順風吹拂了天，使萬物接受其氣，而能生成育養，也有上柔而能克下剛之意，因為有育養就小有積蓄。

上卦的風積雲仍無法達到下雨恩澤大地的時機，準備還不充足，以中原地區的天候為例，只要是從西邊過來的雲，水氣多半不足，是不會下雨的。

初九：復自道，何其咎？吉。（王弼本周易）

初九：復自道，何其咎，吉。（馬王堆帛書）

【甲骨文造字思考與古籍比對校讀】

初九：復自道，何其咎？吉。

【白話】初九，重複回到自己的道路上，哪有什麼不好？吉祥。

一、甲骨文造字意思和易學考古考證等諸多資料彙集

1. 复 (註二十四) 甲骨文造字意思，復，有「反覆」、「往復」的意思。會腳圍繞城邑往來之意。

2. 自 (註二十五) 甲骨文造字意思，鼻子。

3. 何（註一百六十三）甲骨文造字意思，表所扛物之形。1.「以肩承物、扛物」義的本字，後來借「荷」字記錄此義。2.借用作疑問代詞「何」。

二、爻位所處情況解析

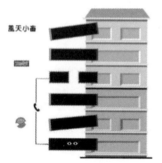

風天小畜

一樓陽坐得正位。一樓陽又獲得了四樓陰的協助，而一樓陽本身就是在下卦乾卦之始，能夠穩健行事就是好事。

九二：牽復，吉。（王弼本周易）

九二：堅復，吉。（馬王堆帛書）

【甲骨文造字思考與古籍比對校讀】

九二：堅復，吉。

【白話】九二，穩定自持地從原路返回，吉祥。

一、甲骨文造字意思和易學考古考證等諸多資料彙集

1. 复（註二十四）甲骨文造字意思，復，有「反覆」、「往復」的意思。會腳圍繞城邑往來之意。

二、爻位所處情況解析

二樓陽坐不得位，但是因為二樓陽本身就拿到一顆星星（臣子），位於下卦乾卦的中央，雖然沒有獲得五樓陽的回應，但是二樓陽本身就位居下卦中位，是很吉祥的。

三、爻辭建議

以爻位居中位，似以帛書本「堅」字清楚明確，所以沿用帛書爻辭，而不用「牽」字，不合爻位情況。

九三：輿說輻，夫妻反目。（王弼本周易）

九三：車說緮，夫妻反目。（馬王堆帛書）

【甲骨文造字思考與古籍比對校讀】

九三：輿說輹，夫妻反目。

【白話】九三，行在半路上，大車的輻條從車輪中脫落，夫妻因此大吵大鬧反目不和。

一、甲骨文造字意思和易學考古考證等諸多資料彙集

1. 輿（註五十一）甲骨文造字意思，四手共舉一個另一形式的肩輿之形。

2. 緮，王弼本作輻。《釋文》云：「輻，音福；本亦作輹，音服。馬云：車下縛也。鄭云：伏菟。」按《泰蓄（大畜）》九二「車說緮」，王弼本緮作輹，此處作輻，誤。[79]

二、爻位所處情況解析

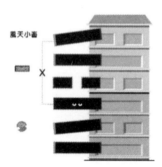

風天小畜

　　三樓陽坐得正位，而四樓陰坐正位，三樓陽和四樓陰都被比喻一對夫妻，偏偏這一對夫妻位置剛好相反（陰上陽下）。

　　三樓陽位於下卦內卦表示男在內，而四樓陰位於上卦外卦表示女在外，與一般夫妻的觀念（男主外，女主內）不相符；可能有夫妻反目的現象，就好像車輪脫離車子一樣，無法運作。

三、爻辭建議

王弼本寫錯字，返回原字「輹」。

六四：有孚，血去，惕出，無咎。（王弼本周易）

六四：有復；血去湯囗，無咎。（馬王堆帛書）

---

79 張政烺 (2011)，李零等整理。張政烺論易叢稿。北京：中華書局。

…四：有復，血去易……（阜陽漢簡）

【甲骨文造字思考與古籍比對校讀】

六四：有復，血去，惕出，無咎。

【白話】六四，心中重複地遵守誠實守信，即可免去憂患和恐懼，沒有災禍。

一、甲骨文造字意思和易學考古考證等諸多資料彙集

1. 孚（註二十）甲骨文造字意思，引申有誠信的意思。

2. 复（註二十四）甲骨文造字意思，復，有「反覆」、「往復」的意思。會腳圍繞城邑往來之意。

3. 孚，復，疑為通假字。 **80**

4. 去（註四十九）甲骨文造字意思，去除、離去。

5. 湯（註五十）甲骨文造字意思，祈雨時，賜宴臣民。

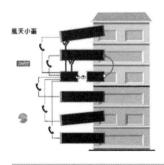

風天小畜

二、爻位所處情況解析

四樓陰坐得正位，而且一個陰可以和五個陽緊密溝通，又受到五樓陽（君王）的支持，陰（四樓）從陽（五樓），四樓陰是一個稱職的宰相，所以憂傷遠離，沒有

---

80 呂佩珊 (2011)。《上海博物館藏戰國楚竹書（一～六）》通假字研究。國立台灣師範大學國文學系博士論文。

禍患。

三、爻辭建議

孚和復用字理由，請見需卦和中孚卦的解釋。

九五：有孚攣如，富以其鄰。（王弼本周易）

九五：有復繺如，富以其鄰。（馬王堆帛書）

…五：有復攣如，不富以其鄰。（阜陽漢簡）

【甲骨文造字思考與古籍比對校讀】

九五：有復攣如，富以其鄰。

【白話】九五，心中不斷有誠信的德行，與別人緊密聯繫，互相幫助，大家一起富裕起來。

一、甲骨文造字意思和易學考古考證等諸多資料彙集

1. 孚(註二十)甲骨文造字意思，引申有誠信的意思。

2. 复(註二十四)甲骨文造字意思，復，有「反覆」、「往復」的意思。會腳圍繞城邑往來之意。

3. 孚，復，疑為通假字。**81**

4. 「不富以其鄰」，今本和帛書均作「富以其鄰」，在《周易》裡凡言「不富」的卦有《泰》卦六四「翩翩不富以其鄰」；《謙》卦六五「不富以其鄰」。皆指震而言，《泰》、《謙》上互皆

為震，震出也，出而不入故不富。凡言富的如《家人》卦六四「富家大吉」，《小畜》卦「富以其鄰」，皆指巽而言。《家人》和《小畜》的外卦皆為巽，巽入也，入而不出故為富。《小畜》九五《象》曰：「有孚攣如，不獨富也。」尚秉和曰：「五天子位，巽為利，五乘之故富，伏震為鄰，富以其鄰，言五之所以富，以鄰於四也，九家謂五以四陰作財，與下三陽共之，故曰不獨富。」阜易作「不富以其鄰」與《象》義「不獨富也」相背，「不」字或為衍字，或則因阜易採取伏巽為震的卦象而作「不富以其鄰」。 [82]

5. 阜本「富」上有「不」字，帛本、漢石經、今本俱無。「不」字殆衍文，疑涉《泰》六四、《謙》六五爻辭而衍。 [83]

81 呂佩珊 (2011)。《上海博物館藏戰國楚竹書 (一～六)》通假字研究。國立台灣師範大學國文學系博士論文。

82 王聰潘 (2013)。阜陽漢簡《周易》集釋。吉林大學古籍研究所碩士論文。引述於韓自強 (2004)。《阜陽漢簡 < 周易 > 研究》。上海：上海古籍出版社，2004 年 7 月。

83 王聰潘 (2013)。阜陽漢簡《周易》集釋。吉林大學古籍研究所碩士論文。引述於侯乃峰 (2009)。《< 周易 > 文字彙校集釋》。台北：台灣古籍出版有限公司，2009 年 3 月。

二、爻位所處情況解析

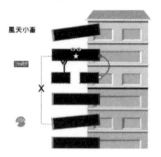

風天小畜

五樓陽坐得正位，又拿到一顆星星（君王），是一位陽剛守正的君王，可貴的是，五樓陽也聽從四樓陰（正位）的建言，崇尚誠信，使各層樓的陽都全部歸順過來。

所以五樓陽不只自己富有，也擴及其他鄰居，共享富有。

三、爻辭建議

孚和復用字理由，請見需卦和中孚卦的解釋。

上九：既雨既處，尚德載。婦貞，厲。月幾望；君子征，凶。（王弼本周易）

尚九：既雨既處，尚得載；女貞厲，月幾望；君子正，凶。（馬王堆帛書）

⋯⋯得戴婦貞厲月幾堅，君子正⋯⋯（阜陽漢簡）

【甲骨文造字思考與古籍比對校讀】

上九：既雨既處，尚德載。婦貞，厲。月幾望；君子征，凶。

【白話】上九，下了細雨，又停下來；還得到車子乘載；這時婦人占問，有凶險；已經是十五月圓，君子出征，有凶險。

一、甲骨文造字意思和易學考古考證等諸多資料彙集

1. 既 (註一百一十七) 甲骨文造字意思，已進食完畢，轉頭表示可撤去食物之意。

2. 德 (註五十七) 甲骨文造字意思，有以目檢驗築路是否平直的才幹。

3. 載 (註六十六) 甲骨文造字意思，人伸出兩臂手持熟食祭神。

4. 得，王弼本作德。《周易集解》據虞翻作得，與帛書同。女，王弼本作婦。婦與女字同義。案《象傳》曰「既雨既處，德積載也」，故舊均從載字斷句，以婦字屬下讀。帛書女與上句處叶韻，可證其誤。 **84**

5. 雨已停止，還趕得上栽種作物，但這時婦女占得此爻卻是有凶險之兆。月既望時，男子占得此爻出征亦是凶兆。 **85**

6. 月幾望：月既望，望是滿月的天文學名稱，既望是指滿月過後的月象，一般指望後直到下弦前數日為既望。

7. 君 (註六) 甲骨文造字意思，持筆寫字的人是發號令的長官。

8. 征 (註四十) 甲骨文造字意思，向目標進發或征討。

9. 正 (註四十一) 甲骨文造字意思，指腳步向城邑等目標行進。

---

84 張政烺 (2011)，李零等整理。張政烺論易叢稿。北京：中華書局。
85 盧央 (2003)。易學與天文學。中國書店出版社，頁 19。

10. 正（通假字），征（本字），根據其他古籍研究，疑為通假字。[86]

二、爻位所處情況解析

六樓陽坐不得位，但是已經到了小畜卦的最上方，本來密佈雲不下雨的情況，因為六樓陽受到四樓陰的承，陰陽交合，就是下雨的契機了。這個情況有如月亮快到了農曆十五日，接近圓滿無缺。

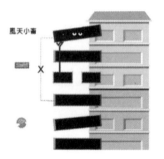

而六樓陽已經在最高樓了，前面沒有路，加上上卦巽卦不定，加上六樓陽又不得位，切不可再往前進。

［乾上兌下］天澤履（帛書：禮）（海昏竹書易占：履，禮也）

第十卦：《履卦》 ䷉

履虎尾，不咥人，亨。（王弼本周易）

禮虎尾，不真人，亨。（馬王堆帛書）

---

86 林瑞能 (2009)。甲骨刻辭與上博楚竹書通假字比較研究。國立東華大學中國語文學系碩士論文。

【甲骨文造字思考與古籍比對校讀】

履（禮）虎尾，不咥人，亨。

【白話】履（禮）：禮處老虎尾巴，老虎沒有回頭咬人，亨通順利。

一、甲骨文造字意思和易學考古考證等諸多資料彙集

1. 履（註十一）甲骨文造字意思，鞋子，強調高級貴族的形象。

2. 禮（註十二）甲骨文造字意思，表示祭台，敬神。

3. 在雞卦名中，其意為：占卜時，我看到的是數字四，你看到的也是數字四；你看到了口，解開了一條路，我亦看到了口，同樣解開了一條路。其象結果是「八九大，二吉」。所謂「八九大」，是卦一兩骨加左右七爻；卦二是左右爻數為八，加本身的天卦為一；二吉，是兩卦相跟為「吉」。[87]

4. 是以《序卦》為據，正如今本履卦，帛本作「禮」，亦得之《序卦》「物畜然後有禮，故受之以履」。[88]

5. 真（註一百六十一）甲骨文造字意思，染指進入鼎內而知真味

---

87 黃懿陸 (2007)。中國先越文化研究：從壯族雞卦看《易經》起源。昆明：雲南人民出版社。

88 劉大鈞。今、帛、竹書《周易》疑難卦爻辭及其今、古文辨析（二）。文章取自蔡運章、董延壽、張應橋主編 (2016)。洛陽市文物管理局，洛陽易經學會編。易學考古論集。北京：中華書局。

之意。

二、爻位所處情況解析

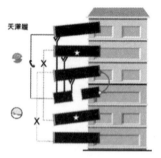

　　上方是天而下方為澤，天降恩澤；上方乾卦代表父親，下方兌卦是少女，少女順從父親，承歡於其膝下，有實踐履行、以禮相待之意。

三、爻辭建議

1. 按甲骨文造字意思，履就是鞋子，而禮有敬畏之意，本卦上天親臨下澤，或是澤在下而往上看天，應是「禮」之意，而不是專指鞋子「履」。但為求多年來卦名「履」已經熟知，故不予更改，僅以後面加括弧提醒，應有禮敬之意，所以寫為履(禮)。

2. 依甲骨文造字意思，「真」字用手直接沾取食物，如果用於老虎，「咥」的意思相近，故沿用王弼本咥字。

初九：素履，往，無咎。（王弼本周易）
初九：錯禮往，無咎。（馬王堆帛書）
【甲骨文造字思考與古籍比對校讀】

初九：素履（禮），往，無咎。

【白話】初九，心地純樸，品行端正，無論到什麼地方都不會有災禍。

一、爻位所處情況解析

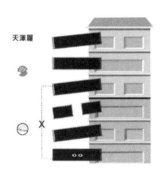

天澤履

　　一樓陽坐得正位，和歪斜的四樓陽不相應，不會受到四樓陽的引誘；一樓陽自己不同流合汙，不受外界干擾，只要守禮法，務實做事，這樣就會順利了。

九二：履道坦坦，幽人貞，吉。（王弼本周易）

九二：禮道亶亶，幽人貞，吉。（馬王堆帛書）

九二：履道坦……（阜陽漢簡）

【甲骨文造字思考與古籍比對校讀】

九二：履（禮）道坦坦，幽人貞，吉。

【白話】九二，心懷坦蕩端正，走在寬廣平坦之路，幽居的人占問，結果是吉祥的。

一、甲骨文造字意思和易學考古考證等諸多資料彙集

1. 幽（註一百二十三），光線幽暗。

二、爻位所處情況解析

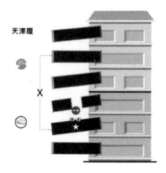

天澤履

二樓陽坐不得位，但是因為二樓陽位於下卦兌卦的中央，二樓陽可以守中道，而且陽坐在陰位，表示是一位低調的人；二樓陽可以按照自己的正義個性往前走，三樓陰和二樓陽可以相合，所以前進無阻礙。

六三：眇能視，跛能履，履虎尾，咥人，凶。武人為于大君。（王弼本周易）

六三：目小能視，跛能利。禮虎尾，真人兒。武人迴于大君。（馬王堆帛書）

……能視，跛能……尾，實人，凶。武人為……（阜陽漢簡）

【甲骨文造字思考與古籍比對校讀】

六三：眇能視，跛能履（禮），履（禮）虎尾，咥人，凶。武人為於大君。

【白話】六三，獨眼還要看，跛足還要遠行，一旦不小心踩在老虎尾巴上，老虎回頭就咬人，凶險，做事要量力而為；縱有血氣之勇的人，想要爭大位，凶。

一、甲骨文造字意思和易學考古考證等諸多資料彙集

1. 利 (註三) 甲骨文造字意思，可會意用刀收割禾穀。

2. 真 (註一百六十一) 甲骨文造字意思，染指進入鼎內而知真味之意。

3. 武 (註九十三) 甲骨文造字意思，持戈行走的雄武狀。

4. 君 (註六) 甲骨文造字意思，持筆寫字的人是發號令的長官。

二、爻位所處情況解析

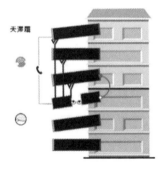

　　三樓陰坐不正位，本身很陰柔卻坐在陽剛位置，而且又位於下卦兌卦的最上端，不中不正，不是一個正常人，就好像是少一個眼睛，或是少一隻腳的人。

　　三樓陰的能力有限，就不要妄想要做大事，如果不自量力去踩老虎尾巴，是會被咬的；正如一位霸據一方的將軍想要去做君王，這是一件很危險的事。

九四：履虎尾，愬愬，終吉。（王弼本周易）

九四：禮虎尾，朔朔，終吉。（馬王堆帛書）

【甲骨文造字思考與古籍比對校讀】

九四：履（禮）虎尾，愬愬，終吉。

【白話】九四，禮敬老虎尾巴，心中感到恐懼害怕，但身處險境謹慎小心，最終會得到吉祥。

愬愬：驚懼狀。

一、甲骨文造字意思和易學考古考證等諸多資料彙集

1. 終 (註七) 甲骨文造字意思，終結、結束的意思。

二、爻位所處情況解析

天澤履

四樓陽坐不正位，自己是陽剛而位居柔弱位置，懷著謙遜戒懼的心侍奉五樓陽（君王），就如同看待老虎尾巴，敬謹慎行，最後還是吉祥的。

九五：夬履，貞厲。（王弼本周易）

九五：史禮，貞厲。（馬王堆帛書）

【甲骨文造字思考與古籍比對校讀】

九五：夬履（禮），貞厲。

【白話】九五，剛愎做決斷，占問有危險。

一、甲骨文造字意思和易學考古考證等諸多資料彙集

夬（註九十五）甲骨文造字意思，一隻手的拇指上，套有一件幫助拉開弦線的扳指形。

史（註一百五十四）甲骨文造字意思，一手執狩獵工具，如同手執筆一樣，記載狩獵。

二、爻位所處情況解析

五樓陽坐得正位，本來是一個大有可為的君王，可是二樓陽不和五樓陽溝通，而四樓陽和六樓陽也排斥五樓陽，五樓陽缺乏輔助、協調的支援，五樓陽（君王）因而傾向於剛愎自用，一意孤行，專制獨斷，將有危險。

上九：視履考祥，其旋元吉。（王弼本周易）

尚九：視禮巧翔，其𡨥元吉。（馬王堆帛書）

【甲骨文造字思考與古籍比對校讀】

上九：視履（禮）考祥，其旋元吉。

【白話】上九，經常檢視以前走過的路，做過的事，考察未來的吉凶禍福，凶兆也會轉回至起頭的吉祥佳兆。

一、甲骨文造字意思和易學考古考證等諸多資料彙集

1. 考(註七十七)甲骨文造字意思，意義是死去的父親，也有「拷打」、「拷問」的意義，或許與棒打老人的遠古喪俗有關。

二、爻位所處情況解析

六樓陽坐得不正位，但是六樓陽陽剛而有柔德，又可和三樓陰相互溝通與支持，六樓陽站在最高處觀看審查行事過程，就好像是人生到了盡頭安心養老回顧，多年努力終竟其功。

［坤上乾下］地天泰（海昏竹書易占：泰，□也）

第十一卦：《泰卦》 ䷊

泰：小往大來，吉，亨。（王弼本周易）

□□，□□□□，□□。（馬王堆帛書）

【甲骨文造字思考與古籍比對校讀】

泰：小往大來，吉，亨。

【白話】泰：內卦為陽、為大、為順來，外卦為陰、為小、為

離去：小去大來，吉祥，亨通。

一、甲骨文造字意思和易學考古考證等諸多資料彙集

1. 帛書卦名殘缺。王弼本作泰。帛書《周易》卷後佚書作柰。[89]

2. 泰 (註六十四)，滑溜。

3. 雞卦名是說雞卦兩邊，人站在中間神態自然地看卦象，結果一致，都是「二吉」，故處之泰然。[90]

二、爻位所處情況解析

地在上而天在下，乾之氣往上升，坤之氣向下降，天與地彼此相互交流通合，陰陽交合，萬物暢通，生化成泰平之象。

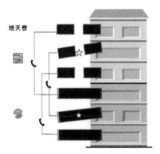

下卦為天、為陽而居於小位，卻可從下到上而往；而上卦為地、為陰居於大位，則將從上到下而來，所以小往大來，陽往陰來，陰陽交會調和，吉祥。

初九：拔茅茹，以其彙，征吉。（王弼本周易）

89 張政烺 (2011)，李零等整理。張政烺論易叢稿。北京：中華書局。
90 黃懿陸 (2007)。中國先越文化研究：從壯族雞卦看《易經》起源。昆明：雲南人民出版社。

□□：犮茅茹，以其胃，□吉。（馬王堆帛書）

……拔茅如……（阜陽漢簡）

【甲骨文造字思考與古籍比對校讀】

初九：拔茅茹，以其彙，征吉。

【白話】初九，拔起茂盛的茅草，將它們相繫在一起，往前行進或行動是吉祥的。

一、甲骨文造字意思和易學考古考證等諸多資料彙集

1. 犮，甲骨文造字意思是以一斜畫代表狗兒的腳受傷，以致走起路來搖晃不穩定的情狀。[91]

2. 征 (註四十) 甲骨文造字意思，向目標進發或征討。

二、爻位所處情況解析

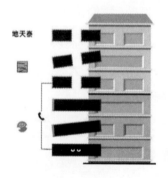

一樓陽坐得正位，一樓陽在底部、根部，和四樓陰相應，而且二樓陽、三樓陽都分別和五樓陰、六樓陰相應，底下三層樓同心一致向上，走向陰陽相合的前方，猶如茅根拔起往上，是可以獲得上方有力的支持。

---

91 許進雄 (2020)。新編進階甲骨文字典：甲骨文發現 120 週年紀念版。新北市：字畝文化。

九二：**包荒，用馮河，不遐遺。朋亡，得尚於中行。**（王弼本周易）

九二：**枹妄，用馮河，不暇遺，弗忘，得尚於中行。**（馬王堆帛書）

【甲骨文造字思考與古籍比對校讀】

九二：**枹荒，用馮河，不遐遺。弗忘，得尚於中行。**

【白話】九二，腰部纏繫葫蘆徒步渡河，沒有把茅草遺留在對岸。沒有丟失任何茅草，中途因為攜帶茅草有功，受到讚賞。

一、甲骨文造字意思和易學考古考證等諸多資料彙集

1. 枹（註一百六十）甲骨文造字意思，手持枹。

2. 弗（註三十七）甲骨文造字意思，矯正。

3. 亡（通假字），無（本字），根據其他古籍研究，疑為通假字。[92]

二、爻位所處情況解析

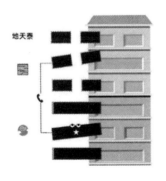

二樓陽坐不正位，但是二樓陽位於下卦乾卦中央，拿到一顆星星（臣子），二樓陽位於陰位置，就像宰相肚裡能容，而且受到眾人愛戴。五樓陰經常關心二樓陽，可見二樓陽（臣子）的辦事能力受到五樓陰（君王）的信任，所以往上走是有發展的。

---

92 廖燕 (2015)。里耶秦簡通假字、古今字研究。吉首大學碩士學位論文。

三、爻辭建議

1. 弗忘，「弗」甲骨文造字意思是矯正，弗忘有隨時提醒自己不能忘的直觀意思，比「朋亡」直觀意思是朋友喪失的意思還要好，所以沿用帛書「弗忘」。

2. 本爻辭似以「枹」字為宜，「枹」比「包」更有形象意涵。

九三：無平不陂，無往不復，艱貞，無咎，勿恤其孚，于食有福。（王弼本周易）

九三：無平不波，無往不復；根□，□□，□□其復，于食□□。（馬王堆帛書）

【甲骨文造字思考與古籍比對校讀】

九三：無平不波，無往不復，艱貞，無咎，勿恤其復，于食有福。

【白話】九三，就是平穩也會起波紋，就算離去也將會歸來，占問艱難之事，沒有禍患。不必擔心還會再重複過來，會有酒食之福份。

一、甲骨文造字意思和易學考古考證等諸多資料彙集

1. 平 (註六十三) 甲骨文造字意思，秤重物的天平式秤竿形象。

2. 波 (通假字)，陂 (本字) [93]

---

[93] 成蒂 (2006)。《張家山漢墓竹簡 · 二年律令》通假字研究。國立成功大學中國文學研究所碩士論文。

3. 根 (註六十一) 甲骨文造字意思，樹根、草根、麥根、花木之根等。但經查古書可證「根」和「艱」二字互通，所以爻辭可以「艱」解釋。

4. 孚 (註二十) 甲骨文造字意思，引申有誠信的意思。

5. 复 (註二十四) 甲骨文造字意思，復，有「反覆」、「往復」的意思。會腳圍繞城邑往來之意。

6. 孚，復，疑為通假字。 [94]

二、爻位所處情況解析

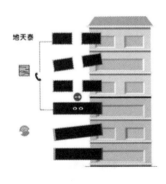

　　三樓陽坐得正位，又位於下卦乾卦最頂端，陽氣已經到了盡頭，已經感受到四樓陰的陰氣，剛好可以陰陽調和。而且三樓陽又受到六樓陰的眷顧與協助，三樓陽 (下卦最頂端) 要跨越到四樓陰 (上卦最底端) 是有一點艱難，不過三樓陽要往外面 (上卦) 發展是可行的。

三、爻辭建議

94 呂佩珊 (2011)。《上海博物館藏戰國楚竹書 (一 ~ 六)》通假字研究。國立台灣師範大學國文學系博士論文。

1. 孚和復用字理由，請見需卦和中孚卦的解釋。

2. 波，更為直觀；而且平與波，往與復，兩詞可以搭配且清楚認
   知。

六四：翩翩，不富以其鄰，不戒以孚。（王弼本周易）

□□：□□，不富以□□，□□□□。（馬王堆帛書）

【甲骨文造字思考與古籍比對校讀】

六四：翩翩，不富以其鄰，不戒以復。

【白話】六四，來往奔波不停歇，沒有和大家一起富裕起來。
只因為對鄰族不具戒心，以致重複遭受相同問題。

一、甲骨文造字意思和易學考古考證等諸多資料彙集

1. 孚 (註二十) 甲骨文造字意思，引申有誠信的意思。

2. 孚，復，疑為通假字。 [95]

二、爻位所處情況解析

　　四樓陰坐得正位。而四樓陰和一樓陽
經常打電話溝通，加上四樓陰和三樓陽有
意相合，所以四樓陰一直想要往下降，五

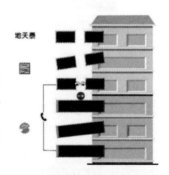

---

95 呂佩珊 (2011)。《上海博物館藏戰國楚竹書 (一～六)》通假字研究。國立台
灣師範大學國文學系博士論文。

樓陰和六樓陰也自願想要和四樓陰一起南下。但是因為整體的情勢往下，使得四樓陰顯得太放心了，沒有戒心地一意往下走，這麼輕信別人是有潛在的危險。

三、爻辭建議

1. 孚和復用字理由，請見需卦和中孚卦的解釋。

六五：帝乙歸妹，以祉，元吉。（王弼本周易）

□□：帝乙歸妹，以齒，□□。（馬王堆帛書）

【甲骨文造字思考與古籍比對校讀】

六五：帝乙歸妹，以祉，元吉。

【白話】六五，商朝帝王乙嫁出自己的女兒，求得福祉，起頭吉祥。

一、甲骨文造字意思和易學考古考證等諸多資料彙集

1. 是殷王帝乙嫁女於周文王，為周邦之王妃，乃大吉之事，周因此而得福，遂可正邦也。 **96**

2. 歸（註二十一）甲骨文造字意思，古時歸嫁時隨行所帶的東西。

3. 妹（註二十二）甲骨文造字意思，表示女子的輩份之意。

二、爻位所處情況解析

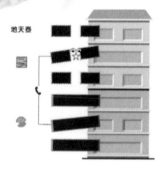

地天泰

五樓陰坐不得位，但是五樓陰位於上卦坤卦的中央，拿到一顆星星，同時又獲得二樓陽的支持與協助。五樓陰和二樓陽相應溝通，而五樓陰（女子，王位）和二樓陽（男性，大臣）相合，正如商朝帝王乙的女兒嫁給當時的商朝的附庸周文王，終有福氣，大吉利。

上六：城復于隍，勿用師。自邑告命，貞吝。（王弼本周易）

尚六：城復于湟，□□用師。自邑告命，貞閵。（馬王堆帛書）

【甲骨文造字思考與古籍比對校讀】

上六：城復于隍，勿用師。自邑告命，貞吝。

【白話】上六，城牆倒塌在護城壕溝裡；這時絕不可進行戰爭，邑中傳來命令，占問前途艱難。

一、甲骨文造字意思和易學考古考證等諸多資料彙集

复（註二十四）甲骨文造字意思，復，有「反覆」、「往復」的意思。會腳圍繞城邑往來之意。

96　馮時 (2001)。出土古代天文學文獻研究。台北市：台灣古籍。頁 288。

師 (註二十三) 甲骨文造字意思，人數眾多的軍隊。

自 (註二十五) 甲骨文造字意思，鼻子。

二、爻位所處情況解析

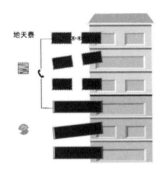

六樓陰坐得正位，六樓陰和三樓陽也經常打電話溝通。但是六樓陰已經位居高位，再無前進之路，加上以整個城牆而言，六樓陰看起來就是城牆傾覆於外溝，在這個情況之下，最好不要妄想往前進，否則會有困難。

[乾上坤下] 天地否 (帛書：婦) (海昏竹書易占：負，負也)

第十二卦：《否卦》 ䷋

否之匪人，不利君子貞，大往小來。（王弼本周易）

婦之非人，不利君子貞；大往小來。（馬王堆帛書）

【甲骨文造字思考與古籍比對校讀】

否之非人，不利君子貞，大往小來。

【白話】否，壞人胡作非為，占問者為君子，不利。內卦為陰、為小、為往去，外卦為陽、為大、為順來：大去小來。

一、甲骨文造字意思和易學考古考證等諸多資料彙集

1. 否 (註一百六十二) 甲骨文造字意思，不，不然。卜辭用作句末語氣助詞，表示選擇語氣，相當於是不是，能不能。

2. 非 (註八) 甲骨文造字意思，通「飛」字，此可會相背之意。

3. 從雞卦的卦象看，其原始意思為「否定」。雞卦自然重疊前的兩卦都是「大衍之數」，都在以數字的大小進行較量、比試。一邊念十四，一邊念十六，其結果都是「八九大，二吉」，但一邊是大數十六，一邊是小數十四，其結果是大數對小數的否定。比的結果，當然是數大為吉。遠古時代在軍事上，一般是以兵力多少為勝負。兵多者為吉，穩操勝券，故兵多者是對兵少者的否定；在數字上，數多、數大者是對數少、數小者的否定。[97]

4. 君 (註六) 甲骨文造字意思，持筆寫字的人是發號令的長官。

5. 「婦」、「否」，同在之部，音同相通。《否》卦內卦為坤，

---

97 黃懿陸 (2007)。中國先越文化研究：從壯族雞卦看《易經》起源。昆明：雲南人民出版社。

外卦為乾，上互為巽。虞翻云：「巽為婦」，具婦象。《周易》凡含巽的卦如《小畜》「婦貞吉」；《大過》「老婦得其士夫」《恆》卦「婦人吉」；《漸》卦「婦孕不育」等，皆取「巽為婦」象而命辭。《否》卦內卦為坤，「坤為地母」，上互為巽，巽為婦，故帛書稱《婦》卦。[98]

二、爻位所處情況解析

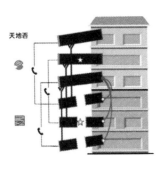

天之陽氣上升，地之陰氣下降，兩相背馳而行，磁場能量難以通暢融合，互不流通。

上下不通，仁義閉塞，小人當道，君子隱遁；居於上卦為大是陽往上升，位於下卦為小是陰降下來。

三、爻辭建議

「非」字清楚明確，所以沿用帛書爻辭，而不用「匪」字，也不合現代認知。

---

98 王聰潘 (2013)。阜陽漢簡《周易》集釋。吉林大學古籍研究所碩士論文。引述於韓自強 (2004)。《阜陽漢簡＜周易＞研究》。上海：上海古籍出版社，2004 年 7 月。

初六：拔茅茹，以其彙，貞吉，亨。（王弼本周易）

初六：茇茅茹，以其胃，貞吉，亨。（馬王堆帛書）

【甲骨文造字思考與古籍比對校讀】

初六：拔茅茹，以其彙，貞吉，亨。

【白話】初六，拔起茂盛的茅草，將它們的根相繫在一起，占問是吉祥亨通的。

一、甲骨文造字意思和易學考古考證等諸多資料彙集

1. 茇，甲骨文造字意思是以一斜畫代表狗兒的腳受傷，以致走起路來搖晃不穩定的情狀。[99]

二、爻位所處情況解析

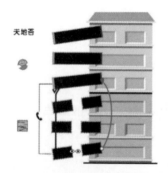

一樓陰坐不得位，但是四樓陽卻經常和一樓陰溝通協助，一、二、三樓（都是陰），一樓陰就像一棵樹的根，才要開始發芽生長，而底下這三樓都是陰，就像同樣是根莖茅，都綁在一起。既然一樓陰支持四樓陽，也受到四樓陽的協助，陰陽相通，只要自己陰守靜不亂，自然吉祥。

---

99 許進雄 (2020)。新編進階甲骨文字典：甲骨文發現 120 週年紀念版。新北市：字畝文化。

六二：包承，小人吉，大人否，亨。（王弼本周易）

六二：枹承，小人吉；大人不，亨。（馬王堆帛書）

【甲骨文造字思考與古籍比對校讀】

六二：枹承，小人吉，大人否，亨。

【白話】六二，百姓向王侯呈獻茅草，百姓吉利，不必操心。
王侯則前面還有艱難，最終亨通。

一、甲骨文造字意思和易學考古考證等諸多資料彙集

1. 枹(註一百六十)甲骨文造字意思，手持枹。

2. 否(註一百六十二)甲骨文造字意思，不，不然。卜辭用作句
   末語氣助詞，表示選擇語氣，相當於是不是，能不能。

二、爻位所處情況解析

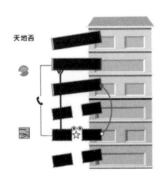

二樓陰坐得正位，又位於下卦坤卦的
中央，得了一顆星星(臣子)，而且獲得
五樓陽(君王)的信任與協助。可是整個
天地不通的否卦之下，二樓陰(臣子)小
人因為諂媚五樓陽(君王)而得寵，而且
多位小人(一、二、三樓陰)都圍繞著君
王，可謂小人當道而亨通，而君子無著力
之處，正處困頓之時。但是因為二樓陰得位，所以整體而言是順利

的。

三、爻辭建議

本爻辭似以「枹」字為宜，「枹」比「包」更有形象意涵。

六三：包羞。（王弼本周易）

六三：枹憂。（馬王堆帛書）

【甲骨文造字思考與古籍比對校讀】

六三：枹憂。

【白話】六三，包覆了隱憂。

一、甲骨文造字意思和易學考古考證等諸多資料彙集

1. 枹(註一百六十)甲骨文造字意思，手持枹。

二、爻位所處情況解析

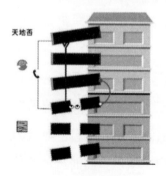

天地否

三樓陰坐不正位，但是三樓陰卻經常與六樓陽打電話溝通，而三樓陰又位於下卦坤卦的最頂端，是所有陰的最盛極之位，代表小人無恥而得道(三樓陰坐不得位)，君子只能遠離小人，隱遁起來。

三、爻辭建議

本爻辭似以「枹」字為宜,「枹」比「包」更有形象意涵。

九四:有命,無咎,疇離祉。(王弼本周易)

九四:有命,無咎,檮羅齒。(馬王堆帛書)

【甲骨文造字思考與古籍比對校讀】

九四:有命,無咎,疇羅祉。

【白話】九四,王室傳令嘉獎,平安無事。諸侯同輩和夫婦都獲得福祉。

一、甲骨文造字意思和易學考古考證等諸多資料彙集

1. 離(註二十六)甲骨文造字意思,一隻鳥被捕鳥的網子捉住。

2. 羅(註二十七)甲骨文造字意思,用網捕飛鳥。

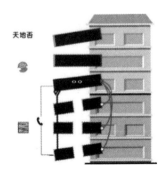

天地否

二、爻位所處情況解析

　　四樓陽坐不得位,但四樓陽卻經常和一樓陰溝通相應,四樓陽在五樓陽(君王)之下,四樓陽又統御了底下的一至三樓陰,所以四樓陽承接了王命(五樓)就可以召集有志之士去執行任務,一起同行的

同儕都可得福。

三、爻辭建議

離和羅的甲骨文造字意思相同，帛書寫「羅」較合乎網捕鳥羅住網羅的原意，而「離」字已經偏離至離開、附麗方向的解釋，以爻辭看，以帛書「羅」較為適宜。詳情請見離卦解釋。

九五：休否，大人吉。其亡其亡，繫於苞桑。（王弼本周易）

九五：休婦，大人吉；其亡其亡，擊於枹桑。（馬王堆帛書）

【甲骨文造字思考與古籍比對校讀】

九五：休否，大人吉。其亡其亡，擊于枹桑。

【白話】九五，時世閉塞不通的否運要結束了，王室諸侯可以獲得吉祥；居安思危，要常想「快滅亡了，快滅亡了」，釘在桑樹放在心上。

一、甲骨文造字意思和易學考古考證等諸多資料彙集

1. 否（註一百六十二）甲骨文造字意思，不，不然。卜辭用作句末語氣助詞，表示選擇語氣，相當於是不是，能不能。

2. 帛書婦（否）之九五「擊於枹（苞）桑」，通行本擊作繫，繫字也應該讀為擊，擊字也訓為礙、阻。[100] 詳細考證請見姤卦初六。

3. 繫，擊。[101]

4. 枹 (註一百六十) 甲骨文造字意思，手持枹。

二、爻位所處情況解析

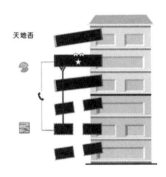

天地否

五樓陽坐得正位，而且五樓陽位於上卦乾卦的中央，得了一顆星星 (君王)，又受到二樓陰 (臣子) 的支持；五樓陽 (君王) 可以命令四樓陽率領志同道合的人振興，這個天地不通的否運應該是中止了，所以君子終於獲得正道，但是這個以前小人盤據的情況就像桑樹上枝條盤錯一般，不易拔起，要隨時警惕自己居安思危，必須撥亂反正，終止小人橫行。

三、爻辭建議

1. 本爻辭似以「枹」字為宜，「枹」比「包」更有形象意涵。

2. 依爻位情況，以「擊」有主動之意，比「繫」適當。

---

100 于豪亮。帛書周易。文章取自蔡運章、董延壽、張應橋主編 (2016)。洛陽市文物管理局，洛陽易經學會編。易學考古論集。北京：中華書局。

101 梁鶴 (2015)。《清華大學藏戰國竹簡 (壹)》、《清華大學藏戰國竹簡 (貳)》通假字整理。吉林大學中國史碩士論文。

上九：傾否，先否後喜。（王弼本周易）

尚九：傾婦，先不後喜。（馬王堆帛書）

【甲骨文造字思考與古籍比對校讀】

上九：傾否，先否後喜。

【白話】上九，推翻作惡的壞人，起先情況不妙，後來喜獲成功，否極泰來。

一、甲骨文造字意思和易學考古考證等諸多資料彙集

1. 否（註一百六十二）甲骨文造字意思，不，不然。卜辭用作句末語氣助詞，表示選擇語氣，相當於是不是，能不能。

二、爻位所處情況解析

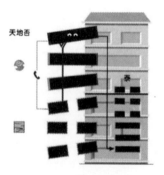

六樓陽坐不得位，但卻經常與三樓陰打電話溝通，六樓陽位在最高樓，上卦共有三個陽（四、五、六樓），強力地把小人當道、天地不通的否運傾倒出去，把壞運除盡，就順利了，就是所謂的「否極泰來」，好運到。

［乾上離下］天火同人（海昏竹書易占：人同，天下一心也）

第十三卦：《同人》 ䷌

同人於野，亨。利涉大川，利君子貞。（王弼本周易）

同人於野，亨。利涉大川，利君子貞。（馬王堆帛書）

【甲骨文造字思考與古籍比對校讀】

同人於野，亨。利涉大川，利君子貞。

【白話】同人：與人和睦相處，聚集族人在田野，順利，利於冒險渡大河，利於君子占問。

一、甲骨文造字意思和易學考古考證等諸多資料彙集

1. 同(註二十八)甲骨文造字意思，齊心合力。

2. 雞卦名的意思是：兩位老頭人或兩部落頭人一起來，有交接班的意思，當然要同心同德，互為親近，把共同的事業進行到底。[102]

3. 君(註六)甲骨文造字意思，持筆寫字的人是發號令的長官。

---

102 黃懿陸 (2007)。中國先越文化研究：從壯族雞卦看《易經》起源。昆明：雲南人民出版社。

二、爻位所處情況解析

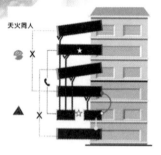

上為天而下有火，火勢盛大一致向上燃升，天火合明，日升光明而萬物得育，有志同道合之意。

初九：同人於門，無咎。（王弼本周易）

初九：同人於門，無咎。（馬王堆帛書）

【甲骨文造字思考與古籍比對校讀】

初九：同人於門，無咎。

【白話】初九，聚集族人在門口，不會有什麼災禍。

一、爻位所處情況解析

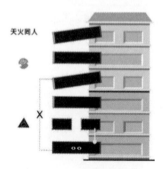

一樓陽坐得正位，但得不到四樓陽的溝通，一樓陽剛正(得正位)不奉承四樓陽(不得位)，而一樓陽的鄰居二樓陰兩者得位也陰陽相合，因此聚集眾人在剛開始要出門的門口(一樓陽)是無礙的。

六二：同人於宗，吝。（王弼本周易）

六二：同人於宗，閵。（馬王堆帛書）

六二：同人於宗，吝。（阜陽漢簡）

【甲骨文造字思考與古籍比對校讀】

六二：同人於宗，吝。

【白話】六二，只和本宗本派的人和睦相處，前途有些艱難。

一、爻位所處情況解析

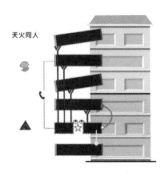

天火同人

二樓陰坐得正位，而且二樓陰位於下卦離卦的中央，得到一顆星星（臣子），又獲得五樓陽（君王）的相應協助，二樓陰和五樓陽相從甚密。

但是因為一、三、四、六樓都是陽，都想要和二樓陰相好，卻無法分開二樓陰和五樓陽的親密。反過來說，二樓陰只和五樓陽相合，沒有廣交朋友，顯得過於狹隘、小器，難成大用。但這只是二樓陰自己的小過失，不會影響同人卦整個大局的。

九三：伏戎於莽，升其高陵，三歲不興。（王弼本周易）

九三：服容口莽，登其高口，三歲不興。（馬王堆帛書）

…三：伏戎於……興。（阜陽漢簡）

【甲骨文造字思考與古籍比對校讀】

九三：伏戎於莽，升其高陵，三歲不興。

【白話】九三，把軍隊埋伏在密林中，佔據附近的制高點，三年不興兵。

一、甲骨文造字意思和易學考古考證等諸多資料彙集

1. 伏(註二十九)甲骨文造字意思，犬趴伏伺機襲擊人。

2. 服(註三十)甲骨文造字意思，用手壓跪跽之人，使其降服。

3. 莽(註三十一)甲骨文造字意思，犬在長滿樹與草的曠野裡追逐。

4. 升(註三十二)甲骨文造字意思，拋撒的穀物。

5. 登(註三十三)甲骨文造字意思，雙手扶持矮凳讓他人上登之狀。

6. 歲(註三十四)甲骨文造字意思，為處罰之刑具，用以名歲星。易經使用「歲」字大多沒有好事，因為古代歲字就是帶有處罰之意。

7. 興(註三十五)甲骨文造字意思，四手共舉起一輿架。

二、爻位所處情況解析

三樓陽坐得正位，但是無法和六樓陽溝通，三樓陽位於下卦離卦之頂端，猶如站在高陵之上，面對著不相應的六樓陽，

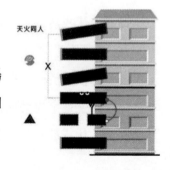

天火同人

堅強的對手(四、五、六樓三個陽),而且三樓陽的團體內有一個並不是朋友的二樓陰(二樓陰只和五樓陽親密),內部有二樓陰,所以只能暫居高處,保持警戒狀態,三年不興師動武,以逸待勞,避免災禍。

> **九四:乘其墉,弗克攻,吉。(王弼本周易)**
>
> **□□:□□庸,弗克攻,吉。(馬王堆帛書)**
>
> **九四:乘高唐弗克⋯⋯(阜陽漢簡)**
>
> **【甲骨文造字思考與古籍比對校讀】**
>
> **九四:乘其墉,弗克攻,吉。**
>
> 【白話】九四,登城向敵人進攻,不發動進攻,是吉祥的。

一、甲骨文造字意思和易學考古考證等諸多資料彙集

1. 乘(註三十六)甲骨文造字意思,一人站立在樹上之狀。

2. 墉(註三十八)甲骨文造字意思,四面有看樓的城牆建築。

3. 弗(註三十七)甲骨文造字意思,矯正。

二、爻位所處情況解析

四樓陽坐不正位,也無法和一樓陽溝通相應,四樓陽又面對兩個陽(三、五樓)的夾逼而孤立無援,四樓陽想要和二樓陰

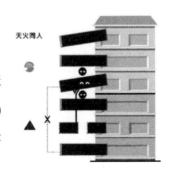

相合，但是三樓陽就像一面牆擋住，四樓陽到底要怎麼做最好？

四樓陽陽剛居於陰位，自己不得位又無援助，加上同人卦與人和同為貴，所以不採取攻勢最為適當。

九五：同人先號咷而後笑，大師克，相遇。（王弼本周易）

九五：同人先號桃而後芺，大師克相遇。（馬王堆帛書）

【甲骨文造字思考與古籍比對校讀】

九五：同人先號咷而後笑，大師克，相遇。

【白話】九五，將士們開始大聲痛哭，後來破涕為笑，兩大軍隊作戰告捷，執掌軍團的兩大首領相會在一起。

一、甲骨文造字意思和易學考古考證等諸多資料彙集

1. 師 (註二十三) 甲骨文造字意思，人數眾多的軍隊。

二、爻位所處情況解析

天火同人

五樓陽坐得正位，五樓陽 (君王) 位於上卦乾卦的中央，得了一顆星星 (君王)，而且又獲得二樓陰 (臣子) 的支持協助，五樓陽和二樓陰都是正位一起領導眾民。

可是五樓陽要往下和二樓陰相合的途

中，受到三、四樓陽的阻擾，要經過一番險阻才能得願，各方賢士皆來相遇，互道恭喜。

上九：同人於郊，無悔。（王弼本周易）

尚九：同人於茭，無悔。（馬王堆帛書）

【甲骨文造字思考與古籍比對校讀】

上九：同人於郊，無悔。

【白話】上九，在郊外聚集眾人，沒有悔恨、煩惱。

一、爻位所處情況解析

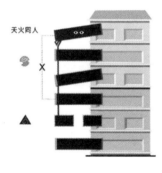

六樓陽坐不得位，而且無法得到三樓陽的相應支持，六樓陽又位於最高樓和郊外一樣，六樓陽自己無法是君王（五樓陽），但是六樓陽位於上卦乾卦之最頂端，地位尊貴但是沒有君王的實權，所以聚集眾人在郊外，沒有大礙。

［離上乾下］火天大有（海昏竹書易占：大有，大有天下者也）

第十四卦：《大有》

大有：元亨。（王弼本周易）

大有，元亨。（馬王堆帛書）

【甲骨文造字思考與古籍比對校讀】

大有：元亨。

【白話】大有：起頭就亨通。

一、甲骨文造字意思和易學考古考證等諸多資料彙集

1. 有（註三十九）甲骨文造字意思，擁有牛表示佔有財富。後世以借「又」持肉表示有。

2. 壯族雞卦名的意思是：我們在占卜時，你看所得卦象的爻數雖少，但份量很重，數量很多，多到可以用秤秤上千次，就是「大富大有」的意思。**103**

二、爻位所處情況解析

太陽在天之上，大地萬物都受陽光而生長育成，有物產大豐收之象。

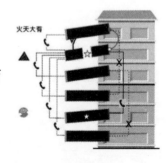

初九：無交害，匪咎；艱則無咎。（王弼本周易）

初九：無交為，非咎；根則無咎。（馬王堆帛書）

……無交害，非咎；（艱）則……（阜陽漢簡）

【甲骨文造字思考與古籍比對校讀】

初九：無交害，非咎；艱則無咎。

【白話】初九，收割時期不互相傷害，沒有什麼過失；要艱難自守，才能免於禍患。

一、甲骨文造字意思和易學考古考證等諸多資料彙集

1. 非 (註八) 甲骨文造字意思，通「飛」字，此可會相背之意。

2. 根 (註六十一) 甲骨文造字意思，樹根、草根、麥根、花木之根等。但經查古書可證「根」和「艱」二字互通，所以爻辭可以「艱」解釋。

二、爻位所處情況解析

一樓陽坐得正位，但是無法獲得四樓陽的溝通相應，二樓陽不和一樓陽交往，一樓陽雖然面對二樓陽 (強敵) 且無法相

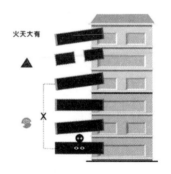

火天大有

---

103 黃懿陸 (2007)。中國先越文化研究：從壯族雞卦看《易經》起源。昆明：雲南人民出版社。

應於四樓陽，但是一樓陽自己坐得正位，自己不會有任何傷害，雖然可能遭遇些困難，但是不會有事。

三、爻辭建議

「非」字清楚明確，所以沿用帛書爻辭，而不用「匪」字，也不合現代認知。

九二：大車以載，有攸往，無咎。（王弼本周易）

九二：泰車以載，有攸往，無咎。（馬王堆帛書）

【甲骨文造字思考與古籍比對校讀】

九二：大車以載，有攸往，無咎。

【白話】九二，用大車裝載著收割的莊稼，送到前方目的地，沒有什麼禍患。

一、甲骨文造字意思和易學考古考證等諸多資料彙集

大（古字），太，泰（戰國字），疑為古今字。[104]

泰（註六十四）甲骨文造字意思，滑溜。

載（註六十七）甲骨文造字意思，人伸出兩臂手持熟食祭神。

---

104 呂佩珊 (2011)。《上海博物館藏戰國楚竹書（一～六）》通假字研究。國立台灣師範大學國文學系博士論文。

攴（註十）甲骨文造字意思，手持杖打擊一人之背部，後加流血之狀。

二、爻位所處情況解析

　　二樓陽坐不得位，位於下卦乾卦的中央（臣子），又受到五樓陰（君王）的相應協助；二樓陽位於陰的位置，猶如大車裡面承載物品，往上走去面見有相應的五樓陽（君王），是可以安心前往。

　　九三：公用亨於天子，小人弗克。（王弼本周易）

　　九三：公用芳於天子，小人弗克。（馬王堆帛書）

　　【甲骨文造字思考與古籍比對校讀】

　　九三：公用亨於天子，小人弗克。

　　【白話】九三，公侯向天子進貢並致以敬意，平民沒有這樣的資格。

一、甲骨文造字意思和易學考古考證等諸多資料彙集

　　1. 弗（註三十七），矯正。

二、爻位所處情況解析

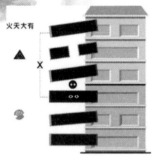

火天大有

三樓陽坐得正位，卻無法獲得六樓陽的溝通協助，但是三樓陽位於下卦乾卦天的最頂端，和各樓陽一樣都和五樓(陰，君王)相應，然而三樓陽處於下卦無法實際進獻五樓陰(君王)。

九四：匪其彭，無咎。（王弼本周易）

九四：□□彭，無咎。（馬王堆帛書）

【甲骨文造字思考與古籍比對校讀】

九四：非其彭，無咎。

【白話】九四，不是靠巫師祈神而豐收，沒有災禍。

一、爻位所處情況解析

火天大有

四樓陽坐不得位，和一樓陽也無法打電話溝通，但是四樓陽位於上卦離卦之內，有離火文明斐然美盛之象，四樓陽又鄰近五樓陰(君王)，獲得眾多財物，但四樓陽居陰的位置，像是一個有魄力(陽)而心思精細(陰位置)的人，所以不會因為富有而驕縱，剛柔並濟，能屈能伸，所以不會有事。

二、爻辭建議

「非」字清楚明確，所以沿用帛書爻辭，而不用「匪」字，也不合現代認知。

> **六五：厥孚交如，威如，吉。**（王弼本周易）
> **六五：闕復交如，委如，終吉。**（馬王堆帛書）
> 【甲骨文造字思考與古籍比對校讀】
> **六五：厥復交如，委如，終吉。**

【白話】六五，以誠實守信的準則互相對待，可保持雙方的尊嚴，是吉祥的。

一、甲骨文造字意思和易學考古考證等諸多資料彙集

1. 孚 (註二十) 甲骨文造字意思，引申有誠信的意思。

2. 复 (註二十四) 甲骨文造字意思，復，有「反覆」、「往復」的意思。會腳圍繞城邑往來之意。

3. 孚，復，疑為通假字。 **105**

4. 威 (註一百) 甲骨文造字意思，非常有威儀的掌權者。

---

105 呂佩珊 (2011)。《上海博物館藏戰國楚竹書 (一～六)》通假字研究。國立台灣師範大學國文學系博士論文。

5. 委(註一百零一)甲骨文造字意思，委屈、委弱之意。表示順從。

6. 終(註七)甲骨文造字意思，終結、結束的意思。

二、爻位所處情況解析

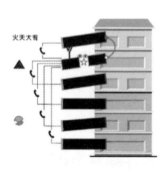

五樓陰坐不得位，因為自己位於上卦離卦的中央，獲得一顆星星(君王)，只有五樓一個陰，其他樓層都是陽，所有陽的樓層都歸合於五樓陰，五樓陰(君王)和二樓陽(臣子)也相應溝通無礙，因此五樓陰受到眾人愛戴，上下交融和樂，吉祥。

三、爻辭建議

1. 孚和復用字理由，請見需卦和中孚卦的解釋。

2. 依爻位情況，五樓陰居陽位，女人委身居王位，以「委」字為宜；若以「威」字論之，應該是陽居陽位，所以不太合適，建議以帛書「委」字為宜。

上九：自天祐之，吉，無不利。（王弼本周易）

尚九：自天右之，吉，無不利。（馬王堆帛書）

【甲骨文造字思考與古籍比對校讀】

上九：自天祐之，吉，無不利。

【白話】上九，上天保佑豐收，吉祥，無往不利。

一、甲骨文造字意思和易學考古考證等諸多資料彙集

1. 自(註二十五)，鼻子。

二、爻位所處情況解析

六樓陽坐不得位，而且無法與三樓陽打電話溝通，但是六樓陽已經位居本卦的最上端，而且和五樓陰(君王)陰陽相合，得到五樓陰(君王)的支持，加上六樓陽本來就處於向上天祭祀得宗廟位置，自然會受到上天得底佑，上下保佑與支持，無所不利。

［坤上艮下］地山謙（帛書：嗛）（海昏竹書易占：，歉也）

第十五卦：《謙卦》

謙：亨。君子有終。（王弼本周易）

□，□，□子有終。（馬王堆帛書）

【甲骨文造字思考與古籍比對校讀】

謙：亨。君子有終。

【白話】謙：君子謙虛自守，事事亨通，最終會有好結果。

一、甲骨文造字意思和易學考古考證等諸多資料彙集

1. 卦名缺，據爻辭，蓋作嗛，王弼本作謙。《釋文》云：「謙，子夏作嗛，云：嗛，謙也。」[106]

2. 在壯族雞卦名中，不管你的眼睛是好是壞，眼花還是眼亮，咱們都非常謙遜地等著你、推著你，攜手前行，這是謙謙君子把好事做到底的寫照。[107]

3. 君(註六)甲骨文造字意思，持筆寫字的人是發號令的長官。

4. 終(註七)甲骨文造字意思，終結、結束的意思。

---

106 張政烺 (2011)，李零等整理。張政烺論易叢稿。北京：中華書局。

107 黃懿陸 (2007)。中國先越文化研究：從壯族雞卦看《易經》起源。昆明：雲南人民出版社。

二、爻位所處情況解析

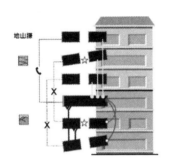

高山應該在地上，但是現在是地在山上，山雖高大卻屈居於地之下，是為謙尊。

初六：謙謙君子，用涉大川，吉。（王弼本周易）

初六：嗛嗛君子，用涉大川，吉。（馬王堆帛書）

【甲骨文造字思考與古籍比對校讀】

初六：謙謙君子，用涉大川，吉。

【白話】初六，謙虛再謙虛的君子，以謙遜之心涉過大河，最終必然安全吉祥。

一、甲骨文造字意思和易學考古考證等諸多資料彙集

1. 謙卦此爻之「用涉大川」之「用」，竹書做「甬」。今由竹書作「甬」，方悟此「甬」字乃「通」字之省，所謂「用涉大川」即「通涉大川」也。由於竹書的出土，終於幫助我們考索出此爻之確義，依此，我們也明白了乾、坤兩卦「用九」、「用六」之「用」，實亦通九通六也。故帛本乾、坤兩卦此「用」字做「迵」字者，正如廖名春先生《〈周易〉乾坤兩卦卦爻辭五考》

一文所說，「迴」即「通」也。 [108]

二、爻位所處情況解析

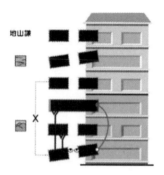

地山謙

　　一樓陰坐不得位，且無法和四樓陰相應溝通，本來一樓陰就很低下，本身是陰處於陽位更要謙卑，只要秉持著謙虛的態度，就可以安然渡河。

六二：鳴謙，貞吉。（王弼本周易）

六二：鳴嗛，貞吉。（馬王堆帛書）

【甲骨文造字思考與古籍比對校讀】

六二：鳴謙，貞吉。

【白話】六二，具有聲望而謙虛，占問，吉祥。

---

108 劉大鈞。今、帛、竹書《周易》疑難卦爻辭及其今、古文辨析 (一)。文章取自蔡運章、董延壽、張應橋主編 (2016)。洛陽市文物管理局，洛陽易經學會編。易學考古論集。北京：中華書局。

一、爻位所處情況解析

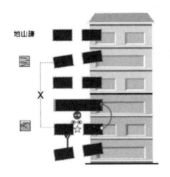

二樓陰坐得正位，位於下卦艮卦的中央，獲得一顆星星（臣子），德柔而位正，二樓陰和三樓陽相合，共鳴有聲，二樓陰不僅有聲望而且謙虛，這是很吉利的。

九三：勞謙君子，有終，吉。（王弼本周易）

九三：勞嗛君子，有終，吉。（馬王堆帛書）

【甲骨文造字思考與古籍比對校讀】

九三：勞謙君子，有終，吉。

【白話】九三，勤勞而謙虛的君子，最終一定是吉祥的。

一、甲骨文造字意思和易學考古考證等諸多資料彙集

1. 君（註六）甲骨文造字意思，持筆寫字的人是發號令的長官。

2. 終（註七）甲骨文造字意思，終結、結束的意思。

二、爻位所處情況解析

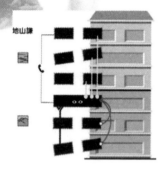

三樓陽坐得正位，而且和六樓陰的感情甚好，而三樓是整棟樓唯一的陽，受到各層樓陰的擁戴；三樓陽位於多凶位置勞動而且謙遜，又得正位（陽居陽位），最終是有好結果的。

六四：無不利，撝謙。（王弼本周易）

六四：無不利，譌嗛。（馬王堆帛書）

【甲骨文造字思考與古籍比對校讀】

六四：無不利，撝謙。

【白話】六四，無往而不利，樂於助人且謙虛。

一、爻位所處情況解析

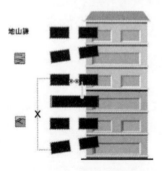

四樓陰坐得正位，卻和一樓陰無法溝通相應，四樓陰本身陰柔得了正位，侍奉五樓陰（君王），謙遜不驕縱，行為合乎謙德，所以無往不利。

六五：不富以其鄰，利用侵伐，無不利。（王弼本周易）

六五：不富以其鄰，□□□□，□不利。（馬王堆帛書）

【甲骨文造字思考與古籍比對校讀】

六五：不富以其鄰，利用侵伐，無不利。

【白話】六五，不富有，因為遭到鄰族的掠奪，向鄰族進行討伐，沒有什麼不利的。

一、爻位所處情況解析

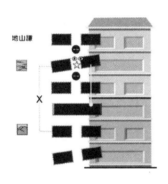

地山謙

五樓陰坐不得位，位於上卦坤卦的中央，得到一顆星星（君王），卻無法獲得二樓陰（臣子）的支持協助，而且五樓陰的鄰居（四、六樓陰）也不會相助，所以五樓陰並不是非常富有，但是位居王位受到尊敬。

以五樓陰的情況最好是守住中道不要擅自出兵討伐為宜，以和為貴，但是如果迫不得已而出兵，也是正義之師，是無往不利的。

上六：鳴謙，利用行師，征邑國。（王弼本周易）

尚六：鳴□，□□□□，□□□。（馬王堆帛書）

上六：鳴謙，可用行師，征邦。（上博楚簡）

【甲骨文造字思考與古籍比對校讀】

上六：鳴謙，利用行師，征邑國。

【白話】上六，有聲望而謙虛，有利於征伐鄰近邑國。

一、甲骨文造字意思和易學考古考證等諸多資料彙集

1. 師 (註二十三) 甲骨文造字意思，人數眾多的軍隊。

2. 征 (註四十) 甲骨文造字意思，向目標進發或征討。

3. 竹本作「征邦」，此爻今本改「邦」作「邑國」，乃避漢人之諱。[109]

二、爻位所處情況解析

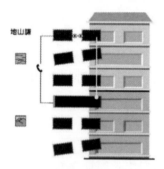

六樓陰坐得正位，和三樓陽經常打電話溝通，和三樓陽共鳴，處於最頂極位的六樓陰，有聲望也謙遜，就是出兵攻伐不義的城邑邦國，也是可行的。

---

109 劉大鈞。今、帛、竹書《周易》疑難卦爻辭及其今、古文辨析 (一)。文章取自蔡運章、董延壽、張應橋主編 (2016)。洛陽市文物管理局，洛陽易經學會編。易學考古論集。北京：中華書局。

［震上坤下］雷地豫（帛書：餘）（海昏竹書易占：伃，喜也）

第十六卦：《豫卦》 ䷏

豫：利建侯，行師。（王弼本周易）

餘，利建㐹，行師。（馬王堆帛書）

【甲骨文造字思考與古籍比對校讀】

豫（餘）：利建侯，行師。

【白話】豫：有利於建立諸侯的偉大功業，以及出師征戰。

一、甲骨文造字意思和易學考古考證等諸多資料彙集

1. 「豫」，帛書作「餘」。《爾雅・釋詁》：「餘，安也，樂也。」《易卦疏》：「豫者，取逸豫之義以和順而動，動不違眾，眾皆悅豫也。」鄭注：「豫喜，豫說，樂之貌也。」《禮記・學記》：「豫，息焉、游焉。」注：「豫謂閒暇無事也。」帛書作「餘」，《莊子・天道》：「則用天下而有餘。」注：「有餘者，閒暇之謂也。」「豫」和「餘」同為魚部字，故相通。又《繫辭》「蓋取諸余」，借「余」為「豫」。《爾雅・釋天》「四月為余。」李注：「四月萬物皆生枝佈葉，故曰余。余，舒也。」孫注：「余，舒遲之身也。」《禮記・玉藻》「君子之容舒遲」，疏：「舒遲閒暇也。」「舒」、「余」音同相通。《大戴記・五帝德》：「貴而不豫。」《史記・五帝記》

作「貴而不舒」。古「舒」、「豫」互用，「余」又通「舒」，故帛書以「余」、「餘」為「豫」，「餘」者「豫」也，安樂閒暇，適情和順之謂也。[110]

2. 壯族雞卦名的意思是：一邊是大吃大喝，一邊是吝嗇異常……與易卦「不知後果的盲目喜樂」的意思等同。因為咱們或你分別拿出一片真心誠意來接待對方，但對方卻以防範心理對之，這樣的後果是好心不得好報，遲早是要遭報應的。[111]

3. 利 (註三) 甲骨文造字意思，可會意用刀收割禾穀。

4. 建 (註八十四) 甲骨文造字意思，手持筆規劃道路的修建。

5. 師 (註二十三) 甲骨文造字意思，人數眾多的軍隊。

二、爻位所處情況解析

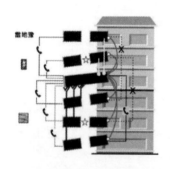

　　雷在地上，震雷驚鳴大地之上，春雷初現於大地，草木萬物受到大地陽氣之滋養，上下和樂融融，互動關係良好。

---

110 王聰潘 (2013)。阜陽漢簡《周易》集釋。吉林大學古籍研究所碩士論文。引述於韓自強 (2004)。《阜陽漢簡 < 周易 > 研究》。上海：上海古籍出版社，2004 年 7 月。

111 黃懿陸 (2007)。中國先越文化研究：從壯族雞卦看《易經》起源。昆明：雲南人民出版社。

三、爻辭建議

依上下卦的互動，有吃東西剩下來「餘」的感覺。雖然古代「豫」和「餘」有通假和意義相通的情況，但是時至今日兩個字的意思已經分開了，但考量卦名不宜隨意更改，因此以括弧為標示，要有餘裕的念想，所以寫為豫（餘）卦。

初六：鳴豫，凶。（王弼本周易）
初六：鳴餘，凶。（馬王堆帛書）
…六：鳴豫，凶。（阜陽漢簡）
【甲骨文造字思考與古籍比對校讀】
初六：鳴豫（餘），凶。
【白話】初六，自鳴得意，準備中大肆宣揚，必遭凶險。

一、爻位所處情況解析

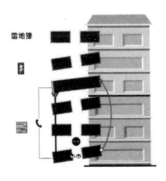

一樓陰坐不得位，卻與四樓陽經常打電話溝通相應，一樓陰覺得有四樓陽照應，覺得可以安逸耽樂，殊不知一樓陰自己前有強敵（二樓陰），而且一樓陰力量尚且薄弱，加上自己又不得位（陰坐在陽位），自己是不中不正的小人，還自鳴得意，恐會遭致災禍。

六二：**介於石，不終日，貞吉。**（王弼本周易）

六二：**疥於石，不終日，貞吉。**（馬王堆帛書）

【甲骨文造字思考與古籍比對校讀】

六二：**介於石，不終日，貞吉。**

【白話】六二，獲罪被囚，還不到一天時間就獲救，占問，吉祥。

一、甲骨文造字意思和易學考古考證等諸多資料彙集

1. 介（註四十四）甲骨文造字意思，由許多鱗片般的小甲片聯綴而成的護身裝備，將穿戴者的身體包覆起來。

2. 終（註七）甲骨文造字意思，終結、結束的意思。

二、爻位所處情況解析

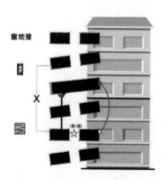

二樓陰坐得正位，位於下卦坤卦的中央，得了一顆星星（臣子），雖然無法和五樓陰（君王）溝通求取支持，但是二樓陰自己穩穩地坐在下卦坤卦的中位，二樓陰靜心守之，思緒明晰，能夠當機立斷，所以凡事吉祥。

六三：**盱豫，悔；遲，有悔。**（王弼本周易）

六三：杅餘悔；遲有悔。（馬王堆帛書）

六三：歌豫，（悔），夷，有（悔）。（阜陽漢簡）

【甲骨文造字思考與古籍比對校讀】

六三：歌豫（餘），悔；遲，有悔。

【白話】六三，鼓樂而洋洋自得，會有悔恨；悔恨太遲，就會悔上加悔。

一、甲骨文造字意思和易學考古考證等諸多資料彙集

1. 「歌」，今本作「旴」，帛書作「杅」。《釋文》：「子夏作紆，京作汙。」歷來對「旴」的解釋分歧較大，今帛書作杅音于。《公羊傳・宣公十二年》：「杅不穿皮不蠹則不出於四方。」何休注：「杅，飲水器也。」《說文》：「盂，飯器也，又與杅通。」《後漢書・崔駰傳》「刻諸盤杅」，注「杅亦盂也。」今本「旴豫」，阜易作「歌豫」。《釋名・釋樂器》：「人聲曰歌，歌，柯也。」帛書作「杅」，阜易作「歌」，《方言》：「盂謂之柯。」「盂」、「杅」從「于」聲，故「杅」可讀為「歌」。

   王弼曾給初六「豫鳴凶」加注曰：「樂過則淫，志窮則凶，豫何則鳴！」人學鳥鳴，得意忘形，自然會招來凶。阜易「歌豫（每卜）夷」，人聲歌唱與學鳥鳴相對應，因此「歌豫」較之「旴豫」或「杅餘」，意思更鮮明。**112**

2. 帛本作「杅」為古文,竹書此字作「可」,馬承源先生主編《戰國楚竹書・周易》解「可」為「阿」,與「旰」義通,此說是也。[113]

3. 遲(註一百一十二)甲骨文造字意思,一人背負一人在行道行走,比一般人行走遲到。

二、爻位所處情況解析

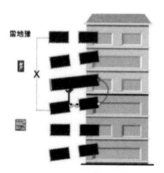

　　三樓陰坐不得位,和六樓陰也無法相應溝通,三樓陰位於下卦坤卦的最頂端,卻不去理會坤卦內的陰(一、二樓),三樓陰一直巴望著四樓陽,自己以為攀上四樓陽就可以順利相合而自鳴得意,而歌詠作樂,但是忘了三樓陰自己不中不正(不位於下卦中央,不中;陰處於陽位,不正),過於逸樂,會生悔恨的。

三、爻辭建議

　　「歌」字意思清楚,所以從其研究建議,爻辭改為「歌」。

---

[112] 王聰潘 (2013)。阜陽漢簡《周易》集釋。吉林大學古籍研究所碩士論文。引述於韓自強 (2004)。《阜陽漢簡＜周易＞研究》。上海:上海古籍出版社,2004 年 7 月。

[113] 劉大鈞。今、帛、竹書《周易》疑難卦爻辭及其今、古文辨析 (一)。文章取自蔡運章、董延壽、張應橋主編 (2016)。洛陽市文物管理局,洛陽易經學會編。

九四：由豫，大有得。勿疑，朋盍簪。（王弼本周易）

九四：允餘，大有得；勿疑，傰甲讒。（馬王堆帛書）

【甲骨文造字思考與古籍比對校讀】

九四：允豫（餘），大有得。勿疑，朋盍簪。

【白話】九四，相應統領，大有所獲；不必疑慮，朋友會聚在一起。

一、甲骨文造字意思和易學考古考證等諸多資料彙集

允（註一百一十三）甲骨文造字意思，回顧表示言行相允之意。

二、爻位所處情況解析

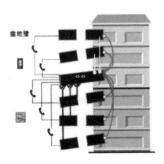

四樓陽坐不得位，不僅和一樓陰相應，由於整棟樓只有四樓一個陽，其他層樓陰都歸附順之，與四樓陽相合。四樓陽位於五樓陰（君王）之下，幫助柔弱君王陰去統領眾人，這四樓陽儼然已經擁有大部分的天下了，所以只要待人以誠，則有賢之士將會合聚而來，可去做大事。

三、爻辭建議

依爻位處於和各樓相呼應的位置，以「允」字甲骨文造字意思

相符，所以爻辭改為「允」。

> **六五：貞疾，恆不死。**（王弼本周易）
> **六五：貞疾，恆不死。**（馬王堆帛書）

【甲骨文造字思考與古籍比對校讀】

> **六五：貞疾，恆不死。**

【白話】六五，占問疾病，但仍能長時間地支持下去而不致死去。

一、甲骨文造字意思和易學考古考證等諸多資料彙集

1. 疾（註六十五）甲骨文造字意思，一個人被箭矢所傷，一個人生病而睡在床上，不同的表現手法似乎表現不同的病痛原因。

2. 恆（註五十六），亙古不變。

二、爻位所處情況解析

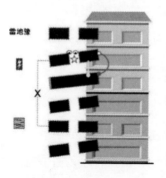

五樓陰坐不得位，和二樓陰不相應溝通，五樓陰雖然是君王但是柔弱，而對四樓陽這個陽剛而統御眾人的大臣而言，五樓（君王）當然危懼不安，內心是有疾苦的；但是五樓陰終究是君王（居於上卦震卦之中位），只要能夠及時警惕，終究不

會失去君王的位子。

上六：冥豫，成有渝，無咎。（王弼本周易）

尚六，冥餘成，或諭無咎。（馬王堆帛書）

【甲骨文造字思考與古籍比對校讀】

上六：冥豫（餘），或有渝，無咎。

【白話】上六，暗黑作樂，即使事情有成，也會有變故。但只要及時覺悟，改弦易轍，則平安無事。

一、甲骨文造字意思和易學考古考證等諸多資料彙集

1. 冥（註一百一十四）甲骨文造字意思，黑暗。

2. 成（通假字），城（本字），根據其他古籍研究，疑為通假字。[114] 城，成。[115]

3. 渝，愈，俞，疑為通假字。[116]

易學考古論集。北京：中華書局。

114 廖燕 (2015)。里耶秦簡通假字、古今字研究。吉首大學碩士學位論文。

115 蔡明宏 (2012)。《上海博物館藏戰國楚竹書（七）》通假字研究。國立高雄師範大學國文學系碩士論文。

116 呂佩珊 (2011)。《上海博物館藏戰國楚竹書（一～六）》通假字研究。國立台灣師範大學國文學系博士論文。

二、爻位所處情況解析

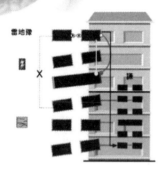

雷地豫

六樓陰坐得正位，但是和三樓陰不相應，六樓陰自己單獨處於最高樓，歡樂自滿而致蒙昧無知，但是六樓陰已經到了整棟樓的頂端已經是要有轉變的時機，所以即使歡樂過度，也會有自省謙遜的時候（豫卦第六爻反轉為謙卦第一爻），只要能夠知過改過就不會有事了。

［兌上震下］澤雷隨（帛書：隋）（海昏竹書易占：脩，相脩也）（阜陽漢簡：隋）

第十七卦：《隨卦》

隨：元亨，利貞，無咎。（王弼本周易）

隋，元亨，利貞，無咎。（馬王堆帛書）

【甲骨文造字思考與古籍比對校讀】

隨：元亨，利貞，無咎。

【白話】隨：開頭亨通，固守正道，平安無事。

一、甲骨文造字意思和易學考古考證等諸多資料彙集

1. 在壯族雞卦名，卦名意思中反映出：問卜者和占卜者之間的關係是非常好的，好到無話不說的程度。這樣，彼此之間要見面，要講話，談論機密，辦事，當然就很隨便、隨和、隨意，舉凡天地之間、陰陽之界、社會中的各行各業，自然界的萬事萬物，無所不談，無事不論。 **117**

2. 利（註三）甲骨文造字意思，可會意用刀收割禾穀。

二、爻位所處情況解析

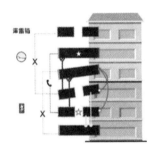

上卦為澤、為兌、為少女，下卦為雷、為震、為長男，陰柔的少女在陽剛的長男之上，有如柔隨剛，弱隨強，陰從陽，上下相從，追隨他人之意。

初九：官有渝，貞吉。出門交，有功。（王弼本周易）

初九：官或諭，貞吉。出門交有功。（馬王堆帛書）

【甲骨文造字思考與古籍比對校讀】

初九：官有諭，貞吉。出門交，有功。

【白話】初九，館舍有些變動，占問吉祥。出門交朋友，可獲成功。

---

117 黃懿陸 (2007)。中國先越文化研究：從壯族雞卦看《易經》起源。昆明：雲南人民出版社。

一、甲骨文造字意思和易學考古考證等諸多資料彙集

1. 渝，愈，俞，疑為通假字。[118]

二、爻位所處情況解析

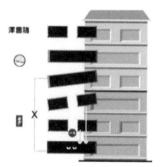

澤雷隨

　　一樓陽坐得正位，但不和四樓陽溝通相應，一樓陽居於正位，能夠自己堅守正道，而二、三樓陰有利於一樓陽前進（陰陽相合），可見一樓陽只要觀情勢權宜而變，出門結交朋友做事，是會有收穫的。

六二：係小子，失丈夫。（王弼本周易）

六二：係小子，失丈夫。（馬王堆帛書）

【甲骨文造字思考與古籍比對校讀】

六二：係小子，失丈夫。

【白話】六二，與年輕小子交往，則會失去了經驗豐富的老前輩。

---

118 呂佩珊 (2011)。《上海博物館藏戰國楚竹書（一～六）》通假字研究。國立台灣師範大學國文學系博士論文。

一、爻位所處情況解析

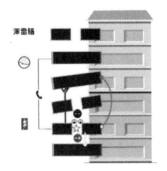

澤雷隨

二樓陰坐得正位，和五樓陽相應溝通，但是二樓陰前去三樓陰被擋，加上二樓陰和一樓陽陰陽相合，二樓陰想要和一樓陽（小）親近，卻忽略了五樓陰（大），就是所謂的因小失大。

六三：係丈夫，失小子。隨有求，得。利居貞。（王弼本周易）

六三：係丈夫，失小子。隋有求得，利居貞。（馬王堆帛書）

……丈夫，失小子，隋有求，得。利處貞。（阜陽漢簡）

【甲骨文造字思考與古籍比對校讀】

六三：係丈夫，失小子。隨有求，得。利居貞。

【白話】六三，與經驗豐富的老前輩交往，則必然失去年輕小子。追隨前輩，有求必有收穫，利於安守正道。

一、爻位所處情況解析

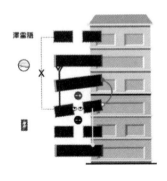

澤雷隨

三樓陰坐不得位，也和六樓陰無法打電話溝通，而一樓陽和二樓陰已經陰陽相合在一起，不理會三樓陰，三樓陰和四樓陽有意相合，所以三樓陰會選擇四樓陽（大），而放棄二樓（小），正所謂得大失小，三樓陰往前進，正合乎人往高處爬的

道理，但是三樓陰不得位（陰處於陽位），必須時時戒慎恐懼，往上求進才有所得。

九四：隨有獲，貞凶。有孚在道，以明，何咎？（王弼本周易）

九四：隋有獲，貞凶；有復在道，已明，何咎。（馬王堆帛書）

【甲骨文造字思考與古籍比對校讀】

九四：隨有獲，貞凶。有復在道，已明，何咎？

【白話】九四，盲目追隨他人，雖有收穫，有可能發生凶險。如果出於明智決定，心存誠信，重複地堅守正道，那還有什麼危害呢？

一、甲骨文造字意思和易學考古考證等諸多資料彙集

1. 今本「貞凶」，竹書作「貞工」，考之今、帛本卦爻辭中諸「凶」字，竹書亦皆作「凶」，唯此爻今、帛本「貞凶」竹書作「貞工」。案竹書此爻之「貞工」正與本卦初爻之「貞吉，出門交又（有）工（功）」互應，再案《象》釋此爻曰：「隨有獲」，其義「凶」也，「有孚在道」，「明」功也。對於此段《象》文，過去人們很難理解：「隨有獲」，何以其義「凶」也？「有孚在道」，又何以「明」功也？今依竹書讀之，《象》傳此段文字應是「隋有獲」，其義工（功）也，「有孚在道，明工（功）也」，文意明白通暢，顯然《象》作者當初所見本作「貞工（功）」，故以「其義工（功）」釋之，是後人改「工」為「凶」。

「凶」、「工」同韵可通，「工」讀為「功」，遂因同韵相通。一字之改，致使後人讀《象》墮入五里霧中。由竹書其餘諸卦爻辭之「凶」字皆同今、帛本，唯此爻作「工」，可證竹書作「工」，義不同於「凶」也。與此相同者，還有今本益卦六三爻「益之用凶事」，帛本亦作「益之用工事」。惜乎竹書益卦殘缺，無法對比考證此爻。[119]

2. 孚 (註二十) 甲骨文造字意思，引申有誠信的意思。

3. 复 (註二十四) 甲骨文造字意思，復，有「反覆」、「往復」的意思。會腳圍繞城邑往來之意。

4. 孚，復，疑為通假字。[120]

5. 明 (註一百一十五) 甲骨文造字意思，利用照進窗內的月光使室內明亮。

6. 何 (註一百六十三) 甲骨文造字意思，表所扛物之形。1.「以肩承物、扛物」義的本字，後來借「荷」字記錄此義。2. 借用作疑問代詞「何」。

---

119 劉大鈞。今、帛、竹書《周易》疑難卦爻辭及其今、古文辨析 (一)。文章取自蔡運章、董延壽、張應橋主編 (2016)。洛陽市文物管理局，洛陽易經學會編。易學考古論集。北京：中華書局。
120 呂佩珊 (2011)。《上海博物館藏戰國楚竹書 (一～六)》通假字研究。國立台灣師範大學國文學系博士論文。

二、爻位所處情況解析

澤雷隨

四樓陽坐不得位，又不和一樓陽相應溝通，但是四樓陽和五樓陽（君王）同樣具有陽德，加上四樓陽底下是兩個陰(二、三樓)陰陽相合收穫頗多，但是四樓陽獲得越多，難免受到五樓陽（君王）的猜疑，所謂功高震主，五樓陽（君王）懼怕四樓陽會圖謀叛變，這對於四樓陽是一個災禍的警訊；如果四樓陽內心秉持誠信，公忠體民，縱然一時受到五樓陽（君王）的猜疑，最終還是會獲得信任而沒事的。

三、爻辭建議

1. 依爻位情況，不得位而無應，又位於多懼位置，所以沿用「貞凶」兩字。

2. 孚和復用字理由，請見需卦和中孚卦的解釋。

九五：孚於嘉，吉。（王弼本周易）

九五：復於嘉，吉。（馬王堆帛書）

九五：復嘉，吉。（阜陽漢簡）

【甲骨文造字思考與古籍比對校讀】

九五：復於嘉，吉。

【白話】九五，嘉言善行，可獲吉祥。

一、甲骨文造字意思和易學考古考證等諸多資料彙集

1. 孚 (註二十) 甲骨文造字意思，引申有誠信的意思。

2. 复 (註二十四) 甲骨文造字意思，復，有「反覆」、「往復」的意思。會腳圍繞城邑往來之意。

3. 孚，復，疑為通假字。 [121]

4. 嘉 (註一百二十八) 甲骨文造字意思，婦女生產可用耒耜耕作之男孩，值得嘉美。

二、爻位所處情況解析

五樓陽坐得正位，又與二樓陰相應溝通，又得到陽剛的四樓陽 (大臣) 的支持，誠信公正，與美善之人相依隨，當然吉祥。

---

121 呂佩珊 (2011)。《上海博物館藏戰國楚竹書 (一～六)》通假字研究。國立台灣師範大學國文學系博士論文。

三、爻辭建議

1. 孚和復用字理由，請見需卦和中孚卦的解釋。

上六：拘係之，乃從。維之。王用亨於西山。（王弼本周易）

尚六：枸係之，乃從鸞之。王用芳於西山。（馬王堆帛書）

上六：拘……亨於支山。（阜陽漢簡）

【甲骨文造字思考與古籍比對校讀】

上六：拘係之，乃從維之。王用亨於西山。

【白話】上六，即使追隨的前輩收到拘禁，仍然順從相隨。其追隨之心和君王在西山設祭時，是一樣的真誠。

一、甲骨文造字意思和易學考古考證等諸多資料彙集

1. 鸞（註一百六十六）甲骨文造字意思，(1). 從隹（鳥），內聲。(2). 隹（鳥）口中或添加表示鳴叫聲的指事符號。(3). 子規，即杜鵑鳥。常夜鳴，聲音淒切。

2. 請見坎卦卦辭，帛書「鸞」字，而王弼本為「維」字；而本爻辭為草頭旁的「鸞」，也是有鸞之意。

二、爻位所處情況解析

六樓陰坐得正位，但和三樓陰沒有相應溝通，六樓陰已經位於整棟樓的最上層，已經沒有前進的路，應該要知止而止，同時也要

聽五樓陽(君王)的提醒約束,只有五樓陽和六樓陰陰陽相合,相互扶持,才可以維持應有的尊榮。君王到西山祭祀,以敘其功勞,嘉其勤奮,極盡安慰,已是功成名就了。

[艮上巽下] 山風蠱(帛書:箇)(海昏竹書易占:蠱,事也)

第十八卦:《蠱卦》 ䷑

蠱:元亨,利涉大川。先甲三日,後甲三日。(王弼本周易)

箇,□吉,亨,利涉大川;先甲三日,後甲三日。(馬王堆帛書)

【甲骨文造字思考與古籍比對校讀】

蠱:元亨,利涉大川。先甲三日,後甲三日。

【白話】蠱:開始很亨通,有利於涉越大河。先甲三日是辛日(辛壬癸←甲),後甲三日是丁日(甲→乙丙丁)。

一、甲骨文造字意思和易學考古考證等諸多資料彙集

1. 占得此卦可以舉行大型祭祀，可以渡越大河。但要在甲日前的三日辛日和甲日後的三日丁日。[122]

2. 蠱，👾甲骨文，幾條小蟲在一個容器內的樣子。中國文字常用三表達多數，排列成上一下二，所以演變為皿上三條虫的字形。古代沒有殺蟲劑，古人很容易想像諸如蛔蟲、瀉肚、牙痛等等病疾，都是飲食不慎吞下小蟲所引起的。[123]

3. 壯族雞卦名的意思為：跑了好，為什麼要跑，而且跑了還要好呢？這可以理解為，是碰到了不順心的事，是此地不能久留……因而導致要離開的念頭。但在另一卦名中，有口，就是說此事有希望，有可能轉危為安，把壞事變為好事……[124]

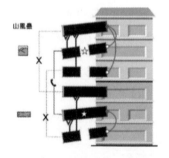

山風蠱

二、爻位所處情況解析

　　山在上方，風在下，山底下的風受阻於山而不流通，萬物無法順利生長發育，就會腐爛生蟲。

---

122 盧央 (2003)。易學與天文學。中國書店出版社，頁 40。

123 許進雄 (2020)。新編進階甲骨文字典：甲骨文發現 120 週年紀念版。新北市：字畝文化。

124 黃懿陸 (2007)。中國先越文化研究：從壯族雞卦看《易經》起源。昆明：雲南人民出版社。

初六：幹父之蠱，有子，考無咎，厲，終吉。（王弼本周易）

初六：榦父之箇，有子，巧無咎，厲終吉。（馬王堆帛書）

【甲骨文造字思考與古籍比對校讀】

初六：幹父之蠱，有子，考無咎，厲，終吉。

【白話】初六，整治父輩的事業，是子孫孝順的表現，父輩必無危害；即使遇到艱難險阻，只要努力奮鬥，最終必獲吉祥。

一、甲骨文造字意思和易學考古考證等諸多資料彙集

1. 考 (註七十七) 甲骨文造字意思，意義是死去的父親，也有「拷打」、「拷問」的意義，或許與棒打老人的遠古喪俗有關。

2. 終 (註七) 甲骨文造字意思，終結、結束的意思。

二、爻位所處情況解析

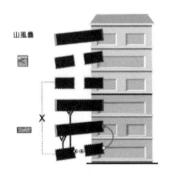

山風蠱

　　一樓陰坐不得位，和四樓陰不相應溝通，一樓陰本來就是要由陽 (父親) 居位，現在是由陰 (兒子) 處事，由兒子匡正父親的錯誤，由於上面有二、三樓陽相助，兒子陰當可奮發圖強，排除艱難，沒有禍患。縱使有危險，最終仍就無事。

九二：幹母之蠱，不可貞。（王弼本周易）

□□：榦母之箇，不可貞。（馬王堆帛書）

【甲骨文造字思考與古籍比對校讀】

九二：幹母之蠱，不可貞。

【白話】九二，整治母輩所的事務，不可貞問。

一、爻位所處情況解析

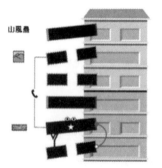

山風蠱

二樓陽坐不得位，和五樓陰經常打電話溝通，二樓陽(兒子)想要匡正五樓陰(母親)的錯誤，但是身為兒子(二樓)不可過於急切剛強，必須婉言相諫，才能夠導正，所以不要操之過急。

九三：幹父之蠱，小有悔，無大咎。（王弼本周易）

九三：榦父之箇，少有悔，無大咎。（馬王堆帛書）

【甲骨文造字思考與古籍比對校讀】

九三：幹父之蠱，小有悔，無大咎。

【白話】九三，整治父輩的事業，小有晦氣，不會有大的危害。

一、甲骨文造字意思和易學考古考證等諸多資料彙集

1. 少(通假字)，小(本字)，根據其他古籍研究，疑為通假字。[125]

二、爻位所處情況解析

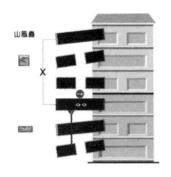

三樓陽坐得正位，和六樓陽不相應溝通，所以難免會有一些小過失；三樓陽位於下卦巽卦的最頂端，有巽卦謙遜之德，應該要以謙虛的態度做事，由於四、五樓陰會幫助三樓陽，所以不會有大的禍害。

六四：裕父之蠱，往見吝。（王弼本周易）

六四：浴父之箇，往見閵。（馬王堆帛書）

【甲骨文造字思考與古籍比對校讀】

六四：裕父之蠱，往見吝。

【白話】六四，擴大父輩的事業，前去會有些艱難。

一、爻位所處情況解析

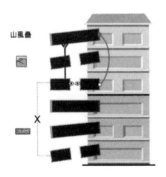

四樓陰坐得正位，和一樓陰不相應溝通，四樓陰位於上卦艮卦之內，陰柔又止步不前，四樓陰顯得過於柔弱，並沒有能力擔負大任，只能夠順其自然而守住現有狀態，切不可冒進，否則將會遭遇艱難險境。

六五：幹父之蠱，用譽。（王弼本周易）

六五：榦父之箇，用輿。（馬王堆帛書）

---

125 廖燕 (2015)。里耶秦簡通假字、古今字研究。吉首大學碩士學位論文。

【甲骨文造字思考與古籍比對校讀】

六五：幹父之蠱，用譽。

【白話】六五，整治父輩的事業，博得讚譽。

一、甲骨文造字意思和易學考古考證等諸多資料彙集

1. 譽（註五十一）甲骨文造字意思，四手共舉一個另一形式的肩輿之形。

二、爻位所處情況解析

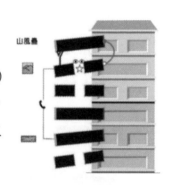

山風蠱

五樓陰坐不得位，和二樓陽（臣子）相應支持，五樓陰（君王）以陰柔居陽位，象徵有能力繼承父業，而且重用臣子（二樓陽）輔弼國是，因而得到讚譽。

上九：不事王侯，高尚其事。（王弼本周易）

尚九：不事王矦，高尚其德，兇。（馬王堆帛書）

……侯，高上其事。（阜陽漢簡）

【甲骨文造字思考與古籍比對校讀】

上九：不事王侯，高尚其事，凶。

【白話】上九，即使不侍奉王侯，研究曆法也是高尚之事。

一、甲骨文造字意思和易學考古考證等諸多資料彙集

1. 德 (註五十七) 甲骨文造字意思，有以目檢驗築路是否平直的才幹。

2. 高尚其德凶，王弼本德作事，無凶字。[126]

3. 「高上其事」，帛書作「高尚其德」，「德」是指德行，「事」是指事情，《象》曰：「不事王侯，志可則也。」惠棟說：「此爻當為親老歸養之義，潔白承歡，晨昏不去，事之高尚，莫過於此，故曰『志可則也』。」「志」即可為後人效法，帛書卻曰「凶」，與爻義相左。[127]

二、爻位所處情況解析

六樓陽坐不得位，和三樓陽不相應溝通，六樓陽已經位居最高樓，功勞也已經到頂，也不需要事奉君王 (五樓陰)，六樓陽應該要功成身退，潔身自愛，休隱是高尚之事，宜不管政事，專注於其他高尚事業。然六樓陽自己處事而不支援，前無進路，有凶險。

三、爻辭建議

依爻位情況，應補上「凶」字。

126 張政烺 (2011)，李零等整理。張政烺論易叢稿。北京：中華書局。
127 王聰潘 (2013)。阜陽漢簡《周易》集釋。吉林大學古籍研究所碩士論文。引述於韓自強 (2004)。《阜陽漢簡 < 周易 > 研究》。上海：上海古籍出版社，2004 年 7 月。

［坤上兌下］地澤臨（帛書：林）（海昏竹書易占：臨，大也）（阜陽漢簡：林）

第十九卦：《臨卦》 ䷒

臨：元亨，利貞。至於八月，有凶。（王弼本周易）

□，□□，利貞。至於八月有□。（馬王堆帛書）

【甲骨文造字思考與古籍比對校讀】

臨（林）：元亨，利貞。至於八月，有凶。

【白話】臨：亨通無阻，祥和有益，利於占問。到了八月，有凶險。

一、甲骨文造字意思和易學考古考證等諸多資料彙集

1. 卦名殘缺，爻辭林字六見。王弼本皆作臨，據補。林、臨同音通假。**128**

2. 臨（註五十八）甲骨文造字意思，居高處面向低處。

3. 林（註五十九）甲骨文造字意思，很多樹木之意。

4. 從壯族雞卦名的意思看，卦名一，卦名二都有口，可見兩卦都是吉祥之卦。而且，其數是「四、五、六、七吉」，則從所見

---

128 張政烺 (2011)，李零等整理。張政烺論易叢稿。北京：中華書局。

之數看，所吉之數是從小到大，故數越大越吉。 [129]

5. 阜易卦名存左邊木字旁，依帛書從《林》。

李過《西谿易說》認為傳本《歸藏》之「林禍」即「臨」，知《臨》卦本作《林》，《林》、《臨》同為侵部來紐字，古相通。

《臨》以尊適卑曰《臨》。《左傳·昭公六年》疏：「臨謂位居上俯臨其下。」《臨》卦內卦為兌，外卦為坤，下互為震，上互為坤。尚秉和說：「臨視也，有臨天下之言焉。臨撫有之也，卦以震君臨四陰，正撫有也，故曰臨。」《廣雅·釋詁》：「林，君也。」《詩·賓之初筵》：「有壬有林。」《毛傳》：「林，君也」，震為帝，《爾雅·釋詁》：「林，君也。」坤為民，為眾，《廣雅·釋詁》：「林，眾也。」《白虎通·五行》：「林者，眾也，萬物成熟類眾多也。」阜易和帛書以「林」做為《臨》卦名，正符合「君臨四陰」、「臨撫有之」的象義。 [130]

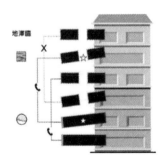

二、爻位所處情況解析

　　地在上，澤在下，澤上有地，大地匯聚澤水，地高澤卑，居高臨下，有監督管理、由上視下、以尊臨卑之意。

129 黃懿陸 (2007)。中國先越文化研究：從壯族雞卦看《易經》起源。昆明：雲南人民出版社。

130 王聰潘 (2013)。阜陽漢簡《周易》集釋。吉林大學古籍研究所碩士論文。引述於韓自強 (2004)。《阜陽漢簡＜周易＞研究》。上海：上海古籍出版社，2004 年 7 月。

三、爻辭建議

依卦象直觀，以底下兩個陽靜為土地，上面四個陰動而像是不斷地往上生長的樹木，兩樹成「林」，這個「林」字比「臨」字更為貼切卦象；而下有澤水上有地，也是樹林生長之地。

今以「臨」字為卦名，以居高臨下，君主治理臣民做解釋，則顯得繞彎甚多；但為顧及卦名「臨」已經熟知，不宜更換，只在卦名後加上括弧示意提醒，即書寫臨（林）卦。

初九：咸臨，貞吉。（王弼本周易）

初九：禁林，貞吉。（馬王堆帛書）

【甲骨文造字思考與古籍比對校讀】

初九：咸臨（林），貞吉。

【白話】初九，以感化方法統治，占問，可獲吉祥。

一、甲骨文造字意思和易學考古考證等諸多資料彙集

1. 「禁」與「欽」以音近互通。[131]

2. 咸 (註一百二十八) 甲骨文造字意思，儀仗兵器之形，儀仗隊的喊叫有訓練，整齊而宏亮。以後延伸為全部、一起的意思。[132]

3. 禁，欽，咸，疑為通假字。[133]

二、爻位所處情況解析

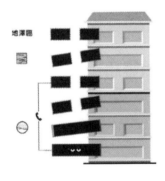

　　一樓陽形狀和窗戶相吻合，坐得正位，和四樓陰相應溝通，一樓陽和四樓陰都是正位，上下一心，感化萬民，至誠相感。

三、爻辭建議

　　咸卦，帛書為欽卦，而此處帛書為禁字，在古代這三字通假，

---

131 劉大鈞。今、帛、竹書《周易》疑難卦爻辭及其今、古文辨析 (一)。文章取自蔡運章、董延壽、張應橋主編 (2016)。洛陽市文物管理局，洛陽易經學會編。易學考古論集。北京：中華書局。

132 許進雄 (2014)。文字小講。臺北市：台灣商務。

133 呂佩珊 (2011)。《上海博物館藏戰國楚竹書 (一～六)》通假字研究。國立台灣師範大學國文學系博士論文。

但是直至現代意思全然不同，觀其爻位互動情況，仍以「咸」字較為適當。

> 九二：咸臨，吉，無不利。（王弼本周易）
> 九二：禁林，吉無不利。（馬王堆帛書）
> 【甲骨文造字思考與古籍比對校讀】
> 九二：咸臨（林），吉無不利。

【白話】九二，以感化的政策治理民眾，可獲吉祥，不會有什麼不利。

一、甲骨文造字意思和易學考古考證等諸多資料彙集

1. 咸（註一百二十八）甲骨文造字意思，儀仗兵器之形，儀仗隊的喊叫有訓練，整齊而宏亮。以後延伸為全部、一起的意思。[134]
2. 禁，欽，咸，疑為通假字。[135]

二、爻位所處情況解析

二樓陽坐不得位，和五樓陰經常相應支持，二樓陽居陰位，五樓陰居陽位，剛柔並濟且相應，無所不利。

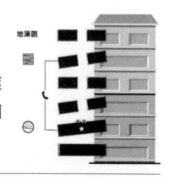

---

134 許進雄 (2014)。文字小講。臺北市：台灣商務。
135 呂佩珊 (2011)。《上海博物館藏戰國楚竹書（一～六）》通假字研究。國立台灣師範大學國文學系博士論文。

六三：甘臨，無攸利。既憂之，無咎。（王弼本周易）

六三：甘林，無攸利；既憂之，無咎。（馬王堆帛書）

【甲骨文造字思考與古籍比對校讀】

六三：甘臨（林），無攸利。既憂之，無咎。

【白話】六三，以甜言蜜語去督導，必無得利；但是如有覺悟，能憂懼改過，災禍可消除。

一、甲骨文造字意思和易學考古考證等諸多資料彙集

1. 攸（註十），手持杖打擊一人之背部，後加流血之狀。

2. 既（註一百一十七），已進食完畢，轉頭表示可撤去食物之意。

二、爻位所處情況解析

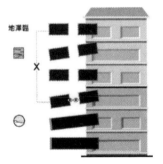

三樓陰坐不得位，和六樓陰不相應溝通，位於下卦兌卦之最頂端，喜悅至極，又不得位（陰居陽位）有失德之象，上看四樓陰之強敵並且無法得到六樓陰相應協助，所以不會得到任何利益。

三樓陰自知處於危險之位，受到二樓陽的影響而有警惕之心，能夠知過改過，不再以甘甜之言媚人，所以不會造成任何禍害。

六四：至臨，無咎。（王弼本周易）

六四：至林，無咎。（馬王堆帛書）

【甲骨文造字思考與古籍比對校讀】

六四：至臨（林），無咎。

【白話】六四，親自督導治理民眾，沒有禍害。

一、爻位所處情況解析

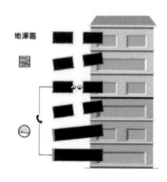

地澤臨

　　四樓陰坐得正位，和一樓陽經常打電話溝通，四樓陰（已位於上卦坤卦）下臨一樓陽（位於下卦兌卦），又以柔順之德（正位）順從五樓陰（君王），用人恰到好處即可成功。

六五：知臨，大君之宜，吉。（王弼本周易）

六五：知林，大□□□，□。（馬王堆帛書）

……大君之義，吉。（阜陽漢簡）

【甲骨文造字思考與古籍比對校讀】

六五：知臨（林），大君之宜，吉。

【白話】六五，懂得運用賢明之士治國，這才是偉大君主最適宜的統治之道，能獲得吉祥。

一、甲骨文造字意思和易學考古考證等諸多資料彙集

1. 君 (註六)，持筆寫字的人是發號令的長官。

2. 「大君之義」，今本作「大君之宜」。「義」與「宜」或「儀」同為歌部字，古相通，《釋名》：「儀，宜也，得事宜也。」帛書《漸》卦上九「其羽可用為宜」，正是用「宜」為「儀」之例。《禮記・中庸・疏》：「義者宜也。」又《繫辭》「象其物宜」，「觀鳥獸之文與地之宜」，帛書作「以馬其物義」，「觀鳥獸之文與地之義」，宜皆作義，與阜易以義為宜可以互證。

   其實古代「義」和「宜」通用還有很多例證，如《易・旅》：「其義焚也。」《經典釋文》：「一本作『宜其焚也』。」《中山王壺》：「以征不宜之邦。」「宜」、「義」互通。《睡虎地秦墓竹簡・倉律》：「義積之。」整理者注：「義，宜。」[136]

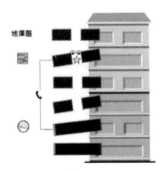

二、爻位所處情況解析

五樓陰坐不得位，和二樓陽相應支持，五樓陰 (君王) 以陰居陽位，重用二樓陽 (臣子) 以陽居陰位，知人善用，五

136 王聰潘 (2013)。阜陽漢簡《周易》集釋。吉林大學古籍研究所碩士論文。引述於韓自強 (2004)。《阜陽漢簡 < 周易 > 研究》。上海：上海古籍出版社，2004 年 7 月。

樓以明智之道治理人民，真是一位明君。

上六：敦臨，吉，無咎。（王弼本周易）

□□：敦林，吉，無咎。（馬王堆帛書）

【甲骨文造字思考與古籍比對校讀】

上六：敦臨（林），吉，無咎。

【白話】上六，敦厚地治民，能獲得吉祥，沒有危害。

一、甲骨文造字意思和易學考古考證等諸多資料彙集

1. 敦（註一百一十一）甲骨文造字意思，以羊祭祀。

二、爻位所處情況解析

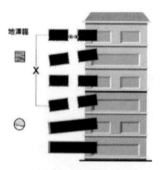

六樓陰坐得正位，和三樓陰不相應溝通，六樓陰已經位於最高樓，又位於上卦坤卦之極，已享坤土之地德，六樓陰以敦厚之道治民，則吉祥得力。

［巽上坤下］風地觀（海昏竹書易占：觀，觀也）

第二十卦：《觀卦》 ䷓

觀：盥而不薦，有孚顒若。（王弼本周易）

觀，盥而不尊，有復□若。（馬王堆帛書）

【甲骨文造字思考與古籍比對校讀】

觀：盥而不尊，有復顒若。

【白話】觀：使用盛水的盥器，而不刻意舉高，心中要反覆充滿誠敬肅穆。

一、甲骨文造字意思和易學考古考證等諸多資料彙集

1. 觀 (註一百三十)，有目的地仔細審視。

2. 壯族雞卦的意思是：看到的都是「五」，亦即天地之一半，而且都有口可出，就是都有好的東西，有好的去處，也就是說都有好的內容。但是社會萬事萬物都不是完美無缺的，似乎是好壞參半，但只要看到了其凶險的一面，就能夠有足夠的勇氣，想出解決的辦法去重視其不利的地方，使之向好的方面轉化。儘管「正二三四凶」，但學到了好的東西，對處理壞的東西就有益處，故能夠化險為夷，逢凶化吉，使「正二三四吉」從而走出一片新天地，打開一個新局面。**137**

3. 盥，甲骨文可會意在器皿中洗手。[138] 與我們現在認知相同。

4. 尊，甲骨文從酉，像盛酒之器皿；下從兩手，會意兩手高舉酒杯或酒罇敬酒。[139]

5. 孚(註二十)，引申有誠信的意思。

6. 复(註二十四)甲骨文造字意思，復，有「反覆」、「往復」的意思。會腳圍繞城邑往來之意。

7. 孚，復，疑為通假字。[140]

二、爻位所處情況解析

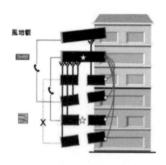

風行於地上，自由自在的風，在空中鳥瞰大地，萬物皆望風披靡，有聖人省風觀民、設教化使天下信服之意。

137 黃懿陸(2007)。中國先越文化研究：從壯族雞卦看《易經》起源。昆明：雲南人民出版社。
138 王本興(2019)。甲骨文讀本：全3冊。北京：北京工藝美術出版社。
139 王本興(2019)。甲骨文讀本：全3冊。北京：北京工藝美術出版社。
140 呂佩珊(2011)。《上海博物館藏戰國楚竹書(一～六)》通假字研究。國立台灣師範大學國文學系博士論文。

三、爻辭建議

1. 依「尊」甲骨文造字意思，加上現代認知，更為合適。

2. 孚和復用字理由，請見需卦和中孚卦的解釋。

初六：童觀，小人無咎，君子吝。（王弼本周易）

初六：童觀，小人無咎，君子闥。（馬王堆帛書）

【甲骨文造字思考與古籍比對校讀】

初六：童觀，小人無咎，君子吝。

【白話】初六，從底下小民童稚觀點看，小民不會有禍患，但是對於治理大眾的君子就會有困厄。

一、甲骨文造字意思和易學考古考證等諸多資料彙集

1. 君(註六)，持筆寫字的人是發號令的長官。

二、爻位所處情況解析

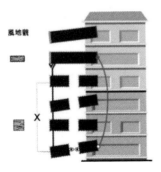

一樓陰坐不得位，和四樓陰不相應溝通，一樓陰距離五樓(君王)太遠，其間又有三層樓都是陰，一樓陰就像一位見識淺短的小孩，不懂君子之道是很自然的事情，但是如果是君子的視解也如此淺薄，

那就很不利了。

六二：**闚觀，利女貞。**（王弼本周易）
六二：**覞觀，利女貞。**（馬王堆帛書）
【甲骨文造字思考與古籍比對校讀】
六二：**闚觀，利女貞。**

【白話】六二，從門縫中觀看，有利於占問女子之事。

一、爻位所處情況解析

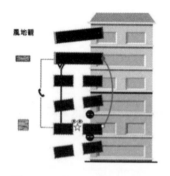

　　二樓陰坐得正位，和五樓陽經常相應溝通，二樓陰面對不和善的一、三樓陰，只支持五樓陽且關係密切，二樓陰（女子）位於下卦坤卦之中央，遠遠地眺望心儀的五樓陽（男，君王正位），而且是透過三、四樓陰之間細細的縫觀看，視野一定狹隘，就好像以孔窺天，所以占問在家女子的事是可以的，並不適合平時在外見識廣博的男子。

六三：**觀我生，進退。**（王弼本周易）
六三：**觀我生，進退。**（馬王堆帛書）
…三：**觀我產，進退。**（阜陽漢簡）
【甲骨文造字思考與古籍比對校讀】

六三：觀我生，進退。

【白話】觀察我的子民，決定進退行止。

一、爻位所處情況解析

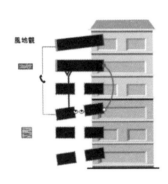

三樓陰坐不得位，和六樓陽經常打電話溝通，又和五樓陽支持且關係密切，三樓陰居於下卦坤卦的最頂端，往上看上卦巽卦而想要從其風德，三樓陰前行至上一卦四樓陰受阻而又後退而止，這一前一進都是在反省內省，檢視自己的行為，是否進退得已。

六四：觀國之光，利用賓於王。（王弼本周易）

六四：觀國之光，口用賓於王。（馬王堆帛書）

……之光，利用……。（阜陽漢簡）

【甲骨文造字思考與古籍比對校讀】

六四：觀國之光，利用賓於王。

【白話】六四，觀覽國家的榮光，有利於做君王的賓客。

一、爻位所處情況解析

四樓陰坐得正位，和一樓陰無法溝通相應，四樓陰已經位於上

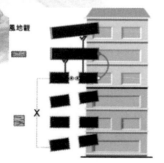

卦巽卦的位置，以風的姿態俯瞰底下大地（下卦坤卦），四樓陰（正位）又鄰近五樓陽（正位，君王），剛柔相合，四樓陰又可統御底下三層樓陰，四樓陰堪稱是一位賢明有力的大臣，五樓陽懂得運用四樓陰這位大臣，自然是有利於國家。

九五：觀我生，君子無咎。（王弼本周易）

九五：觀我生，君子無咎。（馬王堆帛書）

【甲骨文造字思考與古籍比對校讀】

九五：觀我生，君子無咎。

【白話】九五，觀察瞭解我的子民，治理大眾的君子，不會有禍患。

一、甲骨文造字意思和易學考古考證等諸多資料彙集

1. 君（註六），持筆寫字的人是發號令的長官。

二、爻位所處情況解析

五樓陽坐得正位，和二樓陰相應支持，五樓陽（君王）又受到一至四樓陰的支持，也一直照顧一至四樓陰，真正是一

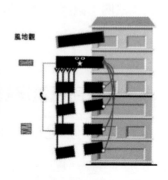

位統御天下的君王。

> **上九，觀其生，君子無咎。（王弼本周易）**
>
> **上九，觀其生，君子無咎。（馬王堆帛書）**
>
> **【甲骨文造字思考與古籍比對校讀】**
>
> **上九，觀其生，君子無咎。**
>
> 【白話】上九，觀察其他國族臣民的狀況，治理大家事務的君子不會有禍患。

一、甲骨文造字意思和易學考古考證等諸多資料彙集

1. 君(註六)，持筆寫字的人是發號令的長官。

二、爻位所處情況解析

六樓陽坐不得位，和三樓陰經常相應溝通，六樓陽已經是整棟樓的最高層，不是君王(五樓陽)，更像是君王的太傅，地位高貴而不施政，已然功成而可身退，自然不會再有過失了。

［離上震下］火雷噬嗑（海昏竹書易占：□□，□蓋也）（阜陽漢簡：
筮闔）

第二十一卦：《噬嗑卦》 ䷔

噬嗑：亨。利用獄。（王弼本周易）

□□，□，利用獄。（馬王堆帛書）

筮闔，亨，利用獄。（阜陽漢簡）

【甲骨文造字思考與古籍比對校讀】

噬嗑：亨。利用獄。

【白話】噬磕：亨通無阻，有利於使用刑法和監獄這些工具。

一、甲骨文造字意思和易學考古考證等諸多資料彙集

1. 此處卦名殘缺，王弼本作「噬嗑」，帛書《繫辭》作「筮蓋」，
   又作「筮闔」。**141**

2. 筮（通假字），噬（本字），根據其他古籍研究，疑為通假字。**142**

3. 闔，《說文》：「開閉門也，從門甲聲。」段注：「謂樞轉軋
   軋有聲。」闔又音閤，《廣韻》：「闔、閉門也。」是闔與嗑
   音同，合與閉義近，故通。嗑又音呷。李鏡池說：「噬嗑和現
   代漢語吃喝音義均近。」呷與喝義亦近。《說文》：「嗑，多
   言也，從盍聲，讀若甲。」帛書餘（豫）卦九四朋甲讒，今本

作朋盍簪，盍正作甲。《釋名‧釋形體》：「甲、闔也。」闔、盍古相通，《莊子‧天地》：「夫子闔行耶，」《釋文》：「闔本作盍。」又《集韻》：「嗑，多言也。」盍、嗑、甲、闔同為葉部字，古相通，故阜易、帛書借闔為嗑，以甲為盍。[143]

4. 雞卦名之意有吃有出，真是山窮水盡疑無路，柳暗花明又一村，危機四伏，但光明無限，可謂是有驚無險。[144]

二、爻位所處情況解析

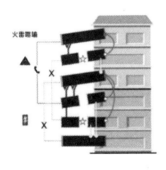

火雷噬嗑

上面為火而下方是雷，上卦是離為電動則明，下卦是震為雷動而威，有雷電交加、刑罰恩威並用之意。

三、爻辭建議

上離下震，「離」的古卦名為「羅」同樣是網捕鳥之意，上「羅」

141 張政烺 (2011)，李零等整理。張政烺論易叢稿。北京：中華書局。
142 范紅麗 (2012)。《銀雀山漢木竹簡 [貳]》通假字研究。
143 王聰潘 (2013)。阜陽漢簡《周易》集釋。吉林大學古籍研究所碩士論文。引述於韓自強 (2004)。《阜陽漢簡 < 周易 > 研究》。上海：上海古籍出版社，2004 年 7 月。
144 黃懿陸 (2007)。中國先越文化研究：從壯族雞卦看《易經》起源。昆明：雲南人民出版社。

網而下有雷，羅網套住震雷而有扎扎聲，以另一種解釋來理解卦名。

> **初九：履校滅趾，無咎。**（王弼本周易）
>
> **初九：句□□止，無咎。**（馬王堆帛書）
>
> **初九：屨校威……**（阜陽漢簡）
>
> **【甲骨文造字思考與古籍比對校讀】**
>
> **初九：履校滅趾，無咎。**
>
> **【白話】**初九，足戴腳鐐，蓋住了腳趾頭，不會有禍患。

一、甲骨文造字意思和易學考古考證等諸多資料彙集

1. 句（註六十二）甲骨文造字意思，彎曲。現多寫為「勾」。

2. 句校滅止。帛書《繫辭》作「構校滅止」，又作「履校」，漢石經作「屨校威止」，王弼本作「履校滅趾」。句、構、屨、履音近相通。[145]

3. 止（通假字），趾（本字）[146]

火雷噬嗑

二、爻位所處情況解析

　　一樓陽坐得正位，和四樓陽無法相應溝通，一樓陽在最底下好像是一個人的腳趾，雖然可以往前一步（二樓是陰可以相合），但是沒有四樓陽的相應幫忙，要走

也走不遠，就好像是腳上有穿戴著枷鎖一樣，遮沒了雙腳；還好，一樓陽坐得正位(陽位)，而且只是剛開始而已，就是有過失也是小錯而已，不會有什麼問題的。

六二：噬膚，滅鼻，無咎。（王弼本周易）

六二：筮膚滅鼻，無咎。（馬王堆帛書）

六二：筮膚威……（阜陽漢簡）

【甲骨文造字思考與古籍比對校讀】

六二：噬膚，滅鼻，無咎。

【白話】六二，吞食獸皮，糊住了口鼻，不會有禍患。

一、甲骨文造字意思和易學考古考證等諸多資料彙集

1. 筮(通假字)，噬(本字)，根據其他古籍研究，疑為通假字。[147]

二、爻位所處情況解析

　　二樓陰坐得正位，和五樓陰無法溝通，二樓陰有一樓陽做靠山，就大膽地往前進或是大膽地執法，就好像是吃東西吃

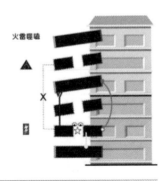

145 張政烺 (2011)，李零等整理。張政烺論易叢稿。北京：中華書局。
146 成蒂 (2006)。《張家山漢墓竹簡 · 二年律令》通假字研究。國立成功大學中國文學研究所碩士論文。
147 范紅麗 (2012)。《銀雀山漢木竹簡 [貳]》通假字研究。

得狼吞虎嚥，吃得連鼻子都看不到了；然而，二樓陰得正位，做事情不會有問題的。

> **六三：噬腊肉，遇毒，小吝，無咎。（王弼本周易）**
> **六三：筮腊肉，愚毒；少閵，無咎。（馬王堆帛書）**
> **【甲骨文造字思考與古籍比對校讀】**
> **六三：噬腊肉，遇毒，小吝，無咎。**
> **【白話】**六三，吃了臘肉，中毒，小災小禍，平安無事。

一、甲骨文造字意思和易學考古考證等諸多資料彙集

1. 少（通假字），小（本字），根據其他古籍研究，疑為通假字。[148]

2. 禺(註七十八)甲骨文造字意思，用手捏住蛇頭頸。通「禹」字。

3. 帛書有寫禺和愚，應係簡筆，王弼本改為遇，較貼近爻辭意思，以「遇」解釋為宜。

二、爻位所處情況解析

火雷噬嗑

三樓陰坐不得位，和六樓陽相應溝通，但是三樓陰不中不正（不中，不位於下卦的中央；不正，陰居陽位不得位），所以會有小災禍，就好像吃肉也會吃到發霉有毒的肉一樣，但是這只是小災小禍，

因為有六樓陽的幫助支持，整體而言不會有事。

九四：噬乾胏，得金矢；利艱貞，吉。（王弼本周易）

九四：筮乾𦟀，得金矢；根貞吉。（馬王堆帛書）

【甲骨文造字思考與古籍比對校讀】

九四：噬乾胏，得金矢；艱貞，吉。

【白話】九四，啃咬帶骨頭的乾肉，咬到肉中的箭頭。占問艱難的事，其結果是吉祥的。

一、甲骨文造字意思和易學考古考證等諸多資料彙集

1. 根（註六十一）甲骨文造字意思，樹根、草根、麥根、花木之根等。但經查古書可證「根」和「艱」二字互通，所以爻辭可以「艱」解釋。

二、爻位所處情況解析

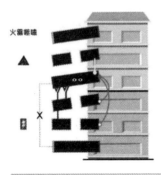

四樓陽坐不得位，和一樓陽無法相應溝通；從整棟樓來看，四樓一根陽剛好是整個嘴巴咬著一根長長的硬物，就好像是在吃帶骨的肉，當中咬到一根箭頭，四樓陽想要往前進，卻沒有受到一樓陽的支持

---

148 廖燕 (2015)。里耶秦簡通假字、古今字研究。吉首大學碩士學位論文。

相應，做事會有艱難，然而四樓陽鄰近五樓（君王，陰），陰陽相合而得吉祥。

> 六五：噬乾肉，得黃金；貞厲，無咎。（王弼本周易）
>
> 六五：筮乾肉，愚毒；貞厲，無咎。（馬王堆帛書）
>
> 六五：筮乾肉，得黃金，貞厲……（阜陽漢簡）
>
> 【甲骨文造字思考與古籍比對校讀】
>
> 六五：噬乾肉，得黃金；貞厲，無咎。

【白話】六五，咀嚼乾肉脯，嗑了箭頭的銅鏃。占問危險與艱難，平安無事。

一、甲骨文造字意思和易學考古考證等諸多資料彙集

1. 禺（註七十八），用手捏住蛇頭頸。通「禹」字。

2. 帛書有寫禺和愚，應係簡筆，也可通「遇」。

3. 愚毒，王弼本作「得黃金」。[149]

4. 阜易和今本六五「筮乾肉得黃金」，帛書作「筮乾肉愚毒」，帛書可能把六三的爻辭抄入六五爻辭裡了。[150]

---

149 張政烺 (2011)，李零等整理。張政烺論易叢稿。北京：中華書局。

150 王聰潘 (2013)。阜陽漢簡《周易》集釋。吉林大學古籍研究所碩士論文。引述於韓自強 (2004)。《阜陽漢簡 < 周易 > 研究》。上海：上海古籍出版社，2004 年 7 月。

二、爻位所處情況解析

火雷噬嗑

　　五樓陰坐不得位，和二樓陰無法打電話溝通，五樓陰(君王)吃的肉自然是好的，而且富有得黃金財物，沒有得到二樓陰的相應支持，處境是有些艱難，還好五樓陰陰柔居於王位，最終會沒事的。

上九：何校滅耳，凶。（王弼本周易）

尚九：荷校滅耳，凶。（馬王堆帛書）

……何校威耳……（阜陽漢簡）

【甲骨文造字思考與古籍比對校讀】

上九：何校滅耳，凶。

【白話】上九，肩負重枷，遮住了耳朵，有凶險。

一、甲骨文造字意思和易學考古考證等諸多資料彙集

1. 何(註一百六十三)甲骨文造字意思，表示所扛物之形。(1).「以肩承物、扛物」義的本字，後來借「荷」字記錄此義。(2). 借用作疑問代詞「何」。

二、爻位所處情況解析

　　六樓陽坐不得位，和三樓陰經常相應支持，但是六樓陽位於最

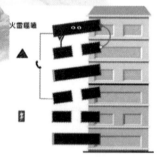

火雷噬嗑

高樓，已經到頂無可進，加上位於上卦離卦火燒得旺，六樓過於剛強因而侵慾心更強，仗著自己位居最高樓而氣勢焰盛傲慢，這使得犯罪又加重犯罪，終使得加諸枷鎖木械重到蓋住耳朵，自恃聰明卻面臨到凶險。

［艮上離下］山火賁（海昏竹書易占：賁，訪也）（帛書：蘩）

第二十二卦：《賁卦》 ䷕

賁：亨，小利有攸往。（王弼本周易）

□□，□，□□有攸往。（馬王堆帛書）

【甲骨文造字思考與古籍比對校讀】

賁（蘩）：亨，小利有攸往。

【白話】賁：亨通，文采之事只有小用。

一、甲骨文造字意思和易學考古考證等諸多資料彙集

1. 賁（註四十六）甲骨文造字意思，或許是供祭的鼎有插花一類的裝飾，也或許是鼓一類的用具。

2. 賁（通假字），奔（本字），根據其他古籍研究，疑為通假字。[151]

3. 繁 (註一百三十一) 甲骨文造字意思，表達繁多的抽象意義。本卦名再加上草頭旁。

4. 從雞卦名的意思分析，卦名肯定是帶有亨通和文明的涵義。這兩個單體卦分別有口，有出路，指的就是亨通：「晚 (你)」念雞骨上的細竅，雖然「妻 (咱們)」的「數」是小了一點，因而代表咱們的「正二三凶」，則指的是右邊兩根骨頭和右邊骨頭的三爻表示有凶兆，但可以脫險而出。卦二也是咱們小，但有「口」，同樣有解脫之路。**152**

5. 攸 (註十) 甲骨文造字意思，手持杖打擊一人之背部，後加流血之狀。

6. 阜易卦名缺佚，據爻辭補，帛書作「繁」。
《賁》，《歸藏》作《熒惑》。《周易》作《賁》。《釋文》：「傅氏作斑，文章貌。」鄭云「文飾貌」，「太玄擬作飾，卦一陰一陽相雜為文，故曰斑，曰文飾。」《雜卦》云：「賁，無色也。」色不純曰賁。

《賁》，帛書作《繁》。《爾雅‧釋草》：「繁，皤蒿。」又通繁。《說文》：「（每系），馬髦飾也。」做為飾義與「賁」同。又繁有雜義茂盛、美麗之義，《孝經序》：「安得不翦其繁蕪。」

151 范紅麗 (2012)。《銀雀山漢木竹簡 [貳]》通假字研究。
152 黃懿陸 (2007)。中國先越文化研究：從壯族雞卦看《易經》起源。昆明：雲南人民出版社。

以及繫廡，繁華所表達的繁義。《賁》卦內卦為離，離者文彩斑斕，憤然絢麗也，故帛書以《繫》為卦名。[153]

二、爻位所處情況解析

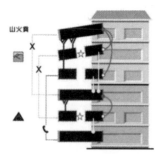

　　上面是山，下方是火，火在山下，代表太陽西沉，日落在西方的山下，夕陽具有最燦爛的光彩，但是只有短暫的時光就殞落了，代表裝飾、美化之意。

三、爻辭建議

　　繫，上面是山包有下面「羅」（離之古卦名）網捕鳥，包覆了眾多動事務（陰為動），引申為繁多之意。賁，雖然有裝飾之意，但是比對繫和賁的甲骨文造字意思，以「繁」意思較為接近，也合乎現代認知，且「賁」在現代用詞幾乎沒有出現，還要透過翻譯才能夠理解其意。但考量卦名已經熟知，所以不更動卦名，僅以括弧標示提醒，寫為賁（繫）卦。

---

153 王聰潘 (2013)。阜陽漢簡《周易》集釋。吉林大學古籍研究所碩士論文。引述於韓自強 (2004)。《阜陽漢簡 < 周易 > 研究》。上海：上海古籍出版社，2004 年 7 月。

初九：賁其趾，舍車而徒。（王弼本周易）

□□：□□□，舍車而徒。（馬王堆帛書）

初九：賁其止，舍……（阜陽漢簡）

【甲骨文造字思考與古籍比對校讀】

初九：賁（纛）其趾，舍車而徒。

【白話】初九，紋飾他的腳，捨棄乘坐車馬而徒步行走。

一、甲骨文造字意思和易學考古考證等諸多資料彙集

1. 舍，捨，豫。[154] 經比對古籍，疑為通假字。

二、爻位所處情況解析

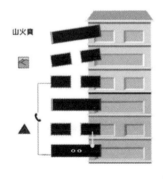

山火賁

一樓陽坐得正位，和四樓陰經常打電話溝通，按照陰陽相合的原理，一樓陽（正位）都可以和二樓陰（正位）、四樓陰（正位）相合，但是因為一樓陽和四樓陰經常相應溝通且關係密切，所以一樓陽不和二樓陰相合，寧願走遠一點到四樓陰，所以捨棄放在眼前的車子，徒步走遠路。

---

154 毛玉靜 (2019)。《清華大學藏戰國竹簡 (柒)》字用研究。安徽大學中國語言文學碩士論文。

六二：賁其須。（王弼本周易）

六二：蘩其□。（馬王堆帛書）

【甲骨文造字思考與古籍比對校讀】

六二：賁（蘩）其須。

【白話】六二，紋飾他的鬍鬚。

一、爻位所處情況解析

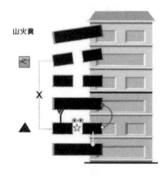

山火賁

二樓陰坐得正位，和五樓陰無法打電話溝通，二樓陰(陰柔得正位)和三樓陽(陽剛得正位)相合，一個人的鬍鬚是男子陽剛的表徵(三樓陽)，受到柔順的撫摸(二樓陰)，陰陽和諧，是為吉祥之兆。

九三：賁如濡如，永貞，吉。（王弼本周易）

九三：蘩茹濡茹，永貞吉。（馬王堆帛書）

【甲骨文造字思考與古籍比對校讀】

九三：賁（蘩）如濡如，永貞，吉。

【白話】九三，彩飾鮮明而潤澤，占問長遠的事，可獲得吉祥。

一、甲骨文造字意思和易學考古考證等諸多資料彙集

1. 濡(註七十三)甲骨文造字意思，可會意人沐浴濡身。通「需」。

二、爻位所處情況解析

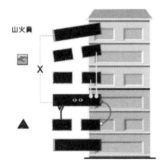

山火賁

三樓陽坐得正位，和六樓陽無法打電話溝通，三樓陽位於下卦離卦的最頂端，是最為光明的時刻，由於沒有和六樓陽相呼應，所以三樓陽還是安心待著比較穩妥。

六四：賁如皤如，白馬翰如，匪寇，婚媾。（王弼本周易）

六四：蘩茹蕃茹，白馬　茹；非寇闒詬。（馬王堆帛書）

……皤如，白馬翰如，非寇……（阜陽漢簡）

【甲骨文造字思考與古籍比對校讀】

六四：賁（蘩）如蕃如，白馬翰如，非寇，婚媾。

【白話】彩飾鮮明而多樣，白馬跑得很快，不是盜匪來侵犯，是來求親的。

一、甲骨文造字意思和易學考古考證等諸多資料彙集

1. 非（註八）甲骨文造字意思，通「飛」字，此可會意相背之意。

2. 寇（註七十二）甲骨文造字意思，強寇手持利器破壞屋中之物。

3. 「皤」，《釋文》：「鄭，陸蟠，荀作波。」帛書作「蕃」，「蕃」通「皤」。《說文》：「皤，老人白夜，從白番聲。」「蓋物白皆可曰皤。又馬作足橫行亦曰皤，度為槃。」**155**

二、爻位所處情況解析

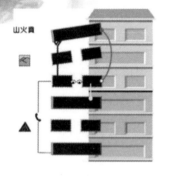

山火賁

　　四樓陰坐得正位，和一樓陽經常打電話溝通，四樓陰向上遇到五樓陰不得進，四樓陰和三樓陽可以陰陽相合，一樓陽經常支持相應於四樓陰，促成四樓陰（正位）和三樓陽（正位）的陰陽相合之喜，動機純正，正如白馬一般純白。

三、爻辭建議

　　「非」字清楚明確，所以沿用帛書爻辭，而不用「匪」字，也不合現代認知。

　　六五：賁于丘園，束帛戔戔，吝，終吉。（王弼本周易）

　　六五：蘩于□□，□白戔戔；閵，終□。（馬王堆帛書）

　　【甲骨文造字思考與古籍比對校讀】

　　六五：賁（蘩）於丘園，束帛戔戔，吝，終吉。

　　【白話】六五，結綵文飾山園，僅有少數絲帛的禮物，剛開始不太順利，最終必獲吉祥。

---

155 王聰潘(2013)。阜陽漢簡《周易》集釋。吉林大學古籍研究所碩士論文。引述於韓自強(2004)。《阜陽漢簡＜周易＞研究》。上海：上海古籍出版社，2004年7月。

一、甲骨文造字意思和易學考古考證等諸多資料彙集

1. 戔(註一百六十四)甲骨文造字意思,殘殺、戰鬥之意。1.「殘」字初文,殘殺。2.「戰」字初文,指戰鬥。3.淺、小、少。

2. 終(註七)甲骨文造字意思,終結、結束的意思。

二、爻位所處情況解析

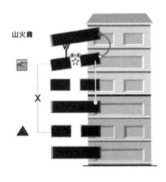

山火賁

　　五樓陰坐不得位,和二樓陰無法相應溝通,五樓陰位於上卦艮卦的中央之位,正處於丘陵山園之地;五樓陰雖位居君王之位,但是本身是陰(不得位)較為柔弱,往上求教於六樓陽,但是六樓陽已經位於最高樓有如退隱之賢者,只能以幾束錦帛贈之;五樓陰沒有得到二樓陰的相應支持,所以五樓陰做事情會遇到一些困難,但是以五樓陰(君王)的地位,最終還是會吉祥的。

上九:白賁,無咎。(王弼本周易)

□□:□□,□咎。(馬王堆帛書)

上九:白賁,無……(阜陽漢簡)

【甲骨文造字思考與古籍比對校讀】

上九:白賁(繁),無咎。

【白話】上九,裝飾素白樸實,不喜好華麗,沒有禍害。

一、爻位所處情況解析

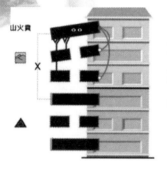

　　六樓陽坐不得位，和三樓陽無法相應溝通，六樓陽已經位於最高樓了，原本華麗文飾則歸於樸素純真，六樓陽已經功成卻保有本質之美，所以不會有任何禍患。

［艮上坤下］山地剝（海昏竹書易占：濮，□也）（阜陽漢簡：僕）

第二十三卦：《剝卦》 ䷖

　　剝：不利有攸往。（王弼本周易）

　　剝，不利有攸往。（馬王堆帛書）

　　【甲骨文造字思考與古籍比對校讀】

　　剝：不利有攸往。

　　【白話】剝：不利於前去行事。

一、甲骨文造字意思和易學考古考證等諸多資料彙集

　　1. 剝（註四十五）甲骨文造字意思，刀刻剝裂。

2. 在雞卦中，「剝」表示「口」的意思，「剝」在大多數雞卦中存在，是吉祥之兆。《易經》中的「剝」卦名源之於雞卦名是沒有問題的，但易卦之名與雞卦之名所包含的意思不一樣。而從易卦象看，坤下與艮上結合，可見此象都是口，有四通八達之意，表示路路順，而且，所順之口一直通到天上，可見易卦象來自於雞卦之「剝」義。[156]

3. 攴(註十)甲骨文造字意思，手持杖打擊一人之背部，後加流血之狀。

   「僕」，《歸藏・剝》卦作「僕」，與阜易同。《正韻》：「剝，音璞，力擊也。」「撲，小擊也。」「剝」、「撲」與「僕」同為屋部字，古相通。帛書《旅》卦六二「得童剝」，以「剝」為「僕」與阜易以「僕」為「剝」用法相同。虞翻曰：「艮為童僕」，僕是御者，《禮記・曲禮》：「僕執策立於馬前。」疏：「僕即御者也。」「人之尊卑有十等，濮第九，臺第十。」僕人是地位低下的「小人」。《剝》卦外卦為艮，內卦和上互下互皆為坤，艮為少子，坤為小人，一卦包含四小人，故卦名為《僕》。[157]

---

156 黃懿陸 (2007)。中國先越文化研究：從壯族雞卦看《易經》起源。昆明：雲南人民出版社。

157 王聰潘 (2013)。阜陽漢簡《周易》集釋。吉林大學古籍研究所碩士論文。引述於韓自強 (2004)。《阜陽漢簡＜周易＞研究》。上海：上海古籍出版社，2004 年 7 月。

二、爻位所處情況解析

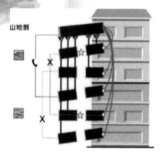

上卦艮卦是高山擋在上面，但是只有六樓一陽擋住，底下五樓都是陰，陰盛陽衰，有剝落之勢，好像是土石從高山逐漸剝落下來之意。

這個卦象有三種意思，一是底下的陰往上逐漸剝落，所以爻辭以床為意象；二是壯族通的觀念，一路上陰動而直接往上通至陽靜；三是底下都是小人、僕人，底下亂的意象。這三種卦象含意牽涉到爻辭撰寫的角度，每一個意象所衍生的爻辭不一樣，吉凶論定也不同，這必須靠後人累積占卜實例，再行編修之。

初六：**剝床以足，蔑貞，凶。**（王弼本周易）

初六：**剝臧以足，蔑貞，凶。**（馬王堆帛書）

初六：**僕……足。（蔑）貞，凶。**（阜陽漢簡）

【甲骨文造字思考與古籍比對校讀】

初六：**剝床以足，蔑貞，凶。**

【白話】初六，牆角或床腳剝落了，不必占問，凶險。

一、甲骨文造字意思和易學考古考證等諸多資料彙集

1. 臧（註一百零九）甲骨文造字意思，以戈刺瞎奴隸的眼睛，反

抗能力減低不得不順服。

2. 蔑 (註一百一十) 甲骨文造字意思，象徵貴族受刖刑而致心情沮喪。

3. 「牂」，今本亦作「牀」，帛書作「臧」。《左傳・莊公十二年》：「執事順成為臧。」《方言》：「荊淮海岱雜齊之間罵奴為臧。」《後漢書・何敞傳》：「臧獲奴僕賤稱也。」《周禮・校人》：「秋祭馬壯臧僕」。注：「臧僕謂簡練馭者今皆善也。」「臧」、「僕」同是古代服賤役的奴隸。

「牂」，《說文》：「臧，從臣戕聲」，段注：「今書 (扌手)、(扌斤)、牆、戕、將字，皆曰爿聲。」《說文・新附》：「藏，匿也，漢書通用臧字，從艸後人所加。」《豐》卦象傳：「自藏也，《釋文》：「眾家作戕，鄭云傷也。」《詩・十月之交》：「曰予不戕」，《釋文》：「戕，王本作臧。」帛書小過九三「從或臧之」，今本作「從或戕之」。「臧」與「戕」音同，古相通。又帛書《夬》卦初九「牂於前止」，又以「牂」假為「壯」。諸家解易，都把「壯於趾」，「壯與大輿之輹」和「壯於前趾」，以及「女壯勿用取女」中的「壯」字訓為「戕」字。郭璞曰：「淮南呼壯為傷。」是「戕」有傷義。帛書以「臧」為「牂」，為「戕」，又以「牂」為「壯」。「牂」、「臧」、「壯」都應該是「戕」的假借字。

《繫辭》：「慢藏誨盜」，虞翻曰：「坤為藏，剝卦含有三坤

卦。」帛書作「剝臧」即擊僕，與象義吻合。《說卦》：「乾以君子，坤以藏之。」《素問‧天元紀大論》：「地以陽殺，陰藏。」注：「藏殺者，地之道。」坤為地，臧為戕，所以阜易和今本的「牀」字應是「戕」字的借字。阜易「僕牀」即僕傷，與帛書「剝臧」即擊僕意義相近。以往解易得人往往迂於無生命的牀腿、牀膚來解意，百思不得其解，今得阜易一「僕」字，帛書一「臧」字，《剝》卦之義豁然貫通。**158**

二、爻位所處情況解析

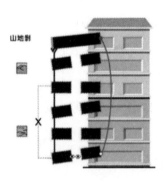

山地剝

一樓陰坐不得位，和四樓陰無法打電話溝通，整棟樓看起來就像是一張床，而一樓陰就像是床腳，一樓陰不中不正(不中，不在下卦的中央；不正，陰居陽位不得正位)，又沒有四樓陰的相應支持，一樓陰的頹勢就像是毀壞了一張床的床腳，會有凶險。

六二：剝床以辨，蔑貞，凶。（王弼本周易）

六二：剝臧以辯，蔑貞，凶。（馬王堆帛書）

---

158 王聰潘 (2013)。阜陽漢簡《周易》集釋。吉林大學古籍研究所碩士論文。引述於韓自強 (2004)。《阜陽漢簡＜周易＞研究》。上海：上海古籍出版社，2004 年 7 月。

……僕牀以辨，蔑貞……（阜陽漢簡）

【甲骨文造字思考與古籍比對校讀】

六二：剝床以辨，蔑貞，凶。

【白話】六二，牆面或床頭剝落，不必占問，凶險。

一、甲骨文造字意思和易學考古考證等諸多資料彙集

1. 蔑（註一百一十）甲骨文造字意思，象徵貴族受刖刑而致心情沮喪。

二、爻位所處情況解析

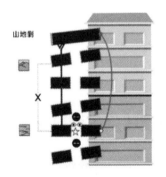

二樓陰坐得正位，和五樓陰無法相應溝通，二樓陰位於下卦中央可分上下之辨，猶如床沿分為床身和床足，二樓陰不能和一、三樓陰相合，也受不到五樓陰的支持，二樓陰的處境凶險。

六三：剝之無咎。（王弼本周易）

六三：剝無咎。（馬王堆帛書）

【甲骨文造字思考與古籍比對校讀】

六三：剝之無咎。

【白話】六三，雖被剝落，平安無事。

一、爻位所處情況解析

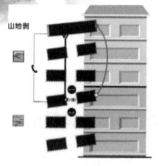

三樓陰坐不得位，和六樓陽經常打電話溝通，三樓陰受到二、四樓陰的阻擾，而且三樓陰自己就不得位，本來處境就有危險，所幸三樓陰有六樓陽的相應支持，則平安無事。

六四：剝床以膚，凶。（王弼本周易）

六四：剝臧以膚，凶。（馬王堆帛書）

…四：僕牀以父，凶。（阜陽漢簡）

【甲骨文造字思考與古籍比對校讀】

六四：剝床以膚，凶。

【白話】六四，整個牆面或床都剝落了，凶險。

一、甲骨文造字意思和易學考古考證等諸多資料彙集

1. 臧（註一百零九）甲骨文造字意思，以戈刺瞎奴隸的眼睛，反抗能力減低不得不順服。

二、爻位所處情況解析

四樓陰坐得正位，和一樓陰無法相應支持，四樓陰無法和三、五樓陰相合，四

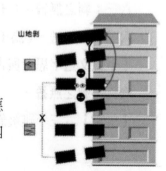

樓陰的處境極其危險，就好像是床毀壞了，也快要傷及皮膚了，如果再毀壞下去則將身亡，所以災禍已近了。

六五：貫魚，以宮人寵，無不利。（王弼本周易）

六五：貫魚，食宮人寵，無不利。（馬王堆帛書）

【甲骨文造字思考與古籍比對校讀】

六五：貫魚，以宮人寵，無不利。

【白話】六五，魚貫而入，徵召民間女子入宮，供君主寵愛，順利。

一、爻位所處情況解析

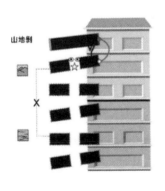

山地剝

五樓陰坐不得位，和二樓陰無法相應溝通，五樓陰居於君王位置，可謂一位皇后，統領著底下四層樓陰眾嬪妃，就像將魚連成一串，而且是按順序排列有條不紊，五樓陰（皇后）上承六樓陽，陰陽相合，順從不會作亂，做事情無往不利。

上九：碩果不食，君子得輿，小人剝廬。（王弼本周易）

尚九：石果不食，君子得車，小人剝蘆。（馬王堆帛書）

…九：碩果不食，君子……（阜陽漢簡）

237

【甲骨文造字思考與古籍比對校讀】

上九：碩果不食，君子得輿，小人剝廬。

【白話】上九，碩大的果實百姓不得食用，君子可得到華麗的車輿，小民則被剝奪可遮蔽風雨的草棚。

一、甲骨文造字意思和易學考古考證等諸多資料彙集

1. 君 (註六) 甲骨文造字意思，持筆寫字的人是發號令的長官。

2. 輿 (註五十一) 甲骨文造字意思，四手共舉一個另一形式的肩輿之形。

二、爻位所處情況解析

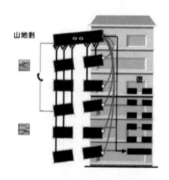

　　六樓陽坐不得位，和三樓陰經常打電話溝通，整棟樓只有剩下最高樓六樓一個陽，就好像一棵樹只剩下一顆碩大的果實，而物極必反，剝卦的最上層樓就會成為復卦的第一層樓，所以不要吃這顆果實，要讓它的果仁落地再生，延續生機。

　　如果是君子得利，可造福百姓，就好像是車子可載人一般地方便。如果是小人得利，則會毀壞最高層樓 (陽) 而拆毀房舍。所以千萬不能重用小人。

［坤上震下］ 地雷復（海昏竹書易占：復，反也）

第二十四卦：《復卦》 ䷗

　　復：亨。出入無疾，朋來無咎。反覆其道，七日來復，利有攸往。
（王弼本周易）

　　復，亨。出入無疾，㭉來無咎。反覆其道，七日來復，利有攸往。
（馬王堆帛書）

　　……馮來無咎。……（阜陽漢簡）

　　【甲骨文造字思考與古籍比對校讀】

　　復：亨。出入無疾，朋來無咎。反覆其道，七日來復，利有攸往。

　　【白話】復：亨通順利。外出、回家都不會生病，朋友前來也沒有災難危害。返回復歸有一定的規律，七天就會復歸。利於有所作為。

一、甲骨文造字意思和易學考古考證等諸多資料彙集

1. 复（註二十四），復，有「反覆」、「往復」的意思。會腳圍繞城邑往來之意。

2. 在雞卦中，雞卦名是妻、晚兩卦都有分別看五的說法，就是看到了事物的一半，而且，都有出路，你反覆知道了好的結果，

就是看到順利、順暢，就是有出路而且這路是正道。[159]

3. 入 (錯字)，人 (本字)[160] 經比對古籍疑為誤植錯字。

4. 疾 (註六十五) 甲骨文造字意思，一個人被箭矢所傷，一個人生病而睡在床上，不同的表現手法似乎表現不同的病痛原因。

5. 攸 (註十) 甲骨文造字意思，手持杖打擊一人之背部，後加流血之狀。

二、爻位所處情況解析

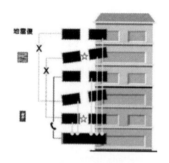

地在上，雷在下，雷在地下孕育，好像是在一個完全被陰氣覆蓋的地下，有一股陽氣 (一樓) 震動日上之勢，陽氣找到出口得以抒發，萬物有回春生機，有去而復返、恢復之意。

整棟樓只有一樓一個陽，往上各層樓都遇到陰，陰陽相合一路順暢往上，多和各層樓交朋友而不樹敵，六層樓走完返回復卦第一層樓，七日來回一次，前進是有利的。

---

159 黃懿陸 (2007)。中國先越文化研究：從壯族雞卦看《易經》起源。昆明：雲南人民出版社。

160 成蒂 (2006)。《張家山漢墓竹簡 · 二年律令》通假字研究。國立成功大學中國文學研究所碩士論文。

初九：不遠復，無祗悔，元吉。（王弼本周易）

初九：不遠復，無提悔，無吉。（馬王堆帛書）

【甲骨文造字思考與古籍比對校讀】

初九：不遠復，無祗悔，元吉。

【白話】初九，剛剛開始行動，就能知過必改、復歸正道，沒有多大晦氣，開頭吉祥。

一、爻位所處情況解析

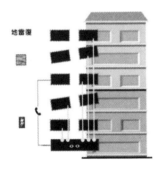

一樓陽坐得正位，和四樓陰經常打電話溝通，一樓陽剛要開始啟動，面對未來的新生，一樓陽受到四樓陰的相應，返身內省為君子的修身之道。

六二：休復，吉。（王弼本周易）

六二：休復，□。（馬王堆帛書）

六二：休復，吉。（阜陽漢簡）

【甲骨文造字思考與古籍比對校讀】

六二：休復，吉。

【白話】六二，高興地回來，吉祥。

一、爻位所處情況解析

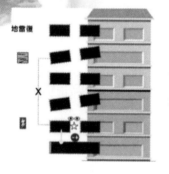

地雷復

二樓陰坐得正位，和五樓陰無法相應溝通，二樓陰喜歡和一樓陽交往，陰陽相合，二樓陰往下一樓陽求取青年才俊，是很吉祥的。

六三：頻復，厲，無咎。（王弼本周易）

六三：編復，厲，無咎。（馬王堆帛書）

六三：頻復……（阜陽漢簡）

【甲骨文造字思考與古籍比對校讀】

六三：頻復，厲，無咎。

【白話】六三，憂愁地回來，雖有艱難，但最終不會遇到災禍。

一、甲骨文造字意思和易學考古考證等諸多資料彙集

1. 頻（註十七）甲骨文造字意思，瀕，意思是一位貴族，面臨一條大河流皺起眉毛思考是不是涉水過去。

2. 編（註一百三十二）甲骨文造字意思，用絲繩編竹冊。

3. 「頻復」，帛書作「編復」，阜易字殘，細審偏旁是「頻」字，與今本同。「頻」，《釋文》：「本又作嚬，鄭作顰，馬云憂頻也，宋本，葉抄本……嚬作頻。」虞翻曰：「頻，蹙也。」「頻」

古通「顰」字，故云「頻蹙」。「編」，《楚辭・悲回風》：「編
愁苦以為膺。」「編」亦有憂蹙之義。又今本「頻巽」，帛書
作「編筭」，《漢石經》作「顛巽」，是「編」通「頻」又通
「顛」。「顛」亦有憂思貌，如《禮記・玉藻》「色容顛顛」，
與頻義近。「編」、「顛」、「頻」同為真部字，故「編」、
「顛」通頻。[161]

二、爻位所處情況解析

　　三樓陰坐不得位，和六樓陰無法打電
話溝通，三樓陰又不能往上至四樓陰，往
上有險而折回，而且三樓陰本身不中不正
（不中，不在下卦中央；不正，陰居陽位
不正位），知難知危且知道返回，最終不
會有事。

六四：中行獨復。（王弼本周易）

六四：中行獨復。（馬王堆帛書）

【甲骨文造字思考與古籍比對校讀】

六四：中行獨復。

---

161 王聰潘 (2013)。阜陽漢簡《周易》集釋。吉林大學古籍研究所碩士論文。引
述於韓自強 (2004)。《阜陽漢簡＜周易＞研究》。上海：上海古籍出版社，
2004 年 7 月。

【白話】六四，中途獨自回來。

一、爻位所處情況解析

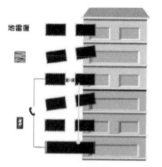

四樓陰形狀和窗戶相吻合，坐得正位，和一樓陽相應溝通，四樓陰自己和其他樓層(陰)不同，四樓陰自己可以行中道，不會迷失方向。

六五：敦復，無悔。（王弼本周易）

六五：敦復，無悔。（馬王堆帛書）

【甲骨文造字思考與古籍比對校讀】

六五：敦復，無悔。

【白話】六五，在長者或貴人指點督促回來，沒有什麼大不利的。

一、甲骨文造字意思和易學考古考證等諸多資料彙集

1. 敦（註一百一十一）甲骨文造字意思，以羊祭祀。

二、爻位所處情況解析

五樓陰坐不得位，和二樓陰無法相應支持，五樓陰又相斥於四、六樓陰，去哪裡都還是走回來，還好五樓陰位於君王位置，高貴至尊，因而不會有事。

上六：迷復，凶，有災眚。用行師，終有大敗。以其國，君凶，至於十年不克征。（王弼本周易）

尚六：迷復，凶，有茲省。用行師，終有大敗；以其國君凶。至十年弗克正。（馬王堆帛書）

【甲骨文造字思考與古籍比對校讀】

上六：迷復，凶，有茲省。用行師，終有大敗。以其國，君凶，至於十年不克征。

【白話】上六，迷途犯錯，難返，有凶險和災難。用兵作戰，終將大敗。國君治國違反正道，有凶險。這樣的狀況會一直持續下去，長達十年之久，國家無力出征取勝。

一、甲骨文造字意思和易學考古考證等諸多資料彙集

1. 茲（註八十一）甲骨文造字意思，束絲相併之形。「茲」字用口語化說明，就是廣泛的「此」。「案古『災』與『薔』字互

通。帛書作『茲』，當是與『薔』字同音相假也。」[162]

2. 災(註八十二)甲骨文造字意思，表達大水為災的概念，或大川受到阻塞而氾濫之意。

3. 省(註八十九)甲骨文造字意思，用目視察田獵、禾苗、草木等農事。通「眚」字。

4. 師(註二十三)甲骨文造字意思，人數眾多的軍隊。

5. 終(註七)甲骨文造字意思，終結、結束的意思。

6. 君(註六)甲骨文造字意思，持筆寫字的人是發號令的長官。

7. 弗(註三十七)甲骨文造字意思，矯正。

8. 征(註四十)甲骨文造字意思，向目標進發或征討。

9. 正(通假字)，征(本字)，根據其他古籍研究，疑為通假字。[163]

二、爻位所處情況解析

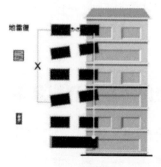

六樓陰坐得正位，和三樓陰無法相應支持，六樓陰位於最高樓，已經沒有前進的路，就是往前走也會迷路；六樓陰自覺位於最高層，看不起五樓陰(君王)，也不太聽五樓陰君王的話，但是六樓陰自己的力量薄弱，真的要出行或出兵應該會大敗，六樓陰的妄為也連累到五樓陰君王，君王也會遭致災禍的。

三、爻辭建議

「省」字合乎現代認知，所以從帛書「省」。

［乾上震下］天雷無妄（帛書：無孟）（海昏竹書易占：無亡，非其事而至者）（阜陽漢簡：無亡）

第二十五卦：《無妄卦》 ䷘

無妄：元亨，利貞。其匪正，有眚，不利有攸往。（王弼本周易）

無孟，元亨，利貞。非正有省，不利有攸往。（馬王堆帛書）

無亡，元亨，利貞，其非（正），有眚，不利有（攸）往。（阜陽漢簡）

【甲骨文造字思考與古籍比對校讀】

無妄：元亨，利貞。非正有省，不利有攸往。

【白話】無妄：極為亨通順利，利於占問。然而，行事不走正道，則有災禍，不利於有所作為。

---

162 劉大鈞。今、帛、竹書《周易》疑難卦爻辭及其今、古文辨析（一）。文章取自蔡運章、董延壽、張應橋主編 (2016)。洛陽市文物管理局，洛陽易經學會編。易學考古論集。北京：中華書局。

163 林瑞能 (2009)。甲骨刻辭與上博楚竹書通假字比較研究。國立東華大學中國語文學系碩士論文。

一、甲骨文造字意思和易學考古考證等諸多資料彙集

1. 從雞卦象看：咱們笑著問卜，咱們念的是四，卻是你大，卦象顯現出「八大二吉」，兩卦之間，卦名一連骨帶爻其數為八，卦名二僅兩邊的爻數就為八，故兩卦都是吉卦。都是吉卦，但一邊是大的自然，僅爻數就是「八」大；一邊大的艱難，要連骨帶爻數才是「八」大。但不管怎樣，經過努力，都達到了「八大」之數，故兩邊都吉，是為「二吉」。這就說明，只要按一定的程序去辦，沉著應對錯綜複雜的社會局面，就可能達到雙贏。[164]

2. 非 (註八) 甲骨文造字意思，通「飛」字，此可會意相背之意。

3. 正 (註四十一) 甲骨文造字意思，指腳步向城邑等目標行進。

4. 省 (註八十九) 甲骨文造字意思，用目視察田獵、禾苗、草木等農事。通「眚」字。

5. 攸 (註十) 甲骨文造字意思，手持杖打擊一人之背部，後加流血之狀。

---

[164] 黃懿陸 (2007)。中國先越文化研究：從壯族雞卦看《易經》起源。昆明：雲南人民出版社。

二、爻位所處情況解析

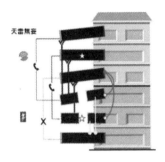

天在上，雷在下，天之下打雷，是自然的陽氣抒發現象，天地萬物的運作出於自然，其用相得益彰，相輔相成，無妄，不亂也。

三、爻辭建議

1. 「省」字合乎現代認知，所以從帛書「省」。

2. 「非」字清楚明確，所以沿用帛書爻辭，而不用「匪」字，也不合現代認知。

初九：無妄，往吉。（王弼本周易）

初九：無孟往吉。（馬王堆帛書）

初九：無亡，往吉。（阜陽漢簡）

【甲骨文造字思考與古籍比對校讀】

初九：無妄，往吉。

【白話】初九，沒有做壞事，有所作為，獲得吉祥。

一、爻位所處情況解析

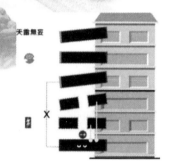

一樓陽坐得正位，和四樓陽無法相應溝通，一樓陽做事公正，陽剛自持，又與二、三樓陰陰陽相合，利於往前進。

六二：不耕獲，不菑畬，則利有攸往。（王弼本周易）

六二：不耕穫，不菑餘，利□□往。（馬王堆帛書）

【甲骨文造字思考與古籍比對校讀】

六二：不耕獲，不菑餘，則利有攸往。

【白話】六二，不耕田就沒有收穫，不開荒就沒有良田，利於前去行事，有所作為。

一、甲骨文造字意思和易學考古考證等諸多資料彙集

1. 利(註三)甲骨文造字意思，可會意用刀收割禾穀。

2. 攸(註十)甲骨文造字意思，手持杖打擊一人之背部，後加流血之狀。

二、爻位所處情況解析

二樓陰坐得正位，和五樓陽經常打電話溝通，二樓陰有五樓陽的支持，使得二

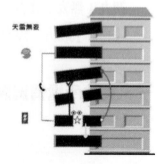

樓陰身處的下卦震卦的中央(獲得一顆星星)，二樓陰支持四樓陽，和五樓陽相溝通，二樓直接往上是可行的。

六三：無妄之災，或繫之牛，行人之得，邑人之災。（王弼本周易）

六三：無□□□，或繫□，□□之得，邑人之茲。（馬王堆帛書）

【甲骨文造字思考與古籍比對校讀】

六三：無妄之災，或繫之牛，行人之得，邑人之災。

【白話】六三，無端受到災禍，好比有人把一頭牛拴在村邊樹旁，路過的人順手把牛牽走，邑人卻倒楣。

一、甲骨文造字意思和易學考古考證等諸多資料彙集

1. 災(註八十二)甲骨文造字意思，表達大水為災的概念，或大川受到阻塞而氾濫之意。「案古『災』與『蕾』字互通。帛書作『茲』，當是與『蕾』字同音相假也。」[165]

2. 繫，擊。[166] 經比對古籍疑為通假字。

165 劉大鈞。今、帛、竹書《周易》疑難卦爻辭及其今、古文辨析(一)。文章取自蔡運章、董延壽、張應橋主編(2016)。洛陽市文物管理局，洛陽易經學會編。易學考古論集。北京：中華書局。

166 梁鶴(2015)。《清華大學藏戰國竹簡(壹)》、《清華大學藏戰國竹簡(貳)》通假字整理。吉林大學中國史碩士論文。

二、爻位所處情況解析

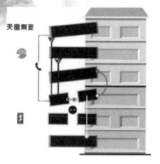

天雷無妄

　　三樓陰坐不得位，和六樓陽相應溝通，但是三樓陰不中不正（不中，不位於下卦震卦中央；不正，陰居陽位不正位），而且同時位於震卦之上（下卦震卦）雷起，有不安定的樣子，容易有意外災禍，而且底下二樓陰相拒，不是很吉利。

九四：可貞，無咎。（王弼本周易）

九四：可貞無咎。（馬王堆帛書）

【甲骨文造字思考與古籍比對校讀】

九四：可貞，無咎。

【白話】九四，占問的事可行，沒有災禍。

一、爻位所處情況解析

天雷無妄

　　四樓陽坐不得位，和一樓陽無法打電話溝通，四樓陽被五樓陽阻擋，還好可以控制底下的二、三樓陰而吉祥，所以四樓陽只要自己安守位置即可。

九五：無妄之疾，勿藥，有喜。（王弼本周易）

九五：無孟之疾，勿樂有喜。（馬王堆帛書）

【甲骨文造字思考與古籍比對校讀】

九五：無妄之疾，勿藥，有喜。

【白話】九五，無端身染疾病，不必用藥，就可以痊癒。

一、甲骨文造字意思和易學考古考證等諸多資料彙集

1. 疾 (註六十五) 甲骨文造字意思，一個人被箭矢所傷，一個人生病而睡在床上，不同的表現手法似乎表現不同的病痛原因。

2. 樂 (註一百三十三) 甲骨文造字意思，木上安弦線之樂器。甲骨卜辭還沒有使用樂字於有關音樂的場合，西周金文則在兩條弦線之間多了個白字。

3. 藥，樂。[167] 經比對古籍疑為通假字。

二、爻位所處情況解析

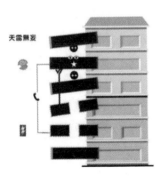

五樓陽坐得正位，和二樓陰經常相應支持，五樓陽遇到四、六樓陽的相拒，所以會有一些小干擾，但是五樓陽得中位正位又有二樓陰 (正位) 相應，已是正派之極，所以即使有病，不必吃藥也會痊癒。

---

167 賴冠豪 (2020)。《清華大學藏戰國竹簡 (伍)》通假字研究。國立高雄師範大學國文學系碩士論文。

上九：無妄，行有眚，無攸利。（王弼本周易）

尚九：無孟之行有省，無攸利。（馬王堆帛書）

【甲骨文造字思考與古籍比對校讀】

上九：無妄，行有省，無攸利。

【白話】上九，不要妄行妄動妄求，妄行有災禍，沒有什麼好處。

一、甲骨文造字意思和易學考古考證等諸多資料彙集

1. 省（註八十九）甲骨文造字意思，用目視察田獵、禾苗、草木等農事。通「眚」字。

2. 攸（註十）甲骨文造字意思，手持杖打擊一人之背部，後加流血之狀。

二、爻位所處情況解析

六樓陽坐不得位，和三樓陰經常相應溝通，六樓陽已位於最高樓，已經前無進路，而且六樓陽過於陽剛自恃位居高位之尊，剛愎自用，冒然行事恐會有災難，有害而無利。

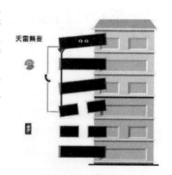

三、爻辭建議

「省」字合乎現代認知，所以從帛書「省」。

［艮上乾下］ 山天大畜（帛書：泰蓄）（海昏竹書易占：大畜，大
□也）

第二十六卦：《大畜卦》 ䷙

大畜：利貞。不家食，吉。利涉大川。（王弼本周易）

泰蓄，利貞；不家食，吉，利涉大川。（馬王堆帛書）

【甲骨文造字思考與古籍比對校讀】

大畜：利貞。不家食，吉。利涉大川。

【白話】大畜：利於占問；不在家中吃飯，吉祥。利於涉過大河。

一、甲骨文造字意思和易學考古考證等諸多資料彙集

1. 大（古字），太，泰（戰國字），疑為古今字。[168]

2. 畜（註一百一十六）甲骨文造字意思，動物的胃連帶有腸子的
   形象。有收容、保存等引申意義。

3. 在雞卦象中，小畜卦象骨上只有四爻，名之小畜；而大畜的雞
   卦象，骨爻數多到七爻，較之小畜要多。雞卦名說「只知道一
   半」，「一半」就有七爻，而且有頭有腳，就是說只有一半就
   完整了。說了一半是「七」，是大衍之數，還剩下一半沒有說，

---

[168] 呂佩珊 (2011)。《上海博物館藏戰國楚竹書（一～六）》通假字研究。國立台
灣師範大學國文學系博士論文。

保留下來的也是大衍之數，這符合大畜是「大有積蓄」的基本意義。[169]

二、爻位所處情況解析

山在上，天在下，山有蓄積萬物之功，而天被包含在山中，為大的蓄聚，所以有蓄聚、蓄養之意。

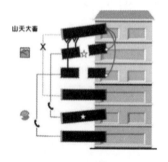

整棟樓的上卦艮卦是山，主要是藏蓄萬物，而下卦乾卦是天，主要是一切生化，所以山和天合而為用，表示萬物得以生成、聚藏，可以得到大大的蓄藏。這說明可以有所大作為，拯救天下，所以不能獨善其身，要開始大行於天下了。

初九：有厲，利已。（王弼本周易）

初九：有厲利巳。（馬王堆帛書）

【甲骨文造字思考與古籍比對校讀】

初九：有厲，利巳。

【白話】初九，有疾病，有利於祭祀。

---

169 黃懿陸 (2007)。中國先越文化研究：從壯族雞卦看《易經》起源。昆明：雲南人民出版社。

一、甲骨文造字意思和易學考古考證等諸多資料彙集

1. 利(註三)甲骨文造字意思,可會意用刀收割禾穀。

2. 巳(註一百零六)甲骨文造字意思,象徵神主小孩,後為專用為祭祀「巳」字。

二、爻位所處情況解析

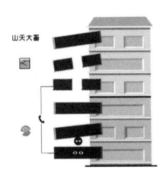

山天大畜

一樓陽坐得正位,和四樓陰經常打電話溝通,一樓陽往上前進二樓陽被拒,但一樓陽得正位又受到四樓陰(正位)相應,可謂是一位有為的青年,但是不能過於冒進,要反省檢討,戒慎恐懼,知危而止,就可得吉祥。

三、爻辭建議

已和巳,這兩個字在古代通假字或為同字應可理解,但在本爻辭根據爻位情況,應該以「巳」祭祀之意為宜。

九二:輿說輹。(王弼本周易)

九二:車說緮。(馬王堆帛書)

【甲骨文造字思考與古籍比對校讀】

九二:輿說輹。

【白話】九二，車子脫去輪輮，車輪掉了。

一、甲骨文造字意思和易學考古考證等諸多資料彙集

1. 輿（註五十一）甲骨文造字意思，四手共舉一個另一形式的肩輿之形。

二、爻位所處情況解析

山天大畜

二樓陽坐不得位，和五樓陰相應溝通，但是二樓陽受到一、三樓陽的阻擋與干擾，就好像車子的輪子脫落而不能前進。

九三：良馬逐，利艱貞。日閑輿衛，利有攸往。（王弼本周易）

九三：良馬遂，利根貞。日闌車□，利有攸往。（馬王堆帛書）

九三：良馬遂，利……（阜陽漢簡）

【甲骨文造字思考與古籍比對校讀】

九三：良馬遂，利艱貞。日閑輿衛，利有攸往。

【白話】九三，駿馬追逐而交配，利於占問艱難的事，停止前進，先練習駕車技術，以防衛鄰族侵犯，利於前去行事，有所作為。

一、甲骨文造字意思和易學考古考證等諸多資料彙集

1. 遂，王弼本作逐。帛書常以遂為逐。此處似遂字義長。[170]

2. 根 (註六十一) 甲骨文造字意思，樹根、草根、麥根、花木之根等。但經查古書可證「根」和「艮」二字互通，所以爻辭可以「艮」解釋。

3. 輿 (註五十一) 甲骨文造字意思，四手共舉一個另一形式的肩輿之形。

4. 攸 (註十) 甲骨文造字意思，手持杖打擊一人之背部，後加流血之狀。

二、爻位所處情況解析

三樓陽坐得正位，和六樓陽無法打電話溝通，三樓陽上面遇到一座山被迫停止 (上卦艮卦是山)，所以雖然三樓陽 (正位) 是一匹良馬，本來可以奔馳競逐，但是最好是停止前進，勤於操練戰術為宜，待有所準備後，再予前進。

---

170 張政烺 (2011)，李零等整理。張政烺論易叢稿。北京：中華書局。

三、爻辭建議

依從帛書和阜陽漢簡之爻辭，改為「遂」字。

六四：童牛之牿，元吉。（王弼本周易）

六四：童牛之鞫，元吉。（馬王堆帛書）

【甲骨文造字思考與古籍比對校讀】

六四：童牛之牿，元吉。

【白話】六四，給頭上剛長出角的小牛套上一塊木牿，以防傷人，起頭吉祥。

一、爻位所處情況解析

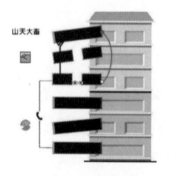

四樓陰坐得正位，和一樓陽經常打電話溝通，四樓陰已經前進到上卦已經長成一隻小牛，由於還在上卦最底端就好像一隻小牛剛剛長出牛角一樣，小牛好動將牠用牿圈起來，一來避免走失，二則可以養育加速壯健，是合乎大為蓄養的卦意。

六五：豶豕之牙，吉。（王弼本周易）

六五：哭豨之牙，吉。（馬王堆帛書）

【甲骨文造字思考與古籍比對校讀】

六五：豶豕之牙，吉。

【白話】六五，小公豬長出了牙齒，吉祥。

一、爻位所處情況解析

山天大畜

　　五樓陰坐不得位，和二樓陽經常打電話溝通，五樓陰坐於君王尊位，就本卦蓄養的觀點來看，小公豬已經長出牙了，說明畜養有成。

上九：何天之衢，亨。（王弼本周易）

尚九：何天之瞿，亨。（馬王堆帛書）

【甲骨文造字思考與古籍比對校讀】

上九：何天之衢，亨。

【白話】上九，上天保佑，六畜興旺，亨通順利。

一、甲骨文造字意思和易學考古考證等諸多資料彙集

1. 何（註一百六十三）甲骨文造字意思，表示所扛物之形。1.「以肩承物、扛物」義的本字，後來借「荷」字記錄此義。2. 借用做疑問代詞「何」。

二、爻位所處情況解析

六樓陽坐不得位，和三樓陽無法相應支持，六樓陽已佔最高樓，累積大量財物，而且是轉變到無妄卦的第一層樓陽吉祥，所以已經是順承天道，亨通無礙。

［艮上震下］山雷頤（海昏竹書易占：頤，□也）

第二十七卦：《頤卦》 ䷚

頤：貞吉。觀頤，自求口實。（王弼本周易）

□□，□□。□□，□□口實。（馬王堆帛書）

【甲骨文造字思考與古籍比對校讀】

頤：貞吉。觀頤，自求口實。

【白話】頤：占問吉祥。觀人享用美食，還是要自食其力，自求食物。

一、甲骨文造字意思和易學考古考證等諸多資料彙集

1. 在雞卦中，婁、晚兩卦說的都一樣，則咱們念口，你也念口；你「四五六七吉」，咱們亦如此。兩卦都是吉祥之卦，而且口隨口，話同話，依雞卦之意，這裡的口不表示出路和吉祥之意，則口是用來吃飯、喝水、說話、交流感情的。[171]

2. 觀 (註一百三十) 甲骨文造字意思，有目的地仔細審視。

3. 自 (註二十五) 甲骨文造字意思，鼻子。

二、爻位所處情況解析

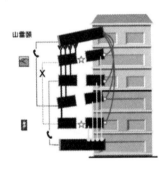

山在上方，雷動於下，山下有雷，下動上止；從卦象上，上卦代表上顎，下卦代表下顎，整體的型態就是上下交互口嚼食物，與飲食、頤養、涵養品德有關。

整棟樓下卦是震是動，往上就停止 (下卦是艮是止)，從各樓層的形狀看來，就好像是一張大口，上顎 (上卦) 和下顎 (下卦) 組成一張嘴，所以要能夠飲食節制和言語謹慎，可以養生養德，才是保養之道。

---

171 黃懿陸 (2007)。中國先越文化研究：從壯族雞卦看《易經》起源。昆明：雲南人民出版社。

初九：捨爾靈龜，觀我朵頤，凶。（王弼本周易）

初九：捨而靈龜，囗我　頤，凶。（馬王堆帛書）

初九：捨而靈龜，觀我端頤，凶。（阜陽漢簡）

【甲骨文造字思考與古籍比對校讀】

初九：舍爾靈龜，觀我朵頤，凶。

【白話】初九，捨棄你的靈龜寶物或聰明智慧，卻反而羨慕我口中的美食，凶險。

一、甲骨文造字意思和易學考古考證等諸多資料彙集

1. 而，甲骨文像頷下長出的鬚毛之形，引申為好像、就是、你、才、並列等義。**172**

2. 「捨而靈龜」，今本作「爾」，帛書作「而」。「而」、「爾」皆可作「汝」解，《書‧洪範》「而康而色」，《詩‧氓》「爾卜爾筮」，「而」、「爾」都訓為「汝」。**173**

3. 觀（註一百三十）甲骨文造字意思，有目的地仔細審視。

---

172 王本興 (2019)。甲骨文讀本：全 3 冊。北京：北京工藝美術出版社。

173 王聰潘 (2013)。阜陽漢簡《周易》集釋。吉林大學古籍研究所碩士論文。引述於韓自強 (2004)。《阜陽漢簡 < 周易 > 研究》。上海：上海古籍出版社，2004 年 7 月。

二、爻位所處情況解析

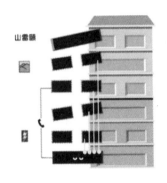

山雷頤

一樓陽坐得正位，和四樓陰經常打電話溝通，一樓陽位於下卦震卦之初有震動之象（上有四樓陰相偕），就好像是下顎在動想要吃東西滿足口腹之慾，但是一樓宜靜不宜動，心靜則人神相通，但是如果只是追求物質享受，看到別人的美食就羨慕，這種捨本逐末的行為，是很危險的。

六二：顛頤，拂經於丘，頤，征凶。（王弼本周易）

六二：日顛頤，枊經，於北頤，正凶。（馬王堆帛書）

六二：日顛頤，弗經於北頤，征凶。（上博楚簡）

六二：奠頤，弗經，於丘頤，政兒。（阜陽漢簡）

【甲骨文造字思考與古籍比對校讀】

六二：顛頤，拂經於北，頤，征凶。

【白話】六二，向下方求養，不正常，往相反方向違反常理，如果出行，有凶險。

一、甲骨文造字意思和易學考古考證等諸多資料彙集

1. 「顛」，焦循曰：「讀為顛實之顛，填也。」《鼎》卦「顛趾」，帛書正是作「填止」。「填」，音「電」，《禮記・檀弓》：

「主人既祖填池」,注:「填池,讀為奠徹。」「奠」、「填」、「顛」同為真部字,可以通假,故阜易借「奠」為「顛」。[174]

2. 北(註一百三十四)甲骨文造字意思,屋子背對的方向。

3. 北(通假字),背(本字),根據其他古籍研究,疑為通假字。[175] 北,怀,背,疑為通假字。[176]「但考《玉篇》『丘』部第十六,『丘』字又作『(北)』(編者按:難字,北字底下還有一橫線),竹書、帛本『丘』字皆作『北』,疑是『(北)』(編者按:難字,北字底下還有一橫線)字之省也。」[177]

4. 征(註四十)甲骨文造字意思,向目標進發或征討。

5. 正(註四十一)甲骨文造字意思,指腳步向城邑等目標行進。

6. 正(通假字),征(本字),根據其他古籍研究,疑為通假字。[178] 正,政。[179]

174 王聰潘 (2013)。阜陽漢簡《周易》集釋。吉林大學古籍研究所碩士論文。引述於韓自強 (2004)。《阜陽漢簡<周易>研究》。上海:上海古籍出版社,2004 年 7 月。

175 廖燕 (2015)。里耶秦簡通假字、古今字研究。吉首大學碩士學位論文。

176 呂佩珊 (2011)。《上海博物館藏戰國楚竹書(一~六)》通假字研究。國立台灣師範大學國文學系博士論文。

177 劉大鈞。今、帛、竹書《周易》疑難卦爻辭及其今、古文辨析(一)。文章取自蔡運章、董延壽、張應橋主編 (2016)。洛陽市文物管理局,洛陽易經學會編。易學考古論集。北京:中華書局。

178 林瑞能 (2009)。甲骨刻辭與上博楚竹書通假字比較研究。國立東華大學中國語文學系碩士論文。

179 賴冠豪 (2020)。《清華大學藏戰國竹簡(伍)》通假字研究。國立高雄師範大學國文學系碩士論文。

二、爻位所處情況解析

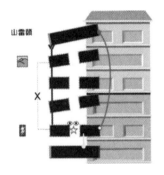

山雷頤

二樓陰坐得正位，和五樓陰無法打電話溝通，二樓陰想要往上進卻遇到不相合的三樓陰而受拒，二樓陰轉而往下頤養一樓陽，這是顛倒養育的行為，志向很小，無法養天下，不正常也無功勞。

二樓陰得不到五樓陰的相助，一直想要再往上和六樓陽接觸，可是往上進又受到三、四、五樓陰的阻擾，會有凶險。

三、爻辭建議

「北」字意為背，與爻位情況和爻辭「顛」字相呼應，所以取帛書和上博楚簡的「北」字。

> 六三：拂頤貞，凶。十年勿用，無攸利。（王弼本周易）
> 六三：栿頤，貞凶，十年勿用，無攸利。（馬王堆帛書）
> 六三：弗頤，貞凶，十年勿用，無攸利。（上博楚簡）
> 【甲骨文造字思考與古籍比對校讀】
> 六三：拂頤，貞凶。十年勿用，無攸利。

【白話】六三，違背頤養的正道，違反謀生之道，占問凶險。，在十年的漫長歲月裡都不能有所作為，沒有一點好處。

一、甲骨文造字意思和易學考古考證等諸多資料彙集

1. 攸（註十）甲骨文造字意思，手持杖打擊一人之背部，後加流血之狀。

二、爻位所處情況解析

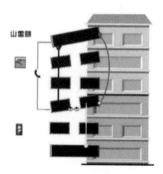

三樓陰坐不得位，和六樓陽相應溝通，三樓陰位於下卦震卦最上方一直躁動不聽話，不往上和六樓陽相合，卻往下頤養（據）一樓陽，已經是違背常理了。

六四：顛頤，吉。虎視眈眈，其欲逐逐，無咎。（王弼本周易）

六四：顛頤，吉；虎視沈沈，其容笛笛，無咎。（馬王堆帛書）

六四：（顛）頤，吉，虎視眈眈，其（欲）遂遂，無咎。（阜陽漢簡）

【甲骨文造字思考與古籍比對校讀】

六四：顛頤，吉。虎視眈眈，其容逐逐，無咎。

【白話】六四，頤養之道顛倒過來，本來是以下養上，現在是以上養下，吉祥。失去生計的平民，就像餓虎覓食，他們獲得上面的救濟，當然沒有什麼災禍。

一、甲骨文造字意思和易學考古考證等諸多資料彙集

1. 今本「其欲逐逐」，帛本作「其容笛笛」。由初六爻稱「觀我朵頤」、六二爻曰「顛頤」、六三爻又「拂頤」、上九爻稱「由頤」等辭考之，其皆言面容頤部，故帛書作「其容笛笛」正與以上諸爻辭相合。[180] 又經古書相互考證，笛、逐疑是古今字，和竹書攸相通，因此此爻辭應以「其容逐逐」較合乎現代對於字義解釋與理解。

二、爻位所處情況解析

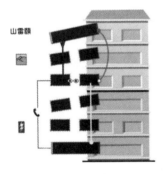

四樓陰坐得正位，和一樓陽經常打電話溝通，四樓陰位於上卦艮卦之下，已經可以頤養下卦了，而且四樓陰和一樓陽都是正位，所以四樓陰養一樓陽是正當的，四樓陰養一樓陽也是很眷顧而關懷的。

六五：拂經，居貞吉。不可涉大川。（王弼本周易）

六□：□□，居貞吉，□□□□川。（馬王堆帛書）

六五：不經……（阜陽漢簡）

---

180 劉大鈞。今、帛、竹書《周易》疑難卦爻辭及其今、古文辨析（一）。文章取自蔡運章、董延壽、張應橋主編 (2016)。洛陽市文物管理局，洛陽易經學會編。易學考古論集。北京：中華書局。

【甲骨文造字思考與古籍比對校讀】

六五：拂經，居貞吉。不可涉大川。

【白話】六五，不正常，占問居處之事，吉祥。不可以冒險去涉大河。

一、爻位所處情況解析

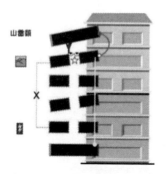

五樓陰坐不得位，和二樓陰無法相應溝通，五樓陰(君王)和二樓陰(臣子)都是陰力量太小，無法照顧百姓，而且二樓陰向下求養於一樓陽，而五樓陰卻要依賴六樓陽，這都是違背常理的事情。還好五樓陰位於上卦艮卦的中央，獲得了一顆星星，身處尊位，自己居中正之位而得吉祥，但是五樓陰自己不正位，自己安居即可，還是不要冒然渡過大河為宜。

上九：由頤，厲，吉。利涉大川。（王弼本周易）

□□：□□；□□，□涉大川。（馬王堆帛書）

【甲骨文造字思考與古籍比對校讀】

上九：由頤，厲，吉。利涉大川。

【白話】上九，追求謀生之道，雖有艱難危險，最終吉祥。可以順利涉過大河。

一、爻位所處情況解析

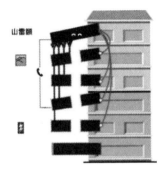

六樓陽坐不得位，和三樓陰經常打電話溝通，六樓陽雖然位居於最高樓，本來是有危險之虞，但是六樓陽受到二至五樓陰的支持，六樓陽也很照顧底下各層樓陰，而六樓陽自己知道責任重大，本身也以義為重，所以還是會吉祥，如果要渡過大河，是可以的。

［兌上巽下］ 澤風大過（帛書：泰過）（海昏竹書易占：大過，大過也）（阜陽漢簡：大過）

第二十八卦：《大過卦》 ䷛

大過：棟橈。利有攸往，亨。（王弼本周易）

泰過，棟𦼫；利有攸往，亨。（馬王堆帛書）

大過：橦橈。利用（攸）往，亨。（阜陽漢簡）

【甲骨文選字思考與古籍比對校讀】

大過：棟橈。利有攸往，亨。

【白話】大過：房屋的棟樑彎折，利於前去行事，有所作為，亨通順利。

一、甲骨文造字意思和易學考古考證等諸多資料彙集

1. 大(古字)，太，泰(戰國字)，疑為古今字。[181]

2. 泰(註六十四)，滑溜。

3. 過(註八十三)甲骨文造字意思，表示有人在路上走過。

4. 在雜卦中，雜卦名中的意思表現出妻、忙(晚)兩邊都唸四，都是平等的，應該有路可走，有口(叱)可出，是很順利的事。但是，對方的口卻是被捆縶著、勒著，意思是本來順理成章的事，卻節外生枝，碰到了阻礙，這個意思與《雜卦》所講相符，指的是做事太過份，於是適得其反而顛覆，使事物走向了反面 [182]

5. 𣏂，王弼本做橈。《彖傳》：「棟橈，本末弱也。」《釋文》云：「橈，曲折也。」按下文「九三，棟橈凶。九四，棟𣏂吉」，𣏂，王弼本作隆。隆(𣏂)與橈對言，隆是向上屈強，橈是向下曲折。此處疑帛書誤。[183]

6. 攴(註十)甲骨文造字意思，手持杖打擊一人之背部，後加流血之狀。

---

[181] 呂佩珊 (2011)。《上海博物館藏戰國楚竹書 (一～六)》通假字研究。國立台灣師範大學國文學系博士論文。

[182] 黃懿陸 (2007)。中國先越文化研究：從壯族雞卦看《易經》起源。昆明：雲南人民出版社。

[183] 張政烺 (2011)，李零等整理。張政烺論易叢稿。北京：中華書局。

二、爻位所處情況解析

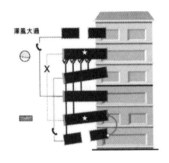

上卦兌卦是澤，下卦巽卦是風、是木，上面的水量過大，淹沒了下方的風勢或花草樹木，水不但沒有滋潤，反而使樹木長期浸泡而腐爛，象徵事情做得過頭了，太過份了。

從卦象看，中間四個陽靜，受到上下兩個陰動的躁動擠壓，使得中間陽靜（虛空）造成彎曲情況，是可以想見的。

初六：藉用白茅，無咎。（王弼本周易）

初六：籍用白茅，無咎。（馬王堆帛書）

【甲骨文造字思考與古籍比對校讀】

初六：藉用白茅，無咎。

【白話】初六，就像祭祀時使用白色的茅草襯墊一樣，處事恭敬戒慎，不會發生災禍。

一、爻位所處情況解析

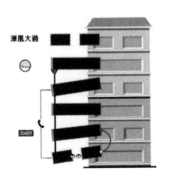

一樓陰坐不得位，和四樓陽經常打電話溝通，一樓陰位於下卦巽卦最底下，風吹柔順，一樓陰更為謹慎小心，更為謙順禮讓。

下卦巽卦是風、是木、是草、是茅，謙遜的態度就好像將柔軟的白茅鋪作襯墊，溫順地擺放至下方承受祭品或禮品。

九二：枯楊生稊，老夫得其女妻，無不利。（王弼本周易）

九二：楛楊生芛，老夫得其女妻，無不利。（馬王堆帛書）

九二：枯楊生（稊），老夫得女妻，無不利。（阜陽漢簡）

【甲骨文造字思考與古籍比對校讀】

九二：枯楊生稊，老夫得其女妻，無不利。

【白話】九二，已經枯萎的楊樹重新又長出新的枝芽，老年男子娶了年輕的妻子，沒有什麼不利的。

一、甲骨文造字意思和易學考古考證等諸多資料彙集

1. 芛 (註一百六十五) 甲骨文造字意思，1. 茅草的嫩芽。2. 割除田裡的野草。

二、爻位所處情況解析

二樓陽坐不得位，和五樓陽無法相應溝通，二樓陽位於四樓陽之下猶如一棵老樹，靠近一樓陰就好像獲得了新葉；二樓陽也像是老夫，往下與一樓陰相合好像是老夫和少妻，雖然有些過份，但因為陰陽得合，本來是快要枯萎的二樓陽獲得了一樓陰的滋潤，使二樓陽獲

得生機，所以無礙。

九三：棟橈，凶。（王弼本周易）

九三：棟橈，凶。（馬王堆帛書）

【甲骨文造字思考與古籍比對校讀】

九三：棟橈，凶。

【白話】九三，房屋的棟樑受重壓而彎曲，凶險。

一、爻位所處情況解析

三樓陽坐得正位，和六樓陰經常相應溝通，但是三樓陽位於下卦巽卦最上端，行事極端過於剛硬，在這整棟樓上下都很弱快要傾倒之危，加上二、四樓陽相斥，三樓陽這根大樑恐有折彎的情況，這是很危險的。

從陽靜居於陽靜位置，受到上下的擠壓，陽靜（虛空）自然向下或往內曲折，所以是橈。

九四：棟隆，吉，有它吝。（王弼本周易）

九四：棟𦤉，吉；有它，閵。（馬王堆帛書）

【甲骨文造字思考與古籍比對校讀】

九四：棟隆，吉，有它吝。

【白話】九四，房屋的棟樑向上隆起，能負重荷，吉祥；可能有意外，有困厄。

一、爻位所處情況解析

四樓陽坐不得位，和一樓陰相應溝通，四樓陽居陰位而剛柔並濟，這一根大樑不至於過於陽剛而彎折，反而是有彈性而直立，加上底下有兩層樓(陽，二、三樓)支撐著，同時接近五樓陽(君王)，四樓陽這根樑有隆起的現象。但是四樓陽受到三、五樓陽的同性相斥，做事將有些艱難。

從陽靜居於陰動位置，受到上下的擠壓，四樓陽內部躁動的陰位置向外施以壓力於四樓陽靜(虛空)，而產生向上或往外屈強，所以是隆。

九五：枯楊生華，老婦得其士夫，無咎，無譽。（王弼本周易）

九五：楛楊生華，老婦得其士夫，無咎無譽。（馬王堆帛書）

【甲骨文造字思考與古籍比對校讀】

九五：枯楊生華，老婦得其士夫，無咎，無譽。

【白話】九五，已經枯萎的楊樹重新又盛開鮮豔的花朵，已經衰老的婦人嫁給了年輕男人，不會遇到什麼禍害，但也沒有值得稱道的。

一、爻位所處情況解析

五樓陽坐得正位，無法和二樓陽相應支持，五樓陽和二樓一樣已經像是一棵枯萎的樹，一棵樹往上獲得了幾片新葉（六樓，陰）。而四層樓（二至五樓）的陽已經走到盡頭，五樓陽猶如一位氣力將盡的男人，五樓陽上面和六樓陰可以相合，而六樓陰位於最高樓就像是一位老婦人，這兩層樓陰陽相合就像是老婦人配得一位年輕男人，也是一個可以接受的組合，但是六樓衰弱的陰無法滋潤五樓快要耗盡的陽，加上老婦和年輕男人的相合也不是什麼體面的事，只是有違常理而已。

上六：過涉滅頂，凶，無咎。（王弼本周易）

尚六：過涉滅釘，凶，無咎。（馬王堆帛書）

【甲骨文造字思考與古籍比對校讀】

上六：過涉滅頂，凶，無咎。

【白話】上六，涉過深之水以致於淹沒了頭頂，凶險，但仍可匡正，最終平安無事。

一、甲骨文造字意思和易學考古考證等諸多資料彙集

1. 過（註八十三）甲骨文造字意思，表示有人在路上走過。

2. 釘(註一百三十五)甲骨文造字意思，像釘子的形象，以丁為聲符延伸有「頂」字。所以本爻辭可以「頂」解釋。

二、爻位所處情況解析

六樓陰坐得正位，和三樓陽經常相應支持，六樓陰已經位於最高樓，已經沒有前進的路了，本身又位於上卦兌卦最上方，如果硬要渡河恐有滅頂的危險；幸好六樓陰有三樓陽的溝通提醒，六樓陰自知自己過錯，即使知過，則平安無事。

〔坎上坎下〕坎為水（帛書：贛）（海昏竹書易占：臽，臽也）

第二十九卦：《坎卦》䷜

習坎：有孚，維心亨，行有尚。（王弼本周易）

習贛，有復，嵩心，亨，行有尚。（馬王堆帛書）

……復，嵩心，亨。……（阜陽漢簡）

【甲骨文造字思考與古籍比對校讀】

習坎：有復，維心亨，行有尚。

【白話】坎：在重重的險境中，只要胸懷堅定的信念，執著專

一，自然亨通，如果有所作為，也會獲得人們讚賞。

一、甲骨文造字意思和易學考古考證等諸多資料彙集

1. 臽 (通假字)，陷 (本字)，根據其他古籍研究，疑為通假字。[184]

2. 習 (註一百三十六) 甲骨文造字意思，飛鳥在天氣晴好的空中展翅反覆練習。(習坎，有雙重的艱難之意)

3. 從雞卦名看，是你在占卜時，得出要吃咱們的險象來，但是，咱們並不害怕，而且咱們還笑著，這是為什麼？因為咱們有口 (剝)，可以脫離險境，而你不得不說知道可以化險為夷。有口代表的是吉祥，卦象給咱們指出了一條脫離被吃的危險的光明之路。由是可知，易卦坎之意源自雞卦象之意。[185]

4. 孚 (註二十) 甲骨文造字意思，引申有誠信的意思。

5. 复 (註二十四) 甲骨文造字意思，復，有「反覆」、「往復」的意思。會腳圍繞城邑往來之意。

6. 孚，復，疑為通假字。[186]

7. 巂 (註一百六十六) 甲骨文造字意思，1. 從隹 (鳥)，咼聲。2. 隹

184 范紅麗 (2012)。《銀雀山漢木竹簡 [貳]》通假字研究。
185 黃懿陸 (2007)。中國先越文化研究：從壯族雞卦看《易經》起源。昆明：雲南人民出版社。
186 呂佩珊 (2011)。《上海博物館藏戰國楚竹書 (一～六)》通假字研究。國立台灣師範大學國文學系博士論文。

（鳥）口中或添加表示鳴叫聲的指事符號。3. 子規，即杜鵑鳥。常夜鳴，聲音淒切。

二、爻位所處情況解析

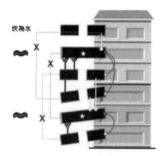

坎卦一個陽在兩個陰當中，看起來像陷下去，上卦、下卦都是坎水，好像人掉落水底深處，可能遭到滅頂一樣；整棟樓重複地水上加水，陷而再陷；象徵內憂外患，險難不絕。

中間陽靜（虛空），上下都是陰動，這個組合就是中間陷入，為「臽」之本意。

三、爻辭建議

1. 孚和復用字理由，請見需卦和中孚卦的解釋。

初六：習坎，入於坎窞，凶。（王弼本周易）

初六：習贛，人贛閻，凶。（馬王堆帛書）

【甲骨文造字思考與古籍比對校讀】

初六：習坎，入於坎窞，凶。

【白話】初六，置身於重重的艱險困難之中，陷入坎中之坎，凶險。

一、甲骨文造字意思和易學考古考證等諸多資料彙集

1. 入（錯字），人（本字）[187]

二、爻位所處情況解析

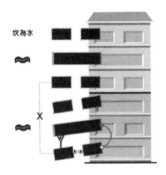

坎為水

一樓陰坐不得位，和四樓陰無法打電話溝通，一樓陰又陷入下卦坎卦最底下，簡直沒有出路，一樓陰位於兩個坎卦最底部，重重陷沒，難以出險。

九二：坎，有險，求小得。（王弼本周易）

九二：贛有訛，求少得。（馬王堆帛書）

【甲骨文造字思考與古籍比對校讀】

九二：坎，有險，求小得。

【白話】九二，仍然處在陷坑之中，道路艱險，只能求小有所得。

一、甲骨文造字意思和易學考古考證等諸多資料彙集

---

187 成蒂 (2006)。《張家山漢墓竹簡 · 二年律令》通假字研究。國立成功大學中國文學研究所碩士論文。

1. 少 (通假字)，小 (本字)，根據其他古籍研究，疑為通假字。[188]

二、爻位所處情況解析

二樓陽坐不得位，和五樓陽無法相應溝通，二樓陽位於下卦坎卦中央剛好就陷入坎險當中，還好二樓陽的上下樓 (一、三樓) 都是陰相合，可以獲得一些小成就。

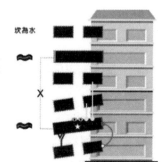

六三：來之坎坎，險且枕。入於坎窞，勿用。(王弼本周易)

六三：來之贛贛，僉且訧，人口贛閻，口口。(馬王堆帛書)

【甲骨文造字思考與古籍比對校讀】

六三：來之坎坎，險且枕。入於坎窞，勿用。

【白話】六三，來到重重陷坑之前，面臨陷坎危險又深，落入陷坑的最底下，不可輕舉妄動。

一、甲骨文造字意思和易學考古考證等諸多資料彙集

1. 且 (註九十六) 甲骨文造字意思，男子性器形，為繁殖的根源，用以表達人倫。「祖」字的源頭是且。

2. 入 (錯字)，人 (本字)[189]

---

188 廖燕 (2015)。里耶秦簡通假字、古今字研究。吉首大學碩士學位論文。

189 成蒂 (2006)。《張家山漢墓竹簡 ‧ 二年律令》通假字研究。國立成功大學中國文學研究所碩士論文。

二、爻位所處情況解析

　　三樓陰坐不得位，和六樓陰無法相應溝通，三樓陰又位於下卦坎卦最上方陷入險中，往上看又遇到上卦坎卦水險，真是險上加險，動彈不得，無可作為。

六四：樽酒，簋貳，用缶。納約自牖。終無咎。（王弼本周易）

六四：奠酒，巧訶亦，用缶，人葯自牖，終無咎。（馬王堆帛書）

【甲骨文造字思考與古籍比對校讀】

六四：樽酒，簋貳，用缶。納約自牖。終無咎。

　　【白話】六四，一樽酒，一碗飯，用瓦罐盛著，從天窗口送入，禮雖然很輕，然而正大光明地表示誠信，最終不會發生災禍。

一、甲骨文造字意思和易學考古考證等諸多資料彙集

1. 自 (註二十五) 甲骨文造字意思，鼻子。

2. 終 (註七) 甲骨文造字意思，終結、結束的意思。

二、爻位所處情況解析

　　四樓陰坐得正位，和一樓陰無法打電話溝通，四樓陰位於上卦坎卦陷險之下，又上承五樓陽 (君王)，所以四樓陰就好像是處於

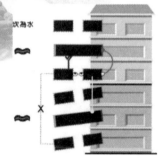

亂世之中的宰相，這時候只求平安就很好了，為了在亂世中侍奉君王，將酒菜裝於瓦盆從窗戶送入而不走正門，迫於形勢就先不循禮數了；然而四樓陰居陰位得位，以自身柔的正位順從五樓陽的正位，最終還是沒事的。

九五：坎不盈，祗既平，無咎。（王弼本周易）

九五：贛不盈，堳既平，無咎。（馬王堆帛書）

【甲骨文造字思考與古籍比對校讀】

九五：坎不盈，祗既平，無咎。

【白話】九五，土坑沒有填滿，小土丘已經削平，不會發生災害。

一、甲骨文造字意思和易學考古考證等諸多資料彙集

1. 既（註一百一十七）甲骨文造字意思，已進食完畢，轉頭表示可撤去食物之意。

2. 平（註六十三）甲骨文造字意思，秤重物的天平式秤竿形象。

二、爻位所處情況解析

五樓陽坐得正位，和二樓陽無法相應溝通，但是五樓陽本身

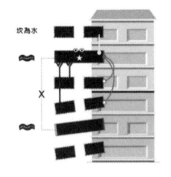

剛正得正位，雖然位於上卦坎卦水險中央，對於積滿水的陷坑，拿小丘的土去填滿坑，所以五樓陽在水坑中間所以沒有填滿，而小丘也平了，在坎卦水險當中，不會有什麼大災禍，至少平安無事。

上六：係用徽纆，寘于叢棘，三歲不得，凶。（王弼本周易）

尚六：系用諱纆，親之于總葱勒，三歲弗得，兇。（馬王堆帛書）

上六：係用徽纆，寘……歲不得，凶。（阜陽漢簡）

【甲骨文造字思考與古籍比對校讀】

上六：係用徽纆，寘于叢棘，三歲不得，凶。

【白話】上六，被人用繩索重重地捆綁住，囚放在荊棘叢生的牢獄中，長達三年不得自由，凶險。

一、甲骨文造字意思和易學考古考證等諸多資料彙集

1. 歲（註三十四）甲骨文造字意思，為處罰之刑具，用以名歲星。易經使用「歲」字大多沒有好事，因為古代歲字就是帶有處罰之意。

2. 弗（註三十七）甲骨文造字意思，矯正。

二、爻位所處情況解析

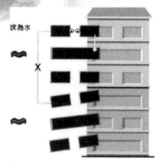

坎為水

六樓陰坐得正位，和三樓陰無法打電話溝通，六樓陰位於上卦坎卦水險的最上方，也是整棟樓的最高樓，已經被逼到前無進路的地步，由於無法得到三樓陰的相助，已經孤立無援，等於被囚禁在六樓的囹圄，長達三年將不會獲釋，會有凶險。

［離上離下］離為火（帛書：羅）（海昏竹書易占：麗，麗也）

第三十卦：《離卦》

離：利貞，亨。畜牝牛，吉。（王弼本周易）

羅，利貞，亨；畜牝牛，吉。（馬王堆帛書）

【甲骨文造字思考與古籍比對校讀】

離（羅）：利貞，亨。畜牝牛，吉。

【白話】離：利於占問，亨通；畜養柔順的母牛，吉祥。

一、甲骨文造字意思和易學考古考證等諸多資料彙集

1. 離（註二十六）甲骨文造字意思，一隻鳥被捕鳥的網子捉住。

2. 羅 (註二十七) 甲骨文造字意思，用網捕飛鳥。

3. 今本離卦卦名，帛本作羅卦，亦由《繫辭》「作結繩而為網罟，以佃以漁，蓋取諸離」。**190**

4. 在雞卦名的原始意義中，離代表年輕、青春活力旺盛如火，而這正是火的象徵，與「離」為火的本義吻合。雞卦名裡顯示：這是有關婚娶的占卜，而且是問女兒出嫁的事，說是女兒還小，所以要回去，還不能出嫁。雞卦說是利於養女兒，這與《易經》「離卦」說「畜牝牛，吉」的意思是一致的。而《易經》「離」卦說「畜牝牛，吉」，當時可能問的是有關養牛的卦，故得「畜牝牛，吉」之語，這也與雞卦是問婚嫁之卦一樣，有男問嫁女之事，因而求神問卜，得出女兒尚小，只宜在家，還不能出嫁之語。**191**

5. 畜 (註一百一十六) 甲骨文造字意思，動物的胃連帶有腸子的形象。有收容、保存等引申意義。

二、爻位所處情況解析

上卦和下卦都是離卦為火，有光明氣場的局勢，但是光必須在

---

190 劉大鈞。今、帛、竹書《周易》疑難卦爻辭及其今、古文辨析 (二)。文章取自蔡運章、董延壽、張應橋主編 (2016)。洛陽市文物管理局，洛陽易經學會編。易學考古論集。北京：中華書局。

191 黃懿陸 (2007)。中國先越文化研究：從壯族雞卦看《易經》起源。昆明：雲南人民出版社。

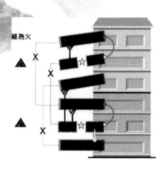

物體上才可以顯明，因此上有日月麗天，下有百穀草木麗土之象。

整棟樓上卦和下卦都是離卦為火，光耀不繼，普照四方，而二樓和五樓都是陰，都位居上卦和下卦的中央（一顆星星），陰柔居於中位，就好像馴養母牛一樣，以母牛之柔順擔負國家的大任。

三、爻辭建議

「離」的帛書卦名為「羅」，離和羅的甲骨文都是網捕鳥，所以可以推論離和羅兩字在古代通假，但是離和羅在現代文字認知已經大為不同，「離」字的分離意念太強大，已經沒有「羅」網捕鳥之原意。在考量卦名已經熟知，所以不改卦名，僅以括弧標示提醒，離（羅）卦，主要是看到離卦要有羅的念想為宜。

初九：履錯然，敬之，無咎。（王弼本周易）

初九：禮昔然，敬之，無咎。（馬王堆帛書）

初九：履昔然，敬之，無咎。（阜陽漢簡）

【甲骨文造字思考與古籍比對校讀】

初九：履（禮）昔然，敬之，無咎。

【白話】初九，禮敬已有的禮數，恭敬對待，沒有發生什麼災禍。

一、甲骨文造字意思和易學考古考證等諸多資料彙集

1. 履(註十一)甲骨文造字意思，鞋子，強調高級貴族的形象。

2. 禮(註十二)甲骨文造字意思，表示祭台，敬神。

3. 昔(註一百五十)甲骨文造字意思，大水為患之日，已是往昔之事。

4. 「昔」，《考工記‧弓人》「老牛之角紾而昔」，鄭玄曰：「昔讀為履錯然之錯。」錯然者，敬慎之貌，《禮記‧祭儀》「不錯則隨」，注：「錯雁行，父黨隨行，兄黨雁行。」帛書「禮昔然」透露了此爻與禮儀的關係。**192**

二、爻位所處情況解析

　　一樓陽坐得正位，和四樓陽無法打電話溝通，一樓陽剛居正位就好像正值一位年輕有為的青年，急著往上二樓陰以圖有所作為，但是畢竟一樓陽是整棟樓的最底層，如果沒有準備周全就躁進，很容易會錯亂，所以要心存誠敬，謹慎行事，就能順利沒事。

三、爻辭建議

　　從帛書爻辭，比對爻位情況，以「禮昔然」較合宜，也合乎現代認知。

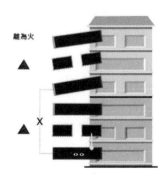

六二：黃離，元吉。（王弼本周易）

六二：黃羅，元吉。（馬王堆帛書）

【甲骨文造字思考與古籍比對校讀】

六二：黃離（羅），元吉。

【白話】六二，黃鸝飛翔，開頭吉利。

一、爻位所處情況解析

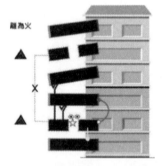

離為火

二樓陰坐得正位，和五樓陰無法打電話溝通，二樓陰位於下卦中央獲得一顆星星，光明閃耀但不會過於耀眼奪目，加上一、三樓陽都在旁邊幫著，光明而吉祥。

九三：日昃之離，不鼓缶而歌，則大耋之嗟，凶。（王弼本周易）

九三：日禝之羅，不鼓垢而歌，即大經之跓，凶。（馬王堆帛書）

【甲骨文造字思考與古籍比對校讀】

九三：日昃之離（羅），不鼓缶而歌，則大耋之嗟，凶。

---

192 王聰潘 (2013)。阜陽漢簡《周易》集釋。吉林大學古籍研究所碩士論文。引述於韓自強 (2004)。《阜陽漢簡＜周易＞研究》。上海：上海古籍出版社，2004 年 7 月。

【白話】九三，黃昏時分，黃鸝飛翔，沒有聽到敲擊瓦器號召大家準備戰鬥，反而高歌歡度，老人們在一旁嘆息，凶險。

一、甲骨文造字意思和易學考古考證等諸多資料彙集

1. 昃（註一百三十七）甲骨文造字意思，以側斜的人影表示日之傾昃。

二、爻位所處情況解析

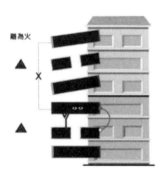

三樓陽坐得正位，和六樓陽無法打電話溝通，三樓陽位於下卦離卦最上爻，已經是下卦的盡頭就好像是太陽走到西邊盡頭，也象徵人已經老了。

正值年老之時，要自安其樂，如果不能及時擊瓦歌唱，而長吁短嘆，則將有損健康，有凶險。

九四：突如其來如，焚如，死如，棄如。（王弼本周易）

九四：出如來如，紛如，死如，棄如。（馬王堆帛書）

九四：其出如，其來如，焚如，棄⋯⋯（阜陽漢簡）

【甲骨文造字思考與古籍比對校讀】

九四：突如其來如，焚如，死如，棄如。

【白話】九四，敵人突然衝過來，焚燒房屋，見人就殺，看到孩子就摔。

一、甲骨文造字意思和易學考古考證等諸多資料彙集

1. 棄 (註一百三十八) 甲骨文造字意思，雙手捧箕丟棄新出生的嬰兒，或加雙手持繩索示絞殺之動作。

二、爻位所處情況解析

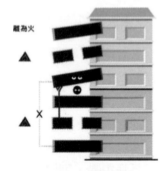

離為火

四樓陽坐不正位，和一樓陽無法相應支持，四樓陽又被三樓陽相斥，受到下卦離卦之上，又處於上卦離卦最底端，火上之火，多重不安與危險於一身，是凶險之象。

六五：出涕沱若，戚嗟若，吉。（王弼本周易）

六五：出涕沱若，戚長左若，吉。（馬王堆帛書）

……差若，吉。（阜陽漢簡）

【甲骨文造字思考與古籍比對校讀】

六五：出涕沱若，戚嗟若，吉。

【白話】六五，眼淚像泉水一樣不停地湧出，人們悲傷嘆息，但是只要接受教訓，還是會獲得吉祥。

一、甲骨文造字意思和易學考古考證等諸多資料彙集

1. 戚(註一百三十九)甲骨文造字意思,像長柄斧鉞帶針刺狀的兵器形。

二、爻位所處情況解析

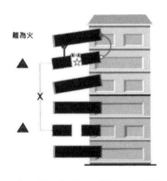

　　五樓陰坐不得位,和二樓陰無法相應溝通,五樓陰位於上卦離卦的中央,獲得了一顆星星(君王),上卦離卦是中女(排行第二的女兒),坐在君王的位置,又夾在兩位大臣的中間(四、六樓陽陽剛之臣),就好像是小國女王受到強鄰的包夾,有憂傷之態,還好五樓陰柔居君王位,最終還是吉祥的。

　　上九:王用出征,有嘉折首,獲匪其醜,無咎。(王弼本周易)
　　尚九:王出正,有嘉折首,獲不戁,無咎。(馬王堆帛書)
　　【甲骨文造字思考與古籍比對校讀】
　　上九:王用出征,有嘉折首,獲匪其醜,無咎。

　　【白話】上九,君主動用軍隊出兵征伐,建功立業,斬殺敵方首領,俘獲敵人無數,平安無事。

一、甲骨文造字意思和易學考古考證等諸多資料彙集

1. 征 (註四十) 甲骨文造字意思，向目標進發或征討。

2. 正 (註四十一) 甲骨文造字意思，指腳步向城邑等目標行進。

3. 正 (通假字)，征 (本字)，根據其他古籍研究，疑為通假字。[193]

4. 嘉 (註一百二十八) 甲骨文造字意思，婦女生產可用耒耜耕作之男孩，值得嘉美。

5. 折 (註七十九) 甲骨文造字意思，以斧頭橫截樹木成為二段之狀。

6. 按聝當假為醜。《詩・遵大路》：「無我魗兮。」《疏》：「魗與醜古今字。」所以魗讀為醜。「獲不聝」的不字和「獲匪其醜」的匪字都應讀為彼字，所以「獲不聝」即「獲彼醜」；「獲匪其醜」即「獲彼其醜」，「彼其」即《詩・羔裘》、《候人》「彼其之子」的「彼其」，王引之云：「其，語助也。」（見《經傳釋詞》）所以「獲不聝」和「獲匪其醜」的含意相同，即《詩・出車》「執訊獲醜」、《常武》「仍執醜虜」之意。[194]

---

193 林瑞能 (2009)。甲骨刻辭與上博楚竹書通假字比較研究。國立東華大學中國語文學系碩士論文。

194 于豪亮。帛書周易。文章取自蔡運章、董延壽、張應橋主編 (2016)。洛陽市文物管理局，洛陽易經學會編。易學考古論集。北京：中華書局。

二、爻位所處情況解析

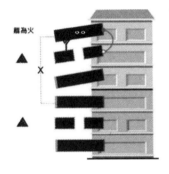

離為火

六樓陽坐不得位，和三樓陽無法打電話溝通，六樓陽位於最高樓，獲得五樓陰（君王）相合支持，六樓陽銜王命出征而獲勝，也獲嘉賞，這是正義之師，不會有任何禍患。

[兌上艮下] 澤山咸（帛書：欽）（海昏竹書易占：咸，口也）

第三十一卦：《咸卦》 ䷛

咸：亨，利貞。取女，吉。（王弼本周易）

欽，亨，利貞；取女吉。（馬王堆帛書）

【甲骨文造字思考與古籍比對校讀】

咸：亨，利貞。取女，吉。

【白話】咸：亨通順利，有利於占問；娶妻女，吉祥。

一、甲骨文造字意思和易學考古考證等諸多資料彙集

1. 咸（註一百二十九）甲骨文造字意思，儀仗兵器之形，儀仗隊的喊叫有訓練，整齊而宏亮。以後延伸為全部、一起的意思。

2. 欽 (通假字)，咸 (本字)[196] 經比對古籍疑為通假字。

3. 在雞卦名的意思中，卦名一為陰，卦名二為陽，念的都是五，……五是天地之一半，這裡的陰卦為你，念的是「五」，則念的是「地」，陽卦為咱們，念的是「五」，則念的是「天」，這樣，他們代表的就是陽男陰女，在他們之間，分別都有「吃」的說法，就是一念五，馬上就出現「吃」，這就說明，其反應速度是非常快的。男女之間「咸」，當然與成為夫婦有關。[197]

4. 取 (註八十五) 甲骨文造字意思，殺死敵人後割下死者的左耳，以便領賞。

5. 娶 (註八十六) 甲骨文造字意思，戰爭中抓女俘，或以手取女之意。

6. 取 (通假字)，娶 (本字)，根據其他古籍研究，疑為通假字。[198]

---

195 許進雄 (2014)。文字小講。臺北市：台灣商務。

196 1. 林孟侃 (2008)。上古簡帛通假字喉音聲母研究─兼論其開展。靜宜大學中國文學研究所碩士論文。2. 呂佩珊 (2011)。《上海博物館藏戰國楚竹書 (一~六)》通假字研究。國立台灣師範大學國文學系博士論文。

197 黃懿陸 (2007)。中國先越文化研究：從壯族雞卦看《易經》起源。昆明：雲南人民出版社。

198 廖燕 (2015)。里耶秦簡通假字、古今字研究。吉首大學碩士學位論文。

二、爻位所處情況解析

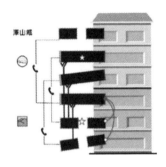

山上有澤，澤性下流，以山感澤，交互共鳴；正如上卦是兌卦代表少女，下卦艮卦表示少男，男女彼此心有靈犀，相互吸引感應。

初六：咸其拇。（王弼本周易）

初六：欽其栂。（馬王堆帛書）

【甲骨文造字思考與古籍比對校讀】

初六：咸其拇。

【白話】初六，感應觸動在腳的大拇趾上。

一、甲骨文造字意思和易學考古考證等諸多資料彙集

1. 咸（註一百二十九）甲骨文造字意思，儀仗兵器之形，儀仗隊的喊叫有訓練，整齊而宏亮。以後延伸為全部、一起的意思。

199

---

199 許進雄 (2014)。文字小講。臺北市：台灣商務。

二、爻位所處情況解析

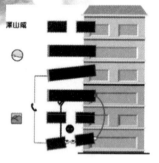

一樓陰坐不得位，和四樓陽相應溝通，一樓陰開始在動，但是遇到二樓陰相斥而無法前進，就好像只有動到腳拇趾，沒有走動。

六二：咸其腓，凶。居吉。（王弼本周易）

六二：欽其𦜝，凶；居吉。（馬王堆帛書）

【甲骨文造字思考與古籍比對校讀】

六二：咸其腓，凶。居吉。

【白話】六二，感應觸動在小腿上，凶險；安居靜處不動，吉祥。

一、爻位所處情況解析

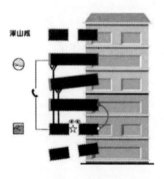

二樓陰坐得正位，和五樓陽經常打電話溝通，這整棟樓用一個人身體部位來看，二樓陰是一個人的小腿，現在小腿在動想要出門，但是二樓陰正位於下卦艮卦山的中央，山代表靜止，所以二樓陰最好不要出門，安居為宜，二樓陰又獲得了一顆星星（下卦中位），只要安居就可以吉祥了。

九三：咸其股，執其隨，往吝。（王弼本周易）

九三：欽其㿠，執其隨，閵。（馬王堆帛書）

【甲骨文造字思考與古籍比對校讀】

九三：咸其腓，執其隨，往吝。

【白話】九三，感應觸動在大腿上，把手捉在小腿，前往，有困厄。

一、甲骨文造字意思和易學考古考證等諸多資料彙集

1. 今本六二爻「咸其腓」，九三爻「咸其股」，竹書皆作「欽□□（編者按：兩個難字）」，帛本皆作「欽其 」。以帛本、竹書此二爻皆用 或□（難字）考之，今本六二爻作「腓」，九三爻作「股」，此乃抄書者誤「腓」為「股」也。因艮卦六二爻「艮其腓」，帛本亦作「根其肥」，可證帛本「肥」、「㿠」皆今本「腓」之同音假借字。以此更可證今本九三爻作「股」應是抄寫之誤。[200] 所以，本爻辭應改寫為「咸其腓」為正確描述。

2. 執（註五十五）甲骨文造字意思，犯人雙手上桎梏之形。

---

200 劉大鈞。今、帛、竹書《周易》疑難卦爻辭及其今、古文辨析（一）。文章取自蔡運章、董延壽、張應橋主編 (2016)。洛陽市文物管理局，洛陽易經學會編。易學考古論集。北京：中華書局。

二、爻位所處情況解析

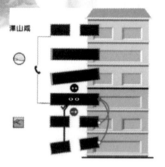

三樓陽坐得正位，和六樓陰相應溝通，三樓陽和二樓陰同樣是小腿，卻無法往前走動，因為遇到了四、五樓陽的相斥，三樓陽又位於下卦艮卦之內，還是宜靜不宜動，真的要出行會有些艱難。

三、爻辭建議

從其研究，改寫爻辭為「咸其腓」。

九四：貞吉，悔亡。憧憧往來，朋從爾思。（王弼本周易）

九四：貞吉，悔亡；童童往來，倗從聖思。（馬王堆帛書）

【甲骨文造字思考與古籍比對校讀】

九四：貞吉，悔亡。憧憧往來，朋從爾思。

【白話】九四，占問吉祥，沒有晦氣。頻密往來，朋友會順從你的心願。

一、爻位所處情況解析

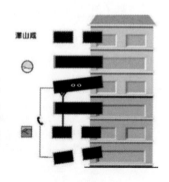

四樓陽坐不得位，和一樓陰相應支持，四樓陽居陰位不正位，不穩定而思慮重重；加上四樓陽只和一樓陰相溝通，卻

不理會二樓陰和六樓陰，這樣會有偏私的情況，要及時警惕。

　　九五：咸其脢，無悔。（王弼本周易）

　　九五：欽其股，無悔。（馬王堆帛書）

　　【甲骨文造字思考與古籍比對校讀】

　　九五：咸其脢，無悔。

　　【白話】九五，感應觸動在肩背，沒有晦氣。

一、爻位所處情況解析

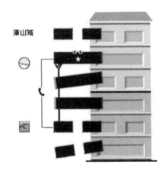

　　　　　　五樓陽坐得正位，和二樓陰經常打電話支持，五樓陽又位於上卦兌卦的中央，獲得了一顆星星(君王)且正位，可以感通各爻眾民，沒有任何禍患。

二、爻辭建議

　　依卦象往上走，本爻辭的身體部位以「脢」為準。

　　上六：咸其輔、頰、舌。（王弼本周易）

　　尚六：欽其股夾舌。（馬王堆帛書）

　　【甲骨文造字思考與古籍比對校讀】

上六：咸其輔、頰、舌。

【白話】上六，感應觸動在臉頰，親其舌。

一、爻位所處情況解析

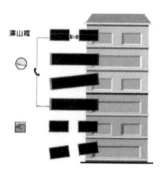

澤山咸

六樓陰坐得正位，和四樓陽相應支持，六樓陰已是最高樓，位於上卦兌卦的最上方，就一個人的身體部位而言，六樓陰也位於口部的位置，表示善於言詞表達，情感利用到極點了。

〔震上巽下〕雷風恆（海昏竹書易占：恆，□也）

第三十二卦：《恆卦》 ䷟

恆：亨，無咎，利貞。利有攸往。（王弼本周易）

恆，亨，無咎，利貞，利有攸往。（馬王堆帛書）

【甲骨文造字思考與古籍比對校讀】

恆：亨，無咎，利貞。利有攸往。

【白話】恆：亨通順利，沒有災禍，利於占問，利於有所作為。

一、甲骨文造字意思和易學考古考證等諸多資料彙集

1. 恆 (註五十六) 甲骨文造字意思，亙古不變。

2. 在雞卦中，卦爻出現八爻，這是非常少見的。

   卦名一為陰，其爻八為大數，八亦為陰數，但加上其主體骨數為一，則骨爻數之和為九，已是天之大數，而本卦為陰，與天之大數九結合，則是陰陽交合，亦是天地交合，也是男女交合的意思。

   卦名二為陽，爻七為大數，七亦為陽數，但加上其主體骨數為一，則骨爻數之和為八，這也是地之大數，而本卦為陽，與地之大數八結合，與卦名一一樣，也是陰陽交合，亦是天地交合，更是男女交合的象徵。

   陰之大數八與陽之大數九交合，從八而九，是順數，亦是水到渠成之意，也是天長地久之意。此外，男女婚嫁的目的是生育子嗣，傳宗接代，此卦爻數多，亦有代指子孫昌盛，家旺業興之意。 [201]

3. 攸 (註十) 甲骨文造字意思，手持杖打擊一人之背部，後加流血之狀。

---

201 黃懿陸 (2007)。中國先越文化研究：從壯族雞卦看《易經》起源。昆明：雲南人民出版社。

二、爻位所處情況解析

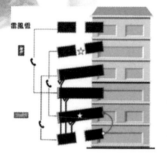

雷在上，風在下，雷動風隨，二者相依相助，天候善變有變才能恆常不變；正如上卦震卦代表長男，下卦巽卦表示長女，兩者輩份相同匹配，震動而巽順之(長男動，長女順)，所以可以永久伴隨。

初六：浚恆，貞凶，無攸利。（王弼本周易）

初六：夐恆貞凶，無攸利。（馬王堆帛書）

【甲骨文造字思考與古籍比對校讀】

初六：浚恆，貞凶，無攸利。

【白話】初六，刨根挖底，疏河挖掘不止，占問凶險，沒有什麼好處。

一、甲骨文造字意思和易學考古考證等諸多資料彙集

1. 恆(註五十六)甲骨文造字意思，亙古不變。

2. 攸(註十)甲骨文造字意思，手持杖打擊一人之背部，後加流血之狀。

3. 初六，上六，帛本皆作「夐」恐是帛本抄者以當地語音「夐」與「振」、「浚」音相近而互假也。**202**

二、爻位所處情況解析

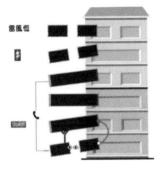

一樓陰坐不得位，一樓陰獲得四樓陽的相應支持，但是一樓陰位於下卦巽卦的最底層，本身是陰是風本來就是往下深求，以正常的情況來說，一樓陰位於最低位經驗不足應該安分守己，但是一樓陰因為和四樓陽相應，有急切往上走的傾向，可是往上有兩個陽強力擋住（二、三樓），這使得一樓陰和四樓陽的溝通產生異常現象，就好像自己好高騖遠，但是經驗不足以應付眼前的狀況，所以會有問題的。

九二：悔亡。（王弼本周易）

九二：悔亡。（馬王堆帛書）

【甲骨文造字思考與古籍比對校讀】

九二：悔亡。

【白話】九二，晦氣自行消除。

---

202 劉大鈞。今、帛、竹書《周易》疑難卦爻辭及其今、古文辨析（一）。文章取自蔡運章、董延壽、張應橋主編 (2016)。洛陽市文物管理局，洛陽易經學會編。易學考古論集。北京：中華書局。

一、爻位所處情況解析

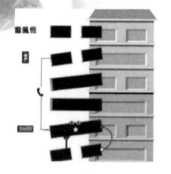

二樓陽坐不得位，但位於下卦巽卦的中央，獲得了一顆星星，和五樓陰相應溝通；雖然二樓陽坐不得位，陽居陰位又和一樓陰剛柔並濟搭配，各方面看起來，沒有什麼大問題。

九三：不恆其德，或承之羞，貞吝。（王弼本周易）

九三：不恆其德，或承之羞，貞閵。（馬王堆帛書）

【甲骨文造字思考與古籍比對校讀】

九三：不恆其德，或承之羞，貞吝。

【白話】九三，不能長久地保持美好的品德，或田獵所得不恆常，有時蒙受他人的羞辱，占問有困厄。

一、甲骨文造字意思和易學考古考證等諸多資料彙集

1. 恆（註五十六）甲骨文造字意思，亙古不變。

2. 德（註五十七）甲骨文造字意思，有以目檢驗築路是否平直的才幹。

二、爻位所處情況解析

三樓陽坐得正位，和六樓陰經常打電話溝通，但是三樓陽位於

下卦巽卦最上端有躁動的跡象，而往上走又遇到四樓陽相斥，往上又被斥回。三樓陽又被上下樓的二、四樓陽相斥，上下不得，失去自己的立足點。

九四：田無禽。（王弼本周易）

九四：田無禽。（馬王堆帛書）

【甲骨文造字思考與古籍比對校讀】

九四：田無禽。

【白話】九四，田間狩獵，沒有捕獲到任何禽獸。

一、甲骨文造字意思和易學考古考證等諸多資料彙集

1.禽(註五十四)甲骨文造字意思，長柄田網形，用以捕捉鳥獸。

二、爻位所處情況解析

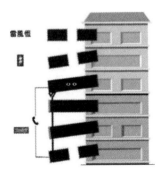

四樓陽坐不得位，四樓陽和一樓陰經常相應溝通，但是四樓陽和一樓陰都不正位，又遇到四樓陽(上卦震卦第一爻在動)和一樓陰(下卦巽卦第一爻在動)都在動，沒有停下來，所以即使去打獵也無法獵到動物。

六五：恆其德，貞，婦人吉，夫子凶。（王弼本周易）

六五：恆其德，貞婦人□，夫子凶。（馬王堆帛書）

【甲骨文造字思考與古籍比對校讀】

六五：恆其德，貞，婦人吉，夫子凶。

【白話】六五，長久保持柔順服從的美好品德，或生產所得恆常，占問婦女之事，吉祥；占問男子之事，凶險。

一、甲骨文造字意思和易學考古考證等諸多資料彙集

1. 德（註五十七）甲骨文造字意思，有以目檢驗築路是否平直的才幹。

二、爻位所處情況解析

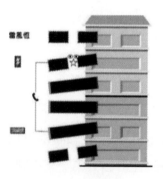

五樓陰坐不得位，五樓陰和二樓陽經常相應溝通，五樓陰位於上卦震卦的中央，獲得了一顆星星（君王），所以五樓陰居君位尊位，五樓陰往下遇到陽通達順暢；但是和五樓陰相應的二樓陽，二樓要往上卻遇到三樓、四樓陽同性阻擾而不順。

上六：振恆，凶。（王弼本周易）

尚六：夐恆，凶。（馬王堆帛書）

【甲骨文造字思考與古籍比對校讀】

上六：振恆，凶。

【白話】上六，搖擺不定，躁動不已，凶險。

一、甲骨文造字意思和易學考古考證等諸多資料彙集

1. 初六，上六，帛本皆作「夐」恐是帛本抄者以當地語音「夐」與「振」、「浚」音相近而互假也。今本上六爻之「振恆」用「振」是取古文。[203]

2. 恆(註五十六)甲骨文造字意思，亙古不變。

二、爻位所處情況解析

　　六樓陰坐得正位，和三樓陽經常打電話溝通，但是六樓陰位於上卦震卦最上端，最高樓的陰力量很弱，而且又在震卦最上方一直震動著，本來陰爻應該要靜止不動，但是卻一直震動，在最高層可能有傾覆的危險，所以有凶險。

203 劉大鈞。今、帛、竹書《周易》疑難卦爻辭及其今、古文辨析（一）。文章取自蔡運章、董延壽、張應橋主編 (2016)。洛陽市文物管理局，洛陽易經學會編。易學考古論集。北京：中華書局。

〔乾上艮下〕天山遯（帛書：掾）（海昏竹書易占：遯，□也）
（阜陽漢簡：椽）

第三十三卦：《遯卦》 ䷠

遯：亨。小利貞。（王弼本周易）

掾，亨，小利貞。（馬王堆帛書）

【甲骨文造字思考與古籍比對校讀】

遯：亨。小利貞。

【白話】遯：亨通，小事能夠成功。

一、甲骨文造字意思和易學考古考證等諸多資料彙集

1. 遯，豚，互為通假字 [204]。

2. 豕（註一百七十）甲骨文造字，從豕貫一，字形構意尚不明。卜辭用作祭牲名，具體不詳。

3. 阜易卦名殘缺，據爻辭補為「椽」，帛書作「掾」，今本作「遯」。《釋文》：「序卦云：『遯者退也。』」宋本注文「遯」作「遁」。「遁」古文有或體的「遯」、「踽」等形體，阜易作「椽」，音傳，椽本是架屋頂的圓形木架。帛書作「掾」，本是古代官署員的通稱，「椽」與「掾」皆從象得聲，……阜易和帛書以「椽」、「掾」為卦名。[205]

4. 在雞卦名中，卦名一的你、咱們都有口，都有出路，都代表吉祥，但卦名二卻出現了你要跑的情況。既然你要跑，就說明你已找好退路，方才做出跑的決定，然後有了跑的行動。[206]

二、爻位所處情況解析

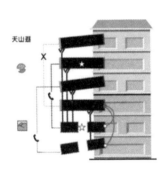

天下有山，天之氣上升，脫離山岳的形象，有退避之意；看似底下兩個陰不斷地往上伸張，而在上的四個陽有退讓的趨勢，有小人逐步得勢之意。

整棟樓的五樓陽（君王）和二樓陰（臣子）都是正位且相應，做事情應該會成功的，但是上卦是天往上走，底下的兩個陰漸長，獲利只有一些而已。

初六：遯尾，厲，勿用有攸往。（王弼本周易）
初六：掾尾厲，勿用有攸往。（馬王堆帛書）

---

204 1. 擷取自漢語多功能字庫，https://humanum.arts.cuhk.edu.hk/Lexis/lexi-mf/bronzePiece.php?sub=1&piece=%E8%B1%95，擷取日期：2022 年 4 月 27 日。
2. 擷取自可可詩詞，https://www.kekeshici.com/hanyuweb/tongjiazi/5262.html，擷取日期：2022 年 4 月 27 日。
205 王聰潘 (2013)。阜陽漢簡《周易》集釋。吉林大學古籍研究所碩士論文。引述於韓自強 (2004)。《阜陽漢簡 < 周易 > 研究》。上海：上海古籍出版社，2004 年 7 月。
206 黃懿陸 (2007)。中國先越文化研究：從壯族雞卦看《易經》起源。昆明：雲南人民出版社。

初六：橤…厲。勿用有……（阜陽漢簡）

【甲骨文造字思考與古籍比對校讀】

初六：遯尾，厲，勿用有攸往。

【白話】初六，隱退避讓錯過時機落到了末尾，有艱難的情況。應該靜觀待變而不要有所行動。

一、甲骨文造字意思和易學考古考證等諸多資料彙集

1. 攸（註十）甲骨文造字意思，手持杖打擊一人之背部，後加流血之狀。

二、爻位所處情況解析

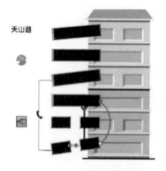

　　一樓陰坐不得位，和四樓陽經常打電話溝通，但是往上二樓陰遭到相斥，一樓陰本身就優柔寡斷（陰居陽位），不宜冒進，不前進則無災。

六二：執之用黃牛之革，莫之勝說。（王弼本周易）

六二：共之，用黃牛之勒，莫之勝奪。（馬王堆帛書）

【甲骨文造字思考與古籍比對校讀】

六二：執之用黃牛之革，莫之勝說。

【白話】六二，像是用黃牛皮繩捆綁起來一樣，無處脫身。

一、甲骨文造字意思和易學考古考證等諸多資料彙集

1. 共 (註一百一十九) 甲骨文造字意思，供奉。通「供」字。

2. 執 (註五十五) 甲骨文造字意思，犯人雙手上桎梏之形。

3. 革 (註一百一十八) 甲骨文造字意思，將一張動物表皮撐開晾曬，皮革經過晾曬變硬，頭部、身部、尾巴都表現得清清楚楚。

4. 奪 (註十九) 甲骨文造字意思，鳥已被使用衣服做的網所罩住，被人捕捉而持拿在手中，掙扎想要脫逃的樣子。

二、爻位所處情況解析

二樓陰坐得正位，和五樓陽相應溝通，二樓陰位於下卦艮卦的中央，獲得一顆星星 (臣子)，二樓陰和五樓陽都是正位緊緊相繫，正如用黃牛皮繩捆綁一樣，就是遇到困難也要像身處中位一樣的心志堅定。

九三：係遯，有疾，厲，畜臣妾，吉。（王弼本周易）

九三：為掾，有疾厲，畜僕妾吉。（馬王堆帛書）

【甲骨文造字思考與古籍比對校讀】

九三：係遯，有疾，厲，畜臣妾，吉。

【白話】九三，被拖累而難以遠去退隱，因而疾病纏身，情況艱難。畜養僕人和侍妾，養病在家，才能轉危為安。

一、甲骨文造字意思和易學考古考證等諸多資料彙集

1. 疾 (註六十五) 甲骨文造字意思，一個人被箭矢所傷，一個人生病而睡在床上，不同的表現手法似乎表現不同的病痛原因。

2. 畜 (註一百一十六) 甲骨文造字意思，動物的胃連帶有腸子的形象。有收容、保存等引申意義。

3. 臣 (註四十三) 甲骨文造字意思，罪犯以及低級官吏。

4. 僕，王弼本作「臣」。在奴隸社會中，臣與僕均為奴隸，字異而義同。帛書僕字，王弼本多作臣。[207]

二、爻位所處情況解析

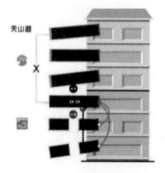

天山遯

三樓陽坐得正位，無法和六樓陽溝通支持，三樓陽位於下卦艮卦的最上端卻受阻於四樓陽而無法順利到上卦乾卦去，所以三樓陽就和底下的二樓陰相合，就像培養底下的新人 (二樓陰) 一樣，無法往上

---

207 張政烺 (2011)，李零等整理。張政烺論易叢稿。北京：中華書局。

求賢 (四樓陽)，所以做一些小事是可以的。

九四：好遯，君子吉，小人否。（王弼本周易）

九四：好掾，君子吉，小人不。（馬王堆帛書）

【甲骨文造字思考與古籍比對校讀】

九四：好遯，君子吉，小人否。

【白話】九四，喜歡從容隱退避讓，君子將因此而獲得吉祥，小人卻不會有利。

一、甲骨文造字意思和易學考古考證等諸多資料彙集

1. 好 (註一百二十) 甲骨文造字意思，有子可繼承家業是美好的事。

2. 君 (註六) 甲骨文造字意思，持筆寫字的人是發號令的長官。

3. 否 (註一百六十二) 甲骨文造字意思，不，不然。卜辭用作句末語氣助詞，表示選擇語氣，相當於是不是，能不能。

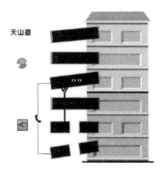

天山遯

二、爻位所處情況解析

四樓陽坐不正位，和一樓陰經常打電話支持，四樓陽位於上卦乾卦最底端就像潛龍 (乾卦初九浸龍) 一樣，自己是陽而

居於陰位所以可以剛柔並濟，知所進退。四樓陽知道自己無法前進而不自進，該進則進，該退則退，所以自己能夠吉祥如意；但是如果見利忘義的小人只知道一味地進取，不顧一切而去做，就會自食惡果。

九五：嘉遯，貞吉。（王弼本周易）

九五：嘉椽，貞吉。（馬王堆帛書）

九五：嘉椽，貞吉。（阜陽漢簡）

【甲骨文造字思考與古籍比對校讀】

九五：嘉遯，貞吉。

【白話】九五，進退自如地隱退避讓，值得嘉許，占問吉祥。

一、甲骨文造字意思和易學考古考證等諸多資料彙集

1. 嘉（註一百二十八）甲骨文造字意思，婦女生產可用耒耜耕作之男孩，值得嘉美。

天山遯

二、爻位所處情況解析

五樓陽坐得正位，和二樓陰經常相應支持，五樓陽和二樓陰都得正位，五樓陽統御守中，二樓陰情義相挺，是最完善的

相應搭配。

上九：肥遯，無不利。（王弼本周易）

尚九：肥掾，先不利。（馬王堆帛書）

【甲骨文造字思考與古籍比對校讀】

上九：肥遯，無不利。

【白話】上九，盛鼎之時而隱退避讓，無所不利。

一、爻位所處情況解析

六樓陽坐不得位，和三樓陽無法相應支持，六樓陽位於上卦乾卦的最頂端，也是本棟樓的最高樓，沒有和三樓陽相應，六樓陽自己淡泊名利而無憂無慮，沒有拘束，行止自然而超然物外，自然是無往不利。

［震上乾下］雷天大壯（帛書：泰壯）（海昏竹書易占：大壯，口也）

第三十四卦：《大壯卦》 ䷡

大壯：利貞。（王弼本周易）

泰壯，利貞。（馬王堆帛書）

【甲骨文造字思考與古籍比對校讀】

大壯：利貞。

【白話】大壯：利於占問。

一、甲骨文造字意思和易學考古考證等諸多資料彙集

1. 大（古字），太，泰（戰國字），疑為古今字。[208]

2. 泰（註六十四）甲骨文造字意思，滑溜。

3. 壯族雞卦名涵義與易卦大壯名涵義相比，可從兩方面看：

   一是卦爻多而豐盛，表示其精力充沛，枝繁葉茂，青春向上，力挫群雄而勢不可擋。所以乾下爻數最多，其數為「一、九、九」，力量剛健挺拔，力敵萬鈞，呈現出茁壯成長，欣欣向榮之勢。

---

208 呂佩珊 (2011)。《上海博物館藏戰國楚竹書（一～六）》通假字研究。國立台灣師範大學國文學系博士論文。

二是為了使其「大壯則止」，避免物極必反，盛極而衰，雖是天卦，其以天數「一」起頭，但卦二爻數已有所減少，其卦「連三（跟三）」之後，三數相跟為「一、八、八」，其陽數九減一變成了陰數「八」，使得陰陽巧妙結合，剛柔相濟，相得益彰，很好地控制住了該卦無限制地發展，使其保持和諧，按照自身消退息長的自然規律向前發展。[209]

二、爻位所處情況解析

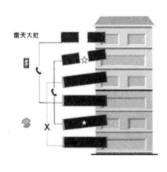

雷在上，天在下，雷之威在天之上，驚雷響徹天際，陽氣大動，壯之極，但衰老繼之，有壯大強盛、聲勢浩大之意。

整棟樓的底下四層樓陽連貫一氣，陽氣盛長壯大，陽多陰少，陽盛陰衰，合乎自然循環之道，也是修身誠信之理。

初九：壯於趾，征凶，有孚。（王弼本周易）

初九：壯於止，正凶；有復。（馬王堆帛書）

初九：壯……有復。（阜陽漢簡）

【甲骨文造字思考與古籍比對校讀】

---

209 黃懿陸 (2007)。中國先越文化研究：從壯族雞卦看《易經》起源。昆明：雲南人民出版社。

初九：壯於趾，征凶，有復。

【白話】初九，山羊觸藩的力量用力於雙足蹄，如果像山羊一樣恃強而出征，有凶險，可以回復返回。

一、甲骨文造字意思和易學考古考證等諸多資料彙集

1. 孚 (註二十) 甲骨文造字意思，引申有誠信的意思。

2. 复 (註二十四) 甲骨文造字意思，復，有「反覆」、「往復」的意思。會腳圍繞城邑往來之意。

3. 孚，復，疑為通假字。[210]

4. 征 (註四十) 甲骨文造字意思，向目標進發或征討。

5. 正 (註四十一) 甲骨文造字意思，指腳步向城邑等目標行進。

6. 正 (通假字)，征 (本字)，根據其他古籍研究，疑為通假字。[211]

7. 止 (通假字)，趾 (本字) [212]

---

210 呂佩珊 (2011)。《上海博物館藏戰國楚竹書 (一 ~ 六)》通假字研究。國立台灣師範大學國文學系博士論文。

211 林瑞能 (2009)。甲骨刻辭與上博楚竹書通假字比較研究。國立東華大學中國語文學系碩士論文。

212 成蒂 (2006)。《張家山漢墓竹簡 · 二年律令》通假字研究。國立成功大學中國文學研究所碩士論文。

二、爻位所處情況解析

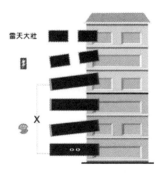

　　一樓陽坐得正位，和四樓陽無法打電話溝通，一樓陽往上受到二、三樓陽的相斥阻擾，如果執意往上走必然遭受到災禍；然而一樓陽身處正位(陽居陽位)，雖然身處整棟樓最底層，只要自己隱忍待機不躁進，前景還是有利的。

三、爻辭建議

1. 孚和復用字理由，請見需卦和中孚卦的解釋。

九二：貞吉。（王弼本周易）

九二：貞吉。（馬王堆帛書）

【甲骨文造字思考與古籍比對校讀】

九二：貞吉。

【白話】九二，占問吉祥。

一、爻位所處情況解析

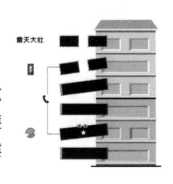

　　二樓陽坐不得位，和五樓陰經常打電話溝通，二樓陽位於下卦乾卦的中央，獲得一顆星星(臣子)，而且二樓陽和五樓

陰都是剛柔得中（二樓陽居陰位，五樓陰居陽位），有守有為。

九三：小人用壯，君子用罔，貞厲，羝羊觸藩，羸其角。（王弼本周易）

九三：小人用壯，君子用亡；貞厲，羝羊觸藩，羸其角。（馬王堆帛書）

【甲骨文造字思考與古籍比對校讀】

九三：小人用壯，君子用罔，貞厲，羝羊觸藩，羸其角。

【白話】九三，平民憑體力恃強，君子卻恰恰相反不可如此。占問有艱難危險，山羊正在頂撞圍籬，打牠的雙角絆住。

一、甲骨文造字意思和易學考古考證等諸多資料彙集

1. 君（註六）甲骨文造字意思，持筆寫字的人是發號令的長官。

二、爻位所處情況解析

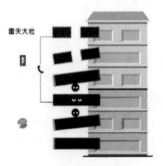

三樓陽坐得正位，和六樓陰相應溝通，三樓陽位於下卦乾卦的最上端，自己陽居陽位又位於下卦的最極端，有陽過於剛強的情況，但是三樓陽往上遇到四樓陽阻擾而難和諧，往下又遇到二樓陽相斥。如果是小人就會仗勢陽剛之力濫用，可能

會有災禍；如果是君子就會知道進退，明知自己有陽剛能量卻知道藏拙。這就好像是一隻肥壯的羊，性子很急，看到前面有藩籬就不加思索地往前衝，結果是藩籬被挫穿了，但是羊角也被卡住而無法自拔(二、四樓都是陽而相斥)。

九四：貞吉，悔亡。藩絕不羸，壯於大輿之輹。（王弼本周易）
九四：貞吉，悔亡；藩块不羸，壯於泰車之緮。（馬王堆帛書）
【甲骨文造字思考與古籍比對校讀】
九四：貞吉，悔亡。藩絕不羸，壯於大輿之輹。

【白話】九四，占問吉祥，沒有晦氣；圍籬被頂壞了，沒有把山羊的雙角捆綁，撞向大車輪軸而受傷。

一、甲骨文造字意思和易學考古考證等諸多資料彙集

1. 泰(註六十四)甲骨文造字意思，滑溜。

2. 大(古字)，太，泰(戰國字)，疑為古今字。[213]

3. 輿(註五十一)甲骨文造字意思，四手共舉一個另一形式的肩輿之形。

213 呂佩珊 (2011)。《上海博物館藏戰國楚竹書(一～六)》通假字研究。國立台灣師範大學國文學系博士論文。

二、爻位所處情況解析

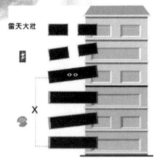

四樓陽坐不得位，和一樓陽無法溝通相應，四樓陽本身陽剛而處於陰位，陽剛而能兼柔，而且四樓陽位於四層樓陽（一至四樓）的最上層，擁有一至三樓陽的強力支持，四樓陽正以無比陽剛的氣勢往上衝，所以會有大成就。四樓往上衝，五樓陰自然門戶大開，就好像一隻羊根本不需要用角撞開，羊的角也不會被藩籬所羈絆；更好像是一部大車長驅直入，勢如破竹地往前衝。

六五：喪羊於易，無悔。（王弼本周易）

六五：亡羊於易，無悔。（馬王堆帛書）

【甲骨文造字思考與古籍比對校讀】

六五：喪羊於易，無悔。

【白話】六五，圍籬被頂壞，山羊跑了，因為疏忽大意，只要汲取教訓，就沒有晦氣。

一、爻位所處情況解析

五樓陰坐不得位，和二樓陽相應支持，五樓陰位於上卦震卦中央，雖然獲得了一顆星星（君王），五樓陰本身柔弱，面對底下四

層樓都是陽剛，就好像一位形同虛位的君王面對剛強的屬下，如果放一隻羊在廣場上，走失了是一件很正常的事情。但是五樓陰位於中位尊位，只要記取教訓而改之，又有二樓陽（臣子）的相應支持，最終不會產生任何災禍的。

上六：羝羊觸藩，不能退，不能遂，無攸利，艱則吉。（王弼本周易）

尚六：羝羊觸藩，不能復，不能遂，無攸利；根則吉。（馬王堆帛書）

【甲骨文造字思考與古籍比對校讀】

上六：羝羊觸藩，不能退，不能遂，無攸利，艱則吉。

【白話】上六，山羊頂撞圍籬，一旦角卡住圍籬上，就會陷入進退不得的情況，這樣沒有什麼好處，艱苦自守，可獲吉祥。

一、甲骨文造字意思和易學考古考證等諸多資料彙集

1. 遂（錯字），逐（本字）[214] 由，逐，疑為通假字。[215]

---

214 成蒂 (2006)。《張家山漢墓竹簡‧二年律令》通假字研究。國立成功大學中國文學研究所碩士論文。

215 呂佩珊 (2011)。《上海博物館藏戰國楚竹書（一～六）》通假字研究。國立台灣師範大學國文學系博士論文。

2. 攸（註十）甲骨文造字意思，手持杖打擊一人之背部，後加流血之狀。

3. 根（註六十一）甲骨文造字意思，樹根、草根、麥根、花木之根等。但經查古書可證「根」和「艱」二字互通，所以爻辭可以「艱」解釋。

二、爻位所處情況解析

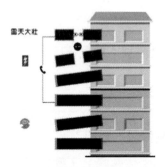

六樓陰坐得正位，和三樓陽經常打電話支持，然而六樓陰已經位於最高樓，往上沒有進路，往下也沒有退路（受到五樓陰的同性相斥）；六樓陰本身陰柔而才能不足，處事猶豫不決，連有利的條件都無法達到，但六樓陰終究已經走到最高樓，對於事情過往都了然於心，所以六樓陰不會過於躁進，即使在柔弱艱困中懂得明哲保身，不露鋒頭，自然可以避凶趨吉。

[離上坤下] 火地晉（帛書：溍）（海昏竹書易占：僭，進也）

第三十五卦：《晉卦》 ䷢

晉：康侯用錫馬蕃庶，晝日三接。（王弼本周易）

溍，康族用錫馬蕃庶，晝日三綏妾。（馬王堆帛書）

【甲骨文造字思考與古籍比對校讀】

晉：康侯用錫馬蕃庶，晝日三接。

【白話】晉：康侯用君王恩賜良馬繁殖許多馬匹，一天之內連戰皆捷。

一、甲骨文造字意思和易學考古考證等諸多資料彙集

1. 晉（註一百四十），用鑄造箭鏃、器鐵的雙片模型，是表意字。

2. 從壯族雞卦涵義看：《阿科本》的卦象爻數多至七，但與其他卦爻多到八或九的，還不算多，似乎還可進一步增多。《董占村本》的卦名則說：卦名一的數小，故「你三小」，而咱們被樹根拴住、卡住或拖累於樹疙瘩，有樹疙瘩卡可用火燒來消除麻煩。此卦雖為坤卦，歸屬於陰，但其與「離上」共同組合為「晉」卦，則可看成陰轉升為陽，因為火為地上之火。意思是一個人才未被發現，屬於壟罩在陰氣之中，而一旦其才華顯露出來，被發現後，就會得到重用。其下一卦，也就是卦名二的涵義：咱們喝多了酒，醉後多言，甚至於會有不友好或失禮

的舉動，就像一個瘋子一樣。但是，咱們絕不是一個瘋子，因為咱們還會害羞。說明咱們為什麼這樣高興，是不是與加官晉爵有關係呢？《董占村本》卦名的意思，可能就是易卦名之為「晉」的原因。 **216**

二、爻位所處情況解析

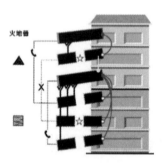

太陽在大地之上，大地受到陽光普照，大放光明，有日出天明，旭日東升之勢。

整棟樓顯示太陽從地面上升，光耀普照大地，就好像君王恩賜眾臣，或是有治國安民的王侯獲得君王的寵愛。

初六：晉如摧如，貞吉。罔孚，裕，無咎。（王弼本周易）

初六：潛如浚如，貞吉；悔亡，復浴，無咎。（馬王堆帛書）

【甲骨文造字思考與古籍比對校讀】

初六：晉如摧如，貞吉。罔復，裕，無咎。

【白話】初六，進進退退的情況，占問吉祥，一時之間無法獲得信任，只要放寬胸懷，不必擔心會有什麼過失。

---

216 黃懿陸 (2007)。中國先越文化研究：從壯族雞卦看《易經》起源。昆明：雲南人民出版社。

一、甲骨文造字意思和易學考古考證等諸多資料彙集

1. 晉 (註一百四十) 甲骨文造字意思,用鑄造箭鏃、器鐵的雙片模型,是表意字。

2. 孚 (註二十) 甲骨文造字意思,引申有誠信的意思。

3. 复 (註二十四) 甲骨文造字意思,復,有「反覆」、「往復」的意思。會腳圍繞城邑往來之意。

4. 孚,復,通假字。[217]

二、爻位所處情況解析

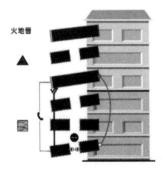

火地晉

　　一樓陰坐不正位,和四樓陽經常打電話溝通,但是一樓陰想要往上走,卻遇到二、三樓陰同性相斥而被擋住;一樓陰位於下卦坤卦的最底層,坤卦本來就是守靜,所以一樓陰只要能夠靜守本分就很安全。但是因為一樓陰有四樓陽相應支持,所以一樓陰只要安然而寬裕的待在自己應該身處的位置,就會平安無事。

---

217 呂佩珊 (2011)。《上海博物館藏戰國楚竹書 (一~六)》通假字研究。國立台灣師範大學國文學系博士論文。

三、爻辭建議

1. 孚和復用字理由，請見需卦和中孚卦的解釋。

六二：晉如愁如，貞吉。受茲介福于其王母。（王弼本周易）

六二：溍如□如，貞吉；受□□□，□其王母。（馬王堆帛書）

【甲骨文造字思考與古籍比對校讀】

六二：晉如愁如，貞吉。受茲介福于其王母。

【白話】六二，在前進時，憂愁思慮，占問吉祥。蒙王母褒獎，受此極大的恩惠和福澤。

一、甲骨文造字意思和易學考古考證等諸多資料彙集

1. 晉（註一百四十）甲骨文造字意思，用鑄造箭鏃、器鐓的雙片模型，是表意字。

2. 介（註四十四）甲骨文造字意思，由許多鱗片般的小甲片連綴而成的護身裝備，將穿戴者的身體包覆起來。

3. 介（假借字），芥（本字）[218] 另有說疥為本字。

4. 受（通假字），授（本字），根據其他古籍研究，疑為通假字。[219]

---

218 成蒂 (2006)。《張家山漢墓竹簡 · 二年律令》通假字研究。國立成功大學中國文學研究所碩士論文。

219 范紅麗 (2012)。《銀雀山漢木竹簡 [貳]》通假字研究。

5. 茲 (註八十一) 甲骨文造字意思，束絲相併之形。「茲」字用口語化說明，就是廣泛的「此」。

二、爻位所處情況解析

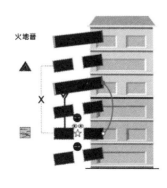

二樓陰坐得正位，無法和五樓陰溝通相應，而且二樓陰都受到上面三樓陰和下面一樓陰的同性阻擾，加上二樓陰位於下卦坤卦的中央柔居陰位，只能憂愁而無法行動，但是二樓陰和五樓陰都居於中位，都獲得了一顆星星，二樓陰尚稱順利吉祥。

六三：眾允，悔亡。（王弼本周易）

六三：眾允，悔亡。（馬王堆帛書）

【甲骨文造字思考與古籍比對校讀】

六三：眾允，悔亡。

【白話】六三，得到了眾人的認可和贊同，晦氣消亡。

一、甲骨文造字意思和易學考古考證等諸多資料彙集

1. 允 (註一百一十三) 甲骨文造字意思，回顧表示言行相允之意。

二、爻位所處情況解析

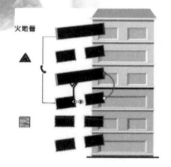

火地晉

三樓陰坐不得位，經常和六樓陽打電話溝通，又居於一、二樓陰之上，統領了眾人（陰），往上向六樓陽輸誠，所以不會有任何悔恨。

九四：晉如鼫鼠，貞厲。（王弼本周易）

九四：溍如炙鼠，貞厲。（馬王堆帛書）

【甲骨文造字思考與古籍比對校讀】

九四：晉如鼫鼠，貞厲。

【白話】九四，前進時膽小如鼠，猶豫不決，占問艱難危險。

一、甲骨文造字意思和易學考古考證等諸多資料彙集

1. 晉（註一百四十）甲骨文造字意思，用鑄造箭鏃、器鐵的雙片模型，是表意字。

2. 炙（註一百四十一）甲骨文造字意思，在薄石板上面煎魚或焙肉乾。

二、爻位所處情況解析

四樓陽坐不得位，和一樓陰經常打電話溝通，但是四樓陽位於

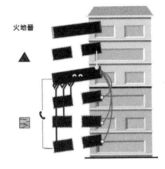

火地晉

上卦離卦的最下端，不位於中位，又處於多懼位置，又鄰近五樓陰(君王)心存憂懼，這就好像是一隻鼫鼠，畏首畏尾瞻前顧後，怕人瞧見。

六五：悔亡，失得勿恤。往吉，無不利。（王弼本周易）

六五：悔亡，矢得勿血；往吉，無不利。（馬王堆帛書）

【甲骨文造字思考與古籍比對校讀】

六五：悔亡，矢得勿恤。往吉，無不利。

【白話】六五，沒有晦氣，得到就不要擔憂。只要勇往直前，一切都會吉祥順利。

一、甲骨文造字意思和易學考古考證等諸多資料彙集

1. 帛書潛(晉)之六五「矢得勿血(恤)」，王弼本作「失得勿恤」。《經典釋文》云：「失，馬、鄭、虞、王肅本作矢。」《周易集解》引荀爽亦作矢。知作矢是，王弼本做失蓋以形近致誤。[220]

2. 王弼本作「失得勿恤」。《釋文》云：「失得，如字。馬、鄭、虞、王肅本作矢。馬、王云：離為矢。虞云：矢，古誓字。」

---

220 于豪亮。帛書周易。文章取自蔡運章、董延壽、張應橋主編 (2016)。洛陽市文物管理局，洛陽易經學會編。易學考古論集。北京：中華書局。

《周易集解》引荀爽亦作矢。帛書寫作夫，與《噬嗑》九四「得金矢」之矢字同，而與常見之失字異。知作矢是，失字涉形近而誤。 **221**

二、爻位所處情況解析

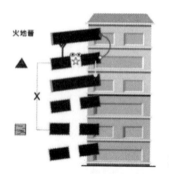

火地晉

　　五樓陰坐不得位，無法和二樓陰經常打電話支持，五樓陰位於上卦離卦的中央，五樓陰居陽位使得陽光柔和不至於過於強烈，獲得一顆星星（君王）；五樓陰本身是君王，號令底下眾臣各司其職，事情辦得順利，就不會為眼前的得失而煩心，只要以君王至尊而無私開闊的心胸行事，自然無往而不利。

三、爻辭建議

從其研究改爻辭為「矢」字。

上九：晉其角，維用伐邑。厲，吉，無咎，貞吝。（王弼本周易）
尚九：潛其角，唯用伐邑，厲吉，無咎，貞闇。（馬王堆帛書）
【甲骨文造字思考與古籍比對校讀】

---

221 張政烺 (2011)，李零等整理。張政烺論易叢稿。北京：中華書局。

上九：晉其角，唯用伐邑。厲，吉，無咎，貞吝。

【白話】上九，就像到達獸角尖上一樣，派出先遣部隊，準備攻打鄰邑。有艱難危險，不過可平安無事，占問艱難，有困厄。

一、甲骨文造字意思和易學考古考證等諸多資料彙集

1. 晉 (註一百四十) 甲骨文造字意思，用鑄造箭鏃、器鐵的雙片模型，是表意字。

2. 唯 (通假字)，雖 (本字)，根據其他古籍研究，疑為通假字。[222]

3. 吉 (註七十一) 甲骨文造字意思，原始的意思是使鑄件更為光滑美善，後來延伸為表達良善的意義。

二、爻位所處情況解析

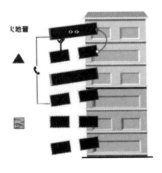

六樓陽坐不得位，和三樓陰相應溝通，由於六樓陽已經位於最高樓，而且是陽剛居於陰位，就好像長了一隻角過於強盛，但是前面已經沒有進路，躁進就會有風險。而六樓陽有三樓陰相應支持，但是六樓陽已經處於最上端偏位，雖然有一些艱難小事，但是應變圖濟，所以不會有大災禍。

---

222 范紅麗 (2012)。《銀雀山漢木竹簡 [貳]》通假字研究。

［地上離下］地火明夷（海昏竹書易占：明夷，明薎也）

第三十六卦：《明夷卦》 ䷣

明夷：利艱貞。（王弼本周易）

明夷，利根貞。（馬王堆帛書）

【甲骨文造字思考與古籍比對校讀】

明夷：利艱貞。

【白話】明夷：利於占問艱難的事。

一、甲骨文造字意思和易學考古考證等諸多資料彙集

1. 明(註一百一十五)甲骨文造字意思，利用照進窗內的月光使室內明亮。

2. 夷(註四十八)甲骨文造字意思，夷人蹲坐的姿勢表達其民族，也是表現進行二次葬時，將屍體腐化後的白骨重新撿拾起來排列再埋葬的樣子。

3. 薎(註一百六十五)甲骨文造字意思，1.茅草的嫩芽。2.割除田裡的野草。

4. 難卦名是：卦名一為「婺」卦，卦名二為「晚」卦，兩卦都是念四，四為小數。本來，四就很小，但兩卦相比，「晚」卦更小，真是越比越沒有前途，越比越沒有興趣，越比越沒有希望，

越比越沒有光明，越比越沒有信心⋯⋯之所以因數而比，是滿腔熱情地希望獲勝，比出一片光明，可是事與願違，使自信心受到打擊，這是始料未及之事，爭強好勝的心理受到挫傷。[223]

5. 利 (註三) 甲骨文造字意思，可會意用刀收割禾穀。

6. 根 (註六十一) 甲骨文造字意思，樹根、草根、麥根、花木之根等。但經查古書可證「根」和「艱」二字互通，所以爻辭可以「艱」解釋。

二、爻位所處情況解析

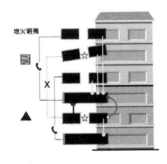

上為地，下為火，光明的火被埋沒在地下，太陽落入黑暗之中，光明消失在地下，是一個昏天暗地之局，所以有傷害、誅滅之意。

下卦離卦是光明，上卦坤卦是柔順，太陽落入地中，是昏昧、昏君之象，所以為人臣子正值此時，不應該隨波逐流，更應該堅守正道，維持應有的德性，等待時來運轉。

---

223 黃懿陸 (2007)。中國先越文化研究：從壯族雞卦看《易經》起源。昆明：雲南人民出版社。

> 初九：明夷於飛，垂其翼。君子於行，三日不食。有攸往，
> 主人有言。（王弼本周易）

> 初九：明夷於蜚，垂其左翼；君子於行，三日不食。有攸往，
> 主人有言。（馬王堆帛書）

【甲骨文造字思考與古籍比對校讀】

> 初九：明夷於飛，垂其左翼。君子於行，三日不食。有攸往，
> 主人有言。

【白話】初九，在光明被阻的時候，要像鳥一樣迅速飛走，而且要低垂翅膀以免被人察覺。君子出行，三天沒有用食，朝前方繼續前往，還要受到當政者的責備。

一、甲骨文造字意思和易學考古考證等諸多資料彙集

1. 垂其左翼。王弼本無左字，乃誤脫。[224]

2. 攸（註十）甲骨文造字意思，手持杖打擊一人之背部，後加流血之狀。

3. 君（註六）甲骨文造字意思，持筆寫字的人是發號令的長官。

4. 言（註八十八）甲骨文造字意思，用長管樂器形，用以宣告。

二、爻位所處情況解析

---

[224] 張政烺 (2011)，李零等整理。張政烺論易叢稿。北京：中華書局。

地火明夷

一樓陽坐得正位，和四樓陰經常打電話溝通，但是一樓陽正處於整棟樓昏暗的環境下，雖然往上二樓陰可以前進，但是三樓陽卻強力阻擋，使得一樓陽就好像是一隻鳥受傷，或是低垂其左翼以繞道而行。正值如此黑暗的環境，一位正直的君子也要趕快離開，可以往上走，就是有幾天無法進食也要隱遁而行，但是再往上走會受阻(三樓陽陽剛相斥)，想要住宿的屋主不會接待，或是會有怨言。

三、爻辭建議

爻辭改寫為垂其「左翼」，回復王弼本誤脫之字，其意思是鳥在空中盤旋，向左轉彎時，左翅朝下，右翅朝上，斜著身子飛行。

六二：明夷，夷於左股，用拯馬壯，吉。（王弼本周易）

六二：明夷，夷於左股，用撜馬牀，吉。（馬王堆帛書）

【甲骨文造字思考與古籍比對校讀】

六二：明夷，夷於左股，用拯馬壯，吉。

【白話】六二，傷了左大腿或左側，借用好馬，壯大自己的力量，將會是吉祥的。

339

一、爻位所處情況解析

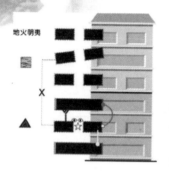

地火明夷

二樓陰坐得正位，二樓陰位於下卦離卦的中央，獲得了一顆星星（臣子），可以堅守崗位而克盡臣道，但是無法和五樓陰相應溝通，昏庸的五樓陰（君王）必然會傷害二樓陰（臣子），但是二樓陰終究是位於下卦中位，懂得用智慧防身，懂得權變，所以採用良馬來代步，最後還是順利吉祥的。

九三：明夷於南狩，得其大首；不可疾貞。（王弼本周易）

九三：明夷，夷於南守，得其大首；不可疾貞。（馬王堆帛書）

【甲骨文造字思考與古籍比對校讀】

九三：明夷於南狩，得其大首；不可疾貞。

【白話】九三，君主在光明受阻的情況下，到南方去巡狩，將可以消滅敵人的首領。不利於占問疾病。

一、甲骨文造字意思和易學考古考證等諸多資料彙集

1. 疾（註六十五）甲骨文造字意思，一個人被箭矢所傷，一個人生病而睡在床上，不同的表現手法似乎表現不同的病痛原因。

二、爻位所處情況解析

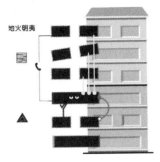

地火明夷

三樓陽坐得正位，和六樓陰經常相應支持，三樓陽位於下卦離卦最上端，去南方狩獵可以獲得大鳥或是大獸（六樓陰相應），但是三樓陽要往上走遇到上卦坤卦守靜，三樓陽可以順利往上走而陽陰相合（四至六樓都是陰），但是要徐徐前進，不可操之過急而躁進。

六四：入於左腹，獲明夷之心，於出門庭。（王弼本周易）

六四：夷於左腹，獲明夷之心，於出門廷。（馬王堆帛書）

【甲骨文造字思考與古籍比對校讀】

六四：入於左腹，獲明夷之心，於出門庭。

【白話】六四，進入腹部左方，能夠深入瞭解光明被阻的內中情況，獲得鳴雉的心肝，跨出門庭。

一、甲骨文造字意思和易學考古考證等諸多資料彙集

1. 入（錯字），人（本字）[225]

---

225 成蒂 (2006)。《張家山漢墓竹簡 ‧ 二年律令》通假字研究。國立成功大學中國文學研究所碩士論文。

2. 廷（註九十四）甲骨文造字意思，官員向君王行禮時所站立的地方。

二、爻位所處情況解析

地火明夷

四樓陰坐得正位，經常和一樓陽打電話溝通，四樓陰在整棟樓的中央正如一個人的腹部，四樓陰面對鄰近昏昧的五樓陰君王（陰居陽位不正位），四樓陰也位於上卦（朝廷）之內也知道整棟樓的大致全貌，因為四樓陰自己坐得正位，唯一的方法就是遠走離開，有一樓陽的相應，意志更為堅定。

六五：箕子之明夷，利貞。（王弼本周易）

六五：箕子之明夷，利貞。（馬王堆帛書）

【甲骨文造字思考與古籍比對校讀】

六五：箕子之明夷，利貞。

【白話】六五，箕子受到傷害，身處逆境，有利於占問。

一、爻位所處情況解析

五樓陰坐不得位，無法和二樓陰相應支持，五樓陰又上下遇到同性的陰而相斥（四、六樓），五樓陰面對這多方面的困境，只能韜光養晦，以求保存自己的光明；就好像商朝賢臣箕子，是紂王的

叔父，曾經力諫帝乙立微子繼其統而未蒙採納，昏暗的朝廷讓紂王即位，箕子仍然忠貞不二，因為屢次諫紂王而被貶為奴，於是披髮佯狂而躲過被殺害的劫數。

上六：不明晦；初登於天，後入於地。（王弼本周易）

尚六：不明海；初登於天，後入於地。（馬王堆帛書）

【甲骨文造字思考與古籍比對校讀】

上六：不明晦；初登於天，後入於地。

【白話】上六，天空晦暗不明，太陽剛開始時升起在天空，而後來卻墮入地下。

一、甲骨文造字意思和易學考古考證等諸多資料彙集

1. 明 (註一百一十五) 甲骨文造字意思，利用照進窗內的月光使室內明亮。

2. 登 (註三十三) 甲骨文造字意思，雙手扶持矮凳讓他人上登之狀。

3. 入 (錯字)，人 (本字) [226]

---

[226] 成蒂 (2006)。《張家山漢墓竹簡 · 二年律令》通假字研究。國立成功大學中國文學研究所碩士論文。

二、爻位所處情況解析

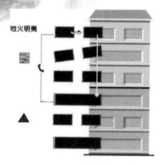

地火明夷

六樓陰坐得正位，經常和三樓陽相應支持，但是六樓陰已經位於最高樓，而且位於上卦坤卦之最頂端，六樓陰距離下卦離卦是最遠的，已經是極其陰晦，又受到五樓陰（君王）同性相斥，六樓陰的處境就像太陽落入西邊山裡一樣，走向暗黑的未來。因為六樓陰和三樓陽（離卦火最上端）相應光明，自己卻是一片黑暗，正如太陽先升起後落下，盛極而衰的現象。

〔巽上離下〕風火家人（海昏竹書易占：家人，口人也）

第三十七卦：《家人卦》 ䷤

家人：利女貞。（王弼本周易）

家人，利女貞。（馬王堆帛書）

【甲骨文造字思考與古籍比對校讀】

家人：利女貞。

【白話】家人：利於占問女子之事。

一、甲骨文造字意思和易學考古考證等諸多資料彙集

1. 在雞卦名中，所講的是咱們年長一歲，你年長一歲，口吻親切、自然、平和，說的完全是家裡的事。在出土《歸藏》易中，「家人」名之「散」，而「散」則是壯語對「家」的發音，可見「家人」卦名來自於先越之民的語言含意是沒有問題的。[227]

二、爻位所處情況解析

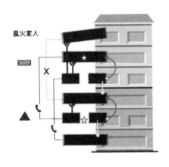

上面有風，火在底下，有炙熱之象，起風燃火烹煮食物，風勢助長火旺，風自火出如同一家人。

初九：閑有家，悔亡。（王弼本周易）

初九：門有家，悔亡。（馬王堆帛書）

……閒有家，悔亡。（阜陽漢簡）

【甲骨文造字思考與古籍比對校讀】

初九：閑有家，悔亡。

【白話】初九，在家裡設立欄杆防盜，晦氣消亡。

---

227 黃懿陸 (2007)。中國先越文化研究：從壯族雞卦看《易經》起源。昆明：雲南人民出版社。

一、爻位所處情況解析

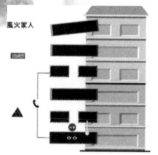

風火家人

　　一樓陽坐得正位，和四樓陰經常打電話溝通，一樓陽和二樓陰也可以相通，所以沒有什麼災禍；一樓陽位於下卦離卦的最底端，也是最外圍(火的外圍是陽剛)，在家裡多加防範是好事。

六二：無攸遂，在中饋，貞吉。（王弼本周易）

六二：無攸遂，在中貴，貞吉。（馬王堆帛書）

……中貴，貞……（阜陽漢簡）

【甲骨文造字思考與古籍比對校讀】

六二：無攸遂，在中饋，貞吉。

【白話】六二，沒有錯失，在家中主持家務，占問吉祥。

一、甲骨文造字意思和易學考古考證等諸多資料彙集

1. 攸(註十)甲骨文造字意思，手持杖打擊一人之背部，後加流血之狀。

2. 遂(錯字)，逐(本字)[228]由，逐，疑為通假字。 [229]

3. 貴，匱。 [230] 經比對古籍疑為通假字。

二、爻位所處情況解析

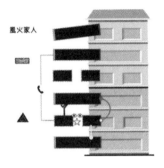

風火家人

二樓陰坐得正位，和五樓陽相應溝通，二樓陰位於下卦離卦的中央，獲得了一顆星星（女主人），和五樓陽（男主人）相應相和，猶如男主外，女主內的現象，二樓陰（女主人）能在家裡主持家務而支持男主人，是家和之道。

九三：家人嗃嗃，悔厲，吉；婦子嘻嘻，終吝。（王弼本周易）

九三：家人㷘㷘，悔厲吉；婦子裏裏，終闌。（馬王堆帛書）

【甲骨文造字思考與古籍比對校讀】

九三：家人嗃嗃，悔厲，吉；婦子嘻嘻，終吝。

【白話】九三，治家嚴厲，家人嗷嗷叫苦，有晦氣而艱難危險，但這樣有利於子女上進，最終還是吉祥。可是如果不能從嚴治家，聽憑婦人和孩子們嬉戲作樂，終有困厄。

228 成蒂 (2006)。《張家山漢墓竹簡 · 二年律令》通假字研究。國立成功大學中國文學研究所碩士論文。

229 呂佩珊 (2011)。《上海博物館藏戰國楚竹書（一～六）》通假字研究。國立台灣師範大學國文學系博士論文。

230 賴冠豪 (2020)。《清華大學藏戰國竹簡（伍）》通假字研究。國立高雄師範大學國文學系碩士論文。

一、甲骨文造字意思和易學考古考證等諸多資料彙集

1. 終(註七)甲骨文造字意思，終結、結束的意思。

二、爻位所處情況解析

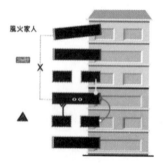

三樓陽坐得正位，和六樓陽無法相應支持，三樓陽位於下卦離卦最上端，三樓自身陽剛又位居陽位，三樓陽陽剛過硬有治家過嚴的現象，家人的關係比較緊張，但是規定有禮有節，整個家是有規矩而吉祥的。但是三樓陽位於偏位有過激行為，如果過於嘻笑任意行為，則終究會失去治家的節度，可能會壞了家譽名聲的事情發生。

六四：富家，大吉。（王弼本周易）

六四：富家，大吉。（馬王堆帛書）

【甲骨文造字思考與古籍比對校讀】

六四：富家，大吉。

【白話】六四，富裕之家，吉祥如意。

一、爻位所處情況解析

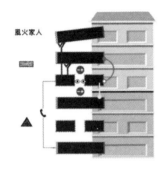

四樓陰坐得正位，和一樓陽經常打電話溝通，四樓陰順從五樓陽，而且和三樓陽相處得也不錯，四樓陰安家處理事務秉持婦德，上承尊長，下愛晚輩，有大得陽實之益，富家之象。

九五：王假有家，勿恤，吉。（王弼本周易）

九五：王叚有家，勿血，往吉。（馬王堆帛書）

【甲骨文造字思考與古籍比對校讀】

九五：王假有家，勿恤，吉。

【白話】九五，君王駕臨家中，不需要憂愁，是會吉祥如意的。

一、甲骨文造字意思和易學考古考證等諸多資料彙集

1. 叚（通假字），假（本字），根據其他古籍研究，疑為通假字。[231]

二、爻位所處情況解析

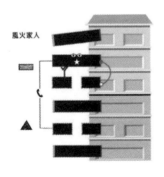

五樓陽坐得正位，和二樓陰經常打電話支持，五樓陽位於上卦巽卦的中央，獲得了一顆星星（君王），剛健勤於政事又得到二樓陰（臣子，正位）的大力協助，自然能夠感化他人，大家彼此相愛和諧。

上九：有孚，威如，終吉。（王弼本周易）

尚九：有復，委如，終吉。（馬王堆帛書）

【甲骨文造字思考與古籍比對校讀】

上九：有復，委如，終吉。

【白話】上九，重複地心懷誠信，又有禮儀，最終會獲得吉祥。

一、甲骨文造字意思和易學考古考證等諸多資料彙集

1. 孚 (註二十) 甲骨文造字意思，引申有誠信的意思。

2. 复 (註二十四) 甲骨文造字意思，復，有「反覆」、「往復」的意思。會腳圍繞城邑往來之意。

3. 孚，復，疑為通假字。[232]

4. 委 (註一百零一) 甲骨文造字意思，委屈、委弱之意。表示順從。

5. 威 (註一百) 甲骨文造字意思，非常有威儀的掌權者。

6. 終 (註七) 甲骨文造字意思，終結、結束的意思。

---

231 范紅麗 (2012)。《銀雀山漢木竹簡 [貳]》通假字研究。

232 呂佩珊 (2011)。《上海博物館藏戰國楚竹書 (一～六)》通假字研究。國立台灣師範大學國文學系博士論文。

二、爻位所處情況解析

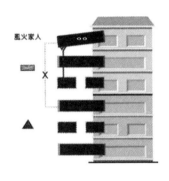

六樓陽坐不得位，和三樓陽無法打電話支持，但是六樓陽已經位於最高樓，是全家之最高長輩，也等於是創業者年事已高，應該把家業交給子嗣管理，所以六樓陽剛柔並濟(陽居陰位)而有威嚴與誠信，自己能夠莊重自持而不高傲，則能保家道長久吉祥。

三、爻辭建議

1. 孚和復用字理由，請見需卦和中孚卦的解釋。

2. 依爻位情況，六樓陽居陰位，以「委」字為宜；若以「威」字論之，應該是陽居陽位，所以不太合適，建議以帛書「委」字為宜。

［離上兌下］ 火澤睽（帛書：乖）（海昏竹書易占：癸，□也）

第三十八卦：《睽卦》 ䷥

睽：小事吉。（王弼本周易）

乖，小事吉。（馬王堆帛書）

【甲骨文造字思考與古籍比對校讀】

睽：小事吉。

【白話】睽；做小事吉利。

一、甲骨文造字意思和易學考古考證等諸多資料彙集

1. 睽，楑，疑為通假字。[233]

2. 乖 (註一百零二) 甲骨文造字意思，不順暢的狀況。

3. 今本睽卦之「睽」，竹書作「楑」，帛本作「乖」。《釋文》釋「睽」字曰：「《序卦》云『乖也』，《雜卦》云『外也』，《說卦》云『目不相視也』。」案《序卦》云：「家道窮必乖，故受之以睽，睽者乖也。」可證帛本卦名作「乖」。由帛本卦名以《序卦》、《說卦》、《繫辭》等傳文之釋為據這點考之，帛本當為漢出田何所傳今文本無疑也。[234]

4. 雖卦名是同為占卜，同問一事，自然重卦前的單體卦─兌卦，表現的是「出」，另一單體卦─離卦，表現的則是「吃」，顯

然是相互背離的卦象。[235]

二、爻位所處情況解析

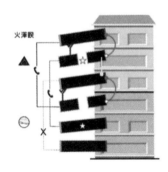

火在上，澤在下，火炎而上，但是潤澤於下，火與水背道而馳，互相違逆，相互乖離，就好像上卦離卦是中女，下卦兌卦是三女，兩女共居一室，年齡經驗有差距，思想作風不同，會有相違背之象。

初九：悔亡。喪馬勿逐，自復。見惡人，無咎。（王弼本周易）

初九：悔亡，亡馬勿遂，自復；見亞人，無咎。（馬王堆帛書）

【甲骨文造字思考與古籍比對校讀】

初九：悔亡。喪馬勿逐，自復。見惡人，無咎。

【白話】初九，悔恨消失；跑掉的馬不要去追尋，牠自己就會回來。遇見自己對立敵視的人，不會有什麼禍患。

---

233 呂佩珊 (2011)。《上海博物館藏戰國楚竹書 (一～六)》通假字研究。國立台灣師範大學國文學系博士論文。

234 劉大鈞。今、帛、竹書《周易》疑難卦爻辭及其今、古文辨析 (二)。文章取自蔡運章、董延壽、張應橋主編 (2016)。洛陽市文物管理局，洛陽易經學會編。易學考古論集。北京：中華書局。

235 黃懿陸 (2007)。中國先越文化研究：從壯族雞卦看《易經》起源。昆明：雲南人民出版社。

一、甲骨文造字意思和易學考古考證等諸多資料彙集

1. 遂（錯字），逐（本字）[236] 由，逐，疑為通假字。[237]

2. 自（註二十五）甲骨文造字意思，鼻子。

3. 复（註二十四）甲骨文造字意思，復，有「反覆」、「往復」的意思。會腳圍繞城邑往來之意。

4. 亞（通假字），惡（本字）[238]

二、爻位所處情況解析

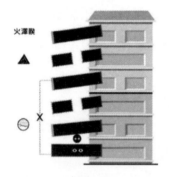

火澤睽

　　　　　　　　　一樓陽坐得正位，和四樓陽無法打電話溝通，一樓陽要往上就被二樓陽同性飭回，如果是一匹馬跑掉了自然會折返回來，不需要去追，而且一樓陽自己坐得很正（陽居陽位），只要自己守正就會沒事。但是四樓陽不和一樓陽溝通，四樓陽自己坐不正位就像是一位惡人，在這個整棟樓充滿違背的氛圍之下，儘

---

236 成蒂 (2006)。《張家山漢墓竹簡 · 二年律令》通假字研究。國立成功大學中國文學研究所碩士論文。

237 呂佩珊 (2011)。《上海博物館藏戰國楚竹書 (一～六)》通假字研究。國立台灣師範大學國文學系博士論文。

238 1. 林孟侃 (2008)。上古簡帛通假字喉音聲母研究—兼論其開展。靜宜大學中國文學研究所碩士論文。2. 賴冠豪 (2020)。《清華大學藏戰國竹簡 (伍)》通假字研究。國立高雄師範大學國文學系碩士論文。

管四樓陽和一樓陽意見不合，一樓陽也要去見四樓陽（意見不合的惡人），一樓陽自己坐得正，不會有什麼災禍的。

　　九二：遇主於巷，無咎。（王弼本周易）

　　九二：愚主于巷，無咎。（馬王堆帛書）

　　【甲骨文造字思考與古籍比對校讀】

　　九二：遇主於巷，無咎。

　　【白話】九二，在小巷中碰到了居於高位者，沒有什麼危險和災難。

一、甲骨文造字意思和易學考古考證等諸多資料彙集

1. 禹（註七十八）甲骨文造字意思，用手捏住蛇頭頸。通「禹」字。

2. 帛書有寫禹和愚，應係簡筆，王弼本改為遇，較貼近爻辭意思，以「遇」解釋為宜。

二、爻位所處情況解析

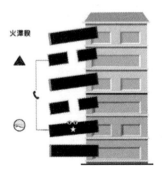

火澤睽

　　二樓陽坐不得位，和五樓陰經常相應溝通，但是五樓陰（君王）自己不得位跑出去找可以輔助他的臣子，而二樓陽（臣子）自己也不得位跑出去尋求明君，君臣兩人只能在外面的巷子相遇，即便如此，

君臣兩人也能夠同舟共濟，挽救國難。

　　六三：見輿曳，其牛掣，其人天且劓。無初，有終。（王弼本周易）

　　六三：見車掔，其牛𦐇；其□□□，無初，有終。（馬王堆帛書）

　　六三：見車（曳），其牛絜，其人天且劓。無初有……（阜陽漢簡）

　　【甲骨文造字思考與古籍比對校讀】

　　六三：見輿曳，其牛掣，其人天且劓。無初，有終。

　　【白話】六三，看見牛拉著車，牛起勁地拉，人的額頭被刺字且割了鼻子，剛開始處境不順利，但最終還是可以達到自己的目的。

一、甲骨文造字意思和易學考古考證等諸多資料彙集

1. 輿（註五十一）甲骨文造字意思，四手共舉一個另一形式的肩輿之形。

2. 據古書比對考證，曳是今文，與掔、析相通，見車子分崩離析，難以前進之意。

3. 且（註九十六）甲骨文造字意思，男子性器形，為繁殖的根源，用以表達人倫。「祖」字的源頭是且。

4. 劓（註一百零三）甲骨文造字意思，一把刀和已被割下來的鼻

子。

5. 終 (註七) 甲骨文造字意思，終結、結束的意思。

二、爻位所處情況解析

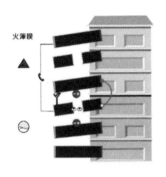

火澤睽

三樓陰坐不得位，和六樓陽經常相應溝通，但是三樓陰面對上下兩個陽的拉扯，就像四樓陽 (人) 拉著三樓陰 (車)，而一、二樓陽牛扯著，而且三樓陰自己坐不正位，三樓陰位於下卦的上方偏位，正好像一個人不得正位而受到劓刑 (割掉鼻子)，剛開始是有些艱難，但三樓陰要往上走，受到六樓陽的相應支持，以及四樓陽的陰陽相合，最終應該可以順利往上走。

九四：睽孤，遇元夫，交孚，厲，無咎。（ 王弼本周易 ）

九四：乖苽；愚元夫，交復，厲無咎。（ 馬王堆帛書 ）

【甲骨文造字思考與古籍比對校讀】

九四：睽孤，遇元夫，交復，厲，無咎。

【白話】九四，孤獨外出時，遇見彪形大漢，互相信任有加，雖然有艱難之事，但平安無事。

一、甲骨文造字意思和易學考古考證等諸多資料彙集

1. 乖 (註一百零二) 甲骨文造字意思，不順暢的狀況。

2. 禺(註七十八) 甲骨文造字意思，用手捏住蛇頭頸。通「禹」字。

3. 帛書有寫禺和愚，應係簡筆，王弼本改為遇，較貼近爻辭意思，以「遇」解釋為宜。

4. 孚 (註二十) 甲骨文造字意思，引申有誠信的意思。

5. 复 (註二十四) 甲骨文造字意思，复，有「反覆」、「往復」的意思。會腳圍繞城邑往來之意。

6. 孚，復，疑為通假字。[239]

二、爻位所處情況解析

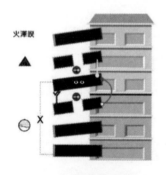

火澤睽

四樓陽坐不得位，和一樓陽無法相應支持，四樓陽就顯得很孤立，四樓陽受到三樓陰的支持，四樓陽也據三樓陰，可以互為信任，四樓陽有得到三樓陰和五樓陰的陰陽相合，最終還是可以解決問題，沒有禍患。

三、爻辭建議

---

239 呂佩珊 (2011)。《上海博物館藏戰國楚竹書 (一～六)》通假字研究。國立台灣師範大學國文學系博士論文。

1. 孚和復用字理由，請見需卦和中孚卦的解釋。

六五：悔亡。厥宗噬膚，往，何咎？（王弼本周易）

六五：悔亡，登宗筮膚，往何咎。（馬王堆帛書）

【甲骨文造字思考與古籍比對校讀】

六五：悔亡。登宗噬膚，往，何咎？

【白話】六五，晦氣消亡，走進宗廟吃肉，一起結伴前行，有何禍患？

一、甲骨文造字意思和易學考古考證等諸多資料彙集

1. 登（註三十三）甲骨文造字意思，雙手扶持矮凳讓他人上登之狀。

2. 此爻今本「厥宗噬膚」之「厥」字，帛本作「登」，而竹書作「陞」。古「升」、「登」互通，由竹書與帛本此字作「陞」，「登」義同而考之，今本作「厥」，當為抄書之誤。**240**

3. 筮（通假字），噬（本字），根據其他古籍研究，疑為通假字。**241**

4. 何（註一百六十三）甲骨文造字意思，表示所扛物之形。1.「以肩承物、扛物」義的本字，後來借「荷」字記錄此義。2. 借用

---

240 劉大鈞。今、帛、竹書《周易》疑難卦爻辭及其今、古文辨析（二）。文章取自蔡運章、董延壽、張應橋主編 (2016)。洛陽市文物管理局，洛陽易經學會編。易學考古論集。北京：中華書局。

241 范紅麗 (2012)。《銀雀山漢木竹簡 [貳]》通假字研究。

作疑問代詞「何」。

二、爻位所處情況解析

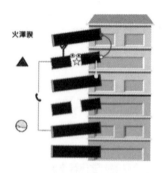

火澤睽

五樓陰坐不得位，和二樓陽經常打電話溝通，五樓陰位於上卦離卦的中央，獲得了一顆星星（君王），五樓陰陰柔而位居陽剛之位，又得到六樓陽的陰陽相合，五樓可以往上去宗廟享受祭肉，五樓陰重用二樓陽大臣，則無往不利，終有大慶。

三、爻辭建議

依研究，應寫爻辭「登」意思明確清楚，且與爻位情況相符。

上九：睽孤；見豕負塗，載鬼一車；先張之弧，後說之弧；匪寇，婚媾。往，遇雨則吉。（王弼本周易）

尚九：乖苽，見豨負塗，載鬼一車，先張之柧，後說之壺；非寇，口厚，往愚雨即吉。（馬王堆帛書）

……見豕負塗，載……一車……兌之（壺、弧）。非寇，昏媾。……（阜陽漢簡）

【甲骨文造字思考與古籍比對校讀】

上九：睽孤；見豕負塗，載鬼一車；先張之弧，後說之弧；非寇，婚媾。往，遇雨則吉。

【白話】上九，孤獨外出，看見星辰像是滿身泥漿的豬，以及鬼宿車滿載，從奎宿到傅說星，再到弧星。他們不是前來侵犯，而是前來求婚，如果往前行，遇雨則吉。

一、甲骨文造字意思和易學考古考證等諸多資料彙集

1. 乖（註一百零二）甲骨文造字意思，不順暢的狀況。

2. 塗（通假字），途（本字），根據其他古籍研究，疑為通假字。[242]

3. 此爻辭隱含三個星組，奎宿、鬼宿和孤星。

4. 載（註六十七）甲骨文造字意思，人伸出兩臂手持熟食祭神。

5. 鬼宿周邊四星如車象，輿，載也；中間積屍氣謂鬼，所謂載鬼一車。[243]

6. 其大意指處〈睽〉卦之時，仰顧天象，預見太陽一週年的行程是，先經過像大豬一樣守候在西北天路旁的奎宿；最後掀到東偏北的傅說星，再回歸奎壁之間的西北玄方，而途中所遇見是親戚，並非寇仇；是和諧，非對抗。前行將遇到上坎為雲，下坎為雨，當雲行雨施，品物流形，吉祥美好。[244]

7. 壺，王弼本作弧。《釋文》云：「本亦作弧，京、馬、鄭、王

242 范紅麗 (2012)。《銀雀山漢木竹簡 [貳]》通假字研究。
243 聞一多先生的見解。取自盧央 (2003)。易學與天文學。中國書店出版社，頁 34-40。
244 鄭偉強 (2004)。彝族文化思想和古中國文化相互影響之研究。能仁學報。第 10 期，頁 258-272。

肅、翟子玄作壺。」**245**

8. 非 (註八) 甲骨文造字意思，通「飛」字，此可會相背之意。

9. 寇 (註七十二) 甲骨文造字意思，強寇手持利器破壞屋中之物。

10. 厚 (註六十八) 甲骨文造字意思，垣墉之意。一種上古版築技術。

11. 禺 (註七十八) 甲骨文造字意思，用手捏住蛇頭頸。通「禹」字。

12. 帛書有寫禺和愚，應係簡筆，王弼本改為遇，較貼近爻辭意思，以「遇」解釋為宜。

二、爻位所處情況解析

六樓陽坐不得位，和三樓陰經常打電話支持，六樓陽位於最高

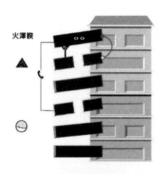

樓，上卦離卦最上端，和三樓陰相應，三樓陰不斷地供給六樓陽而使車子滿載，六樓陽在高位看樓下各層樓，就好像是在天上走一大段路，從奎宿到傳說星，再到弧星，全部是親戚，無論如何，即使遇到雷鳴雨下，最終還是相合的。

三、爻辭建議

「非」字清楚明確，所以沿用帛書爻辭，而不用「匪」字，也不合現代認知。

---

245 張政烺 (2011)，李零等整理。張政烺論易叢稿。北京：中華書局。

［坎上艮下］水山蹇（海昏竹書易占：蹇，難也）（上博楚簡：訐）

第三十九卦：《蹇卦》 ䷦

蹇：利西南，不利東北。利見大人。貞吉。（王弼本周易）

蹇，利西南，不利東北；利見大人，貞吉。（馬王堆帛書）

訐，利西南，不利東北；利見大人。（上博楚簡）

【甲骨文造字思考與古籍比對校讀】

蹇：利西南，不利東北。利見大人。貞吉。

【白話】蹇；利於向西南行動，不利於向東北行動。此時利於出現大人物，占問吉祥。

一、甲骨文造字意思和易學考古考證等諸多資料彙集

1. 雞卦名均為晚卦，與妻相對，晚卦為陰，妻卦為陽。而這兩卦都是陰數起卦，不是陽數起卦，故起得艱難，與易卦名有相同含意。**246**

---

246 黃懿陸 (2007)。中國先越文化研究：從壯族雞卦看《易經》起源。昆明：雲南人民出版社。

二、爻位所處情況解析

水在上面，底下有山，大水淹沒了山，又像是爬山中滿是坎水險陷，行進過程辛苦坎坷，舉步維艱。

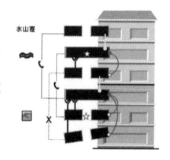

水山蹇

初六：往蹇，來譽。（王弼本周易）

初六：往蹇來輿。（馬王堆帛書）

初六：往訐來譽。（上博楚簡）

【甲骨文造字思考與古籍比對校讀】

初六：往蹇，來譽。

【白話】初六，前進將會遇到艱難情況，後退將得到美譽。

一、甲骨文造字意思和易學考古考證等諸多資料彙集

1. 輿（註五十一）甲骨文造字意思，四手共舉一個另一形式的肩輿之形。

二、爻位所處情況解析

一樓陰坐不得位，和四樓陰無法相應溝通，一樓陰位於下卦艮卦的最底端，本來就要靜止為宜，加上往上遇到二樓陰同性相斥，所以一樓陰如果往上走必然會有

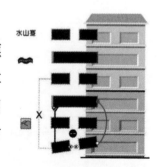

水山蹇

險難；一樓陰應該要自己認清身處於一樓陰的位置，知止不進，反身修德，懂得明哲保身，才能夠獲得讚譽。

六二：王臣蹇蹇，匪躬之故。（王弼本周易）

六二：王僕蹇蹇，非□之故。（馬王堆帛書）

六二：王臣訐訐，非今之故。（上博楚簡）

【甲骨文造字思考與古籍比對校讀】

六二：王臣蹇蹇，非今之故。

【白話】六二，王臣經歷艱難困境，並不是因為私事的緣故。

一、甲骨文造字意思和易學考古考證等諸多資料彙集

1. 臣（註四十三），罪犯以及低級官吏。

2. 非（註八）甲骨文造字意思，通「飛」字，此可會相背之意。

3. 非□之故。非下缺文，王弼本作躬，帛書《二三子問》引作今，且釋曰：「非言獨今也，古以（已）狀〈然〉也。」《昭力》引作今，且釋為「非獨今之故也」，知此處當為今字。躬、今可以通假。**247**

4. 今本「匪躬之故」，竹書作「非今之古」。今本「躬」字，竹書作「今」。帛本此處正缺一字，不知是「今」是「躬」，然

---

247 張政烺 (2011)，李零等整理。張政烺論易叢稿。北京：中華書局。

考之帛書易傳《二三子》有「《易》曰：王臣蹇蹇，非今之故。可見帛本應作「今」，不作「躬」。又，帛書《二三子》中緊接「《易》曰：王臣蹇，非今之故。」後有「孔子曰：王臣蹇蹇」者，言其難也，夫唯智其難也，故重言之，以戒今也。君子智難而備之，則不難矣；見幾而務之，則有功矣。故備難者易，務幾者成。存其人，不言吉凶焉。「非今之故」者，非言獨今也，古以狀也。由孔子之釋更可確證帛本此爻作「王臣蹇蹇，非今之故」，與竹書本相同。而由此爻上下文意考之，其作「今」亦較之今本做「躬」似於義更勝。今本作「躬」，恐抄書者失誤。[248]

5. 故 (通假字)，古 (本字)，根據其他古籍研究，疑為通假字。[249]

二、爻位所處情況解析

　　二樓陰坐得正位，和五樓陽經常打電話溝通，二樓陰位於下卦

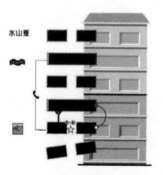

艮卦的中央，獲得了一顆星星 (臣子)，二樓陰是一位正直的臣子 (坐得正位)，看到五樓陽 (君王) 身陷於坎卦的中央有水險，二樓陰想要往上營救五樓陽脫離水險，二樓陰 (臣子) 一心為忠臣往上去救主，不是因為私利而去。

水山蹇

三、爻辭建議

1. 「非」字清楚明確，所以沿用帛書爻辭，而不用「匪」字，也不合現代認知。

2. 從其研究，改爻辭為「今」字。

九三：往蹇，來反。（王弼本周易）

□□：□□□□。（馬王堆帛書）

九三：往訐來反。（上博楚簡）

【甲骨文造字思考與古籍比對校讀】

九三：往蹇，來反。

【白話】九三，前進將會遇到艱難情況，後退將回復安適舒坦。

一、爻位所處情況解析

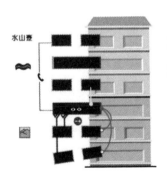

三樓陽坐得正位，和六樓陰經常相應溝通，三樓陽想要往上走，卻遇到上卦坎卦（水）的阻攔，本來可以三樓陽和四樓陰陰陽相合，但是四樓陰位於上卦坎卦之內，三樓陽往上前途艱難；三樓陽只能往下和二樓陰、一樓陰陰陽相合，回歸本位以求商量救助五樓陽的方法。

248 劉大鈞。今、帛、竹書《周易》疑難卦爻辭及其今、古文辨析（二）。文章取自蔡運章、董延壽、張應橋主編(2016)。洛陽市文物管理局，洛陽易經學會編。易學考古論集。北京：中華書局。

249 范紅麗(2012)。《銀雀山漢木竹簡［貳］》通假字研究。

六四：往蹇，來連。（王弼本周易）

□□：往蹇來連。（馬王堆帛書）

六四：往訐來連。（上博楚簡）

【甲骨文造字思考與古籍比對校讀】

六四：往蹇，來連。

【白話】六四，前進將會遇到艱難情況，後退可聯合其他的力量。

一、爻位所處情況解析

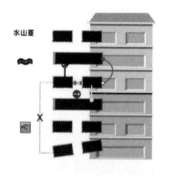

水山蹇

　　　　四樓陰坐得正位，和一樓陰無法相應溝通，所以四樓陰只能往上支持五樓陽（君王），但是四樓陰自己也位於上卦坎卦（水）之內，本身往上走就是水險重重，四樓陰既然無法與一樓陰溝通，只能往下和三樓陽陰陽相合，藉由三樓陽正直臣子的力量（三樓陽居陽位得正位），共體時艱，共同謀求拯救國事之道。

九五：大蹇，朋來。（王弼本周易）

九五：大蹇倗來。（馬王堆帛書）

九五：大訐不來。（上博楚簡）

【甲骨文造字思考與古籍比對校讀】

九五：大蹇，朋來。

【白話】九五，處境極為艱難，卻有眾多的友人來協助。

一、爻位所處情況解析

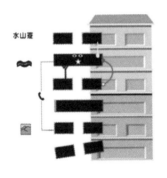

水山蹇

五樓陽坐得正位，和二樓陰相應支持，五樓陽位於上卦坎卦的中央，獲得了一顆星星(君王)，五樓陽君王自己身陷於上卦坎險之中，五樓陽所處的環境很不利，無法施展其大用之才，所幸有二樓陰的相應支持，特意上來幫助五樓。

上六：往蹇，來碩，吉。利見大人。（王弼本周易）

尚六：往蹇，來石吉；利見大人。（馬王堆帛書）

上六：往訐來碩，吉，利見大人。（上博楚簡）

【甲骨文造字思考與古籍比對校讀】

上六：往蹇，來碩，吉。利見大人。

【白話】上六，前進將會遇到艱難情況，後退可以大有收穫；這樣做會吉祥如意，有利於面見大人物。

一、爻位所處情況解析

六樓陰坐得正位，和三樓陽經常打電話支持，六樓陰已經位於

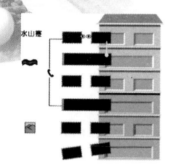

水山蹇

本棟樓最高樓，前面已經沒有進路，如果執意往前走，必然非常艱險。但是六樓陰有三樓陽的大力輔助，而且六樓陰也有五樓陽（君王）陰陽相合的支持，所以六樓陰往下看，可以得到三樓陽（艮卦山的果實）和五樓陽（大人物）的豐碩成果的。

［震上坎下］雷水解（海昏竹書易占：解，解也）

第四十卦：《解卦》

解：利西南。無所往，其來復，吉。有攸往，夙吉。（王弼本周易）

解，利西南。無所往，其來復吉，有攸往，宿吉。（馬王堆帛書）

【甲骨文造字思考與古籍比對校讀】

解：利西南。無所往，其來復，吉。有攸往，宿吉。

【白話】解：利於往西南方行事。如果沒有前往的目標，以返回較為吉利。如果有前往的目標，隔天就動身，可獲得吉祥。

一、甲骨文造字意思和易學考古考證等諸多資料彙集

1. 解（註一百零四），雙手要把牛角拔起來的模樣。而後假借為「分解」、「解析」的概念。

2. 雞卦名則赤裸裸地說：你吃咱們出。出的原因是你在追著吃咱們，危險已經來臨，咱們不得不逃離險境，以躲避從天而降的滅頂之災。下一卦名則是「咱們擠著跟上來」。你在前面跑，我在後面跟，有危險，兩個卦都在跑，有險不是都解除了嗎？這兩卦的意思是都在動，這就是易卦名「解」提示的「有險難而動，動而脫離危險而緩解」的意思。**250**

3. 复(註二十四)甲骨文造字意思，復，有「反覆」、「往復」的意思。會腳圍繞城邑往來之意。

4. 攵(註十)甲骨文造字意思，手持杖打擊一人之背部，後加流血之狀。

5. 宿(註一百零五)甲骨文造字意思，一人睡臥於屋中席上之意。經古書考證，「宿」為古文字，「夙」為今文字，所以解釋時要有宿的本意為宜。

二、爻位所處情況解析

雷在上打雷，下方的水在下雨，解決了旱情，滋潤大地，正如春天乍到，雷雨充沛，緩解冬天的冰雪，慢慢地解脫，而不是倉促地進行。

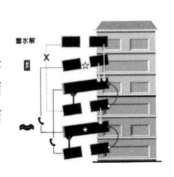

---

250 黃懿陸 (2007)。中國先越文化研究：從壯族雞卦看《易經》起源。昆明：雲南人民出版社。

整棟樓雷在上，水在下，合乎自然紓解之道，往西南平坦之地前往最好，既然已經將危機解除，如果能夠安於本分最好，如果有事情做也很不錯。

三、爻辭建議

依甲骨文造字意思，以「宿」字清楚明白。

初六：無咎。（王弼本周易）

初六：無咎。（馬王堆帛書）

【甲骨文造字思考與古籍比對校讀】

初六：無咎。

【白話】初六，平安無事。

一、爻位所處情況解析

一樓陰坐不得位，和四樓陽經常打電話溝通，一樓陰和二樓陽陰陽相合，而且一樓陰居陽位剛柔並濟，一樓陰安於其位平安無事。

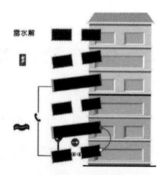

雷水解

九二：田獲三狐，得黃矢，貞吉。（王弼本周易）

九二：田獲三狐，得□□；□□。（馬王堆帛書）

九二：田獲三狐，得黃矢，貞吉。

【白話】九二，打獵時捕獲三隻狐狸，又得到了黃色箭矢。占問吉祥。

一、爻位所處情況解析

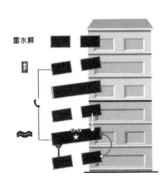

雷水解

二樓陽坐不得位，和五樓陰經常相應溝通，二樓陽位於下卦坎卦的中央，獲得了一顆星星（臣子），二樓陽居陰位臣子強健，而五樓陰居陽位君王柔弱，所以變成了勇於任事的二樓陽受到五樓陰君王之命而代理朝政，二樓出去打獵必大有收穫，甚至有意外之獲。

六三：負且乘，致寇至，貞吝。（王弼本周易）

□□：□且乘，致寇至；貞闉。（馬王堆帛書）

【甲骨文造字思考與古籍比對校讀】

六三：負且乘，致寇至，貞吝。

【白話】六三，肩扛著沉重的東西，又坐在華麗的大車上，因而招來強盜。占問，有困厄。

一、甲骨文造字意思和易學考古考證等諸多資料彙集

1. 且（註九十六）甲骨文造字意思，男子性器形，為繁殖的根源，用以表達人倫。「祖」字的源頭是且。

2. 乘（註三十六）甲骨文造字意思，一人站立在樹上之狀。

3. 致（通假字），至（本字），根據其他古籍研究，疑為通假字。[251]

4. 寇（註七十二）甲骨文造字意思，強寇手持利器破壞屋中之物。

二、爻位所處情況解析

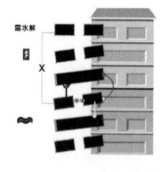

雷水解

三樓陰坐不得位，和六樓陰無法相應溝通，三樓陰位於下卦最上端又不得正位，三樓陰想要諂媚於四樓陽，又凌駕於二樓陽之上，這就好像是一個人背負重物（四樓陽），且乘坐高大的馬車上（二樓陽），但是因為三樓陰太鬆懈且過於招搖，因而招來盜匪前來起意搶奪，這就好像是小人篡位，不為正道，最終必有所失。

九四：解而拇，朋至斯孚。（王弼本周易）

九四：解而栂，傰至此復。（馬王堆帛書）

---

251 廖燕 (2015)。里耶秦簡通假字、古今字研究。吉首大學碩士學位論文。

【甲骨文造字思考與古籍比對校讀】

九四：解而拇，朋至斯復。

【白話】九四，手腳上的綁繩解開了，朋友趕來相救，代表你的信譽很好。

一、甲骨文造字意思和易學考古考證等諸多資料彙集

1. 孚 (註二十) 甲骨文造字意思，引申有誠信的意思。

2. 复 (註二十四) 甲骨文造字意思，復，有「反覆」、「往復」的意思。會腳圍繞城邑往來之意。

3. 孚，復，疑為通假字。[252]

二、爻位所處情況解析

四樓陽坐不得位，和一樓陰經常相應支持，四樓陽位於上卦震

卦之最底端，震卦表示開始動了，而震卦的最底端表示足或拇趾，拇趾開始動作了。而四樓陽又得到一樓陰的支援，將會有很多朋友前來，而且三、五樓陰都是四樓陽的好友 (陰陽相合)，可見四樓陽的信譽很好。

---

252 呂佩珊 (2011)。《上海博物館藏戰國楚竹書 (一～六)》通假字研究。國立台灣師範大學國文學系博士論文。

三、爻辭建議

1. 孚和復用字理由，請見需卦和中孚卦的解釋。

六五：君子維有解，吉。有孚於小人。（王弼本周易）

六五：君子唯有解，吉，有復於小人。（馬王堆帛書）

【甲骨文造字思考與古籍比對校讀】

六五：君子維有解，吉。有復於小人。

【白話】六五，君子身上的捆綁被解開了，吉祥；這是君子有信譽於平民的緣故。

一、甲骨文造字意思和易學考古考證等諸多資料彙集

1. 君（註六）甲骨文造字意思，持筆寫字的人是發號令的長官。

2. 唯（通假字），雖（本字），根據其他古籍研究，疑為通假字。[253]

3. 孚（註二十）甲骨文造字意思，引申有誠信的意思。

4. 复（註二十四）甲骨文造字意思，復，有「反覆」、「往復」的意思。會腳圍繞城邑往來之意。

5. 孚，復，疑為通假字。[254]

---

253 范紅麗 (2012)。《銀雀山漢木竹簡 [貳]》通假字研究。

254 呂佩珊 (2011)。《上海博物館藏戰國楚竹書 (一～六)》通假字研究。國立台灣師範大學國文學系博士論文。

二、爻位所處情況解析

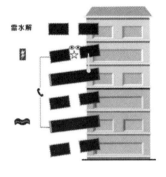

雷水解

　　五樓陰坐不得位，和二樓陽經常打電話支持，五樓陰位於上卦震卦的中央，獲得了一顆星星（君王），五樓陰居陽位表示不會剛愎自用，四樓陽是五樓陰的近臣能夠協助治理國事並且排除解難，而且五樓陰也很信任二樓陽而信任屬下，獲得多方協助的君王，國家就可以大治。

三、爻辭建議

1. 孚和復用字理由，請見需卦和中孚卦的解釋。

上六：公用射隼於高墉之上，獲之，無不利。（王弼本周易）
上六：公用射敻於高庸之上，獲之，無不利。（馬王堆帛書）
【甲骨文造字思考與古籍比對校讀】
上六：公用射隼於高墉之上，獲之，無不利。
【白話】上六，公侯在高牆上射鷹百發百中，無往不利。

一、甲骨文造字意思和易學考古考證等諸多資料彙集

1. 墉（註三十八），四面有看樓的城牆建築。

二、爻位所處情況解析

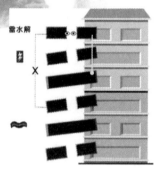

震水解

六樓陰坐得正位，和三樓陰無法打電話支持，六樓陰已經位於最高樓，但是沒有三樓陰的相應，六樓陰儼然是自己站在高城上，而且六樓陰居陰位得了正位獲得極高的權力，堪稱為有能力的公侯，所以只要一射箭，必能射中強悍而凶猛的鷹隼。

〔艮上兌下〕山澤損（海昏竹書易占：損，損也）

第四十一卦：《損卦》 ䷨

損：有孚，元吉，無咎，可貞，利有攸往。曷之用？二簋可用享。（王弼本周易）

損，有復，元吉，無咎，可貞，□有攸往。盇之用，二巧，可用芳。（馬王堆帛書）

【甲骨文造字思考與古籍比對校讀】

損：有復，元吉，無咎，可貞，利有攸往。曷之用？二簋可用享。

【白話】損：心懷誠信，起頭吉祥，平安無事。占問的事可行，利於前去行事。祭祀時，只要誠心誠意，即使減少到兩簋的食物，神靈也可接受。

一、甲骨文造字意思和易學考古考證等諸多資料彙集

1. 雜卦名的意思是：兩卦講的都是「剝賴」，就是嘴太多。嘴多會談論東家長、西家短之事，會說錯話，會以話損人，遭來責罵，是為「損」。[255]

2. 孚 (註二十) 甲骨文造字意思，引申有誠信的意思。

3. 复 (註二十四) 甲骨文造字意思，復，有「反覆」、「往復」的意思。會腳圍繞城邑往來之意。

4. 孚，復，疑為通假字。[256]

5. 攸 (註十) 甲骨文造字意思，手持杖打擊一人之背部，後加流血之狀。

6. 享 (註二) 甲骨文造字意思，祭祀鬼神的廟堂建築。

二、爻位所處情況解析

山在上，澤在下，山高澤卑，損澤之土而增益山之高，是損下益上的卦，含有山高水深、各得其宜之意。

整棟樓就是以下面的澤土去增益上面

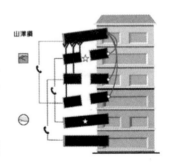

---

255 黃懿陸.(2007)。中國先越文化研究：從壯族雜卦看《易經》起源。昆明：雲南人民出版社。

256 呂佩珊 (2011)。《上海博物館藏戰國楚竹書 (一～六)》通假字研究。國立台灣師範大學國文學系博士論文。

的山，所以損下益上，就如底下是臣民而上面是君王，或是底下是萬民而上面是神祇，所以底下必須要誠心正道，上面必須要不諂媚，就能夠以下通上而蓄積力量，往前進而無不利。

三、爻辭建議

1. 孚和復用字理由，請見需卦和中孚卦的解釋。

> 初九：已事遄往，無咎，酌損之。（王弼本周易）
> 初九：巳事端往，無咎；酌損之。（馬王堆帛書）
> 【甲骨文造字思考與古籍比對校讀】
> 初九：巳事遄往，無咎，酌損之。

【白話】初九，祭祀的事情趕快去做，平安無事，祭品數量可以斟酌情況減少之。

一、甲骨文造字意思和易學考古考證等諸多資料彙集

1. 巳（註一百零六）甲骨文造字意思，象徵神主小孩，後為專用為祭祀「巳」字。

二、爻位所處情況解析

一樓陽坐得正位，和四樓陰相應溝通，一樓陽坐正位實力雄厚，而相應的四

樓陰雖坐得正位但柔弱，一樓陽應該拿出自己所有往上去資助四樓陰，但是因為一樓陽身處最底層實力畢竟有限，所以不宜全力獻上，應該審酌自己的能力，適切得宜即可。

三、爻辭建議

依爻辭含意，應該以「巳」為宜。

九二：利貞，征凶。弗損，益之。（王弼本周易）

九二：利貞，正凶；弗損，益之。（馬王堆帛書）

【甲骨文造字思考與古籍比對校讀】

九二：利貞，征凶。弗損，益之。

【白話】九二，利於占問，如果主動征伐，會有凶險；不要損其利益，反而要加以協助。

一、甲骨文造字意思和易學考古考證等諸多資料彙集

1. 征 (註四十) 甲骨文造字意思，向目標進發或征討。

2. 正 (註四十一) 甲骨文造字意思，指腳步向城邑等目標行進。

3. 正 (通假字)，征 (本字)[257]

---

257 林瑞能 (2009)。甲骨刻辭與上博楚竹書通假字比較研究。國立東華大學中國語文學系碩士論文。

4. 弗（註三十七）甲骨文造字意思，矯正。

5. 益（註四十二）甲骨文造字意思，器皿中的水滿溢出來。

二、爻位所處情況解析

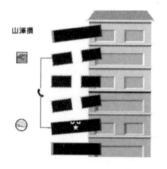

山澤損

二樓陽坐不得位，和五樓陰相應溝通，二樓陽自己是陽剛位於陰柔之位，應該要守靜不要妄動，而且二樓陽位於下卦兌卦的中央，獲得了一顆星星（臣子），其實二樓陽應該可以一直往上層走（二至四樓都是陰而陰陽相合），如果五樓陰需要，二樓陽可以幫助五樓陰一下。

六三：三人行，則損一人；一人行，則得其友。（王弼本周易）

六三：三人行則損一人；一人行則得其友。（馬王堆帛書）

【甲骨文造字思考與古籍比對校讀】

六三：三人行，則損一人；一人行，則得其友。

【白話】六三，三個人一同前進，必有一人離開；一個人獨自行動，則會遇到志同道合的朋友。

一、爻位所處情況解析

三樓陰坐不得位，和六樓陽經常打電話溝通，三樓陰如果想要

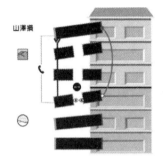

往上走會遇到四樓陰同性相斥，三樓陰堅持率領下方兩層樓就會自損一人，如果三樓陰一人獨自往上，會受到六樓陽的相應支援。

六四：損其疾，使遄有喜，無咎。（王弼本周易）

六四：損其疾，事端有喜，無咎。（馬王堆帛書）

【甲骨文造字思考與古籍比對校讀】

六四：損其疾，事端有喜，無咎。

【白話】六四，減輕其病情，準備迎接馬上到來的喜慶，平安無事。

一、甲骨文造字意思和易學考古考證等諸多資料彙集

1. 疾(註六十五)，一個人被箭矢所傷，一個人生病而睡在床上，不同的表現手法似乎表現不同的病痛原因。

2. 使(註十五)甲骨文造字意思，手持捕獵工具去田獵、做事之意。

二、爻位所處情況解析

四樓陰坐得正位，和一樓陽相應溝通，四樓陰自身實力柔弱，

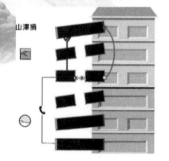

山澤損

必須要取得一樓陽堅強實力的幫助，讓四樓陰的身體能夠早日康復，四樓陰支持六樓陽，也獲得六樓陽的幫助（據），六樓陽有時候會給四樓一些驚喜。

三、爻辭建議

以現代認知，爻辭改為「事端」更為清楚明白。

六五：或益之，十朋之龜弗克違，元吉。（王弼本周易）

六五：益之，十備之龜弗克回，元吉。（馬王堆帛書）

【甲骨文造字思考與古籍比對校讀】

六五：或益之，十朋之龜弗克違，元吉。

【白話】六五，有人進獻價值十朋的靈龜，不可推卻，起頭吉祥。

一、甲骨文造字意思和易學考古考證等諸多資料彙集

1. 益（註四十二）甲骨文造字意思，器皿中的水滿溢出來。

2. 弗（註三十七）甲骨文造字意思，矯正。

3. 回（通假字），違、圍（本字）[258]

---

258 林孟侃 (2008)。上古簡帛通假字喉音聲母研究—兼論其開展。靜宜大學中國文學研究所碩士論文。

二、爻位所處情況解析

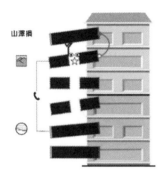

山澤損

五樓陰坐不得位，和二樓陽經常打電話溝通，五樓陰位於上卦艮卦的中央，獲得了一顆星星（君王），五樓陰居陽位而剛柔並濟，是一位自損尊嚴虛心接待群臣的好君王，而且獲得二樓陽的剛健助力，使五樓陰成為眾臣擁戴的君王，獲益甚多。

上九：弗損，益之，無咎，貞吉，利有攸往，得臣無家。（王弼本周易）

尚九：弗損，益之；無□，貞吉，利有攸往，得僕無家。（馬王堆帛書）

【甲骨文造字思考與古籍比對校讀】

上九：弗損，益之，無咎，貞吉，利有攸往，得僕無家。

【白話】上九，不要減損，要增益之，平安無事，占問吉祥，利於有所行動，有所作為，可以得到單身的奴隸。

一、甲骨文造字意思和易學考古考證等諸多資料彙集

1. 弗（註三十七）甲骨文造字意思，矯正。

2. 益（註四十二）甲骨文造字意思，器皿中的水滿溢出來。

3. 攸（註十）甲骨文造字意思，手持杖打擊一人之背部，後加流

血之狀。

4. 臣 (註四十三) 甲骨文造字意思，罪犯以及低級官吏。

二、爻位所處情況解析

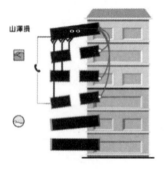

山澤損

六樓陽坐不得位，和三樓陰相應溝通，六樓陽已經位於最高樓，下卦的損全部加益於六樓陽，而且六樓陽還可以從三樓陰相應給予支持，六樓陽陽剛在上而三樓陰陰柔在下，陰陽相應且相輔相成，無論遠近皆萬民稱慶。

三、爻辭建議

臣與僕在古代意思都一樣，都是低階位置，但是本爻辭應以「僕」意思較為貼切，因為「臣」在現代已經脫離低階的意思。

[巽上震下] 風雷益（海昏竹書易占：益，益之也）

第四十二卦：《益卦》 ䷩

益：利有攸往，利涉大川。（王弼本周易）

益，利用攸往，利涉大川。（馬王堆帛書）

【甲骨文造字思考與古籍比對校讀】

益：利有攸往，利涉大川。

【白話】益：利於前去行事，利於渡大河。

一、甲骨文造字意思和易學考古考證等諸多資料彙集

1. 益（註四十二），器皿中的水滿溢出來。

2. 雞卦名的意思是：大吃大喝，似乎過得是豐衣足食的日子。那肯定是豐年有益，五穀豐登，六畜興旺。[259]

3. 攸（註十）甲骨文造字意思，手持杖打擊一人之背部，後加流血之狀。

二、爻位所處情況解析

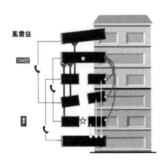

風在上，雷在下，巽風為順，而震為動，巽卦是風、是草穀，震卦為草木，二者都屬木，木主生而利漁民，風雷相益，象徵彼此增益，有損上而益下之意，則統治者減損財富，使人民增益。

259 黃懿陸 (2007)。中國先越文化研究：從壯族雞卦看《易經》起源。昆明：雲南人民出版社。

初九：利用為大作，元吉，無咎。（王弼本周易）

初九：利用為大作，元吉，無咎。（馬王堆帛書）

【甲骨文造字思考與古籍比對校讀】

初九：利用為大作，元吉，無咎。

【白話】初九，利於製作犁鋤等大顯身手做一番事業，起頭吉祥，平安無事。

一、爻位所處情況解析

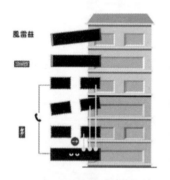

一樓陽坐得正位，和四樓陰經常打電話溝通，整棟樓是損上益下，而一樓陽是受益的第一層樓，一樓陽往上走通行無礙（二至四樓都是陰，陰陽相合），加上四樓陰支援一樓陽，所以一樓陽正是大有作為的時候。

六二：或益之，十朋之龜弗克違，永貞吉。王用享於帝，吉。（王弼本周易）

六二：或益之，十備之龜，弗亨回，永貞吉；王用芳於帝，吉。（馬王堆帛書）

【甲骨文造字思考與古籍比對校讀】

六二：或益之，十朋之龜弗克違，永貞吉。王用享於帝，吉。

【白話】六二，有人進獻價值十朋的靈龜，不可推卻，占問長

遠的事情，是吉祥如意的；君王如果在此使用於祭祀天神的儀式，吉祥。

一、甲骨文造字意思和易學考古考證等諸多資料彙集

1. 弗 (註三十七) 甲骨文造字意思，矯正。

2. 回 (通假字)，違、圍 (本字)[260]

3. 享 (註二) 甲骨文造字意思，祭祀鬼神的廟堂建築。

4. 帝 (通假字)，禘 (本字)[261]

二、爻位所處情況解析

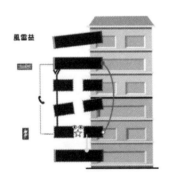

二樓陰坐得正位，和五樓陽相應溝通，二樓陰位於下卦震卦的中央，獲得了一顆星星 (臣子)，依整棟樓損上益下的情況，五樓陽 (君王) 不僅信任二樓陰 (臣子)，也給二樓陰豐厚的賞賜，二樓陰做為臣子應當永守臣節，以報上恩。

六三：益之，用凶事，無咎。有孚中行，告公用圭。（王弼本

260 林孟侃 (2008)。上古簡帛通假字喉音聲母研究—兼論其開展。靜宜大學中國文學研究所碩士論文。
261 林瑞能 (2009)。甲骨刻辭與上博楚竹書通假字比較研究。國立東華大學中國語文學系碩士論文。

周易）

六三：益之，用工事，無咎；有復中行，告公用圈。（馬王堆帛書）

【甲骨文造字思考與古籍比對校讀】

六三：益之，用工事，無咎。有復中行，告公用圭。

【白話】六三，增益之，用於建設之事，沒有禍患。要滿懷誠意地重複中庸之道行事，晉見王公貴人時一定要手執圭玉以示虔誠守信。

一、甲骨文造字意思和易學考古考證等諸多資料彙集

1. 應為「益之用工事」，不是凶事，請見隨卦九四考證說明。

2. 工（註一百六十七）甲骨文造字意思，像矩之形。本義為矩，引申為工作、工匠，又引申為精巧、擅長。

3. 孚（註二十）甲骨文造字意思，引申有誠信的意思。

4. 复（註二十四）甲骨文造字意思，復，有「反覆」、「往復」的意思。會腳圍繞城邑往來之意。

5. 孚，復，疑為通假字。[262]

二、爻位所處情況解析

---

262 呂佩珊 (2011)。《上海博物館藏戰國楚竹書 (一～六)》通假字研究。國立台灣師範大學國文學系博士論文。

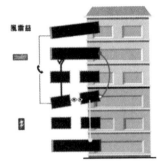

三樓陰坐不得位，和六樓陽經常打電話溝通，三樓陰位於下卦仍是在損上益下的受益一方，但是三樓陰居陽位不正而且位於下卦最上端（不是中位），行事積極敢為，有時候會為了祭祀國事就去做，三樓陰的忠心有六樓陽的相應信任，也做好臣子的本分。

三、爻辭建議

1. 孚和復用字理由，請見需卦和中孚卦的解釋。
2. 依爻辭含意，應以「工事」為宜。

六四：中行告公從，利用為依遷國。（王弼本周易）

六四：中行告公從，利用為家遷國。（馬王堆帛書）

【甲骨文造字思考與古籍比對校讀】

六四：中行告公從，利用為家遷國。

【白話】六四，以溫和寬厚的中庸態度行事，求告於公侯，公侯會同意，為殷民決定遷徙國都是有利的。

一、甲骨文造字意思和易學考古考證等諸多資料彙集

1. 帛書益之六四「利用為家遷國」，通行本家作依，《周易正義》解釋為「依人而遷國」，增字解釋，不很妥當，應以帛書作「為家遷國」為是。為讀為化，易也。故「為家遷國」即遷家遷國。

二、爻位所處情況解析

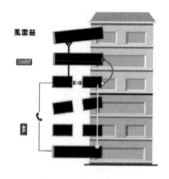

風雷益

四樓陰坐得正位，和一樓陽相應溝通，四樓陰位於上卦巽卦的最下端，四樓陰（臣子）上奉五樓陽（君王）而以柔順之態和一樓陽相應支持，即使在國家危難時刻，四樓也是主持大事，而獲得五樓陽（君王）和眾民的支持。

三、爻辭建議

依研究，爻辭改為「為家遷國」。

九五：有孚，惠心，勿問，元吉。有孚，惠我德。（王弼本周易）

九五：有復惠心，勿問元吉：有復惠我德。（馬王堆帛書）

【甲骨文造字思考與古籍比對校讀】

九五：有復，惠心，勿問，元吉。有孚，惠我德。

【白話】九五，對歸順者施以仁德，心意相通，不用占問就知道起頭吉利，歸順者自然對我感恩戴德。

---

263 于豪亮。帛書周易。文章取自蔡運章、董延壽、張應橋主編 (2016)。洛陽市文物管理局，洛陽易經學會編。易學考古論集。北京：中華書局。

264 呂佩珊 (2011)。《上海博物館藏戰國楚竹書 (一 ~ 六)》通假字研究。國立台灣師範大學國文學系博士論文。

一、甲骨文造字意思和易學考古考證等諸多資料彙集

1. 孚(註二十)甲骨文造字意思，引申有誠信的意思。

2. 复(註二十四)甲骨文造字意思，復，有「反覆」、「往復」的意思。會腳圍繞城邑往來之意。

3. 孚，復，疑為通假字。[264]

4. 惠(註一百二十五)甲骨文造字意思，心智足以使用紡磚織布，是細心又聰明的人。

5. 德(註五十七)甲骨文造字意思，有以目檢驗築路是否平直的才幹。

二、爻位所處情況解析

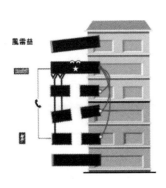

五樓陽坐得正位，和二樓陰相應支持，五樓陽位於上卦巽卦的中央，獲得了一顆星星(君王)，在整棟樓損上益下的情況下，五樓陽(君王)恩澤天下，又有二樓陰(臣子)剛柔並濟，而天下萬民蒙受其德也感恩於心。

三、爻辭建議

1. 孚和復用字理由，請見需卦和中孚卦的解釋。

上九：莫益之，或擊之，立心勿恆，凶。（王弼本周易）

尚九：莫益之，或擊之；立心勿恆，凶。（馬王堆帛書）

【甲骨文造字思考與古籍比對校讀】

上九：莫益之，或擊之，立心勿恆，凶。

【白話】上九，沒有人助益，卻有人施以攻擊，如果意志不堅定，不能持之以恆，則凶險臨頭。

一、甲骨文造字意思和易學考古考證等諸多資料彙集

1. 立(註一百二十六)甲骨文造字意思，人站立在地面上。「立」作聲符的字有延伸至「位」字。

2. 恆(註五十六)甲骨文造字意思，亙古不變。

二、爻位所處情況解析

六樓陽坐不正位，和三樓陰相應支持，六樓陽位於上卦巽卦最上端，是整棟樓最高樓，益的最上端施益予下方更多，六樓陽本身就陽居陰位不正位，所以志得意滿，自我膨脹，不但不要損己益人，反而是損人利己，也就是說六樓陽不幫助別人，甚至還攻擊別人，所以六樓陽當然會受到眾人的非議。

［兌上乾下］澤天夬（海昏竹書易占：決，決之也）

第四十三卦：《夬卦》 ䷪

【甲骨文造字思考與古籍比對校讀】

夬：揚於王庭，孚號有厲。告自邑，不利即戎，利有攸往。（王弼本周易）

夬，陽於王廷，復號有厲；告自邑，不利節戎；利有攸往。（馬王堆帛書）

【甲骨文造字思考與古籍比對校讀】

夬：揚於王庭，復號有厲。告自邑，不利即戎，利有攸往。

【白話】夬：在君王的宮廷之上當面宣揚，誠心實意地大聲疾呼，有危險與艱難情況；告訴國人，不利於馬上動兵；但利於馬上前去有條有理地解決問題。

一、甲骨文造字意思和易學考古考證等諸多資料彙集

1. 夬（註九十五），一隻手的拇指上，套有一件幫助拉開弦線的扳指形。

2. 夬，缺。[265] 古「夬」和「缺」二字互通。

---

265 蔡明宏 (2012)。《上海博物館藏戰國楚竹書（七）》通假字研究。國立高雄師範大學國文學系碩士論文。

3. 雞卦名的意思是：占卜時念著笑，而且有口出，就是有路可走。有路走，可躲避危險，也「利於有所前往」去解決問題。[266]

4. 廷(註九十四)甲骨文造字意思，官員向君王行禮時所站立的地方。

5. 孚(註二十)甲骨文造字意思，引申有誠信的意思。

6. 复(註二十四)甲骨文造字意思，復，有「反覆」、「往復」的意思。會腳圍繞城邑往來之意。

7. 孚，復，疑為通假字。[267]

8. 自(註二十五)甲骨文造字意思，鼻子。

9. 即(註六十七)甲骨文造字意思，一人跪坐食物之前，即將進食之意。

10. 攸(註十)甲骨文造字意思，手持杖打擊一人之背部，後加流血之狀。

二、爻位所處情況解析

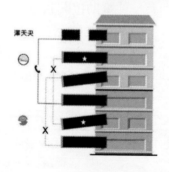

澤在上，天在下，澤在上方水氣騰騰，欲降成雨，乾天抵之；以卦象看第一至第五樓陽氣盛長，有迫第六樓一陰之勢，象徵君子想要排除小人之象，所以有決斷，果決果斷、疏導化解之意。

整棟樓看起來充滿緊張激烈的氣氛，因為底下有五層樓都是陽，只有最高樓是陰，正直的君子很多都要聯合在一起，合力驅逐陰險的小人，但是君子做事要光明正大，正義且公平，所以要善惡分明，以教化為先，藉以警示人心，則小人自然會離去，不必興罰，所以可以繼續前進。

三、爻辭建議

1. 孚和復用字理由，請見需卦和中孚卦的解釋。

初九：壯於前趾，往不勝，為咎。（王弼本周易）

初九：牀於前止，往不勝，為咎。（馬王堆帛書）

【甲骨文造字思考與古籍比對校讀】

初九：壯於前趾，往不勝，為咎。

【白話】初九，前趾受了傷，前去，支持不了，有禍患。

一、甲骨文造字意思和易學考古考證等諸多資料彙集

1. 止（通假字），趾（本字）[268]

---

266 黃懿陸 (2007)。中國先越文化研究：從壯族雞卦看《易經》起源。昆明：雲南人民出版社。

267 呂佩珊 (2011)。《上海博物館藏戰國楚竹書（一～六）》通假字研究。國立台灣師範大學國文學系博士論文。

268 成蒂 (2006)。《張家山漢墓竹簡‧二年律令》通假字研究。國立成功大學中國文學研究所碩士論文。

二、爻位所處情況解析

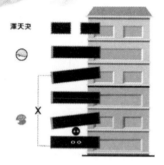

澤天夬

一樓陽坐得正位，和四樓陽不相應溝通，但是一樓陽受到上面二、三樓陽同性相斥的壓迫，就整棟樓而言一樓陽就好像是一個人的腳趾頭，長得粗壯但是卻受傷了，加上四樓陽也不願意支持一樓陽，所以一樓陽面臨諸多阻礙，如果勉強前往將會有災禍。

九二：惕號，莫夜有戎，勿恤。（王弼本周易）

九二：傷號，暮夜有戎，勿血。（馬王堆帛書）

九二：惕號，暮夜有戎，勿恤。（上博楚簡）

【甲骨文造字思考與古籍比對校讀】

九二：惕號，暮夜有戎，勿恤。

【白話】九二，警告性的呼號，夜晚有敵人侵襲，用不著擔憂。

一、甲骨文造字意思和易學考古考證等諸多資料彙集

1. 莫（通假字），暮（本字），根據其他古籍研究，疑為通假字。[269]

---

269 廖燕 (2015)。里耶秦簡通假字、古今字研究。吉首大學碩士學位論文。

二、爻位所處情況解析

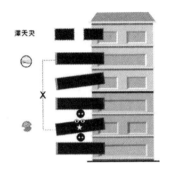

澤天夬

　　二樓陽坐不正位，和五樓陽無法溝通相應，二樓陽又受到一、三樓陽的同性阻擾，前後受敵而不安，還好二樓陽位於下卦乾卦的中央，獲得了一顆星星（臣子），二樓陽可以行中道，所以只要能夠提高警覺，應該會有驚無險，不會有事。

三、爻辭建議

依現代認知，以「暮」為爻辭更為清楚明白。

九三：壯於頄，有凶。君子夬夬，獨行，遇雨若濡。有慍，無咎。
（王弼本周易）

□三：牂於頯，有凶；君子缺缺獨行，愚雨如濡，有溫，無咎。
（馬王堆帛書）

【甲骨文造字思考與古籍比對校讀】

九三：壯於頄，有凶。君子夬夬，獨行，遇雨若濡。有慍，無咎。

【白話】九三，臉頰受了傷，凶險。君子快速地獨自前行，遇到大雨全身淋濕，心裡面不很痛快，但平安無事。

一、甲骨文造字意思和易學考古考證等諸多資料彙集

1. 君(註六)甲骨文造字意思,持筆寫字的人是發號令的長官。

2. 夬(註九十五)甲骨文造字意思,一隻手的拇指上,套有一件幫助拉開弦線的扳指形。古「夬」和「缺」二字互通。

3. 濡(註七十三)甲骨文造字意思,可會意人沐浴濡身。通「需」。

4. 禺(註七十八)甲骨文造字意思,用手捏住蛇頭頸。通「禹」字。

5. 帛書有寫禺和愚,應係簡筆,王弼本改為遇,較貼近爻辭意思,以「遇」解釋為宜。

6. 溫 (通假字),慍 (本字) [270]

二、爻位所處情況解析

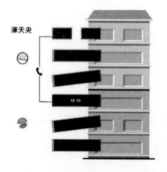

三樓陽坐得正位,和六樓陰經常相應溝通,三樓陽應該要和其他樓層陽一起決戰六樓陰,但是三樓陽和六樓陰相應,這使得讓人懷疑三樓陽堅定除陰的信念,所以三樓陽要堅守正道,忍辱負重,即使下了大雨淋濕了全身,心裡面不愉快,由於三樓陽行得正 (陽居陽位),所以最終不會有事的。

---

[270] 林孟侃 (2008)。上古簡帛通假字喉音聲母研究—兼論其開展。靜宜大學中國文學研究所碩士論文。

九四：臀無膚，其行次且。牽羊悔亡，聞言不信。（王弼本周易）

九四：脤無膚，其行郪胥；牽羊悔亡，聞言不信。（馬王堆帛書）

【甲骨文造字思考與古籍比對校讀】

九四：臀無膚，其行次阻。牽羊悔亡，聞言不信。

【白話】九四，警告示警受到責打，臀部只剩骨頭無完膚，走路十分艱難。有人說去牽羊謝罪，就可以免去災禍，聽到這類的建議，不能相信。

一、甲骨文造字意思和易學考古考證等諸多資料彙集

1. 經查古書得知，臀與脤互通，因此保留「臀」更容易理解。

2. 今本「其行次且」之「次且」，帛本作「郪胥」，竹書作「綝疋」。考《釋文》釋「且」字曰：「本亦作趄，或作跙。」「王肅云：趑趄，行止之礙也。」案《儀禮・大射》：「順羽，且左還。」鄭玄注：「古文且為阻。」可知鄭玄所見本以作「阻」為古文。今由竹書做「綝疋」考之，知帛本作「郪胥」，實本竹書而來也。今本作「次且」，「且」讀為「阻」，疑「次阻」與「郪胥」或以音近互假。[271] 為求用詞清楚易懂，考其爻辭含意，再參考甲骨文次（註五十三），有次等的意義，以「其行次阻」為宜。

---

271 劉大鈞。今、帛、竹書《周易》疑難卦爻辭及其今、古文辨析（二）。文章取自蔡運章、董延壽、張應橋主編(2016)。洛陽市文物管理局，洛陽易經學會編。易學考古論集。北京：中華書局。

3. 且（註九十六）甲骨文造字意思，男子性器形，為繁殖的根源，用以表達人倫。「祖」字的源頭是且。

4. 言（註八十八）甲骨文造字意思，用長管樂器形，用以宣告。

二、爻位所處情況解析

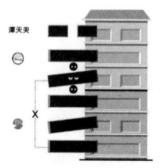

四樓陽坐不正位，和一樓陽不相應溝通，四樓陽又位於上卦最底端，不在中位也不正（陽居陰位），又受到上、下樓的同性排斥，自己也受到底下三層樓（陽）的推促，四樓陽想停也停不了，四樓陽也無法往上走（五樓為陽同性阻擾），這個處境就好像是臀部沒有肉，坐也疼痛，走也難走一樣地難受，自己也很偏執，不信他人的話。

三、爻辭建議

依研究，改為「其行次阻」爻辭最為適宜。

九五：莧陸夬夬，中行，無咎。（王弼本周易）

九五：莧芋扐缺缺，中行，無咎。（馬王堆帛書）

【甲骨文造字思考與古籍比對校讀】

九五：莧陸夬夬，中行，無咎。

【白話】九五，細角的山羊在山路快速地跳躍奔跑，只要採取中庸路線，平安無事。

一、甲骨文造字意思和易學考古考證等諸多資料彙集

1. 䡄，字書不載。《淮南子・俶真》「竅領天地，襲九竅，重九䡄」，九䡄指九地言，䡄疑即軐字（編者按：下面四點位置不同）。䡄、陸音近（雙聲）義通，故可通假。[272]

2. 夬（註九十五）甲骨文造字意思，一隻手的拇指上，套有一件幫助拉開弦線的扳指形。古「夬」和「缺」二字互通。

二、爻位所處情況解析

五樓陽坐得正位，和二樓陽無法相應溝通，五樓陽位於上卦兌卦的中央，獲得了一顆星星（君王），本來五樓陽要解決六樓陰小人，但是因為和六樓陰為鄰居，面對柔弱的六樓陰而心生憐惜，就像一隻山羊快樂無憂的跳躍一樣，受到六樓陰的諂媚而不自覺。所幸五樓陽位居中位且守正道，知道自己的責任與任務，不受私情所迷惑，力行中正之道，使小人離去，禍患消除。

---

272 張政烺 (2011)，李零等整理。張政烺論易叢稿。北京：中華書局。

上六：無號，終有凶。（王弼本周易）

上六：無號，冬有凶。（馬王堆帛書）

【甲骨文造字思考與古籍比對校讀】

上六：無號，終有凶。

【白話】上六，沒有人會傳送示警的警報了，最終必然有凶險臨頭。

一、甲骨文造字意思和易學考古考證等諸多資料彙集

1. 冬 (通假字)，終 (本字)[273] 終、中，疑為通假字。[274]

2. 終 (註七) 甲骨文造字意思，終結、結束的意思。

二、爻位所處情況解析

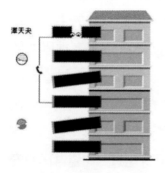

六樓陰坐得正位，和三樓陽相應溝通，但是六樓陰已經位於最高樓，而且只有六樓一個陰，前無進路，就連三樓陽也要和其他樓層 (陽) 站在一起而不幫助六樓陰，六樓陰更顯得孤立無援，就是發出求救信號也沒有人過來幫助，最終會有禍患。

---

273 林瑞能 (2009)。甲骨刻辭與上博楚竹書通假字比較研究。國立東華大學中國語文學系碩士論文。

274 呂佩珊 (2011)。《上海博物館藏戰國楚竹書 (一～六)》通假字研究。國立台灣師範大學國文學系博士論文。

［乾上巽下］天風姤（海昏竹書易占：笱，笱也）

第四十四卦：《姤卦》 ䷫

姤：女壯，勿用取女。（王弼本周易）

□，女壯，勿用取女。（馬王堆帛書）

【甲骨文造字思考與古籍比對校讀】

姤：女壯，勿用取女。

【白話】姤：女子強壯，不適合娶來做妻子。

一、甲骨文造字意思和易學考古考證等諸多資料彙集

1. 首一字卦名殘缺，從下文「尚九，狗其角」，知字作狗。王弼本作姤。[275]

2. 今本「姤」卦，帛本作「狗」或「均」字，而竹書作「敂」。案《汗簡注釋》卷六「土」部釋「垢」字曰：「此即均字，通垢。」《玉篇》言部第九十釋「詬」字亦曰作「詢」。可知古從「句」從「后」之字多互通。故今本「姤」字，帛本作「狗」或「均」，而竹書作「敂」。《釋文》釋「姤」字曰：「古文作遘，鄭同。」鄭玄、陸德明皆以「遘」字為古文，今由竹書考之，知「敂」亦古文。今本作「姤」，帛本作「狗」，實本

---

275 張政烺 (2011)，李零等整理。張政烺論易叢稿。北京：中華書局。

竹書作「敂」而來。[276]

3. 雞卦名的意思是：卦名一以陰卦起頭，卦名二為陽卦。起頭的陰卦卦辭是什麼，陽卦卦辭亦重複，則是陽卦從屬於陰卦，亦代表男人從屬於女人，因為陰統治著陽，故易卦卦辭有「勿用取女」之說。卦名一是陰卦，卦名二為陽卦，兩卦之間與易卦一樣，也帶有陰陽相遇和陰強於陽的意思。[277]

4. 取(註八十五)甲骨文造字意思，殺死敵人後割下死者的左耳，以便領賞。

5. 娶(註八十六)甲骨文造字意思，戰爭中抓女俘，或以手取女之意。

6. 取(通假字)，娶(本字)，根據其他古籍研究，疑為通假字。[278]

二、爻位所處情況解析

天在上，風在下，天之下颳風，風動而物移，與萬物不期而遇，象徵邂逅，意外相遇。

---

276 劉大鈞。今、帛、竹書《周易》疑難卦爻辭及其今、古文辨析 (二)。文章取自蔡運章、董延壽、張應橋主編 (2016)。洛陽市文物管理局，洛陽易經學會編。易學考古論集。北京：中華書局。

277 黃懿陸 (2007)。中國先越文化研究：從壯族雞卦看《易經》起源。昆明：雲南人民出版社。

278 廖燕 (2015)。里耶秦簡通假字、古今字研究。吉首大學碩士學位論文。

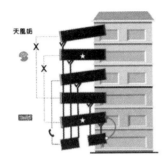

整棟樓的下卦巽卦是長女，而且只有一樓是陰、是女，往上都是男的（二至六樓是陽、是男），一樓陰面對上面五層陽，陰會越來越強大，況且一女往上支持五男，是一個不正常的現象，所以不能娶這樣的女子。

初六：繫於金柅，貞吉。有攸往，見凶。羸豕孚蹢躅。（王弼本周易）

初六：擊於金梯，貞吉；有攸往，見凶，羸豨復適屬。（馬王堆帛書）

【甲骨文造字思考與古籍比對校讀】

初六：擊於金梯，貞吉。有攸往，見凶。羸豕復適屬。

【白話】初六，阻礙於金梯，占問吉祥，有所行動的話，則必見凶險，浮躁不安，發情之豬來回走動。

一、甲骨文造字意思和易學考古考證等諸多資料彙集

1. 帛書狗(姤)之初六「擊於金梯」，通行本作「繫於金柅」。《經典釋文》云：「柅，《說文》做檷，王肅作抳，蜀才作尼。」帛書的梯字應為屖的假借字，與柅、抳、尼、檷諸字古音同在脂部，以音近相通假。《周易正義》說：「柅之為物，眾說不同。……唯馬云：『柅者在車之下，所以止輪令不動者也。』」

王(弼)注云:『梶,制動之主。』蓋與馬同。」這樣就是說梯、梶、欗是陰止車輪轉動的工具。因此,帛書「擊於金梯」的擊字就比通行本作繫好,繫字不應如字解而應讀為擊。《戰國策‧齊策一》:「轄擊摩車而相過。」注:「擊,閡也。」《廣雅‧釋言》:「礙,閡也。」所以「擊於金梯」就是礙於金梯、阻於金梯。同樣,帛書婦(否)之九五「擊於枹(苞)桑」,通行本擊作繫,繫字也應該讀為擊,擊字也訓為礙、阻。[279]

2. 繫,擊。[280] 經比對古籍疑為通假字。

3. 攸(註十)甲骨文造字意思,手持杖打擊一人之背部,後加流血之狀。

4. 蹢,是,謫疑為通假字。[281] 竹書作「是蜀」,帛書從之,經古書考證,以帛書「適屬」較為貼近古代用詞。

二、爻位所處情況解析

一樓陰坐不正位,和四樓陽經常打電話溝通,但是一樓陰不正

279 于豪亮。帛書周易。文章取自蔡運章、董延壽、張應橋主編 (2016)。洛陽市文物管理局,洛陽易學會編。易學考古論集。北京:中華書局。

280 梁鶴 (2015)。《清華大學藏戰國竹簡 (壹)》、《清華大學藏戰國竹簡 (貳)》通假字整理。吉林大學中國史碩士論文。

281 呂佩珊 (2011)。《上海博物館藏戰國楚竹書 (一 ~ 六)》通假字研究。國立台灣師範大學國文學系博士論文。

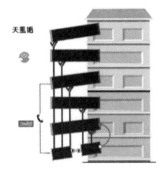

天風姤

而躁動，一直要往上竄動，就好像是一隻豬發情而亂動，就必須把牠綁住，甚至用纏繩綁在大車上，以防發情的豬跑來跑去。

九二：包有魚，無咎，不利賓。（王弼本周易）

九二：枹有魚，無咎；不利賓。（馬王堆帛書）

【甲骨文造字思考與古籍比對校讀】

九二：枹有魚，無咎，不利賓。

【白話】九二，廚房裡面有魚，沒有禍患，但不利於拿來宴請招待賓客。

一、甲骨文造字意思和易學考古考證等諸多資料彙集

1. 經古書考證，包、苞、枹義皆相同，竹書作橐（編者按：類似字形的難字），有囊張大貌之意，對於爻辭「包」字意思將有更明確的解釋。

2. 枹（註一百六十）甲骨文造字意思，手持枹。

二、爻位所處情況解析

二樓陽坐不正位，和五樓陽無法相應溝通，二樓陽居陰位剛柔

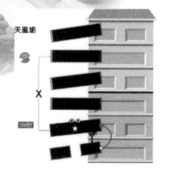

天風姤

X

並濟，和一樓陰情投意合，就好像男人擁抱女人一樣，而這位一樓的女子是自動上來的，因為二樓陽位於下卦巽卦的中央，獲得了一顆星星（臣子），二樓陽守中位，而一樓陰主動入內，就好像包住一條魚一樣，而且不會讓魚亂竄而干擾他人，讓一樓陰好好地和二樓陽相處即可，其他樓層（陽）不必過來。

三、爻辭建議

1. 本爻辭似以「枹」字為宜，「枹」比「包」更有形象意涵。

九三：臀無膚，其行次且。厲，無大咎。（王弼本周易）

九三：□□□，□□□□；□，□□咎。（馬王堆帛書）

【甲骨文造字思考與古籍比對校讀】

九三：臀無膚，其行次阻。厲，無大咎。

【白話】九三，臀部受傷無完膚，走起路來很艱難，有危險艱難，但不會有大的災禍。

一、甲骨文造字意思和易學考古考證等諸多資料彙集

1. 次（註五十三）甲骨文造字意思，有次等的意義。

2. 次（通假字），恣（本字），根據其他古籍研究，疑為通假字。

282

3. 且(註九十六)甲骨文造字意思，男子性器形，為繁殖的根源，用以表達人倫。「祖」字的源頭是且。

二、爻位所處情況解析

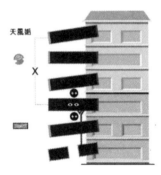

三樓陽坐得正位，和六樓陽無法打電話溝通，因為一樓陰和二樓陽自己陰陽配對了，三樓陽無法往下或往上，二樓陽和四樓陽都同性阻擾三樓陽，三樓陽進退不能又無上面相應，這樣的情況就好像是自己的臀部沒有什麼肉，獨自走路顛顛波波；還好，三樓陽自己還坐得正(陽居陽位)，再怎麼艱苦，也不會有大災禍的。

三、爻辭建議

請見共九四爻辭「其行次阻」，本爻辭也使用相同爻辭。

九四：包無魚，起凶。（王弼本周易）
九四：枹無魚，正凶。（馬王堆帛書）
【甲骨文造字思考與古籍比對校讀】
九四：枹無魚，起凶。

---

282 廖燕 (2015)。里耶秦簡通假字、古今字研究。吉首大學碩士學位論文。

【白話】九四，廚房裡沒有魚，凶險由此而生。

一、甲骨文造字意思和易學考古考證等諸多資料彙集

1. 正(註四十一)甲骨文造字意思，指腳步向城邑等目標行進。

2. 枹(註一百六十)甲骨文造字意思，手持枹。

二、爻位所處情況解析

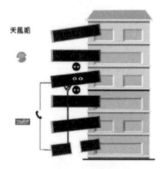

天風姤

四樓陽坐不正位，和一樓陰經常打電話溝通，可是一樓陰和二樓陽早就陰陽配對了，四樓陽不僅無法和一樓陰相應相合，加上受到三樓陽同性相斥，四樓陽更無法包覆一樓陰，就好像無法包覆一條魚一樣；四樓陽想要往上走也無法如願，因為又遇到五樓陽同性阻擾，如果四樓陽堅持要往上走，是會遇到險阻災禍的。

三、爻辭建議

1. 本爻辭似以「枹」字為宜，「枹」比「包」更有形象意涵。

> **九五：以杞包瓜，含章，有隕自天。**（王弼本周易）
>
> **九五：以忌枹苽，含章，有塤自天。**（馬王堆帛書）

【甲骨文造字思考與古籍比對校讀】

九五：以杞枹瓜，含章，有隕自天。

【白話】九五，用杞樹枝葉包住甜瓜，含有文采，可能會有像隕石或稱心的機會自天而降。

一、甲骨文造字意思和易學考古考證等諸多資料彙集

1. 枹(註一百六十)甲骨文造字意思，手持枹。

2. 章(註十四)甲骨文造字意思，有彰顯的意義。

3. 自(註二十五)甲骨文造字意思，鼻子。

二、爻位所處情況解析

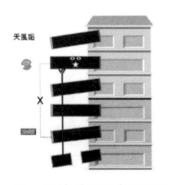

五樓陽坐得正位，和二樓陽無法相應支持，五樓陽位於上卦乾卦的中央，獲得了一顆星星(君王)，剛正的君王用了不相應也不正位的二樓陽(臣子)，二樓陽(臣子)不得人心，五樓陽用人不慎，就好像是用杞樹苦葉包住甜瓜，備嘗苦甜滋味；五樓陽君王坐得正位，具有中正之德，雖然有時候會受到奸佞所遮蔽(二樓陽同性不正位)，但是五樓陽仍舊剛健自持，在與臣子不和之時，仍可以見機行事，但五樓陽畢竟是個九五之尊上承天命，有時候甚至會有逆轉，猶如福氣從天而降似的。

三、爻辭建議

1. 本爻辭似以「枹」字為宜，「枹」比「包」更有形象意涵。

> **上九：姤其角，吝，無咎。（王弼本周易）**
>
> **尚九：狗其角；闚，無咎。（馬王堆帛書）**
>
> **【甲骨文造字思考與古籍比對校讀】**
>
> **上九：姤其角，吝，無咎。**

【白話】上九，男子被公羊頭上的角頂撞，處境艱難危險，但平安無事。

一、甲骨文造字意思和易學考古考證等諸多資料彙集

1. 狗（註一百六十八）甲骨文造字意思，犬，或說小犬曰狗，今都稱狗而不稱犬。

二、爻位所處情況解析

六樓陽坐不得位，和三樓陽不相應溝通，六樓陽已經位於最高樓，已經進無可進，沒有得到底下的支持，自己也很孤傲，但也不想要結群成黨，就好像是一隻獸角那麼堅硬，雖然是很難相處，六樓陽因為剛柔並濟，沒有什麼好爭，最終也不會有什麼事。

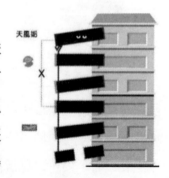

［兌上坤下］澤地萃（帛書：卒）（海昏竹書易占：萃，取也）

第四十五卦：《萃卦》 ䷬

萃：亨。王假有廟，利見大人，亨，利貞。用大牲，吉，利有攸往。（王弼本周易）

卒，王叚於廟，利見大人，亨，利貞。用大生，吉，利有攸往。（馬王堆帛書）

【甲骨文造字思考與古籍比對校讀】

萃：亨。王假有廟，利見大人，亨，利貞。用大牲，吉，利有攸往。

【白話】萃：亨通，君王到宗廟裡祭祀，利於會見德高望重的大人物，亨通無阻，利於占問。用牛羊等大的祭品獻祭，吉祥如意，利於有所行動。

一、甲骨文造字意思和易學考古考證等諸多資料彙集

1. 卒（註一百零七）甲骨文造字意思，在西周以前，卒是指穿戴甲冑的高級軍官，當甲冑成為士兵的普遍裝備後，「卒」就用來稱呼普通士兵。其後，地位變得更低下，成為罪犯了。

2. 萃（註一百六十九）甲骨文造字意思，卒聲。草叢生、茂盛的樣子，引申為聚集。

3. 雞卦名是陰陽兩卦集中，自然重卦為《易經》之「萃」卦，而且陰陽兩卦都有口，有口即有路，陰陽兩卦從口出去，有利於聚集、聚合，因而有易卦之意。[283]

4. 王弼本作萃，下有亨字。《釋文》云：「亨，王肅本同，馬、鄭、陸、虞等並無此字。」《周易集解》亦無亨字。[284]

5. 攸（註十），手持杖打擊一人之背部，後加流血之狀。

二、爻位所處情況解析

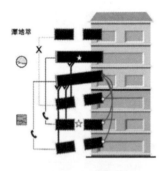

澤地萃

上面是澤，下面是地，澤在地上，有水匯集於大地成為澤地，土壤肥沃養育生物，草木因此繁殖茂盛。

整棟樓的澤水在地上，就好像是君王召集臣民聚集在宗廟等場所，看到五樓陽（君王）和二樓陰（臣子）都坐得正位，君臣上下一心，讓君王可以聚集民力而達到長治久安，而人民也能夠見到君王，這是一個上下交親的氣象。

初六：有孚不終，乃亂乃萃，若號。一握為笑；勿恤，往無咎。

---

283 黃懿陸 (2007)。中國先越文化研究：從壯族雞卦看《易經》起源。昆明：雲南人民出版社。
284 張政烺 (2011)，李零等整理。張政烺論易叢稿。北京：中華書局。

（王弼本周易）

　　初六：有復不終，乃乳乃卒；若其號，一屋於芙；勿血，往無咎。

（馬王堆帛書）

　　【甲骨文造字思考與古籍比對校讀】

　　初六：有復不終，乃亂乃萃，若號。一握為笑；勿恤，往無咎。

　　【白話】初六，心懷誠信但是有始無終，一旦失信於天下，則將引起混亂。如果你向上天呼號，占得吉卦而笑。用不著憂慮，前去行事，平安無事。

一、甲骨文造字意思和易學考古考證等諸多資料彙集

1. 孚 (註二十) 甲骨文造字意思，引申有誠信的意思。

2. 复 (註二十四) 甲骨文造字意思，復，有「反覆」、「往復」的意思。會腳圍繞城邑往來之意。

3. 終 (註七) 甲骨文造字意思，終結、結束的意思。

4. 萃 (註一百六十九) 甲骨文造字意思，卒聲。草叢生、茂盛的樣子，引申為聚集。

5. 卒 (註一百零七) 甲骨文造字意思，在西周以前，卒是指穿戴甲冑的高級軍官，當甲冑成為士兵的普遍裝備後，「卒」就用來稱呼普通士兵。其後，地位變得更低下，成為罪犯了。

6. 乳 (註七十五) 甲骨文造字意思，一婦女給懷中的嬰兒授乳之

417

狀。「古『亂』字為『亂』字之別寫,疑『乳』、『亂』古以形似而可互假。[285]」

7. 《釋文》釋「一握」曰:「鄭云:握當讀為夫三為屋之屋。蜀才同。」案《儀禮・聘禮》:「賄在聘於賄。」鄭注:「於讀曰為。」此爻今本作「一握為笑」,其「為」字,竹書、帛本作「於」,正符鄭氏此注。先儒多以艮為手,以初稱「一」而解「一握」,其義甚為牽強。觀此爻前一段文意,「有孚不終,乃亂乃萃,若號」,是說祭獻聚集之時,不能以誠終之,聚會混亂呼號,這當然是很不祥的。在此情況下,若從鄭注及《本義》訓為眾人皆笑,且一笑了之,則「勿恤,往無咎」,恐前後文義難通。鄙人陋見,「一握」恐殷周演卦的術語,因直至西漢尚有「一握」之數。《漢書・律曆志》:「其算法用竹,徑一分,長六寸,二百七十一枚而成六觚,為一握。」「其數以《易》大衍之數五十,其用四十有九,咸陽六爻,得周流六虛象也。」此即其證。「一握為笑」,恐怕是說在此「有孚不終,乃亂乃萃,若號」的情況下,占之得「一握」乃吉卦之數,於是破涕為笑,重新有了「勿恤,往無咎」的信心。[286]

---

285 劉大鈞。今、帛、竹書《周易》疑難卦爻辭及其今、古文辨析(二)。文章取自蔡運章、董延壽、張應橋主編(2016)。洛陽市文物管理局,洛陽易經學會編。易學考古論集。北京:中華書局。

286 劉大鈞。今、帛、竹書《周易》疑難卦爻辭及其今、古文辨析(二)。文章取自蔡運章、董延壽、張應橋主編(2016)。洛陽市文物管理局,洛陽易經學會編。易學考古論集。北京:中華書局。

二、爻位所處情況解析

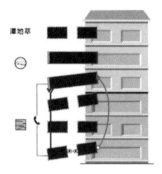

澤地萃

　　一樓陰坐不得位，和四樓陽經常相應溝通，但是一樓陰本身就不正，而且和二樓陰、三樓陰攪和在一起，雖然一樓陰可以取信於四樓陽，但是自己就很亂，所以即使和四樓陽有誠信的念頭，最終還是會失信的。但是一樓陰畢竟身處最底層，只要一樓陰能夠堅守正道，展現誠意，向四樓陽求救，四樓陽還是會鼎力相助，支持一樓陰往上走的。

三、爻辭建議

1. 孚和復用字理由，請見需卦和中孚卦的解釋。

六二：引吉，無咎，孚乃利用禴。（王弼本周易）

六二：引吉，無咎；復乃利用濯。（馬王堆帛書）

【甲骨文造字思考與古籍比對校讀】

六二：引吉，無咎，復乃利用禴。

【白話】六二，長久吉祥，平安無事；只要內心懷著虔誠，即可舉行禴祭。

一、甲骨文造字意思和易學考古考證等諸多資料彙集

1. 孚 (註二十) 甲骨文造字意思,引申有誠信的意思。

2. 复 (註二十四) 甲骨文造字意思,復,有「反覆」、「往復」的意思。會腳圍繞城邑往來之意。

3. 孚,復,疑為通假字。[287]

4. 濯 (註一百二十一) 甲骨文造字意思,洗滌。

二、爻位所處情況解析

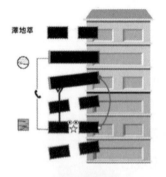

澤地萃

　　二樓陰坐得正位,和五樓陽經常打電話溝通,二樓陰位於下卦坤卦的中央,獲得了一顆星星 (臣子),二樓陰本身坐得正,向五樓陽 (君王) 輸誠,形成了君臣和諧的局面。

三、爻辭建議

1. 孚和復用字理由,請見需卦和中孚卦的解釋。

---

287 呂佩珊 (2011)。《上海博物館藏戰國楚竹書 (一~六)》通假字研究。國立台灣師範大學國文學系博士論文。

六三：萃如嗟如，無攸利。往無咎，小吝。（王弼本周易）

六三：卒若ꢶ若，無攸利；往無咎，少闔。（馬王堆帛書）

【甲骨文造字思考與古籍比對校讀】

六三：萃如嗟如，無攸利。往無咎，小吝。

【白話】六三，聚合的希望在嘆息聲中破滅，憂愁嗟嘆，做什麼都不會順利；前去行事不會遇到什麼災禍，只有一些小小的麻煩。

一、甲骨文造字意思和易學考古考證等諸多資料彙集

1. 卒 (註一百零七) 甲骨文造字意思，在西周以前，卒是指穿戴甲冑的高級軍官，當甲冑成為士兵的普遍裝備後，「卒」就用來稱呼普通士兵。其後，地位變得更低下，成為罪犯了。

2. 萃 (註一百六十九) 甲骨文造字意思，卒聲。草叢生、茂盛的樣子，引申為聚集。

3. 攸 (註十) 甲骨文造字意思，手持杖打擊一人之背部，後加流血之狀。

4. 少 (通假字)，小 (本字)，根據其他古籍研究，疑為通假字。

288

288 廖燕 (2015)。里耶秦簡通假字、古今字研究。吉首大學碩士學位論文。

二、爻位所處情況解析

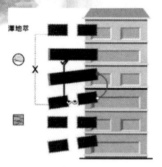

三樓陰坐不正位，和六樓陰無法相應溝通，三樓陰本身就位於下卦坤卦的最上端，不是中位也不是正位（陰居陽位），上無六樓陰相應而下遇到二樓陰同性相斥，只能自己哀嘆，沒有獲得什麼利益；所幸往上四樓陽可以陰陽相合，並進而上見五樓陽（君王），可是一直沒有受到六樓陰的相助，有一些小小的遺憾。

九四：大吉，無咎。（王弼本周易）

九四：大吉，無咎。（馬王堆帛書）

【甲骨文造字思考與古籍比對校讀】

九四：大吉，無咎。

【白話】 九四，大吉大利，平安無事。

一、爻位所處情況解析

四樓陽坐不得位，和一樓陰經常打電話溝通，但是四樓陽鄰近五樓陽（君王），四樓陽是一位大臣而且率領底下眾陰（一至三樓），歸順於五樓陽君王，是大吉利之象。

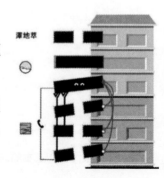

九五：萃有位，無咎，匪孚。元永貞，悔亡。（王弼本周易）

九五：卒有立，無咎，非復；元永貞；悔亡。（馬王堆帛書）

【甲骨文造字思考與古籍比對校讀】

九五：萃有位，無咎，非復。元永貞，悔亡。

【白話】九五，當萬方聚合之時居於尊貴的高位，平安無事，未能建立功業，占問長遠的事情，晦氣消亡。

一、甲骨文造字意思和易學考古考證等諸多資料彙集

1. 萃(註一百六十九)甲骨文造字意思，卒聲。草叢生、茂盛的樣子，引申為聚集。

2. 卒(註一百零七)甲骨文造字意思，在西周以前，卒是指穿戴甲冑的高級軍官，當甲冑成為士兵的普遍裝備後，「卒」就用來稱呼普通士兵。其後，地位變得更低下，成為罪犯了。

3. 位(註一百零八)甲骨文造字意思，人所立之處。

4. 孚(註二十)甲骨文造字意思，引申有誠信的意思。

5. 复(註二十四)甲骨文造字意思，復，有「反覆」、「往復」的意思。會腳圍繞城邑往來之意。

6. 孚，復，疑為通假字。[289]

---

289 呂佩珊 (2011)。《上海博物館藏戰國楚竹書 (一～六)》通假字研究。國立台灣師範大學國文學系博士論文。

7. 非（註八）甲骨文造字意思，通「飛」字，此可會相背之意。

二、爻位所處情況解析

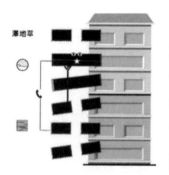

澤地萃

五樓陽坐得正位，和二樓陰相應溝通，五樓陽位於上卦兌卦的中央，獲得了一顆星星（君王），五樓陽獲得了二樓陰帶領底下三層（陰）投效君王，五樓陽是可以君臨天下。但是美中不足的是，五樓陽受到四樓陽的同性阻隔，無法完全接受底下三層樓（陰）的輸誠，而且五樓陽受到整棟樓共有四層樓（陰）的包圍，有君王被小人圍住的情況，所以只要五樓陽自己自省守正，力行君王應行之道，仍然是可以獲得眾民景仰的。

三、爻辭建議

1. 孚和復用字理由，請見需卦和中孚卦的解釋。
2. 「非」字清楚明確，所以沿用帛書爻辭，而不用「匪」字，也不合現代認知。

上六：齎咨涕洟，無咎。（王弼本周易）
尚六：粢欪涕洎，無咎。（馬王堆帛書）
【甲骨文造字思考與古籍比對校讀】

上六：齎咨涕洟，無咎。

【白話】上六，唉聲嘆氣，憂心忡忡，但是平安無事。

一、甲骨文造字意思和易學考古考證等諸多資料彙集

1. 㮚為齎的異體字，因此㮚可假為齎。……欻字可假為咨及資。……帛書涕泊的泊字，通行本作洟。《釋文》：「鄭云：自目曰涕，自鼻曰洟。」故洟和泊都是鼻涕之意。《說文》云：「自，鼻也，象鼻形。」因為自的本義為鼻，所以鼻息的息字從心從自……泊字也應該從水從自會意，從水從自正是鼻涕之意。《詩・澤陂》：「涕泗滂沱。」傳：「自鼻曰泗。」泗、洟、泊三字音近相通，泊應為本字，泗與洟都是假借字。但是，古籍中不見泊字有鼻涕之意，這是因為泗、洟等假借字通行，泊字就失去其本義了。透過帛書的「涕泊」，我們才能認識泊字的本義。[290]

2. 泊，𤃍甲骨文，屬形聲兼會意字。甲骨文從水，像水流之形；從自，像鼻子之形。這裡代表像鼻子之形的鍋釜，兼作標聲。可會意往像鼻子形的鍋中加水。[291]

---

290 于豪亮。帛書周易。文章取自蔡運章、董延壽、張應橋主編 (2016)。洛陽市文物管理局，洛陽易經學會編。易學考古論集。北京：中華書局。
291 王本興 (2019)。甲骨文讀本：全 3 冊。北京：北京工藝美術出版社。

二、爻位所處情況解析

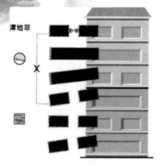

澤地萃

六樓陰坐得正位，和三樓陰無法溝通相應，六樓陰已經位於最高樓，不僅前無進路，而且底下也不支持，自己孤單地坐在最高樓，又在五樓陽（君王）之上而有不安的心理，當然會孤立無助地悲傷哭泣；所幸六樓陰自己坐得正位（陰居陰位），所以只要六樓陰能夠自省悔悟，知過改過，最終還是會沒事的。

［坤上巽下］地風升（帛書：登）（海昏竹書易占：升，尚也）（阜陽漢簡：登）

第四十六卦：《升卦》 ䷭

升：元亨。用見大人，勿恤。南征，吉。（王弼本周易）

登，元亨，利見大人，勿血，南正，吉。（馬王堆帛書）

【甲骨文造字思考與古籍比對校讀】

升：元亨。用見大人，勿恤。南征，吉。

【白話】升：起頭亨通，宜於會見權高位尊的大人物，不必憂慮，向南方出征，吉利。

一、甲骨文造字意思和易學考古考證等諸多資料彙集

1. 登 (註三十三) 甲骨文造字意思，雙手扶持矮凳讓他人上登之狀。

2. 升 (註三十二) 甲骨文造字意思，拋灑的穀物。

3. 雞卦名的意思是：卦名一、卦名二都是陰卦。其中卦名一是兩邊都有口，有出路。卦名二中出現了咱們，代表陽。而代表陽的咱們為「頭」，代表陰的你為「口」，則口上是頭，代表陰向陽升，是為蒸蒸日上，向上生長。 **292**

4. 征 (註四十) 甲骨文造字意思，向目標進發或征討。

5. 正 (註四十一) 甲骨文造字意思，指腳步向城邑等目標行進。

6. 正 (通假字)，征 (本字) **293**

二、爻位所處情況解析

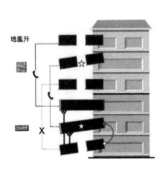

地在上，風木在下，有如埋在地下的種籽破土而出，向上生長。

整棟樓是上升的力量，二樓 (陽，臣子) 向上支持五樓 (陰，君王)，五樓陰位於上卦坤卦廣納百川，當然會接受二樓陽剛強臣子，往上升的氣氛就是往光明面走，南方光明有利於行。

初六：**允升**，大吉。（王弼本周易）

初六：**允登**，大吉。（馬王堆帛書）

【甲骨文造字思考與古籍比對校讀】

初六：**允升**，大吉。

【白話】初六，在貴人的支持下，獲得晉升，大吉大利。

一、甲骨文造字意思和易學考古考證等諸多資料彙集

1. 登 (註三十三) 甲骨文造字意思，雙手扶持矮凳讓他人上登之狀。

2. 升 (註三十二) 甲骨文造字意思，拋灑的穀物。

3. 允 (註一百一十三) 甲骨文造字意思，回顧表示言行相允之意。

二、爻位所處情況解析

　　一樓陰坐得正位，和四樓陰無法相應溝通，但是一樓陰正在最底層，就好像是在地底下正要往上走，剛好二樓陽、三樓陽可以和一樓陰陰陽相合，有利於一樓往上走。

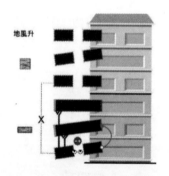

292 黃懿陸 (2007)。中國先越文化研究：從壯族雞卦看《易經》起源。昆明：雲南人民出版社。

293 林瑞能 (2009)。甲骨刻辭與上博楚竹書通假字比較研究。國立東華大學中國語文學系碩士論文。

九二：孚乃利用禴，無咎。（王弼本周易）

九二：復乃利用濯，無咎。（馬王堆帛書）

【甲骨文造字思考與古籍比對校讀】

九二：復乃利用禴，無咎。

【白話】九二，只要內心恭敬虔誠，可以舉行禴祭，平安無事。

一、甲骨文造字意思和易學考古考證等諸多資料彙集

1. 孚 (註二十) 甲骨文造字意思，引申有誠信的意思。

2. 复 (註二十四) 甲骨文造字意思，復，有「反覆」、「往復」的意思。會腳圍繞城邑往來之意。

3. 孚，復，疑為通假字。[294]

4. 濯 (註一百二十一) 甲骨文造字意思，洗滌。

二、爻位所處情況解析

二樓陽坐不正位，和五樓陰經常打電話溝通，二樓陽位於下卦巽卦的中央，獲得了一顆星星 (臣子)，心懷虔誠向五樓陰 (君王) 輸誠，必敬之以禮，但心誠遠比禮物重要，即使是個薄禮，五樓陰

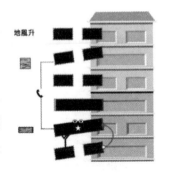

地風升

---

294 呂佩珊 (2011)。《上海博物館藏戰國楚竹書 (一～六)》通假字研究。國立台灣師範大學國文學系博士論文。

（君王）感於二樓陽（臣子）的至誠，還是會接納的。

三、爻辭建議

1. 孚和復用字理由，請見需卦和中孚卦的解釋。

九三：升虛邑。（王弼本周易）

□□：登虛邑。（馬王堆帛書）

九三：登虛邑。（阜陽漢簡）

【甲骨文造字思考與古籍比對校讀】

九三：升虛邑。

【白話】九三，爬升到山丘的城邑。

一、甲骨文造字意思和易學考古考證等諸多資料彙集

1. 虛（通假字），墟（本字），根據其他古籍研究，疑為通假字。[295]

二、爻位所處情況解析

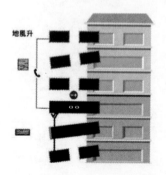

三樓陽坐得正位，和六樓陰相應溝通，三樓陽往上獲得了四樓陰陰陽相合，而且可以一路往上都是陰，直上六樓陰而無礙。

六四：王用亨于岐山，吉，無咎。（王弼本周易）

六四：□□□□□□，□無咎。（馬王堆帛書）

……亨于枝山，吉……（阜陽漢簡）

【甲骨文造字思考與古籍比對校讀】

六四：王用亨于岐山，吉，無咎。

【白話】六四，君王到岐山祭祀神靈，吉祥如意，平安無事。

一、爻位所處情況解析

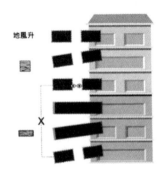

地風升

四樓陰坐得正位，和一樓陰無法相應溝通，四樓陰往上侍奉五樓陰(君王)，四樓本身是陰而順從，也廣納了二樓陽、三樓陽等大臣，所以四樓陰當其位且謹守臣位。

六五：貞吉，升階。（王弼本周易）

六五：貞吉，登階。（馬王堆帛書）

【甲骨文造字思考與古籍比對校讀】

六五：貞吉，升階。

【白話】六五，占問吉祥，乘勢沿著臺階一級一級穩步上升。

---

295 范紅麗 (2012)。《銀雀山漢木竹簡 [貳]》通假字研究。

一、甲骨文造字意思和易學考古考證等諸多資料彙集

1. 登（註三十三）甲骨文造字意思，雙手扶持矮凳讓他人上登之狀。

二、爻位所處情況解析

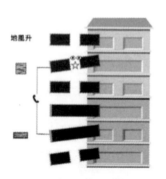

地風升

五樓陰坐不得位，和二樓陽經常打電話溝通，五樓陰位於上卦坤卦的中央，獲得了一顆星星（君王），君王陰居陽位而不專權，得到二樓陽相應，五樓陰（君王）信任眾臣，而眾臣也有往上升遷之道，大得志也。

上六：冥升，利於不息之貞。（王弼本周易）

尚六：冥登，利於不息之貞。（馬王堆帛書）

【甲骨文造字思考與古籍比對校讀】

上六：冥升，利於不息之貞。

【白話】上六，在昏暗的狀態下登高，利於占問辛勤工作之事。

一、甲骨文造字意思和易學考古考證等諸多資料彙集

1. 冥（註一百一十四）甲骨文造字意思，黑暗。

2. 登（註三十三）甲骨文造字意思，雙手扶持矮凳讓他人上登之狀。

二、爻位所處情況解析

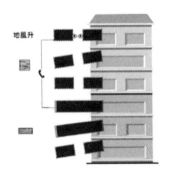

六樓陰坐得正位，和三樓陽相應溝通，六樓陰已經位於最高樓，卻只想前進而不知退，只想再求上升而貪得無厭，腦筋已經處於昏暗的情況了。幸好有三樓陽的相應支持，所以六樓陰只要回歸到本質（陰居陰位），自我修心養性，才能夠趨吉避凶而長存。

［兌上坎下］澤水困（海昏竹書易占：困，削（?）也）

第四十七卦：《困卦》 ䷮

困：亨。貞，大人吉，無咎。有言不信。（王弼本周易）

困，亨，貞大人吉，無咎，有言不信。（馬王堆帛書）

【甲骨文造字思考與古籍比對校讀】

困：亨。貞，大人吉，無咎。有言不信。

【白話】困：亨通，占卜結果顯示，大人物可以獲得吉祥，平安無事；有些話就不要相信。

一、甲骨文造字意思和易學考古考證等諸多資料彙集

1. 困(註八十七)甲骨文造字意思,一棵樹被困在一個小範圍內,沒有空間可以充分成長,表現「困難」、「困頓」的意義。

2. 雞卦名的意思是:陰卦起頭,雖有口出,有路可走,但這口子似被繩子所勒,紮得緊,意謂著處境不好,困難重重。做為陽卦的咱們,對此處境似有所知,分別在念四、念六,但做為陰卦的你知道,目前是前景不好,解脫困境的路上有許多障礙物,路不暢通。解除這個障礙物依靠什麼呢?就是前方有路,應該是四通八達,一路順風,但是因有「作(勒)」,口子被勒著而不鬆開,故困境尚未解脫。[296]

3. 言(註八十八)甲骨文造字意思,用長管樂器形,用以宣告。

二、爻位所處情況解析

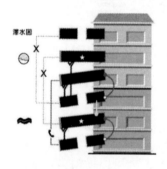

澤水困

上面是澤,下面是水,水在澤下,水聚在澤底無法流動,池中之水遇到了障礙,有漸漸枯竭之象。

整棟樓雖然處於困的情境,但是五樓陽(君王)和二樓陽(臣子)都是陽剛,

296 黃懿陸 (2007)。中國先越文化研究:從壯族雞卦看《易經》起源。昆明:雲南人民出版社。

只要君子堅守正道，行中正之德，仍然會順利的。但是二樓陽和五樓陽上面都有陰小人，不免會有口舌諂媚之言，所以會有言語不守信的情況發生。

初六：臀困於株木，入於幽谷，三歲不覿。（王弼本周易）

初六：辰困於株木，入於要浴，三歲不擅凶。（馬王堆帛書）

【甲骨文造字思考與古籍比對校讀】

初六：臀困於株木，入於幽谷，三歲不覿。

【白話】初六，臀部被刑杖打傷，身陷黑暗的監獄牢房，三年不與外人相見。

一、甲骨文造字意思和易學考古考證等諸多資料彙集

1. 辰（註一百二十二）甲骨文造字意思，蚌鐮類農具之意。

2. 入（錯字），人（本字）[297]

3. 幽（註一百二十三）甲骨文造字意思，光線幽暗。

4. 歲（註三十四）甲骨文造字意思，為處罰之刑具，用以名歲星。

---

297 成蒂 (2006)。《張家山漢墓竹簡 · 二年律令》通假字研究。國立成功大學中國文學研究所碩士論文。

二、爻位所處情況解析

澤水困

一樓陰坐不正位，和四樓陽經常打電話溝通，但是一樓陰位於坎卦最底端，本身就身處坎險陷坑之內，行動本來就很艱難了，加上四樓陽雖然想要支援，但是四樓陽自己位於上卦兌卦之下受到水流注入，而且也受到三樓陰的相合牽制而無法去支援一樓陰，這正使得一樓陰的處境更加艱困，而且這種困境會拖很多年。

　　九二：困於酒食，朱紱方來，利用亨祀。征凶，無咎。（王弼本周易）

　　九二：困於酒食，絑發方來，利用芳祀；正凶，無咎。（馬王堆帛書）

　　【甲骨文造字思考與古籍比對校讀】

　　九二：困於酒食，朱紱方來，利用亨祀。征凶，無咎。

　　【白話】九二，沒有醇酒美食可食，穿大紅祭服的人剛好來到。利於舉行祭祀，如果出征有凶險，但沒有禍患。

一、甲骨文造字意思和易學考古考證等諸多資料彙集

　1. 發（註七十）甲骨文造字意思，發出。

2. 方 (通假字)，伐 (本字)，根據其他古籍研究，疑為通假字。[298]

3. 征 (註四十) 甲骨文造字意思，向目標進發或征討。

4. 正 (註四十一) 甲骨文造字意思，指腳步向城邑等目標行進。

5. 正 (通假字)，征 (本字)[299]

二、爻位所處情況解析

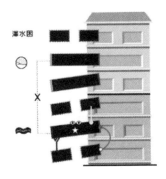

　　二樓陽坐不正位，和五樓陽無法相應溝通，二樓陽位於下卦坎卦的中央，獲得了一顆星星 (臣子)，但是二樓陽身處於坎險之中而且位不正 (陽居陰位)，特別是在這整棟樓困的情境下，又得不到五樓陽 (君王) 的支持，二樓陽即使有酒食也不能歡喜飲食。但是二樓陽的上下兩層都是陰 (一、三樓)，雖然身處坎險，但是如果能夠不要冒進知止，是不會有事的。

六三：困於石，據於蒺藜，入於其宮，不見其妻，凶。（王弼本周易）

---

298 林瑞能 (2009)。甲骨刻辭與上博楚竹書通假字比較研究。國立東華大學中國語文學系碩士論文。

299 林瑞能 (2009)。甲骨刻辭與上博楚竹書通假字比較研究。國立東華大學中國語文學系碩士論文。

六三：困於石，號於疾莉；入於其宮，不見其妻，凶。（馬王堆帛書）

【甲骨文造字思考與古籍比對校讀】

六三：困於石，據於蒺藜，入於其宮，不見其妻，凶。

【白話】六三，被困在石頭上，手撐在蒺藜中；回到家中，又不見自家妻室，凶險。

一、甲骨文造字意思和易學考古考證等諸多資料彙集

1. 號，王弼本作據。《左傳 · 襄公二十五年》引《易》亦作據，帛書誤。[300]

2. 疾（註六十五）甲骨文造字意思，一個人被箭矢所傷，一個人生病而睡在床上，不同的表現手法似乎表現不同的病痛原因。

二、爻位所處情況解析

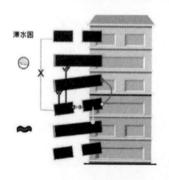

三樓陰坐不正位，和六樓陰無法打電話溝通，三樓陰仍然位於下卦坎卦陷坑之內，在整棟樓困的情境之下，四陽壓迫著三樓陰，二樓陽也是抵著三樓陰，三樓陰的情況就好像是上有巨石壓著，又坐在多刺的蒺藜之上；三樓陰想要往上去面見六

---

300 張政烺 (2011)，李零等整理。張政烺論易叢稿。北京：中華書局。

樓陰，卻因為同性相斥而不可見，就好像是回到家見不到妻子一樣，進退不得，最為困難。

九四：來徐徐，困於金車，吝，有終。（王弼本周易）

九四：來徐，困於□□，闅，有終。（馬王堆帛書）

【甲骨文造字思考與古籍比對校讀】

九四：來徐徐，困於金車，吝，有終。

【白話】九四，慢慢地走來，被關在金車中不能脫身，會遇到一些艱難，但最終會有好的結局。

一、爻位所處情況解析

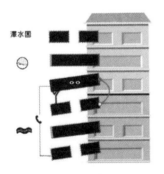

四樓陽坐不正位，和一樓陰經常相應溝通，四樓陽想要去營救仍在下卦坎卦陷坑的一樓陰，但是四樓陽本身不正位（陽居陰位）力量不足，而且時運不濟，因為四樓陽就是駕駛豪華的車輛下行，途中遇到下卦坎卦水險泥坑，以及二樓陽的阻擾，車輛必然受困難行。但是四樓陽陽剛且有一樓陰溝通相應，只要不要躁進，慢慢循序前進，雖然過程有艱難，但是最終應該不會有事的。

九五：劓刖，困於赤紱，乃徐有說，利用祭祀。（王弼本周易）

九五：貳椽，困於赤發；乃徐有說，利用芳祀。（馬王堆帛書）

【甲骨文造字思考與古籍比對校讀】

九五：劓刖，困於赤紱，乃徐有說，利用祭祀。

【白話】九五，割鼻子剁腳的酷刑，受困於穿紅色祭服的人；但慢慢地有所解脫走出困境，利於舉行祭祀。

一、甲骨文造字意思和易學考古考證等諸多資料彙集

1. 劓（註一百零三）甲骨文造字意思，一把刀和已被割下來的鼻子。

2. 刖（註一百四十二）甲骨文造字意思，一人被鋸子截斷一腳的刑法。

3. 赤（註一百四十三）甲骨文造字意思，火光映紅了人臉之意。

4. 發（註七十）甲骨文造字意思，發出。

二、爻位所處情況解析

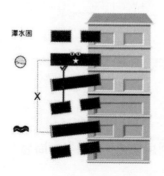

澤水困

五樓陽坐得正位，和二樓陽無法打電話溝通，五樓陽位於上卦兌卦的中央，獲得了一顆星星（君王），但是在整棟樓困的情境之下，五樓陽君王是最艱困的君王，上面有六樓陰陰險小人，下面二樓陽（臣子）陽剛不相應也不聽話，逼得五樓

陽（君王）只能使用刑罰誅滅小人，其強烈手段也令赤膽忠心的臣民紛紛走避，讓君王困於無援的困境；所幸五樓陽身處君王之位，而且守正位（陽居陽位），又獲得四樓陽大臣的支持，只要能夠減緩改革的腳步，循序漸進慢慢進行，困境能夠緩解，加上五樓陽能夠以虔誠之心祭祀神明，應該能夠窮而通，險而悅，終能脫離困境。

上六：困於葛藟，於臲卼。曰：動悔，有悔，征吉。（王弼本周易）
尚六：困於褐纍，於貳掾；曰悔夷有悔，貞吉。（馬王堆帛書）
【甲骨文造字思考與古籍比對校讀】
上六：困於葛藟，於臲卼。曰：悔夷，有悔，征吉。
【白話】上六，困在周圍都是葛藟和木椿的監獄裡面，動輒得咎，有晦氣。出征或有所行動，吉利。

一、甲骨文造字意思和易學考古考證等諸多資料彙集

1. 漢石經、王弼本作「曰動悔有悔」，曰下有動字，有上無夷字。按此處之「悔夷有悔」，亦猶餘（豫）六三之「悔夷有悔」，夷與遲古字通。[301]

2. 夷（註四十八）甲骨文造字意思，夷人蹲坐的姿勢表達其民族，

---

301 張政烺 (2011)，李零等整理。張政烺論易叢稿。北京：中華書局。

也是表現進行二次葬時，將屍體腐化後的白骨重新撿拾起來排列再埋葬的樣子。

3. 征(註四十)甲骨文造字意思，向目標進發或征討。

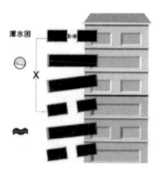

二、爻位所處情況解析

　　六樓陰坐得正位，和三樓陰無法相應溝通，六樓陰位於最高樓，性情柔順而無法當機立斷，想要控制底下五樓陽、四樓陽卻力量小難以如願，不想要動只想安靜即可，卻位於最高樓尊位而失去應有的職責，身處於這種糾葛不清的困境，不僅心裡不安而且動輒得咎。六樓陰身處正位(陰居陰位)應該居高思危，知過改過，已經到了最高樓有反轉的跡象，有困極而通的機會，所以應該徹底改變以往動搖不安，依賴別人的作風，要奮發自強，勉力進行，將可迎刃而解而脫離困境。

三、爻辭建議

　　依研究改爻辭為「悔夷有悔」。

［坎上巽下］水風井（海昏竹書易占：井，□也）

第四十八卦：《井卦》 ䷯

井：改邑不改井，無喪無得，往來井井。汔至，亦未繘井，羸其瓶，凶。（王弼本周易）

井，芑邑不芑井，無亡無得，往來井井。曷气至亦未汲井，纍其刑拼，凶。（馬王堆帛書）

【甲骨文造字思考與古籍比對校讀】

井：改邑不改井，無喪無得，往來井井。汔至，亦未繘井，羸其瓶，凶。

【白話】井：改建城邑，不改動井，對邑民沒有所失或得。來來往往的人都到井裡來打水，以致於井水乾涸淤塞，井壁還把水瓶碰破了，凶險。

一、甲骨文造字意思和易學考古考證等諸多資料彙集

1. 井，井甲骨文，四排木材構築成的四方框形水井形，表現古老的水井構築方法，先把木料打入土中，形成四排木樁，挖出中間的泥土，再套上木框。金文字形，在方框中加了一個圓點，表示井口，使形象更為清楚。[302]

---

[302] 許進雄 (2020)。新編進階甲骨文字典：甲骨文發現 120 週年紀念版。新北市：字畝文化。

2. 雞卦名的意思是：都是陰卦起頭，兩卦都念八，是指卦名一兩骨之爻數分別為四，加起來為八。卦名二則分得很清楚，是咱們念四，你念四。兩個四加起來為八，四是八的一半，四和八比起來，四可套在八的裡邊，則外面是八，裡面是四，不多不少，井然有序，樣子像個井，秩序也是井井有條。[303]

3. 刑 (通假字)，形 (本字)，根據其他古籍研究，疑為通假字。[304]

二、爻位所處情況解析

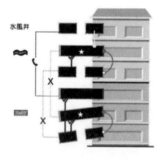

水風井

上面坎卦為水，下面巽卦是風、是木，木在水中有汲引之利，好像是用木桶打水上來，有資源提供之意。

整棟樓水在上面，取水的木在下面，不斷地在井裡面提水上來供民生使用，所以城樓可以更改名稱或更換城主，但是井是不能更動的；每一天民眾都來這裡取水飲用，井也任人取用，沒有要求報償，而前來的人甚多甚雜，但只要依序取用，有秩序而不紊亂即可充分利用資源。但是如果不依循自然法則，取水只到井中間無法取水，或是搖晃不定而碰破了水瓶也無法取水，民眾沒有水是會有災禍的。

---

303 黃懿陸 (2007)。中國先越文化研究：從壯族雞卦看《易經》起源。昆明：雲南人民出版社。

304 范紅麗 (2012)。《銀雀山漢木竹簡 [貳]》通假字研究。

初六：井泥不食，舊井無禽。（王弼本周易）

初六：井泥不食，舊井無禽。（馬王堆帛書）

【甲骨文造字思考與古籍比對校讀】

初六：井泥不食，舊井無禽。

【白話】初六，井底淤滿了汙泥不能供人飲用，年久失修的陷阱也沒有鳥獸來飲用。

一、甲骨文造字意思和易學考古考證等諸多資料彙集

1. 舊，久。[305] 經比對古籍疑為通假字。

2. 禽 (註五十四) 甲骨文造字意思，長柄田網形，用以捕捉鳥獸。

二、爻位所處情況解析

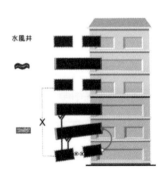

水風井

一樓陰坐不得位，和四樓陰不相應溝通，一樓陰位於整棟樓井的最下方，等於是在最底的井泥之中，這裡的井水汙穢而不能飲用；四樓陰也不關心照護一樓陰，就讓一樓陰自己攤在底部，如果長此以往，這個井就會荒廢了，連禽獸也不會過來飲水。

---

305 毛玉靜 (2019)。《清華大學藏戰國竹簡 (柒)》字用研究。安徽大學中國語言文學碩士論文。

九二：井穀射鮒，甕敝漏。（王弼本周易）

九二：井瀆射付，唯敝句。（馬王堆帛書）

……敝屢。（阜陽漢簡）

【甲骨文造字思考與古籍比對校讀】

九二：井穀射鮒，甕敝漏。

【白話】九二，往井底深處射小魚，汲水的甕也射破，漏水不能再用。

一、甲骨文造字意思和易學考古考證等諸多資料彙集

1. 帛書井之九二：「井瀆射付，唯敝句。」《說文》：「瀆，溝也。」付讀為鮒，《文選・吳都賦》劉逵注引鄭玄：「山下有井，必因谷水，所生魚無大魚，但多鮒魚耳。」鮒魚就是鯽魚。唯應讀為維，《廣雅・釋詁二》：「維，繫也。」敝句即敝筍，《詩》：「敝筍在梁。」《說文》：「筍，曲竹捕魚器也。」古人或以弓矢射魚。《春秋》隱公五年：「公矢魚於棠。」《呂氏春秋・知度》：「非其人而欲有功，譬之若……射魚指天而欲發之當也。」「井瀆射唯敝句」的意思是，井溝之中只能生長小鯽魚，以弓矢射魚，又安設破筍捕魚，弓矢不能射中小魚，破筍也無法捕小魚。這是比喻勞而無功。此句通行本作「井穀射鮒，甕敝漏」，意思是，以弓矢射井裡的鯽魚，沒有得魚，反而將汲水的陶甕射破。帛書和通行本文義不同，但均可通。**306**

2. 唯(通假字)，雖(本字)，根據其他古籍研究，疑為通假字。[307]

3. 敝(註一百四十四)甲骨文造字意思，以木棍抽打巾。

4. 句(註六十二)甲骨文造字意思，彎曲。現多寫為「勾」。

5. 句(通假字)，鉤(本字)，根據其他古籍研究，疑為通假字。[308] 句，后，疑為通假字。[309]

二、爻位所處情況解析

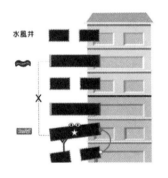

二樓陽坐不得位，和五樓陽不相應溝通，二樓陽位於整棟樓的泥上井下的位置，就是存放的水也不多，不能供人飲用，只能讓鮒鯽使用，所以二樓陽不能大用而只能小用，但是二樓陽只願意和一樓陰相合混在井底，五樓陽又和二樓陽同性起衝突，就好像是五樓敵視而打破陶罐漏水似的，二樓陽自己固執作為壞了很多事。

九三：井渫不食，為我心惻。可用汲，王明，並受其福。（王

306 于豪亮。帛書周易。文章取自蔡運章、董延壽、張應橋主編 (2016)。洛陽市文物管理局，洛陽易經學會編。易學考古論集。北京：中華書局。
307 范紅麗 (2012)。《銀雀山漢木竹簡 [貳]》通假字研究。
308 范紅麗 (2012)。《銀雀山漢木竹簡 [貳]》通假字研究。
309 賴冠豪 (2020)。《清華大學藏戰國竹簡 (伍)》通假字研究。國立高雄師範大學國文學系碩士論文。

弼本周易)

九三：井渫不食，為我心塞；可用汲，王明並受其福。（馬王堆帛書）

【甲骨文造字思考與古籍比對校讀】

九三：井渫不食，為我心惻。可用汲，王明，並受其福。

【白話】九三，井水已經除去汙垢，卻不食用，我們感到心痛；井水可以汲水享用，邑主英明，大家都受到他的恩惠福氣。

一、甲骨文造字意思和易學考古考證等諸多資料彙集

1. 明 (註一百一十五) 甲骨文造字意思，利用照進窗內的月光使室內明亮。

2. 受 (通假字)，授 (本字)，根據其他古籍研究，疑為通假字。[310]

二、爻位所處情況解析

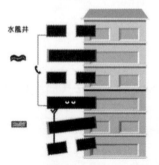

水風井

　　　　三樓陽坐得正位，和六樓陰經常打電話溝通，三樓陽在整棟樓井當中已經有足夠的水，而且三樓陽居陽位表示水質清澈，可是相對應的六樓陰力量太弱，無法取水上來，使得無人前來飲用，殊為可惜；為了讓大家都能夠取水飲用，三樓陽就求助於五樓陽(君王)，五樓於君王陽剛居於陽位，有汲引人才的權力，

君王英明，大家都受到恩澤。

　　六四：井甃，無咎。（王弼本周易）

　　六四：井椒，無咎。（馬王堆帛書）

　　【甲骨文造字思考與古籍比對校讀】

　　六四：井甃，無咎。

　　【白話】六四，用磚石壘砌加固井壁，平安無事。

一、爻位所處情況解析

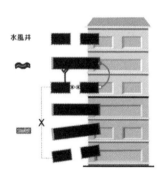

　　　　　　　　四樓陰坐得正位，和一樓陰無法打電話溝通，四樓陰在五樓陽（君王）隨侍在側，能夠順從五樓君王，但是四樓陰又受到三樓陽的進逼，也得不到一樓陰的相助，從三至五樓的形狀來看，四樓陰動而力量加強，所以四樓陰要做一位好臣子，應該要加強自己的能力才能做好君王指示的政策，就像在井壁上加強修護保固工程一樣。

　　九五：井洌，寒泉，食。（王弼本周易）

　　九五：井戾寒湶，食。（馬王堆帛書）

---

310 范紅麗 (2012)。《銀雀山漢木竹簡 [貳]》通假字研究。

九五：井厲……（阜陽漢簡）

【甲骨文造字思考與古籍比對校讀】

九五：井洌，寒泉，食。

【白話】九五，井水清澈明淨，甘甜涼爽的泉水，可以飲用。

一、甲骨文造字意思和易學考古考證等諸多資料彙集

1. 洌（註一百四十五）甲骨文造字意思，水流清澈。

2. 戾（註一百四十六）甲骨文造字意思，犬身曲戾。兩字相通。

二、爻位所處情況解析

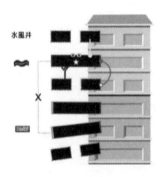

水風井

五樓陽坐得正位，和二樓陽無法打電話溝通，五樓陽位於上卦坎卦的中央，獲得了一顆星星（君王），自己又得正位（陽居陽位），從整棟樓井的位置，五樓於剛好可以給民眾取水飲用，而且水質清澈甘美。

上六：井收，勿幕，有孚，元吉。（王弼本周易）

尚六：井收，勿幕，有復，元吉。（馬王堆帛書）

【甲骨文造字思考與古籍比對校讀】

上六：井收，勿幕，有復，元吉。

【白話】上六，汲完水，收拾完井繩和汲水瓶，不要蓋上井口，

以方便他人汲水。只要內心懷著一片誠意，起頭吉利。

一、甲骨文造字意思和易學考古考證等諸多資料彙集

1. 孚(註二十)甲骨文造字意思，引申有誠信的意思。

2. 复(註二十四)甲骨文造字意思，復，有「反覆」、「往復」的意思。會腳圍繞城邑往來之意。

3. 孚，復，疑為通假字。[311]

二、爻位所處情況解析

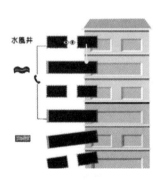

六樓陰坐得正位，和三樓陽經常打電話溝通，六樓陰已經位於最高樓，也是井的最豐收之時，要讓眾民享用，不要蓋上井口，讓眾民可以方便取用；六樓陰又受到三樓陽的支持，所以上下相誠，一幅大收成之象。

三、爻辭建議

1. 孚和復用字理由，請見需卦和中孚卦的解釋。

---

311 呂佩珊 (2011)。《上海博物館藏戰國楚竹書 (一～六)》通假字研究。國立台灣師範大學國文學系博士論文。

［兌上離下］澤火革（海昏竹書易占：革，革也）

第四十九卦：《革卦》 ䷰

革：己日乃孚，元亨，利貞，悔亡。（王弼本周易）

□□，□□□復，元亨，利貞，悔亡。（馬王堆帛書）

【甲骨文造字思考與古籍比對校讀】

革：改日乃復，元亨，利貞，悔亡。

【白話】革：在改革的日子心懷誠信，開頭亨通，利於占問，晦氣消亡。

一、甲骨文造字意思和易學考古考證等諸多資料彙集

1. 帛書卦名殘缺，據初九「黃牛之勒」、六二「乃勒之」，推測卦名作勒。王弼本作革。[312]

2. 革（註一百一十八）甲骨文造字意思，將一張動物表皮撐開晾曬，皮革經過晾曬變硬，頭部、身部、尾巴都表現得清清楚楚。

3. 雞卦名的意思是：卦名一、二分別都是陽（婁）卦起頭，就是天卦起頭，帶有「奉天承運」的意思。但在卦名一中，是「晚貪柳」，就是「你念了笑」，笑者代表陰，對代表陽的「咱們」

---

312 張政烺 (2011)，李零等整理。張政烺論易叢稿。北京：中華書局。

笑，是因為咱們只有三爻（加骨有數四），而你有四爻（加骨有數五），數量上代表陰的一方佔了優勢，所以你在笑咱們。因為咱們數為四，比你小。

由於這兩卦都是陽卦起頭，代表天命，所以，卦名二變成了「咱們問卜，而咱們在笑」。為什麼笑？是因為咱們連骨帶爻數為五，而代表陰的左骨爻數為四，與卦名一相比，是起了翻天覆地的變化，整個結局顛倒了過來。在數量上，咱們比你多，所以你小。這個變化，是卦名二對卦名一徹底革除的結果。筮以計數，數因象得，以數看象，這樣一個相輔相成占筮過程得出的結果，本為天命，就是「奉天」；而卦名二對卦名一結果的革除，就是「承運」。

卦名一、卦名二都是「正二三四五吉」，指的兩個單體卦在尚未「歸藏」，進行「三的重疊（壯族語為歸藏）」前，都是陽（妻）卦，則都是正統，其骨二、其爻分別為三和四，其骨爻數五（帶爻數四加骨數），都是吉祥之數。[313]

4. 革六二戰國本作「改日乃革之」。「改」與「巳」可以通假，但戰國本「改」字意思更明確，符合革卦意義；革，有變革改革之意。[314]

---

313 黃懿陸 (2007)。中國先越文化研究：從壯族雞卦看《易經》起源。昆明：雲南人民出版社。

314 林忠軍。從戰國楚簡看通行《周易》版本的價值。文章取自蔡運章、董延壽、張應橋主編 (2016)。洛陽市文物管理局，洛陽易經學會編。易學考古論集。北京：中華書局。

5. 复 (註二十四) 甲骨文造字意思，復，有「反覆」、「往復」的意思。會腳圍繞城邑往來之意。

6. 孚 (註二十) 甲骨文造字意思，引申有誠信的意思。

7. 孚，復，疑為通假字。[315]

二、爻位所處情況解析

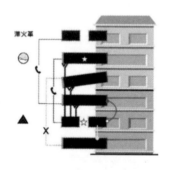

澤火革

　　上有澤，下有火，如果上面池澤能蓄水就可以使底下的燥熱火氣消除，但是如果底下太陽炎熱溫度過高，底下的火熱之氣也可以使上面池澤水氣蒸發而乾涸，上下雙方都有能力改變彼此的狀態，所以有改革、變革之意。

　　整棟樓上面澤和下面火，任何一方都有能力改變現狀，所以等到適當的時機，在可以改革的祭祀日子進行，是可以值得去做。

三、爻辭建議

1. 孚和復用字理由，請見需卦和中孚卦的解釋。

315 呂佩珊 (2011)。《上海博物館藏戰國楚竹書 (一～六)》通假字研究。國立台灣師範大學國文學系博士論文。
316 張政烺 (2011)，李零等整理。張政烺論易叢稿。北京：中華書局。

2. 依研究，爻辭寫「改」更為合乎革卦含意。

初九：鞏用黃牛之革。（王弼本周易）

初九：共用黃牛之勒。（馬王堆帛書）

【甲骨文造字思考與古籍比對校讀】

初九：鞏用黃牛之革。

【白話】初九，捆東西，要使用黃牛皮繩，才捆得牢靠。

一、甲骨文造字意思和易學考古考證等諸多資料彙集

1. 共字中部殘缺，據帛書掾(邅)之六二「共用黃牛之勒」，寫定為共字。王弼本作鞏。共、鞏音同通假。[316]

2. 共(註一百一十九)甲骨文造字意思，供奉。通「供」字。

3. 革(註一百一十八)甲骨文造字意思，將一張動物表皮撐開晾曬，皮革經過晾曬變硬，頭部、身部、尾巴都表現得清清楚楚。

二、爻位所處情況解析

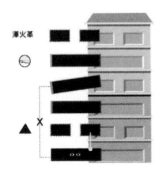

澤火革

　　一樓陽坐得正位，和四樓陽無法相應溝通，一樓陽雖然擁有改革的正當力量(陽居陽位)，但是畢竟一樓陽位於最底層力量太小，時機未到，縱使一樓陽陽剛有可能過猛，但是要審度自己的位置，要像

黃牛一般的耐力與毅力，穩紮穩打，不草率躁進，只要完成革新的基層任務即可。

> 六二：己日乃革之，征吉，無咎。（王弼本周易）
> 六二：□□乃勒之，正吉，□□。（馬王堆帛書）
> 【甲骨文造字思考與古籍比對校讀】
> 六二：改日乃革之，征吉，無咎。

【白話】六二，在改革之日進行改變。出征或有所行動，吉祥，平安無事。

一、甲骨文造字意思和易學考古考證等諸多資料彙集

1. 革（註一百一十八）甲骨文造字意思，將一張動物表皮撐開晾曬，皮革經過晾曬變硬，頭部、身部、尾巴都表現得清清楚楚。

2. 戰國本作「改日乃革之」。「改」與「己」可以通假，但戰國本「改」字意思更明確，符合革卦意義；革，有變革改革之意。[317]

3. 征（註四十）甲骨文造字意思，向目標進發或征討。

4. 正（註四十一）甲骨文造字意思，指腳步向城邑等目標行進。

5. 正（通假字），征（本字）[318]

---

317 林忠軍。從戰國楚簡看通行《周易》版本的價值。文章取自蔡運章、董延壽、張應橋主編 (2016)。洛陽市文物管理局，洛陽易經學會編。易學考古論集。北京：中華書局。
318 林瑞能 (2009)。甲骨刻辭與上博楚竹書通假字比較研究。國立東華大學中國語文學系碩士論文。

二、爻位所處情況解析

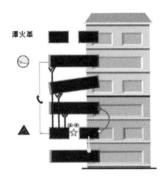

澤火革

二樓陰坐得正位，和五樓陽經常打電話溝通，二樓陰位於下卦離卦的中央，獲得了一顆星星（臣子），這位大臣想要革新有作為，有五樓陽（君王）的支持，又有一樓陽致力於基礎建設的改革助力，二樓陽往上走也得到三樓陽的相合，所以往上走是可行的。

三、爻辭建議

1. 依研究，爻辭寫「改」更為合乎革卦含意。

九三：征凶，貞厲。革言三就，有孚。（王弼本周易）

□□：□□，貞□；□言三□，□復。（馬王堆帛書）

【甲骨文造字思考與古籍比對校讀】

九三：征凶，貞厲。革言三就，有復。

【白話】九三，出征或急進，占問會有艱難或危險；改革經數度征戰，有助於建立威信。

一、甲骨文造字意思和易學考古考證等諸多資料彙集

1. 征（註四十）甲骨文造字意思，向目標進發或征討。

2. 革(註一百一十八)甲骨文造字意思，將一張動物表皮撐開晾曬，皮革經過晾曬變硬，頭部、身部、尾巴都表現得清清楚楚。

3. 言(註八十八)甲骨文造字意思，用長管樂器形，用以宣告。

4. 孚(註二十)甲骨文造字意思，引申有誠信的意思。

5. 复(註二十四)甲骨文造字意思，復，有「反覆」、「往復」的意思。會腳圍繞城邑往來之意。

6. 孚，復，疑為通假字。[319]

二、爻位所處情況解析

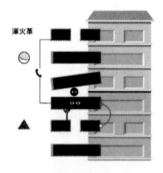

澤火革

　　三樓陽坐得正位，和六樓陰相應溝通，三樓陽位於下卦離卦最上端，不是中位有偏執的剛性，三樓陽往上遇到四樓陽同性相斥，過於剛猛前進會有凶險；三樓陽自己坐得正位(陽居陽位)有能力自己反省改過，三樓陽可以和二樓陰搭配相合，從事革新的工作，雖然過程艱難，但是六樓陰也有支持，就是經過多次的努力，只要持續進行，並且反思改過，大家都會相信三樓的誠意與信念的。

319 呂佩珊(2011)。《上海博物館藏戰國楚竹書(一～六)》通假字研究。國立台灣師範大學國文學系博士論文。

三、爻辭建議

1. 孚和復用字理由，請見需卦和中孚卦的解釋。

九四：悔亡，有孚，改命，吉。（王弼本周易）

九四：悔□，有復茝命，吉。（馬王堆帛書）

【甲骨文造字思考與古籍比對校讀】

九四：悔亡，有復，改命，吉。

【白話】九四，晦氣消亡，贏得人民的信賴，改革任命，吉利。

一、甲骨文造字意思和易學考古考證等諸多資料彙集

1. 孚(註二十)甲骨文造字意思，引申有誠信的意思。

2. 復(註二十四)甲骨文造字意思，復，有「反覆」、「往復」的意思。會腳圍繞城邑往來之意。

3. 孚，復，疑為通假字。[320]

二、爻位所處情況解析

四樓陽坐不正位，和一樓陽無法相應溝通，四樓陽居陰位剛柔

---

320 呂佩珊 (2011)。《上海博物館藏戰國楚竹書 (一～六)》通假字研究。國立台灣師範大學國文學系博士論文。

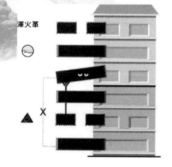

並濟,所以不會有太大的禍患,而且四樓陽已經位於上卦兌卦之內,改革的時機到了,可以輔佐五樓陽(君王)進行改革工作,上下交心信念一致,是可以成功的。

三、爻辭建議

1.孚和復用字理由,請見需卦和中孚卦的解釋。

九五:大人虎變,未占有孚。(王弼本周易)

九五:大人虎使,未占有復。(馬王堆帛書)

【甲骨文造字思考與古籍比對校讀】

九五:大人虎變,未占有復。

【白話】九五,偉大的人物像猛虎一樣兇猛凌厲,不必占問,肯定得到人們的信賴。

一、甲骨文造字意思和易學考古考證等諸多資料彙集

1. 又「尚六君子豹使」,兩「使」字當是「便」字之誤。漢石經皆作辯,王弼本作變。便與辯、變音同通假。[321]

---

[321] 張政烺 (2011),李零等整理。張政烺論易叢稿。北京:中華書局。

2. 使 (註十五) 甲骨文造字意思，手持捕獵工具去田獵、做事之意。

3. 孚 (註二十) 甲骨文造字意思，引申有誠信的意思。

4. 复 (註二十四) 甲骨文造字意思，復，有「反覆」、「往復」的意思。會腳圍繞城邑往來之意。

5. 孚，復，疑為通假字。[322]

二、爻位所處情況解析

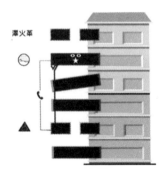

五樓陽坐得正位，和二樓陰經常相應支持，五樓陽位於上卦兌卦的中央，獲得了一顆星星 (君王)，君王力行改革，達到改革換新的目標，就像一隻老虎脾氣兇猛凌厲，不需進行占卜，就知道君王德孚眾望，眾民共信。

三、爻辭建議

1. 孚和復用字理由，請見需卦和中孚卦的解釋。

---

[322] 呂佩珊 (2011)。《上海博物館藏戰國楚竹書 (一～六)》通假字研究。國立台灣師範大學國文學系博士論文。

上六：君子豹變，小人革面。征凶，居貞吉。（王弼本周易）

尚六：君子豹使，小人勒□；□□，居，貞吉。（馬王堆帛書）

……豹便，小人……面。（征）凶，……（阜陽漢簡）

【甲骨文造字思考與古籍比對校讀】

上六：君子豹變，小人革面。征凶，居貞吉。

【白話】上六，掌握治理之權力的君子變得和豹子一般的矯捷威猛，小民也改變面容，有所行動，凶險，占問居處之事，吉祥。

一、甲骨文造字意思和易學考古考證等諸多資料彙集

1. 君(註六)甲骨文造字意思，持筆寫字的人是發號令的長官。

2. 使(註十五)甲骨文造字意思，手持捕獵工具去田獵、做事之意。

3. 革(註一百一十八)甲骨文造字意思，將一張動物表皮撐開晾曬，皮革經過晾曬變硬，頭部、身部、尾巴都表現得清清楚楚。

4. 征(註四十)甲骨文造字意思，向目標進發或征討。

二、爻位所處情況解析

六樓陰坐得正位，和三樓陽經常打電話溝通，六樓陰已經位於整棟樓的最高樓，改革已成氣象煥新，就像豹子矯健威猛一般，而且連小人也表現地順從，但是

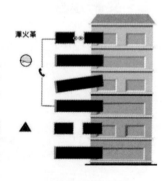

澤火革

六樓陰已經完成改革，而且前無進路，如果不守住成就卻執意還要進行改革，將會有凶險，六樓陰要自知自己坐得正位(陰居陰位)，只要堅守正道，作息正常，安居樂業，則吉祥平安。

[離上巽下] 火風鼎（海昏竹書易占：鼎，□也）

第五十卦：《鼎卦》 ䷱

鼎：元吉，亨。（王弼本周易）

□，□□，□。

【甲骨文造字思考與古籍比對校讀】

鼎：元吉，亨。

【白話】鼎：起頭吉祥，亨通。

一、甲骨文造字意思和易學考古考證等諸多資料彙集

1. 鼎(註一百四十七)，鼎是圓腹三腳。

2. 在雞卦名中，卦名一、卦名二自然重卦之後，形成易卦鼎，其意思是：卦名一為陰卦起頭，其數大，因代表陰的左骨上有六爻，所以叫「念六」，但並不意謂這陰卦就大，就吉。因為代表陽的右骨雖說只有四爻，但下邊相連的三爻已被拴住，使旁邊的二爻形成口狀，代表右骨這邊有吉祥之象。這樣，卦名

一的陰陽骨數都有吉祥之貌。陰的這邊是數大(連骨帶爻數為七),陽的這邊是有口。但是,此口是被拴住了才形成的。

在卦名二這一邊,「咱們自己占卜,咱們則被拴住了,但咱們有口」。

其上雞卦的陰(卦名一)陽(卦名二)呈現出這樣的情況,在陰卦起頭的卦中有陽,其陽有口而被拴;在陽卦起頭的卦中有陰,其陰數小(連骨帶爻數為三),不及陽大(連骨帶爻數為四),而且,陽的一方有口,應該陽大,但陽有口卻被拴著。表示雞卦中的口──這個吉祥物是穩定不動的。彷彿鼎一樣,立在宗廟社稷之地,就不會去輕易移動它。而且,鼎是有口的,與雞卦的吉祥物有口一樣。

可見,自然重卦形成易卦鼎的雞卦名意思,是易卦「鼎」取名的源頭。[323]

二、爻位所處情況解析

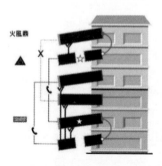

上面離卦是火,下面巽卦為風和木,火在木上燃燒,得風之助,常見的景象就是在火上烹煮食物,有用鼎烹飪與祭祀之意。

整棟樓下面巽卦謙遜,上面離卦光明,五樓陰(君王)陰居陽位,二樓陽(臣

子)陽居陰位,上下相應齊心,鑄成鼎為烹飪器具,烹牲獻祭於上帝,是全體百姓的大吉。

初六:鼎顛趾,利出否,得妾以其子,無咎。(王弼本周易)

初六:鼎填止,利□不;得妾以其子,無咎。(馬王堆帛書)

【甲骨文造字思考與古籍比對校讀】

初六:鼎顛趾,利出否,得妾以其子,無咎。

【白話】初六,鼎足顛倒朝天,利於倒出廢物,我可以得到這些妾妃和孩子,沒有禍患。

一、甲骨文造字意思和易學考古考證等諸多資料彙集

1. 止(通假字),趾(本字)[324]

2. 否(註一百六十二)甲骨文造字意思,不,不然。卜辭用作句末語氣助詞,表示選擇語氣,相當於是不是,能不能。

二、爻位所處情況解析

一樓陰坐不正位,和四樓陽經常打電話溝通,但是一樓陰本來

---

323 黃懿陸 (2007)。中國先越文化研究:從壯族雞卦看《易經》起源。昆明:雲南人民出版社。

324 成蒂 (2006)。《張家山漢墓竹簡 · 二年律令》通假字研究。國立成功大學中國文學研究所碩士論文。

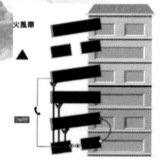

火風鼎

應該是陽，現在卻是陰居陽位，等於是鼎的腳不對位，等於是將鼎顛倒了，不過這次的顛倒是要將雜物傾倒出來，洗淨後以盛入清潔的祭品。而一樓陰和四樓陽相應，四樓陽是鄰近五樓陰(君王)的大臣，大臣的妾(一樓，陰為妾，不是妻)獲得了一子，使社稷之主不會中斷，也是一件好事。

九二：鼎有實，我仇有疾，不我能即，吉。(王弼本周易)

九二：鼎有實，我求有疾，不我能節，吉。(馬王堆帛書)

【甲骨文造字思考與古籍比對校讀】

九二：鼎有實，我仇有疾，不我能即，吉。

【白話】九二，鼎內盛滿了食物，但是我的妻子有病，不能和我一起用餐，吉祥。

一、甲骨文造字意思和易學考古考證等諸多資料彙集

1. 疾(註六十五)甲骨文造字意思，一個人被箭矢所傷，一個人生病而睡在床上，不同的表現手法似乎表現不同的病痛原因。

2. 即(註六十七)甲骨文造字意思，一人跪坐食物之前，即將進食之意。

二、爻位所處情況解析

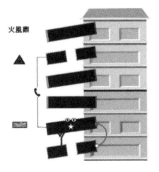

火風鼎

二樓陽坐不正位，和五樓陰相應溝通，二樓陽位於下卦巽卦的中央，獲得了一顆星星(臣子)，二樓陽的位置在整棟樓鼎就好像是鼎裡面裝了祭品，是有實物(陽)的鼎了。但是二樓陽臣子和五樓陰君王都不得位(二樓陽居陰位，五樓陰居陽位)，上下君臣不得位的相處很容易變成仇人，而且五樓陰有君王的名(五樓陽位)卻無君王的權(陰)，身體也不健康，力量不足君德不彰，無法去逼迫二樓陽。然而二樓陽居陰位，自己剛強卻能自卑，自己坐中位也常戒慎恐懼，保有自己的位置，所以不會有任何禍患。

九三：鼎耳革，其行塞，雉膏不食。方雨虧悔，終吉。（王弼本周易）

九三：鼎耳勒，其行塞，雉膏不食；方雨□□，□□。（馬王堆帛書）

【甲骨文造字思考與古籍比對校讀】

九三：鼎耳革，其行塞，雉膏不食。方雨虧悔，終吉。

【白話】九三，鼎耳脫落，無法移走搬運，肥美的野雞肉無法食用；剛好下雨，毀了美食，真是晦氣，最終還可以獲得吉祥。

一、甲骨文造字意思和易學考古考證等諸多資料彙集

1. 革 (註一百一十八) 甲骨文造字意思，將一張動物表皮撐開晾曬，皮革經過晾曬變硬，頭部、身部、尾巴都表現得清清楚楚。

2. 膏 (註一百五十八) 甲骨文造字意思，指肥肉、油脂，泛指膏狀物，引申為甘美、豐潤。

3. 終 (註七) 甲骨文造字意思，終結、結束的意思。

二、爻位所處情況解析

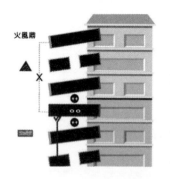

火風鼎

三樓陽坐得正位，和六樓陽無法溝通相應，三樓陽本身就位於下卦巽卦的最上端，本身就是偏位而且過於陽剛，加上上下兩層樓 (陽) 的同性阻擋，使得三樓進退阻滯不通，這就好像是把美味的食物傾倒在地而不能食用一樣，處境很艱難。還好五樓陰 (君王) 會幫助三樓陽，就好像是久旱逢甘雨，災象解除，本來艱難的事情就會慢慢地緩解，最終轉凶為吉。

九四：鼎折足，覆公餗，其形渥，凶。 (王弼本周易)

□□：□□□，復公 ，其刑屋，□。 (馬王堆帛書)

【甲骨文造字思考與古籍比對校讀】

九四：鼎折足，覆公餗，其形渥，凶。

【白話】九四，鼎腳折斷了，王公鼎裡的美食傾倒出來了，鼎身被玷汙看似齷齪，凶險。

一、甲骨文造字意思和易學考古考證等諸多資料彙集

1. 折（註七十九）甲骨文造字意思，以斧頭橫截樹木成為二段之狀。

2. 复（註二十四）甲骨文造字意思，復，有「反覆」、「往復」的意思。會腳圍繞城邑往來之意。

3. 刑（通假字），形（本字），根據其他古籍研究，疑為通假字。[325]

4. 屋（通假字），握、渥（本字）[326]

二、爻位所處情況解析

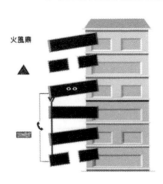

火風鼎

四樓陽坐不正位，和一樓陰經常打電話溝通，四樓陽的位置是一位大臣，四樓陽要侍奉五樓陰（君王），四樓陽還要支援一樓陰，但是四樓陽居陰位不得位，做事情的實力不足，又好大喜功，自己包攬

325 范紅麗 (2012)。《銀雀山漢木竹簡 [貳]》通假字研究。
326 林孟侃 (2008)。上古簡帛通假字喉音聲母研究—兼論其開展。靜宜大學中國文學研究所碩士論文。

了這麼多事，終於無法勝任；這就好像是一直放食物進入鼎內，鼎終於不勝負荷而折斷了鼎足，使得鼎內的美味佳餚散落滿地。

六五：鼎黃耳，金鉉，利貞。（王弼本周易）

六五：鼎黃□□□，□□。（馬王堆帛書）

【甲骨文造字思考與古籍比對校讀】

六五：鼎黃耳，金鉉，利貞。

【白話】六五，啟用新鼎，配上黃色的銅耳和銅鼎杠，利於占問。

一、爻位所處情況解析

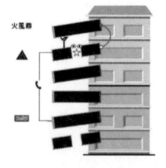

火風鼎

五樓陰坐不得位，和二樓陽相應溝通，二樓陽本來就有「鼎有實」的豐厚實力，使得五樓陰以虛受實，更有君王之尊。

上九：鼎玉鉉，大吉，無不利。（王弼本周易）

□□：□□□，□□，無不利。（馬王堆帛書）

【甲骨文造字思考與古籍比對校讀】

上九：鼎玉鉉，大吉，無不利。

【白話】上九，新鼎配上美玉的鼎槓，十分吉祥，無往不利。

一、爻位所處情況解析

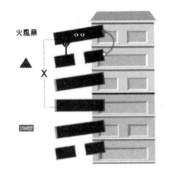

六樓陽坐不得位，和三樓陽無法溝通相應，六樓陽位於最高樓，陽居陰位剛柔並濟，鼎內的食物已然全熟，可以拿給眾人食用，鼎的功能已經發揮最大的功能，全其養人之功。

［震上震下］震為雷（帛書：辰）（海昏竹書易占：侲，恐懼也）

第五十一卦：《震卦》 ䷲

震：亨。震來虩虩，笑言啞啞。震驚百里，不喪匕鬯。（王弼本周易）

辰，亨。辰來朔朔，芺言亞亞；辰敬百里，不亡 觸。（馬王堆帛書）

【甲骨文造字思考與古籍比對校讀】

震：亨。震來虩虩，笑言啞啞。震驚百里，不喪匕鬯。

【白話】震：雷聲傳送過來令人恐懼，然而君子卻能安之若素，言笑如故；即使雷聲震驚百里之遙，主管祭祀的人卻能做到從容不迫，手中的匙和酒都未失落。

一、甲骨文造字意思和易學考古考證等諸多資料彙集

1. 震(註一百四十八)甲骨文造字意思,震動農具。

2. 辰(註一百二十二)甲骨文造字意思,蚌鐮類農具之意。

3. 雞卦名的意思是:兩卦都是天卦起頭,卦名一是說,咱們在問卜時,天地兩邊都在呼呼作響。天地兩邊,就是《易經》中的天地兩儀,兩儀之間發出的響聲,那是什麼?那是雷的聲音,只有雷,才有巨大無比的力量發出響徹天地的聲音。而且,此卦的五行是「火生寅午戌」,代表月為一、五、九月,正式多雷時節,這幾個月天地之間發出的響聲應「火」而生,那是雷電之光無疑。

    卦名二是說:咱們在問卜時,咱們的嘴(口)很尖。在人們的意象中,雷公的嘴就是尖的。說一個人有雷公嘴,就是說他長著一個尖嘴。當然,這裡的嘴尖,指的未必是雷公,說嘴尖,意思是發出的聲音很大,聲音很尖,音速很悠遠,經久不見。這裡說的天地之間很大的聲音,指的當然也是雷聲。

    壯語發音的「響聲」用漢字「門」表示,在雞卦當中代表「雷」的意思。《易經》中的「雷」,用漢字「震」表示。而「門」和「震」,當時對音,則是同音同義而異寫得證明。[327]

---

327 黃懿陸(2007)。中國先越文化研究:從壯族雞卦看《易經》起源。昆明:雲南人民出版社。

4. 言（註八十八）甲骨文造字意思，用長管樂器形，用以宣告。

5. 匕（註一百四十九）甲骨文造字意思，匙匕之形，家務之器具，故用以代表雌性。柔順婦女的形象，是「妣」的初文。

二、爻位所處情況解析

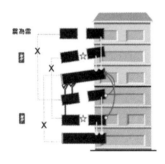

上卦和下卦都是一樣，兩個陰在上，一個陽在下，上面強大的陰性磁場逼得底下的陽性磁場發出強大爆發力，震雷自下而發，其氣勃鬱，但雷電行於天上，其行突兀，萬物皆驚起隨之震動。

整棟樓上下都是雷，雷聲震動聲響大，突然傳來經常會使人驚惶四顧，但是只要事先有戒備防範，仍然可以和別人一樣，笑嘻嘻地處理。

初九：震來虩虩，後笑言啞啞，吉。（王弼本周易）

初九：辰來朔朔，後芺口啞啞；吉。（馬王堆帛書）

【甲骨文造字思考與古籍比對校讀】

初九：震來虩虩，後笑言啞啞，吉。

【白話】初九，雷聲傳送過來令人恐懼，君子亦應知恐懼而修省，而後言笑自若，結果是吉祥的。

一、甲骨文造字意思和易學考古考證等諸多資料彙集

1. 言(註八十八)，用長管樂器形，用以宣告。

二、爻位所處情況解析

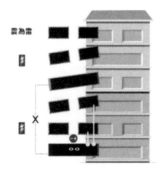

一樓陽坐得正位，但是四樓陽卻不和一樓陽打電話溝通，一樓陽沒有上面照應，突然聽到雷聲而驚恐，知道恐懼就要懂得反省，一樓陽往上遇到二樓陰、三樓陰，陰陽相合順利上行，加上一樓陽居陽位坐正位，可見一樓陽懂得自省，及早防備，內心自樂，謹慎則吉。

六二：震來厲；億喪貝。躋於九陵，勿逐，七日得。(王弼本周易)

六二：辰來厲；意亡貝，齎於九陵，勿遂七日得。(馬王堆帛書)

【甲骨文造字思考與古籍比對校讀】

六二：震來厲；億喪貝。躋於九陵，勿逐，七日得。

【白話】六二，驚雷震動，唉，把貝幣都丟失了。攀登到高高的九陵上邊去尋找，不去找了，待到七天自會失而復得。

一、爻位所處情況解析

二樓陰坐得正位，又位於下卦震卦的中央，得了一顆星星(臣

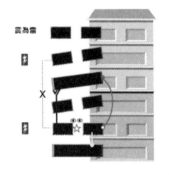

子），但是五樓陰（君王）卻不和二樓陰相應溝通，一樓陽的雷聲震動驚駭了二樓陰，一樓陽雷響最終還是會停，二樓陰回歸到平靜的境地，只要過了七天，就會失而復得了。

六三：震蘇蘇，震行無眚。（王弼本周易）

六三：辰疏疏，辰行無省。（馬王堆帛書）

【甲骨文造字思考與古籍比對校讀】

六三：震疏疏，震行無省。

【白話】六三，雷震動聲響稀稀疏疏，在雷聲中行走，不會有災異。

一、甲骨文造字意思和易學考古考證等諸多資料彙集

1. 辰行無省。省，漢石經同，王弼本作眚。[328]

2. 省（註八十九），用目視察田獵、禾苗、草木等農事。通「眚」字。

二、爻位所處情況解析

---

328 張政烺 (2011)，李零等整理。張政烺論易叢稿。北京：中華書局。

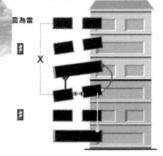

三樓陰坐不得位，而且也不和六樓陰打電話溝通，三樓陰受到一樓陽雷聲作響，距離較遠所以雷聲稀稀疏疏，但是已經讓三樓陰畏懼不安（陰居陽位不得位），神氣散漫；還好在這段雷聲當中，三樓陰和四樓陽，陰陽相合，三樓陰往上而無阻礙，不會招來大禍。

三、爻辭建議

1. 「省」字合乎現代認知，所以從帛書「省」。

2. 「疏」字合乎現代認知，所以從帛書「疏」。

九四：震遂泥。（王弼本周易）

九四：辰遂泥。（馬王堆帛書）

【甲骨文造字思考與古籍比對校讀】

九四：震遂泥。

【白話】九四，雷震擊落泥地上。

一、爻位所處情況解析

四樓陽坐不得位，而且和一樓陽也不溝通相應，從整棟樓的形狀來看四樓陽，四樓陽恰恰位於大大的坎卦的中央，因為四樓陽的

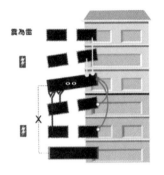

上面有兩個陰（五、六樓），下面也有兩個陰（二、三樓），四樓陽被四個陰圍住，動彈不得，就好像一個人墜落在低窪的泥地上，使得整個震雷上升的氣勢突然往下墜落。

六五：震往來厲；億無喪有事。（王弼本周易）

六五：辰往來厲；意無亡，有事。（馬王堆帛書）

【甲骨文造字思考與古籍比對校讀】

六五：震往來厲；億無喪有事。

【白話】六五，雷上下震動；兇猛異常；猜想不會有什麼損失，要去祭祀。

一、爻位所處情況解析

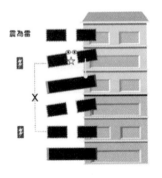

五樓陰坐不得位，又位於上卦震卦的中央，得了一顆星星（君王），但是不和二樓陰（臣子）相應溝通，五樓陰本身柔弱（陰）沒有陽剛之德，往上遇到坐了正位的六樓陰會遭遇強擊，向下又遇到四樓陽的強逼，五樓陰進退兩難也可能有危險；所幸五樓陰本身位於中位尊位，自己只要堅守正道足以自保，如果能夠心誠守中，雖然不能有大成就，至少也小有成就。

上六：震索索，視矍矍，征凶。震不於其躬，於其鄰，無咎。婚媾有言。（王弼本周易）

尚六：辰昔昔，視懼懼，正凶；辰不於其躬，於其鄰，往無咎；閩詬有言。（馬王堆帛書）

【甲骨文造字思考與古籍比對校讀】

上六：震索索，視矍矍，征凶。震不於其躬，於其鄰，無咎。婚媾有言。

【白話】上六，雷電交加，令人恐懼不安，驚懼四顧，如果有所行動就會有凶險；不過，當雷震還沒有打在自家上，而打到鄰家，平安無事；涉及婚配之事，將會引起閒言碎語。

一、甲骨文造字意思和易學考古考證等諸多資料彙集

1. 昔（註一百五十）甲骨文造字意思，大水為患之日，已是往昔之事。

2. 征（註四十）甲骨文造字意思，向目標進發或征討。

3. 正（註四十一）甲骨文造字意思，指腳步向城邑等目標行進。

4. 正（通假字），征（本字）[329]

5. 往無咎。王弼本無往字。[330]

[329] 林瑞能 (2009)。甲骨刻辭與上博楚竹書通假字比較研究。國立東華大學中國語文學系碩士論文。
[330] 張政烺 (2011)，李零等整理。張政烺論易叢稿。北京：中華書局。

6. 言（註八十八）甲骨文造字意思，用長管樂器形，用以宣告。

二、爻位所處情況解析

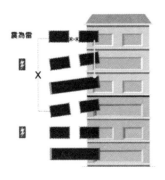

六樓陰坐得正位，和三樓陰不相應溝通，六樓陰已經位於最高樓，如果遇到任何事故，心中難免危懼不安而外表慌張，而且六樓陰已經前無進路，加上心慌慌，這時候如果堅持要征戰，有凶險。但是六樓陰心慌慌主要是沒有事先防範所致，而且四樓陽的震雷聲響只有傳到五樓，只是六樓陰鄰居而已，未達到六樓陰，所以實際上沒有事，但即便如此，六樓陰驚懼心慌的表現還是不免會被責罵的。

［艮上艮下］艮為山（帛書：根）（海昏竹書易占：根，止也）

第五十二卦：《艮卦》䷳

艮其背，不獲其身；行其庭，不見其人，無咎。（王弼本周易）
根其北，不濩其身；行其廷，不見其人，無咎。（馬王堆帛書）
【甲骨文造字思考與古籍比對校讀】
艮（根）其背，不獲其身；行其庭，不見其人，無咎。

【白話】艮：在他人背部，沒有看到前身；在他人庭院裡行走，卻不見他人身影。平安無事。

一、甲骨文造字意思和易學考古考證等諸多資料彙集

1. 根（註六十一）甲骨文造字意思，樹根、草根、麥根、花木之根等。

2. 艮（註一百五十一），一個人因怨恨而轉頭不屑顧盼或瞪眼的樣子。

3. 雞卦名的意思是：兩卦都是地卦起頭，數字一樣，卦象一樣。不同之處是：卦一是轉回來的意思；卦二是有口。
   其表現出來的意思是：天地分為兩儀，這兩個單體卦都是地卦，地卦轉回來看口，此口代表天，而地卦不是天卦，只能看天──口。只是看天是沒有窮盡的，看不到天的盡頭，即便爬到山上去，也是到不了天上的。[331]

4. 北（註一百三十四）甲骨文造字意思，屋子背對的方向。

5. 北（通假字），背（本字），根據其他古籍研究，疑為通假字。[332] 北，伓，背，疑為通假字。[333]

---

331 黃懿陸 (2007)。中國先越文化研究：從壯族雞卦看《易經》起源。昆明：雲南人民出版社。

332 廖燕 (2015)。里耶秦簡通假字、古今字研究。吉首大學碩士學位論文。

333 呂佩珊 (2011)。《上海博物館藏戰國楚竹書（一～六）》通假字研究。國立台灣師範大學國文學系博士論文。

6. 濩 (註一百五十二) 甲骨文造字意思，簷水流下貌。

7. 廷 (註九十四) 甲骨文造字意思，官員向君王行禮時所站立的地方。

二、爻位所處情況解析

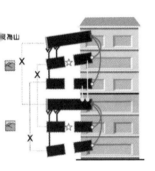

良卦的形狀看起來像一座山 (上面是陽爻，底下兩個陰爻)，兩山重疊，前後都是山，前進中遇到高山阻擋而停滯，應定靜而後行。

整棟樓完全沒有相應溝通，一樓陰和四樓陰，二樓陰和五樓陰，三樓陽和六樓陽，都是敵對相待，全部都是背對背，就是去他家也見不到人，這樣沒有交集的情況也還好，只要該止則止，該行則行，不會有任何禍事。

三、爻辭建議

良，根，這兩字應該不是通假字，只是當初在訂卦名時，把看似平常植物的「根」字改為頗具卦名形象的「良」字，但是這兩個字的甲骨文造字意思和文字發展至今的意思完全不一樣，這樣容易令人誤解。長期以來，「良」一直就是人回頭看，停止等意思，依此而延伸整個卦意；但是，「根」字雖然容易理解為樹根，但是可以延伸為紮穩、穩定等含意。

加以陽靜陰動的定義，兩個躁動的陰被上面一個陽靜壓住，可是說是山，這是在地平線上的高山；也可以換一個位置，地平線下的根，就是底下兩個陰是根吸收養份，並且輸送養份到上面的陽靜，這個思維值得參考並放在心上，這樣對卦理的領悟才能夠完整。

有鑑於卦名已經俗成，所以不更動卦名，僅以括弧標示，寫為艮(根)卦。

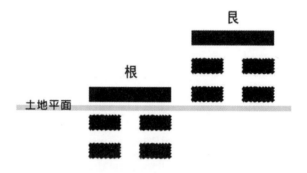

初六：艮其趾，無咎，利永貞。（王弼本周易）

初六：根其止，無咎，利永貞。（馬王堆帛書）

【甲骨文造字思考與古籍比對校讀】

初六：艮（根）其趾，無咎，利永貞。

【白話】初六，在他人腳上，沒有禍患，利於占問長久的事。

一、甲骨文造字意思和易學考古考證等諸多資料彙集

1. 根（註六十一）甲骨文造字意思，樹根、草根、麥根、花木之根等。

2. 止（通假字），趾（本字）[334]

二、爻位所處情況解析

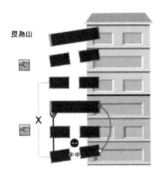

一樓陰坐不得位，和四樓陰不打電話溝通，一樓陰往上遇到二樓陰同性相斥，一樓陰實在不宜亂動，要安守本分，才能夠對自己有利。

六二：艮其腓，不拯其隨，其心不快。（王弼本周易）

六二：根其肥，不登其隨，其心不快。（馬王堆帛書）

【甲骨文造字思考與古籍比對校讀】

六二：艮（根）其腓，不拯其隨，其心不快。

【白話】六二，在他人小腿上，沒有舉起他人的腿，他人心裡不快。

一、甲骨文造字意思和易學考古考證等諸多資料彙集

1. 登（註三十三）甲骨文造字意思，雙手扶持矮凳讓他人上登之狀。

---

334 成蒂 (2006)。《張家山漢墓竹簡 · 二年律令》通假字研究。國立成功大學中國文學研究所碩士論文。

二、爻位所處情況解析

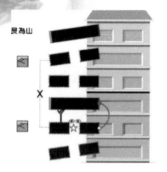

艮為山

二樓陰坐得正位，又位於下卦艮卦的中央，獲得一顆星星（臣子），卻不和五樓陰相應溝通，二樓陰是一位大臣想要有所行動但是五樓陰（君王）同性不支持，使得二樓陰無法遂行自己的意志而被迫停住，二樓陰心裡面當然是不愉快的。

九三：艮其限，列其夤，厲薰心。（王弼本周易）

九□：□□□，戾其□，厲薰心。（馬王堆帛書）

……厲熏……（阜陽漢簡）

【甲骨文造字思考與古籍比對校讀】

九三：艮（根）其限，列其夤，厲薰心。

【白話】九三，放在他人腰部，他人的脅部肌肉像撕裂開一樣，艱難而內心焦灼痛苦。

一、甲骨文造字意思和易學考古考證等諸多資料彙集

1. 戾（註一百四十六）甲骨文造字意思，犬身曲戾。

二、爻位所處情況解析

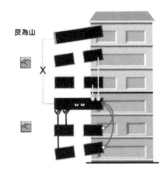

　　三樓陽坐得正位，和六樓陽不相應溝通，三樓陽位於整棟樓的中央，猶如人體的腰部，但是三樓陽位於下卦艮卦的最上端，往上遇到上卦艮卦整座山而無法前進，又無法聯絡到六樓陽，應該要止而不止，有危險之虞。

六四：艮其身，無咎。（王弼本周易）

六四：根其寽。（馬王堆帛書）

【甲骨文造字思考與古籍比對校讀】

六四：艮（根）其身，無咎。

【白話】六四，放在他人的身軀，沒有禍患。

一、爻位所處情況解析

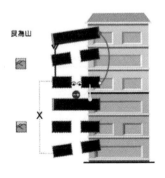

　　四樓陰坐得正位，但卻不和一樓陰打電話溝通相應，四樓陰和三樓陽就整棟樓而言，猶如是一個人的腰部，四樓陰往上受到五樓陰所阻，轉而朝向三樓陽，陰陽相合，自己謙虛向下求誠而達到至善的境地。

六五：艮其輔，言有序，悔亡。（王弼本周易）

六五：根其肢，言有序，悔亡。（馬王堆帛書）

……艮其父……（阜陽漢簡）

【甲骨文造字思考與古籍比對校讀】

六五：艮（根）其輔，言有序，悔亡。

【白話】六五，放在他人面頰，說話有條不紊，沒有晦氣或危險。

一、甲骨文造字意思和易學考古考證等諸多資料彙集

1. 言（註八十八）甲骨文造字意思，用長管樂器形，用以宣告。

二、爻位所處情況解析

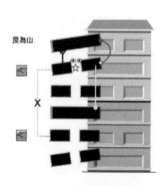

五樓陰坐不得位，但位於上卦艮卦的中央，獲得了一顆星星（君王），但不和二樓陰（臣子）相應溝通，五樓陰無法向下走遇到四樓陰同性相斥，但五樓陰可以往上走和六樓陽陰陽相合，所以可以往前有序，就如同五樓陰在整棟樓人體處於面頰的位置，表示言語要有條不紊，說話要有次序，所以要謹言，而五樓陰陰柔處陽位尊位，做事情不會有禍患。

上九：敦艮，吉。（王弼本周易）

尚九：敦根，吉。（馬王堆帛書）

【甲骨文造字思考與古籍比對校讀】

上九：敦艮（根），吉。

【白話】上九，能夠以敦厚篤實的德行抑止邪慾，吉祥。

一、甲骨文造字意思和易學考古考證等諸多資料彙集

1. 敦 (註一百一十一) 甲骨文造字意思，以羊祭祀。

二、爻位所處情況解析

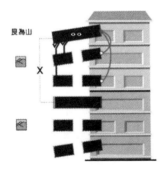

六樓陽坐不得位，和三樓陽也不打電話溝通，六樓陽已經位於整棟樓艮山的最高樓，已經是功德圓滿，要表現出敦厚的形象讓家庭和樂，最終就是止於至善，獲得大吉。

［巽上艮下］風山漸（海昏竹書易占：漸，進也）

第五十三卦：《漸卦》 ䷴

漸：女歸，吉，利貞。（王弼本周易）

漸，女歸吉，利貞。（馬王堆帛書）

【甲骨文造字思考與古籍比對校讀】

漸：女歸，吉，利貞。

【白話】漸：女子出嫁，吉祥，有利於占問。

一、甲骨文造字意思和易學考古考證等諸多資料彙集

1. 歸（註二十一）甲骨文造字意思，古時歸嫁時隨行所帶的東西？

2. 雞卦名的意思是：兩卦都是地卦起頭，即均為陰卦起頭。

   卦名一的意思是說：代表陰的你是腳小；代表陽的咱們是口小。

   卦名二的意思是說：由代表陰的一方，即由你起卜，但卜的結果是「兩邊都小」，這兩邊指的是天地兩儀。天地小之處在哪裡呢？在於「宙」──「頭」。

   口小代表路子窄，活動的舞台不寬，施展才華的環境有限……

   腳小代表人尚未長大，如在襁褓之中的嬰兒，不能走路，尚需哺育，長大成人。

頭小，說明你還是小孩，閱歷不多，智慧太少，經驗不足……

這一切，急不得，慌不得，不能揠苗助長，要循序漸進，一步一步地來，人要一天天長大，事要一件件去做，循序漸進，才能有所發展，這就是壯族雞卦名的意思。這與易卦名的意思，有什麼兩樣呢？**335**

二、爻位所處情況解析

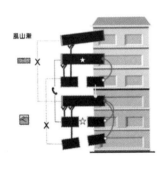

風在上，山在下，樹木生長在山上，這些樹木是逐漸成長起來的，有循序漸進、按部就班之意。

整棟樓的五樓(陽，君王)和二樓(陰，臣子)都得正位，上下剛柔相應支持，加以上卦巽卦代表長女，下卦艮卦表示少男，女嫁男和諧相處，順利吉祥。

初六：鴻漸於干。小子厲，有言，無咎。（王弼本周易）
初六：鳿漸於淵，小子瘋，有言，無咎。（馬王堆帛書）
【甲骨文造字思考與古籍比對校讀】

---

335 黃懿陸 (2007)。中國先越文化研究：從壯族雞卦看《易經》起源。昆明：雲南人民出版社。

初六：鴻漸於淵。小子厲，有言，無咎。

【白話】初六，鴻雁飛起來登上了水涯岸邊，年幼無知的孩子遇險，有怨言，沒有禍患。

一、甲骨文造字意思和易學考古考證等諸多資料彙集

1. 鴻（註九十九）甲骨文造字意思，豆雁。

2. 淵（註九十八）甲骨文造字意思，有一定範圍的淵潭中的水波。

3. 干（註九十七）甲骨文造字意思，原是防禦兼攻擊性的裝備，引申為「干犯」的意思。

4. 言（註八十八）甲骨文造字意思，用長管樂器形，用以宣告。

二、爻位所處情況解析

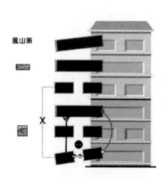

一樓陰坐不得位，和四樓陰不相應溝通，一樓陰在水邊就像一隻鴻雁停在水岸邊，一樓陰往上受阻於二樓陰同性相斥，而且一樓陰才剛剛起步，就像一個小孩初出茅廬，沒有獲得長輩四樓陰的資助，本身有些危險，但是一樓陰畢竟才剛起步，所以只要循序漸進，穩健而行，是不需要別人的閒言閒語，最終還是不會有事的。

六二：鴻漸於磐。飲食衎衎，吉。（王弼本周易）

六二：䲭漸於坂，酒食衍衍，吉。（馬王堆帛書）

【甲骨文造字思考與古籍比對校讀】

六二：鴻漸於磐。飲食衎衎，吉。

【白話】六二，鴻雁飛起來登上河邊安穩的磐石上，飲食和樂，自得其樂，吉祥。

一、甲骨文造字意思和易學考古考證等諸多資料彙集

1. 鴻（註九十九）甲骨文造字意思，豆雁。

二、爻位所處情況解析

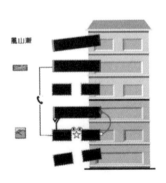

二樓陰坐得正位，位於下卦艮卦的中央，獲得了一顆星星（臣子），且和五樓陽（君王）相應溝通，二樓陰居陰位得正位又位於中位，地位穩固，就好像一隻鴻雁停在安穩的磐石上，而且二樓陰獲得五樓陽的支持，二樓陰獲得了國家的俸祿，生活富裕，心靈安適，是吉祥的徵象。

九三：鴻漸於陸。夫征不復，婦孕不育，凶。利禦寇。（王弼本周易）

九三：鴻漸於陸，□□□復，婦繩不□，凶；利所寇。（馬王堆帛書）

【甲骨文造字思考與古籍比對校讀】

九三：鴻漸於陸。夫征不復，婦孕不育，凶。利禦寇。

【白話】九三，鴻雁飛起來登上岸邊高地，好比丈夫遠去出征沒有歸來，妻子生了兒子卻未能養活下來，凶險；有利於抵禦敵寇。

一、甲骨文造字意思和易學考古考證等諸多資料彙集

1. 夫（通假字），大（本字）[336]

2. 征（註四十）甲骨文造字意思，向目標進發或征討。

3. 复（註二十四）甲骨文造字意思，復，有「反覆」、「往復」的意思。會腳圍繞城邑往來之意。

4. 繩（通假字），孕（本字），根據其他古籍研究，疑為通假字。[337]

5. 寇（註七十二）甲骨文造字意思，強寇手持利器破壞屋中之物。

二、爻位所處情況解析

三樓陽坐得正位，和六樓陽不相應溝通，三樓陽位於下卦艮卦最上端，就像是一隻鴻雁站在陸地上，但是本來鴻雁應該要繼續飛上去，卻往下著陸於地，這違反

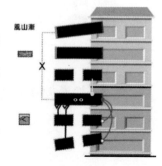

風山漸

自然而有危險之虞。三樓陽身處下卦艮卦，但往上可以和四樓陰相合，三樓陽跳躍到四樓陰進入了上卦的範圍，就好像是丈夫(陽)往上跳躍卻有可能不回來了，或是婦女懷孕卻沒有養活孩子，都不是正常的現象。但是三樓陽本身陽居陽位，在下卦之首率領眾陰(一、二樓陰)可以抵抗外來的侵略。

六四：鴻漸於木。或得其桷，無咎。（王弼本周易）

六四：鳿漸於木，或直其寇，斁，無咎。（馬王堆帛書）

【甲骨文造字思考與古籍比對校讀】

六四：鴻漸於木。或直其寇，無咎。

【白話】六四，鴻雁飛起來登上高樹之上，有些啄了其他入侵的鳥，沒有禍患。

一、甲骨文造字意思和易學考古考證等諸多資料彙集

1. 王弼本作「或得其桷」，無斁字。直與得，寇與桷，皆近音通假。斁字下部殘缺，參考羅(離)之尚九斁字寫定。直，《說文》：正見也。」在此或假作值。斁，《說文》：「棄也。《周書》以為討。」在此或作雔。**338**

2. 帛書漸之六四：「鳿(鴻)漸於木，或直其寇，斁，無咎。」……

336 林瑞能 (2009)。甲骨刻辭與上博楚竹書通假字比較研究。國立東華大學中國語文學系碩士論文。

337 范紅麗 (2012)。《銀雀山漢木竹簡 [貳]》通假字研究。

338 張政烺 (2011)，李零等整理。張政烺論易叢稿。北京：中華書局。

《索隱》：「古例以直為值，值者當也。」這幾句話的意思是，與「盜寇」相遇，擊之即無咎。這是比較容易理解的。通行本作「鴻漸於木，或得其桷，無咎。」王弼注：「或得其桷，遇安棲也。」桷是方形的屋椽，上面蓋瓦，並非鴻鳥棲息之處，為什麼鴻鳥「或得其桷」，就「遇安棲」了呢？可見王弼的注釋只是望文生義，解釋得非常牽強。以帛書和通行本對勘，我們可以知道通行本的得字應讀為值（古音同為之部入聲，音近相通），桷字應讀為寇（寇為侯部字，桷為侯部入聲字，音近相通），通行本又脫了一個數字，所以難以理解。[339] 可能應該是或直其寇，就是有些鴻鳥還啄其他入侵的鳥。

3. 直（註十三）甲骨文造字意思，以眼睛檢驗標竿是否筆直。

4. 寇（註七十二）甲骨文造字意思，強寇手持利器破壞屋中之物。

二、爻位所處情況解析

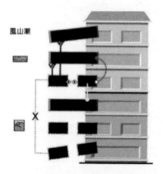

　　四樓陰坐得正位，但是不和一樓陰打電話溝通，四樓陰位於上卦巽卦屬木，代表鴻雁已經飛上樹木，但是鴻雁的足趾間有蹼，不適合抓在樹枝上，只能找粗而大的樹枝才可以停棲，基本上沒有問題。

---

339 于豪亮。帛書周易。文章取自蔡運章、董延壽、張應橋主編 (2016)。洛陽市文物管理局，洛陽易經學會編。易學考古論集。北京：中華書局。

三、爻辭建議

依研究觀之，以「或直其寇」較為合適，與鴻鳥在樹上的行為相符。

九五：鴻漸於陵。婦三歲不孕，終莫之勝，吉。（王弼本周易）

九五：鳴漸於陵，婦三歲不繩；終莫之勝，吉。（馬王堆帛書）

【甲骨文造字思考與古籍比對校讀】

九五：鴻漸於陵。婦三歲不孕，終莫之勝，吉。

【白話】九五，鴻雁飛起來登上丘陵上，妻子三年沒有懷孕；最後還是無人可以取代她，吉祥。

一、甲骨文造字意思和易學考古考證等諸多資料彙集

1. 古代婦女不孕是會被休棄的，但漸卦所記之婦女多年沒有懷孕，最終也未遭欺凌，家庭生活美滿，自然是很難得。漸卦為歸妹卦的覆象，且佈刻於卜甲西北維，故這條爻辭即應是對文王娶帝乙之女一事的紀錄，可見文王夫人婚後確實長期不孕。事實上，歸妹卦上六爻辭所記文王夢占「女承筐無實，士刲羊無血」，已是對這一事實的明確暗示。然而漸卦九五爻辭的形成時間應在歸妹卦上六爻辭與六三爻辭之間，因為其時帝乙之女雖未有身，仍未大歸。但是，文王做為一邦之君是不可能沒有後嗣的，這個時間也不能無限地等待下去，於是終有文王休

妻之事，也才有歸妹卦六三爻的爻辭「歸妹以須，反歸以娣」。
340

2. 歲（註三十四）甲骨文造字意思，為處罰之刑具，用以名歲星。

3. 繩（通假字），孕（本字），根據其他古籍研究，疑為通假字。**341**

4. 終（註七），終結、結束的意思。

二、爻位所處情況解析

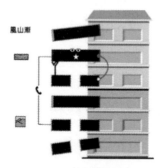

五樓陽坐得正位，位於上卦巽卦的中央，獲得了一顆星星（君王），且和二樓陰（臣子）相應溝通，五樓陽的位置已在高處尊位，就好像是一隻鴻雁已經飛到山陵，五樓陽要和二樓陰相合，卻受到三樓陽和四樓陰的阻擾，二樓陰很久無法懷孕，但是五樓陽和二樓陰都是正位，沒有人可以取代二樓陰的地位，所以最終二樓陰還是會成功受孕而相合的。

上九：鴻漸於逵。其羽可用為儀，吉。（王弼本周易）
上九：鳿漸於陸，其羽可用為宜，吉。（馬王堆帛書）

---

340 馮時 (2001)。出土古代天文學文獻研究。台北市：台灣古籍。頁 292。
341 范紅麗 (2012)。《銀雀山漢木竹簡 [貳]》通假字研究。

【甲骨文造字思考與古籍比對校讀】

上九：鴻漸於逵。其羽可用為儀，吉。

【白話】上九，鴻雁飛起來登到高山之上，漂亮的羽毛可以做為典禮上潔美的裝飾品，足為楷模，吉祥。

一、爻位所處情況解析

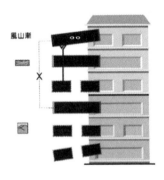

六樓陽坐不正位，和三樓陽也不打電話溝通，六樓陽已經位於最高樓，雖然功成名就卻仍然行為有序，就好像一隻鴻雁飛到高山，雖然飛在高山，仍然排列整齊有序，儀表端莊光彩，甚至鴻雁的羽毛仍然至為愛惜，足為行為之楷模。

［震上兌下］雷澤歸妹（海昏竹書易占：未酉，行未也）

第五十四卦：《歸妹卦》 ䷵

歸妹：征凶，無攸利。（王弼本周易）

歸妹，正凶，無攸利。（馬王堆帛書）

【甲骨文造字思考與古籍比對校讀】

歸妹：征凶，無攸利。

【白話】歸妹：有所行動，有凶險，不會有利益。

一、甲骨文造字意思和易學考古考證等諸多資料彙集

1. 歸妹卦辭實乃對當時殷周關係之客觀反映。因而在周之方面，文王雖三分天下有其二，但他的勢力並未強大到足以翦商的地步，何況文王初即位之時，王業初建，周的勢力也還相對羸弱，所以與殷和親同樣是他的權宜之計。緩和是目的，和親是手段，對商發動戰爭肯定對周人自己不利，這也就是歸妹辭「征凶，無攸利」之本來含意。[342]

2. 歸（註二十一）甲骨文造字意思，古時歸嫁時隨行所帶的東西。

3. 妹（註二十二）甲骨文造字意思，表女子的輩份之意。

---

[342] 馮時 (2001)。出土古代天文學文獻研究。台北市：台灣古籍。頁 284。

4. 壯族雞卦名的意思是：

卦象一講的是正常的占卜過程，都是天卦起頭，表示天卦的咱們卜得很好，念到了口，所以就笑。而代表地卦，也就是代表陰的你什麼也不說，似乎已經默認這個事實，陽卦的咱們說什麼陰卦的你就說什麼，表露出順從的樣子。表示陽的完全是由咱們做主，說了就算。

卦象二天卦起頭。兩卦當中，凡是右邊骨頭和爻，都表示陽；凡是左邊骨頭和爻，都表示陰。這兩卦陰的代表「你」，都不說話，因此卦名表現得都是「妻（咱們）」，則說明表示陰的你處於從屬地位，任其表示陽的咱們笑，任其表示陽的咱們寫。寫什麼呢？就是把卦名二兩邊的爻數圈起來，表示陰陽之爻皆為咱們所用。而卦象二代表陰的「你」默默無聞，一切悉聽尊便，就像一個小媳婦，一切由丈夫說了算。

綜合其上兩卦象的意思，表現出的是代表陽的咱們處處是陽剛之氣；代表陰的你則逆來順受，默默無語；其自然重掛成易卦歸妹，是表示婚嫁的意思，似乎沒有什麼不妥之處。

值得注意的是，「歸」的讀音在壯語中有兩種意思：一是表示重疊，二是表示丈夫。卦象二的「埋」，表示寫和記錄的意思。而《易》中的「歸妹」之「歸」的原意，可能就代表「丈夫」的意思。而「妹」音同雞卦象二中的「埋」，為寫或記錄的意思。這樣，由丈夫或男人寫的，應該就是婚姻契約一類的東西。

當然，遠古時代還沒有文字，但肯定有寫的說法。寫不一定寫在紙上，在器皿上留下什麼痕跡，也是寫東西、留信物、宣洩感情的一種表達方式。[343]

5. 征 (註四十) 甲骨文造字意思，向目標進發或征討。

6. 正 (註四十一) 甲骨文造字意思，指腳步向城邑等目標行進。

7. 正 (通假字)，征 (本字) [344]

8. 攸 (註十) 甲骨文造字意思，手持杖打擊一人之背部，後加流血之狀。

二、爻位所處情況解析

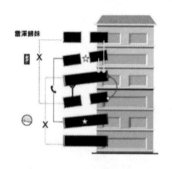

上為雷，下有澤，上卦震卦為長男，娶了下卦兌卦為少女，雖然表示出嫁之意，但是少女比長女先嫁，有違反常理之意。

---

343 黃懿陸 (2007)。中國先越文化研究：從壯族雞卦看《易經》起源。昆明：雲南人民出版社。

344 林瑞能 (2009)。甲骨刻辭與上博楚竹書通假字比較研究。國立東華大學中國語文學系碩士論文。

初九：歸妹以娣，跛能履，征吉。（王弼本周易）

初九：歸妹以弟，跛能利，正吉。（馬王堆帛書）

【甲骨文造字思考與古籍比對校讀】

初九：歸妹以娣，跛能履，征吉。

【白話】初九，姊姊出嫁，妹妹陪嫁，好像跛腳能勉強行走，有所行動，吉祥。

一、甲骨文造字意思和易學考古考證等諸多資料彙集

1. 履（註十一）甲骨文造字意思，鞋子，強調高級貴族的形象。

2. 征（註四十）甲骨文造字意思，向目標進發或征討。

3. 正（註四十一）甲骨文造字意思，指腳步向城邑等目標行進。

4. 正（通假字），征（本字）[345]

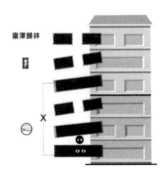

二、爻位所處情況解析

一樓陽坐得正位，和四樓陽不相應溝通，一樓陽要往上遇到二樓陽同性相斥無法前進，一樓陽位於下卦兌卦是少女，少女要出嫁並沒有受到任何支援也無法前

---

[345] 林瑞能 (2009)。甲骨刻辭與上博楚竹書通假字比較研究。國立東華大學中國語文學系碩士論文。

進，少女不是正妻只能做為妾，陪姊姊一起出嫁，其缺陷的情況就好像是一個人跛腳走路；但是因為一樓陽居陽位得了正位，所以以名份來說還說得過去，就是沒有正式的聘禮也不失禮，這就好像即使是跛腳也還是能夠走路，所以如果出發，還是會吉祥的。

九二：眇能視，利幽人之貞。（王弼本周易）

九二：眇能視，利幽人之貞。（馬王堆帛書）

【甲骨文造字思考與古籍比對校讀】

九二：眇能視，利幽人之貞。

【白話】九二，獨眼瞎子勉強看見東西一樣，利於占問幽居之人之事。

一、甲骨文造字意思和易學考古考證等諸多資料彙集

1. 幽（註一百二十三）甲骨文造字意思，光線幽暗。

二、爻位所處情況解析

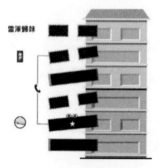

雷澤歸妹

二樓陽坐不得位，位於下卦兌卦的中央，獲得了一顆星星（臣子），而且和五樓陰（君王）相互支持相應，但是二樓陽本身陽居陰位不正位，而五樓陽也是不正位，這樣的偏失就好像一個人少了一隻眼

睛，而且二樓陽所嫁的五樓陰並不是陽剛的賢夫，正如一個人只能近視，而無法遠視一般。但是二樓陽畢竟位於下卦的中央，二樓陽還是可以堅守正道，守住貞節，克守婦道。

六三：歸妹以須，反歸以娣。（王弼本周易）

六三：歸妹以嬬，□歸以弟。（馬王堆帛書）

【甲骨文造字思考與古籍比對校讀】

六三：歸妹以須，反歸以娣。

【白話】六三，妹妹跟著姊姊出嫁，被遣回，再用她的妹妹陪嫁。

一、甲骨文造字意思和易學考古考證等諸多資料彙集

1. 娣即君夫人之媵女。帝乙嫁女，文王娶妻，故媵女身為文王之妾。文王休妻，姊妹大歸，故媵女身為被棄君夫人之娣。姊妹同嫁，其後又一同被休棄返回娘家。[346]

二、爻位所處情況解析

　　三樓陰坐不得位，和六樓陰不相應溝通，三樓陰位於下卦兌卦表示少女，面對鄰近的四樓陽（上卦震卦為長男），雖然相合但是都不得正位，這樣不是合乎常理

的婚姻，就好像是本來是妹妹陪姊姊出嫁，後來又被遣回，整個婚姻常理不正常。

九四：歸妹愆期，遲歸，有時。（王弼本周易）

九四：歸妹衍期，遲歸有時。（馬王堆帛書）

【甲骨文造字思考與古籍比對校讀】

九四：歸妹愆期，遲歸，有時。

【白話】九四，延遲錯過出嫁的時機，遲嫁，因有所等待。

一、甲骨文造字意思和易學考古考證等諸多資料彙集

1. 遲（註一百一十二）甲骨文造字意思，一人背負一人在行道行走，比一般人行走遲到。

二、爻位所處情況解析

四樓陽坐不得位，也不和一樓陽相應溝通，四樓陽自己不得位也無應，不能正規地做事，只能暫時等待有利時機，就好像女孩子出嫁也要選對時間，找對的人。

六五：帝乙歸妹，其君之袂，不如其娣之袂良。月幾望，吉。（王弼本周易）

六五：帝乙歸妹，其君之袂不如其苐之快良；日月既望，吉。（馬王堆帛書）

【甲骨文造字思考與古籍比對校讀】

六五：帝乙歸妹，其君之袂，不如其娣之袂良。月幾望，吉。

【白話】六五，帝乙嫁女，姊姊的服飾，反不如妹妹的服飾豔麗華美；滿月十五，吉祥。

一、甲骨文造字意思和易學考古考證等諸多資料彙集

1. 君（註六）甲骨文造字意思，持筆寫字的人是發號令的長官。

2. 娣為媵女，似為帝乙庶女。[347] 袂代指嫁妝。[348] 爻辭是說妹妹的嫁妝比姐姐（君夫人）的還要漂亮。

3. 殷帝帝乙，嫁少女於周文王，以其娣陪嫁。其為王後者之貌不如其娣之貌美。其出嫁日在月幾望之時，結果是吉。[349]

4. 月幾望：月既望，望是滿月的天文學名稱，既望是指滿月過後的月象，一般指望後直到下弦前數日為既望。

---

346 馮時 (2001)。出土古代天文學文獻研究。台北市：台灣古籍。頁 291。
347 高亨 (1983)。周易大傳今注。齊魯書社。
348 高亨 (1983)。周易大傳今注。齊魯書社。
349 盧央 (2003)。易學與天文學。中國書店出版社，頁 19-20。

5. 既 (註一百一十七) 甲骨文造字意思，已進食完畢，轉頭表示可撤去食物之意。

6. 王弼本作「月幾望」，無日字。幾假為繼。按《說文》：「　，月滿也，與日相望，似朝君。」是月望即日月相望。《釋文》云：「幾，荀作既。」幾假為既。 [350]

7. 既，即。[351] 經比對古籍疑為通假字。

二、爻位所處情況解析

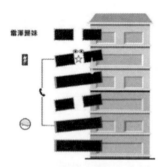

　　五樓陰坐不得位，位於上卦震卦的中央，獲得了一顆星星 (君王)，和二樓陽 (臣子) 相應支持，五樓陰 (上卦震卦長男) 娶了二樓陽 (下卦巽卦少女)，正應了商朝帝乙的妹妹嫁給周文王的史實；但是五樓陰居陽位，柔順內斂不張揚，就好像姊姊的嫁衣不華奢，甚至不如妹妹的艷麗，沒有很完美，只是接近完美，這樣的品行守中，是吉祥的。

---

350 張政烺 (2011)，李零等整理。張政烺論易叢稿。北京：中華書局。

351 王康瑋 (2012)。戰國秦漢簡牘帛書通假字誤識現象例析。南京大學漢語言文字學碩士論文。

上六：**女承筐無實，士刲羊無血，無攸利。**（王弼本周易）

尚六：**女承筐無實，士刲羊無血，無攸利。**（馬王堆帛書）

【甲骨文造字思考與古籍比對校讀】

上六：**女承筐無實，士刲羊無血，無攸利。**

【白話】上六，女子的筐籃裡空空蕩蕩沒有果物，男子用刀宰山羊卻不見出血。沒有利益。

一、甲骨文造字意思和易學考古考證等諸多資料彙集

1. 攸（註十）甲骨文造字意思，手持杖打擊一人之背部，後加流血之狀。

二、爻位所處情況解析

六樓陰坐得正位，和三樓陰不相應溝通，六樓陰已經位於最高樓，也代表已經過時了，女孩子年紀也大了，又沒有和底下三樓陰相應，所以女孩子的婚姻也無成，這種一無所獲的情況，就好像是籃子裡面空空如也，甚至殺羊卻沒有得到血一樣，沒有任何獲利。

［震上離下］雷火豐（海昏竹書易占：豐，大也）

第五十五卦：《豐卦》 ䷶

豐：亨，王假之。勿憂，宜日中。（王弼本周易）

豐，亨，王叚之；勿憂，宜日中。（馬王堆帛書）

【甲骨文造字思考與古籍比對校讀】

豐：亨，王假之。勿憂，宜日中。

【白話】豐：亨通，君王駕臨宗廟；不用憂愁，適宜在正午時分。

一、甲骨文造字意思和易學考古考證等諸多資料彙集

1. 豐（註一百五十三）甲骨文造字意思，表現敬神，食豆（容器）上面的食物疊得滿滿的，或是再插上裝飾物，非常豐盛的樣子。

2. 雞卦名的意思是：兩卦都是天卦起頭。一是咱們笑，二是知道咱們為什麼要笑。咱們的卦爻雖少，但卦是天卦，可以日益見長，從小到大，從少到多，日漸豐盛。所以，咱們沒有憂慮，也不需要擔憂，咱們在笑。

   同時，因為是天卦，也可以代表君王，只要施政有方，是沒有憂慮的。只要努力奮發，不斷開拓，今天的小，就是明天的大；今天的弱，就是明天的強；今天的少，就是明天的多。「豐」

的卦名，應該就是這個意思。[352]

3. 日中：如日在天中。豐卦說的是王者親自祭祀，發生什麼事不必憂慮。祭祀時間宜在正午，如日在天中，以照天下。[353]

4. 在彝族十月太陽曆中，他們的新年是在六月的火把節，而〈豐卦〉應在小暑與大暑之間。是為震上離下之卦象，其經文內容解釋是〈豐卦〉在六月用是，初昏時北斗柄指未，太陽在張宿、居午位，處南方之中，時維盛夏，萬物豐盈。此天象皆以太陽曆為合。[354]

二、爻位所處情況解析

上為震卦、為雷、為木，下為離卦、為火、為電，雷電俱至，

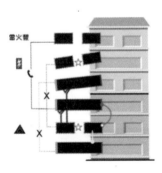

或是木火通明，威明備足，聲勢壯大，所以具有盛大、豐盛之意。

　　整棟樓雷火通明，呈現一片大豐收的氣象，君王聖明，乘時而用聚集天下眾民，四海之富，讓眾民安居樂業，王業如日中天。

---

352 黃懿陸 (2007)。中國先越文化研究：從壯族雞卦看《易經》起源。昆明：雲南人民出版社。
353 盧央 (2003)。易學與天文學。中國書店出版社，頁 91。
354 邵偉華 (1992)。周易與預測學。第一版，香港：明報出版社，頁 32。

初九：遇其配主，雖旬無咎，往有尚。（王弼本周易）

初九：禺其肥主，唯旬，無咎，往有尚。（馬王堆帛書）

【甲骨文造字思考與古籍比對校讀】

初九：遇其配主，唯旬無咎，往有尚。

【白話】初九，遇見地位彼此相當的夥伴，十天之內沒有禍患，前去，會得友人相助。

一、甲骨文造字意思和易學考古考證等諸多資料彙集

1. 這爻辭是說太陽與北斗相遇，震男與離女相遇，陽與陰相遇，正像人間的王子與王妃相配。即使七月坤陰將成，也無過失。過此以往，太陽與北斗仍高高在上，象徵地下一片豐收景象。[355]

2. 禺 (通假字)，遇 (本字)，根據其他古籍研究，疑為通假字。[356]

3. 禺 (註七十八) 甲骨文造字意思，用手捏住蛇頭頸。通「禹」字。

4. 帛書有寫禺和愚，應係簡筆，王弼本改為遇，較貼近爻辭意思，以「遇」解釋為宜。

5. 雖 (通假字)，唯 (本字)，根據其他古籍研究，疑為通假字。[357]

---

355 鄭偉強 (2004)。彝族文化思想和古中國文化相互影響之研究。能仁學報。第 10 期，頁 258-272。

356 范紅麗 (2012)。《銀雀山漢木竹簡 [貳]》通假字研究。

357 范紅麗 (2012)。《銀雀山漢木竹簡 [貳]》通假字研究。

二、爻位所處情況解析

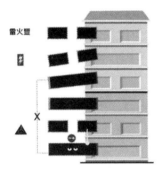

雷火豐

一樓陽坐得正位，和四樓陽不打電話溝通，一樓陽可以往上和二樓陰相合，一、二樓都是正位，二樓陰可以做為一樓陽的導師，但是一樓陽位於下卦離卦的最底層，火焰光明比較小，只能夠照亮幾天而已，不能普照於天下，當然一樓陽想要上進往上走，是值得鼓勵的。

　　六二：豐其蔀，日中見斗。往得疑疾；有孚發若，吉。（王弼本周易）

　　六二：豐其剖，日中見斗，往得疑□；有復，洫若。（馬王堆帛書）

　　【甲骨文造字思考與古籍比對校讀】

　　六二：豐其蔀，日中見斗。往得疑疾；有復發若，吉。

　　【白話】六二，光明遭到雲的蒙蔽，正午時分見到北斗星。前往行事會被猜疑；因胸懷誠信而釋然，吉祥。

一、甲骨文造字意思和易學考古考證等諸多資料彙集

1. 蔀是蔀日，確定蔀日的條件是「至朔相齊起於夜半」、「同在日首謂之蔀」。在中國曆法中，是專指冬至合朔同時發生在夜半的天文現象。它同時又是一組數字，蔀年 76 蔀月 940 蔀日

2779。它表達「至朔相齊起於夜半」這個現象是 76 年，940 個月，27759 日重複發生一次。[358]

2. 日中：正午進分，古代曆法，將正午日食食甚與實朔視作一致。[359]

3. 鬥：北斗七星。鬥在這裡與蔀連用時指待特定的天文現象，蔀是冬至，冬至時北斗柄指向北。[360]

4. 太陽運動到南方七宿的中點，與北斗相見。自此，太陽東行向下，北斗西行向下，趨向北方七宿的中點，即由離明之方入坎幽之位，不免疑疾，但誠信以發志，可獲吉祥。[361]

5. 疾 (註六十五) 甲骨文造字意思，一個人被箭矢所傷，一個人生病而睡在床上，不同的表現手法似乎表現不同的病痛原因。

6. 孚 (註二十) 甲骨文造字意思，引申有誠信的意思。

7. 复 (註二十四) 甲骨文造字意思，復，有「反覆」、「往復」的意思。會腳圍繞城邑往來之意。

8. 孚，復，疑為通假字。[362]

9. 發 (註七十) 甲骨文造字意思，發出。

10. 有復恤若。洫，王弼本作發。按帛書享、芳通假，知帛書享、芳通假，知洫、發聲母不分 (方音例多，如胡佛不分)，其韻亦近，故可通假。洫、發音同，其韻亦近，故可通假。又王弼本此下有吉字。[363]

二、爻位所處情況解析

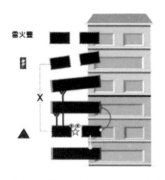

二樓陰坐得正位，位於下卦離卦的中央，獲得了一顆星星（臣子），和五樓陰不相應溝通；但是二樓陰得正位而能夠充分發揮離火的光明，卻沒有受到五樓陰支持而被蒙蔽，猶如日半蝕一樣，竟然可以在白天看得到北斗七星，人們看到這樣的情況當然會有疑慮，尤其是二樓陰想要往上和三樓陽相合，但是五樓陰不同意，前進與否就有疑問了。還好二樓陰本身就處於中位，只要依照心誠守中之道行之，應該是吉祥的。

三、爻辭建議

1. 孚和復用字理由，請見需卦和中孚卦的解釋。

---

358 于奕華。易經豐卦正解考（下）—易經六十四卦畫的曆法功能再證。通信地址：遼寧省丹東市 004 號郵政專用信箱，郵編：118000。

359 《中國古代曆法》，頁 575。取自于奕華。易經豐卦正解考（下）—易經六十四卦畫的曆法功能再證。通信地址：遼寧省丹東市 004 號郵政專用信箱，郵編：118000。

360 于奕華。易經豐卦正解考（下）—易經六十四卦畫的曆法功能再證。通信地址：遼寧省丹東市 004 號郵政專用信箱，郵編：118000。

361 鄭偉強 (2004)。彝族文化思想和古中國文化相互影響之研究。能仁學報。第 10 期，頁 258-272。

362 呂佩珊 (2011)。《上海博物館藏戰國楚竹書（一～六）》通假字研究。國立台灣師範大學國文學系博士論文。

363 張政烺 (2011)，李零等整理。張政烺論易叢稿。北京：中華書局。

九三：豐其沛，日中見沫。折其右肱，無咎。（王弼本周易）

九三：豐其烯，日中見茉，折其右弓，無咎。（馬王堆帛書）

【甲骨文造字思考與古籍比對校讀】

九三：豐其沛，日中見沫。折其右肱，無咎。

【白話】九三，光明被雲遮掩，正午時分看見了小星星；好比右臂被折斷而難以有所作為，但終究不會受害。

一、甲骨文造字意思和易學考古考證等諸多資料彙集

1. 日中見沫：是說正午時分(太陽被月亮遮擋)見到了小星星之象(不是冬至時的日食)。[364]

2. 其爻辭意為，在豐大盛明之時，陰影潛滋暗長，將逐漸遮蔽光明，太陽運動到南方七宿的中點，與斗後小星相見，從此以後，太陽東行，北斗西指，陽向左，陰向右，顯示左實右虛，近取諸身，則像左臂實，右臂虛，故順應自然，折其右肱，則過失。[365]

3. 沫(註八十)甲骨文造字意思，一人跪跽在盛水器皿旁邊洗面。

4. 芠，沫，茉，疑為通假字。[366]

---

364 于奕華。易經豐卦正解考(下)—易經六十四卦畫的曆法功能再證。通信地址：遼寧省丹東市 004 號郵政專用信箱，郵編：118000。

365 鄭偉強 (2004)。彝族文化思想和古中國文化相互影響之研究。能仁學報。第 10 期，頁 258-272。

366 呂佩珊 (2011)。《上海博物館藏戰國楚竹書(一～六)》通假字研究。國立台灣師範大學國文學系博士論文。

5. 折（註七十九）甲骨文造字意思，以斧頭橫截樹木成為二段之狀。

二、爻位所處情況解析

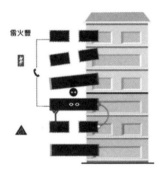

　　三樓陽坐得正位，和六樓陰經常打電話溝通，三樓陽位於下卦離火之內，雖然更為放大光明，但是日蝕的現象更為完整，日全蝕的結果讓人們在白天也可以看得到小星星，在這樣昏暗不明的情況下，如果堅持要前進，三樓陽往上走就遇到四樓陽同性阻擾，嚴重的甚至右臂骨折呢，當然這只是小傷，如果還是和三樓（陽）陽居陽位一樣地堅守正道，是不會有事的。

九四：豐其蔀，日中見斗。遇其夷主，吉。（王弼本周易）

九四：豐其剖，日中見斗；禹其夷主，吉。（馬王堆帛書）

【甲骨文造字思考與古籍比對校讀】

九四：豐其蔀，日中見斗。遇其夷主，吉。

　　【白話】九四，光明遭到雲的蒙蔽，正午時分看到了北斗星；但若遇到明主賞識還是會吉祥的。

一、甲骨文造字意思和易學考古考證等諸多資料彙集

1. 其爻辭意是，在豐大盛明之時，將有小席蔽光之象。太陽運行到南方七宿的中點，與北斗相見，正像人間的王子與王妃相遇，可獲吉祥。[367]

2. 禺(註七十八)甲骨文造字意思，用手捏住蛇頭頸。通「禹」字。

3. 帛書有寫禺和愚，應係簡筆，王弼本改為遇，較貼近爻辭意思，以「遇」解釋為宜。

4. 禺(通假字)，遇(本字)，根據其他古籍研究，疑為通假字。[368]

5. 夷(註四十八)甲骨文造字意思，夷人蹲坐的姿勢表達其民族，也是表現進行二次葬時，將屍體腐化後的白骨重新撿拾起來排列再埋葬的樣子。

二、爻位所處情況解析

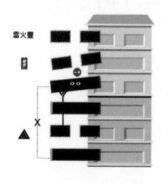

雷火豐

四樓陽坐不得位，和一樓陽不相應溝通，四樓陽居陰位不得位又沒有一樓陽相應，猶如日半蝕遮蔽了一些光明，白天可以看得到北斗七星，但是四樓陽鄰近五樓陰(君王)，而且往上走是陰陽相合是很順利的，所以情況會好轉，吉祥。

六五：來章，有慶譽，吉。(王弼本周易)

六五：來章有慶舉，吉。（馬王堆帛書）

【甲骨文造字思考與古籍比對校讀】

六五：來章，有慶譽，吉。

【白話】六五，光明來了，會有喜慶和美譽，吉祥。

一、甲骨文造字意思和易學考古考證等諸多資料彙集

1. 其爻辭大意是，北斗與太陽從豐大盛明的最高點分行向下，光明自天而降，灑向人間，有喜慶，有榮譽，吉祥之象。[369]

2. 章：「至朔相齊謂之章」，冬至朔日發生在同一時刻 (不是夜半) 章首朔日就是冬至日。它與蔀日重合，就是發生在夜半的至朔相齊。它又有單獨的意義，章年 19，章月 235，章潤 7；4 章等於 1 蔀 (19x4=76) [370]

3. 章 (註十四) 甲骨文造字意思，有彰顯的意義。

4. 慶 (註九十) 甲骨文造字意思，得到麀獸的心，值得慶祝。

二、爻位所處情況解析

367 鄭偉強 (2004)。彝族文化思想和古中國文化相互影響之研究。能仁學報。第 10 期，頁 258-272。

368 范紅麗 (2012)。《銀雀山漢木竹簡 [貳]》通假字研究。

369 鄭偉強 (2004)。彝族文化思想和古中國文化相互影響之研究。能仁學報。第 10 期，頁 258-272。

370 于奕華。易經豐卦正解考 (下) 一易經六十四卦畫的曆法功能再證。通信地址：遼寧省丹東市 004 號郵政專用信箱，郵編：118000。

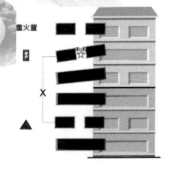

雷火豐

五樓陰坐不得位，位於上卦震卦的中央，獲得了一顆星星（君王），和二樓陰不相應溝通，但是五樓陰因為陰居陽位有柔順之德，位居尊位而大放光明，加上四樓陽大臣的輔佐使眾民蒙受恩澤，是很吉祥的。

上六：豐其屋，蔀其家，闚其戶，闃其無人，三歲不覿，凶。（王弼本周易）

尚六：豐其屋，剖其家，闚其戶，哭其無人，三歲不遂，兇。（馬王堆帛書）

【甲骨文造字思考與古籍比對校讀】

上六：豐其屋，蔀其家，闚其戶，闃其無人，三歲不覿，凶。

【白話】上六，房屋高大，蒙蔽居室，從窗戶窺視，空無一人，三年之久仍不見人，凶險。

一、甲骨文造字意思和易學考古考證等諸多資料彙集

1. 其爻辭預示北斗過六月（末）以後，行經七月（申）、八月（酉）、九月（戌）、十月（亥）諸辰。即當豐大盛明之極，帝車之蓋微動，斗柄由南轉西，如鳥之飛翔於天際。斗柄指申，時為七月，三陰成體，漸漸涼風蕭瑟，陰影籠罩人家；斗柄指酉，時為八月，關門閉戶，窺見死氣沉沉；斗柄指戌，時為九月，剝陽將

盡，寂無人蹤；斗柄指亥，時為十月，卦為純坤，歸於坎陷，墜入北方的幽谷，三歲不見光明，其凶可知。**371**

2. 闃從門臭聲，臭字或作(目臭)(編者按：難字合字)，《通俗文》云：「驚視曰(目臭)。」帛書之 與(目臭)形近，當為(目臭)之異體，故哭即(目臭)，以音近假為闃。《釋文》引《字林》：「靜也。」《周易集解》引虞注：「空也。」**372**

3. 闃，闚，疑為通假字。**373**

4. 歲(註三十四)甲骨文造字意思，為處罰之刑具，用以名歲星。

二、爻位所處情況解析

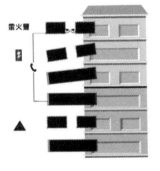

　　六樓陰坐得正位，和三樓陽經常打電話溝通，但是六樓陰位於最高樓，光明已經用盡，六樓陰居陰位黑暗盡至，雖然六樓陰位置至高無上就好像是住了一間非常豪華的房子，但是裡面卻散盡家產且空無一人，是盛極而衰之象，這種現象就像古人認為看到全日蝕三年不會有好運一樣，這樣的流浪生活最少要過三年，不是一件好事。

371 鄭偉強 (2004)。彝族文化思想和古中國文化相互影響之研究。能仁學報。第10 期，頁 258-272。
372 于豪亮。帛書周易。文章取自蔡運章、董延壽、張應橋主編 (2016)。洛陽市文物管理局，洛陽易經學會編。易學考古論集。北京：中華書局。
373 呂佩珊 (2011)。《上海博物館藏戰國楚竹書(一～六)》通假字研究。國立台灣師範大學國文學系博士論文。

［離上艮下］火山旅（海昏竹書易占：旅，□也）

第五十六卦：《旅卦》䷷

旅：小亨，旅貞吉。（王弼本周易）

旅，少亨，旅貞吉。（馬王堆帛書）

【甲骨文造字思考與古籍比對校讀】

旅：小亨，旅貞吉。

【白話】旅：小事亨通，旅行占問，吉祥。

一、甲骨文造字意思和易學考古考證等諸多資料彙集

1. 旅（註九十一）甲骨文造字意思，有萬人成員的大組織。

2. 雞卦名的意思是：這是陰陽兩卦的組合，分別有相同和不同之處。

   相同之處是：一是你念九，指的是每個單體卦的左右兩骨數和爻數之和為九；二是咱們小，因為骨爻之數都為代表陰的你念九，故咱們的數為你大（念九），咱們就小了；三是「正二三凶」，正二，指的是左右兩骨，正三，指的是代表陽的咱們——右骨上的三爻；四是兩個單體卦組合成易之「旅」卦，都有「出」的意思。

   不同之處是：兩個單體卦中，一為陰卦——你起頭，一為陽卦

——咱們起頭。

由於兩個單體卦都呈現出凶兆，故為了避難，都有出的意思。出是什麼？是出走，是出發，是出征……反正，都是客旅於外的意思。[374]

3. 少（通假字），小（本字），根據其他古籍研究，疑為通假字。[375]

二、爻位所處情況解析

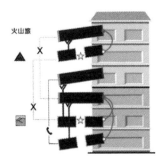

火山旅

火在山上，燒過一處又一處，和旅人一樣不停留，有過往暫寄之意。

整棟樓的二樓陰（臣子）和五樓陰（君王）都是陰柔，而陽為大，陰為小，所以可以做小事，出去旅遊處處小心謹慎，安分守己又守正，是很吉祥的。

初六：旅瑣瑣，斯其所取災。（王弼本周易）

初六：旅瑣瑣，此其所取火。（馬王堆帛書）

【甲骨文造字思考與古籍比對校讀】

初六：旅瑣瑣，斯其所取災。

【白話】初六，旅行之始猥瑣不堪，招致火災是自己找罪受的。

374 黃懿陸 (2007)。中國先越文化研究：從壯族雞卦看《易經》起源。昆明：雲南人民出版社。
375 廖燕 (2015)。里耶秦簡通假字、古今字研究。吉首大學碩士學位論文。

一、甲骨文造字意思和易學考古考證等諸多資料彙集

1. 旅 (註九十一) 甲骨文造字意思，有萬人成員的大組織。

2. 取 (註八十五) 甲骨文造字意思，殺死敵人後割下死者的左耳，以便領賞。

3. 災 (註八十二) 甲骨文造字意思，表達大水為災的概念，或大川受到阻塞而氾濫之意。

二、爻位所處情況解析

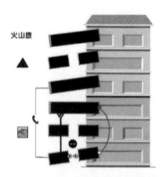

火山旅

一樓陰坐不得位，和四樓陽經常打電話溝通，一樓陰才剛剛出去旅行，由於陰居陽位不得位，又遇到上面二樓陰同性相斥，使得一樓陰顯得只會計較瑣碎小事，雖然一樓陰有四樓陽的相應，但是四樓陽位居離卦，火氣上揚而不想下降去幫忙一樓陰，甚至搞不好也會把火氣打擊一樓陰，其實這都是一樓咎由自取，自己偏執的個性使然。

六二：旅即次，懷其資，得童僕貞。（王弼本周易）

六二：旅既次，壞其茨，得童剝貞。（馬王堆帛書）

六二：旅即其次……（阜陽漢簡）

【甲骨文造字思考與古籍比對校讀】

六二：旅即次，懷其資，得童僕貞。

【白話】六二，旅客住在旅舍，攜帶錢財，又買到一名童僕，占問吉祥。

一、甲骨文造字意思和易學考古考證等諸多資料彙集

1. 即 (註六十七) 甲骨文造字意思，一人跪坐食物之前，即將進食之意。

2. 既 (註一百一十七) 甲骨文造字意思，已進食完畢，轉頭表示可撤去食物之意。

3. 次 (註五十三) 甲骨文造字意思，有次等的意義。

4. 次 (通假字)，恣 (本字)，根據其他古籍研究，疑為通假字。[376]

5. 既，即。[377] 經比對古籍疑為通假字。

6. 剝 (註四十五) 甲骨文造字意思，刀刻剝裂。

二、爻位所處情況解析

二樓陰坐得正位，位於下卦艮卦的中央，獲得了一顆星星 (臣

---

376 廖燕 (2015)。里耶秦簡通假字、古今字研究。吉首大學碩士學位論文。

377 王康瑋 (2012)。戰國秦漢簡牘帛書通假字誤識現象例析。南京大學漢語言文字學碩士論文。

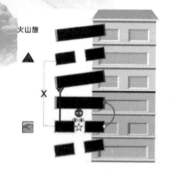

火山旅

子），和五樓陰不相應溝通，二樓陰旅人陰居陰位又守中位，又得到三樓陽陰陽相合，陽實資金豐厚了二樓陰，使得二樓陰不僅有旅館住宿，也有資財，更有童僕侍候，這是一個美好的旅行。

九三：旅焚其次，喪其童僕貞，厲。（王弼本周易）

九三：□□□□，□□□□，□□。（馬王堆帛書）

【甲骨文造字思考與古籍比對校讀】

九三：旅焚其次，喪其童僕貞，厲。

【白話】九三，旅途中旅舍失火，童僕跑掉了，占問有艱難危險。

一、甲骨文造字意思和易學考古考證等諸多資料彙集

1. 次（註五十三）甲骨文造字意思，有次等的意義。

二、爻位所處情況解析

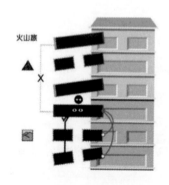

火山旅

三樓陽坐得正位，和六樓陽不打電話溝通，三樓陽居陽位剛強，但是身處下卦最上端過於偏執，三樓陽顯得驕傲自持，但是不受六樓陽相應，而且往上又遇到四

樓陽同性相斥，更甚者，四樓陽（位於上卦離卦）還會引發火災打擊三樓陽，這樣的境地連忠心的童僕也離開了。

九四：旅于處，得其資斧，我心不快。（王弼本周易）

□□：□□□，□其潛斧，□心不快。（馬王堆帛書）

【甲骨文造字思考與古籍比對校讀】

九四：旅于處，得其資斧，我心不快。

【白話】九四，旅行到合適的地方，得到自己的資財，但我的心情仍然不愉快。

一、爻位所處情況解析

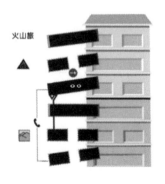

四樓陽坐不得位，而且和一樓陰經常打電話溝通相應，四樓陽獲得五樓陰（君王）的資源支持，四樓陽可以住在新住所，拿回錢財，但是因為四樓陽居陰位不正位，或有所缺，沒有忠心的童僕，四樓陽心裡難免遺憾而不快。

六五：射雉一矢，亡，終以譽命。（王弼本周易）

六五：射雉，一矢亡，冬以舉命。（馬王堆帛書）

【甲骨文造字思考與古籍比對校讀】

六五：射雉一矢，亡，終以譽命。

【白話】六五，射雉雞，一箭而斃，但最終獲得善射的榮譽和美名。

一、甲骨文造字意思和易學考古考證等諸多資料彙集

1. 冬 (通假字)，終 (本字) [378]

2. 終 (註七) 甲骨文造字意思，終結、結束的意思。

二、爻位所處情況解析

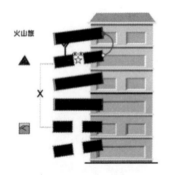

五樓陰坐不得位，位於上卦離卦的中央，獲得了一顆星星 (君王)，但是卻不和二樓陰溝通相應，五樓陰身處尊位有柔順文明之德，看到一隻雉雞，射去一箭即中，五樓陰的善射也獲得了美譽。

上九：鳥焚其巢，旅人先笑後號咷。喪牛於易，凶。（王弼本周易）

尚九：鳥棽甚巢，旅人先芙後挑桃；亡牛於易，兇。（馬王堆

---

378 林瑞能 (2009)。甲骨刻辭與上博楚竹書通假字比較研究。國立東華大學中國語文學系碩士論文。

帛書）

上九：鳥焚其巢，旅人先笑後號咷。喪牛於易，凶。

【白話】上九，像鳥兒大叫鳥巢失火被燒掉一樣，行旅之人剛開始喜悅歡笑，後因遭禍事而嚎啕痛哭；又因疏失丟失了牛，有凶險。

一、爻位所處情況解析

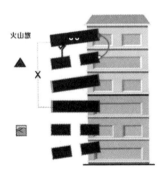

六樓陽坐不得位，和三樓陽不相應溝通，六樓陽已經位於最高樓，六樓陽居陰位過於陽剛高傲狂大，六樓陽又位於上卦離卦的最上端，其偏執的位置更容易招致火災，離卦也表示鳥，所以可能有鳥巢遭火焚的現象，六樓陽旅人剛開始還傲氣歡笑，真的災禍來臨就嚎啕大哭，這樣狂妄的行為不是旅人應有的態度，就是牽牛出去也會因為狂妄疏忽而丟失了牛，六樓陽應有的柔德盡失，是有危險的。

［巽上巽下］巽為風（帛書：筭）（海昏竹書易占：巽，孫（遜）也）

第五十七卦：《巽卦》 ䷸

巽：小亨。利有攸往。利見大人。（王弼本周易）

□□，□亨，利有攸往，利見大□。（馬王堆帛書）

【甲骨文造字思考與古籍比對校讀】

巽：小亨。利有攸往。利見大人。

【白話】《巽卦》象徵順從：小有亨通，利於有所作為，利於會見有道德並居於高位的人物。

一、甲骨文造字意思和易學考古考證等諸多資料彙集

1. 巽（註九十二）甲骨文造字意思，順從、並列。

2. 筭（註十六）甲骨文造字意思，做為計算吉凶的占卜依據。

3. 易卦「巽」，在《歸藏》裡寫為「筭」，本為先越之民後裔之一壯族語言「風」的意思。「筭」應該是壯語「風」的本音。[379]

二、爻位所處情況解析

---

[379] 黃懿陸 (2007)。中國先越文化研究：從壯族雞卦看《易經》起源。昆明：雲南人民出版社。

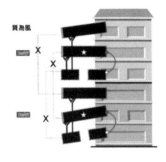

巽為風

上卦、下卦都是巽卦，巽卦代表長女，巽卦為風、柔木，有風行天下而無孔不入之象，也有謙遜而低伏順從之意。

整棟樓上下都是風，風流動不定，不能做大事，加上全部都不相應，一三樓陽、二五樓陽、三六樓陽，都是同性相斥，所以只能做小事，因為和順是一種美德，也是以下事上的基本態度，所以應該可以去見大人，並且獲得賞識。

初六：進退，利武人之貞。（王弼本周易）

初六：進內，利武人之貞。（馬王堆帛書）

【甲骨文造字思考與古籍比對校讀】

初六：進退，利武人之貞。

【白話】初六，隨宜進退，利於像軍人一樣的人占問事情。

一、甲骨文造字意思和易學考古考證等諸多資料彙集

1. 武（註九十三）甲骨文造字意思，持戈行走的雄武狀。

二、爻位所處情況解析

一樓陰坐不得位，也不和四樓陰相應溝通，一樓陰可以往上和二樓陽陰陽相合，但是四樓陰並不同意，加上一樓陰位於最卑下而

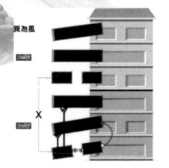

異為風

且過於謙遜，所以很難決定要不要前進，這個情況最適合讓軍人過來，因為軍人的個性就是決斷明確，可以解決一樓陰優柔的性格缺陷。

九二：巽在床下，用史、巫，紛若吉，無咎。（王弼本周易）

九二：筭在牀下，用使巫，忿若吉，無咎。（馬王堆帛書）

【甲骨文造字思考與古籍比對校讀】

九二：巽在床下，用史、巫，紛若吉，無咎。

【白話】九二，蜷伏於床下，召集祝史和巫覡來祝禱，吉祥，沒有禍患。

一、甲骨文造字意思和易學考古考證等諸多資料彙集

1. 筭 (註十六) 甲骨文造字意思，做為計算吉凶的占卜依據。

2. 史 (註一百五十四) 甲骨文造字意思，一手執狩獵工具，如同手執筆一樣，記載狩獵。

3. 使 (註十五) 甲骨文造字意思，手持捕獵工具去田獵、做事之意。

二、爻位所處情況解析

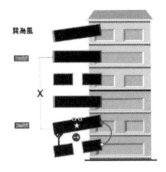

巽為風

二樓陽坐不得位，位於下卦巽卦的中央，獲得了一顆星星（臣子），但是和五樓陽不打電話溝通，二樓陽（大臣）只能和一樓陰陰陽相合，但是叫二樓陽大臣低下，就好像是伏在床下，情可以堪？只好多次求助於神明祝禱，還好二樓陽身處中位，能行中道，最終會沒事的。

九三：頻巽，吝。（王弼本周易）

九三：編筭，闟。（馬王堆帛書）

【甲骨文造字思考與古籍比對校讀】

九三：頻巽，吝。

【白話】皺緊眉頭伏跪在床下，有困厄。

一、甲骨文造字意思和易學考古考證等諸多資料彙集

1. 筭（註十六）甲骨文造字意思，做為計算吉凶的占卜依據。

2. 頻（註十七）甲骨文造字意思，瀕，意思是一位貴族，面臨一條大河流皺起眉毛思考是不是要涉水過去。

3. 編，漢石經作顛，王弼本作頻。按帛書復卦「編復」，王弼本編亦作頻。編、頻、顛音近通假。[380]

---

380 張政烺 (2011)，李零等整理。張政烺論易叢稿。北京：中華書局。

二、爻位所處情況解析

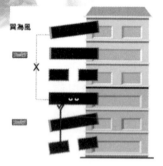

巽為風

三樓陽坐得正位，和六樓陽不相應溝通，三樓陽居陽位而過於剛強（位於下卦最上端偏位），雖然可以往上和四樓陰相合，但是六樓陽不相應，本來是剛強的三樓陽卻位於柔順的下卦巽卦之內，要往上又被逼柔下，往返多次，已經是志窮了。

六四：悔亡。田獲三品。（王弼本周易）

六四：悔亡，田獲三品。（馬王堆帛書）

【甲骨文造字思考與古籍比對校讀】

六四：悔亡。田獲三品。

【白話】六四，晦氣消失，田獵時得到三種野獸。

一、爻位所處情況解析

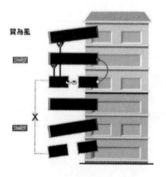

巽為風

四樓陰坐得正位，和一樓陰不溝通相應，但四樓陰居陰位得正位是個有用的大臣，和五樓陽（君王）陰陽諧協，所以沒有什麼晦氣，而且還可以獲得君王賞賜三品，或是在田野獵獲三隻獵物。

九五：貞吉，悔亡，無不利，無初有終。先庚三日，後庚三日，吉。（王弼本周易）

九五：貞吉，悔亡，無不利；無□有終；先庚三□，後庚三日，吉。（馬王堆帛書）

【甲骨文造字思考與古籍比對校讀】

九五：貞吉，悔亡，無不利，無初有終。先庚三日，後庚三日，吉。

【白話】九五，占問吉祥，悔恨消失，無所不利；開頭不妙，最終有好結果。在庚日之前三日到庚日後三日，吉祥。。

一、甲骨文造字意思和易學考古考證等諸多資料彙集

1. 筮得這一爻，應是所占問者吉，其悔將亡，沒有什麼不利的。行事開始時雖有點忙亂無章，但逐漸會心中有數而得良好結果。先庚三日，即庚前之丁日，後庚三日即庚後之癸日，都是吉日。[381]

2. 終 (註七) 甲骨文造字意思，終結、結束的意思。

二、爻位所處情況解析

五樓陽坐得正位，位於上卦巽卦的中央，獲得了一顆星星 (君

---

381 盧央 (2003)。易學與天文學。中國書店出版社，頁 47。

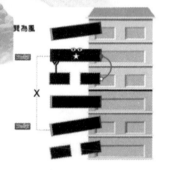

王），但是和二樓陽（臣子）不相應支持，因為五樓陽位於尊位中位正位，陽剛中正，可得其所願。所以在庚日之前三天到庚日之後三日之間，是吉日。

上九：巽在牀下，喪其資斧，貞凶。（王弼本周易）

尚九：筭在牀下，亡其潛斧；貞凶。（馬王堆帛書）

【甲骨文造字思考與古籍比對校讀】

上九：巽在牀下，喪其資斧，貞凶。

【白話】上九，蜷伏於床下，喪失了賴以謀生的資本，占問凶險。

一、爻位所處情況解析

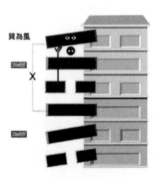

六樓陽坐不得位，和三樓陽不相應溝通，六樓陽即使已經位於最高樓，卻是最卑順，又受到五樓陽的上逼，六樓陽的處境更為孤立卑下且危險，加上六樓陽居陰位不正，更是窮極自困，是很不好的情況。

［兌上兌下］兌為澤（帛書：奪）（海昏竹書易占：說，說也）

第五十八卦：《兌卦》 ䷹

兌：亨，利貞。（王弼本周易）

奪，亨，小利貞。（馬王堆帛書）

【甲骨文造字思考與古籍比對校讀】

兌（奪）：亨，利貞。

【白話】兌：亨通暢達，利於占問。

一、甲骨文造字意思和易學考古考證等諸多資料彙集

1. 奪（註十九）甲骨文造字意思，鳥已被使用衣服做的網所罩住，被人捕捉而持拿在手中，掙扎想要脫逃的樣子。

2. 兌（註十八）甲骨文造字意思，會意人咧嘴嘻笑、心情喜悅。

3. 雞卦名的意思是：卦名一、二都為咱們在占卜，代表天。而代表地或陰的你一是念口尋找出路，二是念了口就知道前途是否光明。念口應理解為尋找天卦之口。然後，你一念就知道，知道什麼呢？知道天上有口，而天上有口肯定要往下倒東西，天上往地上倒的東西一是雨，二是風，三是雷，再來就是霜、雪和冰雹了。而風和雷分別已是天儀中的自然之物，列入八卦之中。在這個卦裡，天上往下倒的東西只能是霜、雪、雨和冰雹

了。……如此看，「兌」為「霜雪」是其本義。[382]

4. 王弼本無小字。[383]

二、爻位所處情況解析

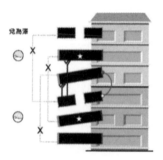

上卦、下卦都是兌卦是澤，地澤滋潤萬物，萬物喜悅得到滋養，上下皆喜悅。

整棟樓上下兩個澤相連，互相滋潤增益，所以順利亨通。

三、爻辭建議

奪，看甲骨文造字意思是爭奪捉到的小鳥，而觀看離卦是網捕鳥，中間有躁動的陰 (鳥)，而兌 (奪) 卦是上面有一個躁動的陰 (鳥)，鳥在上面掙扎想要掙脫，合乎卦象，所以這個兌 (奪) 卦應該是傾向於「奪」字為妥。為考量卦名已經熟知，僅以括弧標示提醒，寫為兌 (奪) 卦。

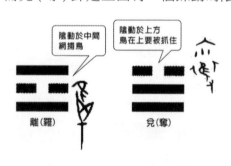

382 黃懿陸 (2007)。中國先越文化研究：從壯族雞卦看《易經》起源。昆明：雲南人民出版社。

383 張政烺 (2011)，李零等整理。張政烺論易叢稿。北京：中華書局。

初九：和兌，吉。（王弼本周易）

初九：休奪吉。（馬王堆帛書）

【甲骨文造字思考與古籍比對校讀】

初九：休兌（奪），吉。

【白話】初九，能以平和的態度待人，吉祥。

一、甲骨文造字意思和易學考古考證等諸多資料彙集

1. 奪（註十九）甲骨文造字意思，鳥已被使用衣服做的網所罩住，被人捕捉而持拿在手中，掙扎想要脫逃的樣子。

2. 兌（註十八）甲骨文造字意思，會意人咧嘴嘻笑、心情喜悅。

3. 休，王弼本作和。案帛書婦（否卦）之九五「休婦」、復之六二「休復」，休字與此同，知當作休，王本作和，誤。[384]

二、爻位所處情況解析

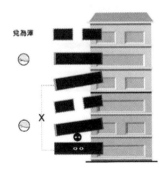

兌為澤

　　一樓陽坐得正位，和四樓陽不相應溝通，一樓陽往上遇到二樓陽同性相斥，然而一樓陽居陽位居正位，只要認清自己位於最底層，安守中節，則自然沒有乖戾之

---

384 張政烺 (2011)，李零等整理。張政烺論易叢稿。北京：中華書局。

氣，吉祥。

九二：孚兌，吉，悔亡。（王弼本周易）

九二：諥孚吉，悔亡。（馬王堆帛書）

【甲骨文造字思考與古籍比對校讀】

九二：孚兌（奪），吉，悔亡。

【白話】九二，心中誠信，吉祥；悔恨消失。

一、甲骨文造字意思和易學考古考證等諸多資料彙集

1. 孚(註二十)甲骨文造字意思，引申有誠信的意思。

二、爻位所處情況解析

二樓陽坐不得位，位於下卦兌卦的中央，獲得了一顆星星（臣子），和五樓陽不相應溝通，但是二樓陽往上和三樓陰陰陽相合，有同心而且互相信賴，自然吉祥。

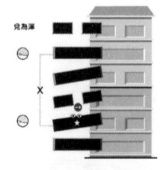

六三：來兌，凶。（王弼本周易）

六三：來奪凶。（馬王堆帛書）

【甲骨文造字思考與古籍比對校讀】

六三：來兌（奪），凶。

【白話】六三，有人前來你身邊，多方討好於你，凶險。

一、爻位所處情況解析

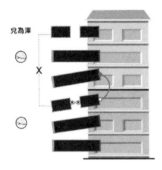

三樓陰坐不得位，和六樓陰不打電話溝通，三樓陰位於下卦兌卦最上端偏位，是一個陰柔的小人，向上諂媚於四樓陽，向下又和二樓陽交往，完全不照禮儀規範，會有危險的情況發生。

九四：商兌未寧，介疾有喜。（王弼本周易）

九四：章奪未寧，□疾有喜。（馬王堆帛書）

【甲骨文造字思考與古籍比對校讀】

九四：章兌（奪）未寧，介疾有喜。

【白話】彰顯喜悅但心緒不寧，生了一場大病卻霍然而癒。

一、甲骨文造字意思和易學考古考證等諸多資料彙集

1. 商 (通假字)，賞 (本字) [385] 經比對古籍疑為通假字。

2. 章，彰。[386] 經比對古籍疑為通假字。

---

385 林瑞能 (2009)。甲骨刻辭與上博楚竹書通假字比較研究。國立東華大學中國語文學系碩士論文。
386 賴冠豪 (2020)。《清華大學藏戰國竹簡 (伍)》通假字研究。國立高雄師範大學國文學系碩士論文。

3. 章(註十四)甲骨文造字意思,有彰顯的意義。

4. 奪(註十九)甲骨文造字意思,鳥已被使用衣服做的網所罩住,被人捕捉而持拿在手中,掙扎想要脫逃的樣子。

5. 兌(註十八)甲骨文造字意思,會意人咧嘴嘻笑、心情喜悅。

6. 介(註四十四)甲骨文造字意思,由許多鱗片般的小甲片連綴而成的護身裝備,將穿戴者的身體包覆起來。

7. 疾(註六十五)甲骨文造字意思,一個人被箭矢所傷,一個人生病而睡在床上,不同的表現手法似乎表現不同的病痛原因。

二、爻位所處情況解析

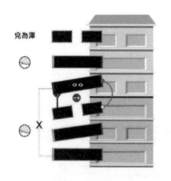

四樓陽坐不得位,和一樓陽不相應溝通,四樓陽位於上卦最底端做為一位大臣,理應往上侍奉五樓陽(君王),但是四樓陽和三樓陰,陰陽相合,四樓陽如果往上就會疏忽了三樓陰,如果向下就會失去五樓陽,進退考量使得心裡難以寧靜。

四樓陽在此之際,只要能夠介然分明,應該知道身為大臣,應該順從五樓陽(君王),能夠想通這一點,心裡的病症也能夠不藥而癒。

九五:孚於剝,有厲。(王弼本周易)

九□:□于□,□□。(馬王堆帛書)

【甲骨文造字思考與古籍比對校讀】

九五：復於剝，有厲。

【白話】九五，剝損他人的名譽，有危險。

一、甲骨文造字意思和易學考古考證等諸多資料彙集

1. 孚(註二十)甲骨文造字意思，引申有誠信的意思。

2. 剝(註四十五)甲骨文造字意思，刀刻剝裂。

二、爻位所處情況解析

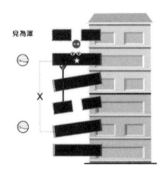

五樓陽坐得正位，位於上卦兌卦的中央，獲得一顆星星(君王)，但是和二樓陽(臣子)不支持相應，五樓陽貴為尊位君王不向下和四樓陽同性合作，卻往上和六樓陰陰陽相合，殊不知六樓陰是陰險小人，六樓陰小人慢慢地剝了五樓陽，五樓陽君王受到六樓陰諂媚讒言而心感喜悅，君子和小人相悅，這會後患無窮，必須發出警號。

三、爻辭建議

依王弼本全部將「復」字改為「孚」字，本爻辭應為「復」字。

上六：引兌。（王弼本周易）

尚六：景奪。（馬王堆帛書）

【甲骨文造字思考與古籍比對校讀】

上六：引兌（奪）。

【白話】上六，長久歡悅。

一、甲骨文造字意思和易學考古考證等諸多資料彙集

1. 奪(註十九)甲骨文造字意思，鳥已被使用衣服做的網所罩住，被人捕捉而持拿在手中，掙扎想要脫逃的樣子。

2. 兌 (註十八)甲骨文造字意思，會意人咧嘴嘻笑、心情喜悅。

3. 景 (古字)，和影 (今字)，是古今字。[387]

二、爻位所處情況解析

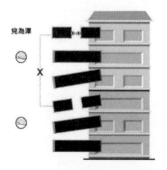

兌為澤

六樓陰坐得正位，和三樓陰不相應溝通，六樓陰居陰位且位於最高樓，已經是兌之極，愉悅歡樂之極，懂得使人喜悅，這個吉凶全憑一己之念，往好的方向，六樓陰可以向下和五樓陽相合，一陰一陽愉悅善處之；往壞的方向，六樓陰自己在高樓享樂，享樂不止則禍患即來，所以吉凶不說，全在一己之念。

［巽上坎下］風水渙（海昏竹書易占：奐，推(?)也）

第五十九卦：《渙卦》 ䷺

渙：亨。王假有廟，利涉大川，利貞。（王弼本周易）

渙，亨。王叚於廟，利涉大川，利貞。（馬王堆帛書）

【甲骨文造字思考與古籍比對校讀】

渙：亨。王假有廟，利涉大川，利貞。

【白話】渙：順暢亨通，君主去祠廟祭祀神靈，利於渡過大川，利於占問。

一、甲骨文造字意思和易學考古考證等諸多資料彙集

1. 雜卦名的意思是：均為代表陰的晚(你)卦起頭，代表陽的婁(咱們)字沒有在卦名中出現。猶如祛寒迎春，水融冰散。一邊看九，一邊看十，都是屬於陰卦的你在看，都是陰的東西囤積在一起，凝成大水，且卦中之數是十比九大，宛然渙渙大水而起，潮汐頓然，漫無邊際。[388]

2. 叚(通假字)，假(本字)，根據其他古籍研究，疑為通假字。[389]

---

387 劉勇 (2014)。「古音通假」內涵的再認識。泰山學院學報，第 36 卷第 4 期。

388 黃懿陸 (2007)。中國先越文化研究：從壯族雞卦看《易經》起源。昆明：雲南人民出版社。

389 范紅麗 (2012)。《銀雀山漢木竹簡 [貳]》通假字研究。

二、爻位所處情況解析

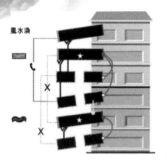

風水渙

風在上，水在下，風行水上，風吹水面，但水在下不與上交，各行其是，容易離散。

整棟樓風行上而水面在下，各行其是容易渙散，這時候五樓（陽，君王）和二樓（陽，臣子）就肩負聚集人心的任務，建立宗廟承先啟後可以復聚人心，就是大川涉渡之險也會化險為夷，只要堅守正道，必然亨通而長治久安。

初六：用拯馬壯，吉。（王弼本周易）

初六：撜馬吉，悔亡。（馬王堆帛書）

【甲骨文造字思考與古籍比對校讀】

初六：用拯馬壯，吉。

【白話】初六，駕馭車馬，馬匹強壯，吉祥。

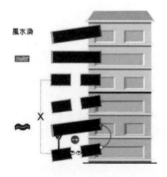

風水渙

一、爻位所處情況解析

一樓陰坐不得位，和四樓陰不打電話溝通，一樓陰以最底層的柔弱能力，受到二樓陽，陰陽相合的陽剛幫助，增強一樓陰的實力，就好像是得到強力壯馬的支

援，一樓陰可得救且度過危機，吉祥之象。

九二：渙奔其機，悔亡。（王弼本周易）

九二：渙賁其階，悔亡。（馬王堆帛書）

【甲骨文造字思考與古籍比對校讀】

九二：渙奔其機，悔亡。

【白話】九二，洪水奔湧沖毀房屋基地，悔恨消失。

一、甲骨文造字意思和易學考古考證等諸多資料彙集

1. 賁（註四十六）甲骨文造字意思，或許是供祭的鼎有插花一類的裝飾，也或許是鼓一類的用具。

2. 奔（註四十七）甲骨文造字意思，疾奔於眼前的連續快速腳步狀。

二、爻位所處情況解析

風水渙

二樓陽坐不得位，位於下卦坎卦的中央，獲得了一顆星星（臣子），卻不受五樓陽（君王）的支持溝通，但是二樓陽（臣子）態度積極，想要往上和五樓陽（君王）相應，縱使二樓陽身陷於坎卦水險陷坑之中（下卦坎卦），還好，二樓陽往上走一

路順暢（三樓陰，四樓陰，往上陰陽相合），二樓陽可以順利急奔，往上見君王合乎中道，沒有任何悔恨。

六三：渙其躬，無悔。（王弼本周易）

六三：渙其寵，無咎。（馬王堆帛書）

【甲骨文造字思考與古籍比對校讀】

六三：渙其躬，無悔。

【白話】六三，洪水沖到身體上，沒有什麼悔恨。

一、爻位所處情況解析

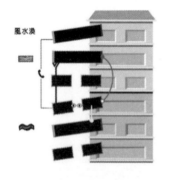

風水渙

三樓陰坐不得位，和六樓陽經常打電話溝通，三樓陰身處於下卦坎卦水險當中，正是水面遇到上面風（上卦巽卦為風）極險之地，三樓陰要脫險只有往上走，有六樓陽的接應，離開險境就進入巽卦風的順境了。

六四：渙其羣，元吉。渙有丘匪夷所思。（王弼本周易）

六四：渙其群，元吉；渙□□，□娣所思。（馬王堆帛書）

【甲骨文造字思考與古籍比對校讀】

六四：渙其羣，元吉。渙有丘匪夷所思。

【白話】六四，洪水沖向人群，開頭吉祥。但洪水竟然又沖到

山腰或山丘，這不是常人所能想到的。

一、甲骨文造字意思和易學考古考證等諸多資料彙集

1. 夷(註四十八)甲骨文造字意思，夷人蹲坐的姿勢表達其民族，
   也是表現進行二次葬時，將屍體腐化後的白骨重新撿拾起來排
   列再埋葬的樣子。

二、爻位所處情況解析

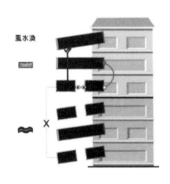

四樓陰坐得正位，和一樓陰不相應溝
通，四樓陰居陰位得正位是一位大臣，往
上輔佐五樓陽(君王)陰陽相合，四樓陰
可以將小人派系予以渙散，這對國家是好
事，但是四樓陰卻能夠聚集民眾成為大
群，就好像水漫流到大丘，這必須是才智
出眾的大臣才可以辦到，能夠做到這樣簡直是大功一件，而且其能
力真是難以想像，匪夷所思。

九五：渙汗其大號。渙王居，無咎。(王弼本周易)

九五：渙其肝大號，渙王居無咎。(馬王堆帛書)

【甲骨文造字思考與古籍比對校讀】

九五：渙汗其大號。渙王居，無咎。

【白話】九五，洪水沖向人們的居所，一片哭號聲。洪水沖向王城，沒有禍患。

一、甲骨文造字意思和易學考古考證等諸多資料彙集

1. 君（註六）甲骨文造字意思，持筆寫字的人是發號令的長官。

二、爻位所處情況解析

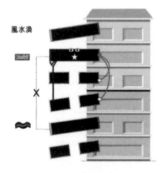

風水渙

五樓陽坐得正位，位於上卦巽卦的中央，獲得了一顆星星（君王），和二樓陽不支持溝通，但是五樓陽（君王）畢竟是正位尊位具有陽剛之德，在人心渙散之時，可以發號司令使民心聚集歸順，這就好像是讓一個人發了大汗，則四肢舒暢，疾病立除一樣；君王令出而民從，人汗一出而病除。五樓陽君王治渙有功，居廟堂中正，造福百姓，當然沒有問題了。

上九：渙其血，去逖出，無咎。（王弼本周易）
尚九：渙其血去湯出。（馬王堆帛書）
【甲骨文造字思考與古籍比對校讀】
上九：渙其血，去逖出，無咎。
【白話】上九，洪水淹沒了護城河，趕快遠遠地避開它，沒有

禍患。

一、甲骨文造字意思和易學考古考證等諸多資料彙集

1. 去(註四十九)甲骨文造字意思,去除、離去。

2. 湯(註五十)甲骨文造字意思,祈雨時,賜宴臣民。

3. 逷,易,惕,疑為通假字。[390]

二、爻位所處情況解析

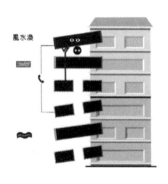

六樓陽坐不得位,和三樓陰經常打電話溝通,六樓陽已經位於最高樓前無進路,其下又有五樓陽同性進逼,六樓陽在窮極之時必須亟思改變,只能傷害自己流血以脫離險地求生,往下相應三樓陰隨著風行之勢(上卦巽卦是風)遠離,以剛俯柔,以貴下賤,轉危為安。

---

390 呂佩珊 (2011)。《上海博物館藏戰國楚竹書(一~六)》通假字研究。國立台灣師範大學國文學系博士論文。

[坎上兌下] 水澤節（海昏竹書易占：節，節之也）

第六十卦：《節卦》 ䷻

節：亨。苦節不可貞。（王弼本周易）

節，亨。枯節，不可貞。（馬王堆帛書）

【甲骨文造字思考與古籍比對校讀】

節：亨。苦節不可貞。

【白話】節：亨通，以自我節制為苦；不可以占問。

一、甲骨文造字意思和易學考古考證等諸多資料彙集

1. 雞卦名的意思是：兩卦都有轉（搖）頭的意思。為什麼要轉（搖）頭不已，那可能是碰上了什麼不順心的事，有苦難言或不便用語言來表達，故用轉（搖）頭表示回答。從卦象看，卦名一中，代表咱們或陽的右骨連爻有數三，代表你或陰的左骨連爻有數四，而卦名意思說明，你本身有數四，你來的卻是「二」，咱們肯定認為不合，故有搖頭之語。為什麼搖頭呢？就是不同意你把四說成二的結論，要求你終止這個說法，不要謊報不正確的數字。這就是截止不正確的傾向，保持好忠誠守信的節操。[391]

2. 苦（通假字），枯（本字），根據其他古籍研究，疑為通假字。[392]

391 黃懿陸 (2007)。中國先越文化研究：從壯族雞卦看《易經》起源。昆明：雲南人民出版社。

392 范紅麗 (2012)。《銀雀山漢木竹簡 [貳]》通假字研究。

二、爻位所處情況解析

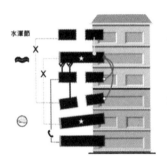

上面是水，下方為澤，水自高處流下，積水成澤，水歸於澤，池澤所能容納的水量是有節度的，水止於其所，而萬物積於其居，代表節制、限度之意。

整棟樓上面有水，下面有澤，水流入澤要有節度，只要有適當的節制，就會亨通；但是如果太過苛刻約束，自己太苦或是苛待他人，都不可能亨通。

初九：不出戶庭，無咎。（王弼本周易）

初九：不出戶牖，無咎。（馬王堆帛書）

【甲骨文造字思考與古籍比對校讀】

初九：不出戶庭，無咎。

【白話】初九，不邁出庭院，沒有禍患。

一、爻位所處情況解析

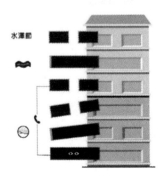

一樓陽坐得正位，和四樓陰經常溝通相應，但是四樓陰位於上卦坎卦水險陷坑之內，一樓陽還是不要往上相應，畢竟一樓陽才剛剛踏入社會，經驗有限，自己謹守戶庭，就不會有事。

九二：不出門庭，凶。（王弼本周易）

九二：不出門廷，凶。（馬王堆帛書）

【甲骨文造字思考與古籍比對校讀】

九二：不出門庭，凶。

【白話】九二，不跨出門庭，有凶險。

一、甲骨文造字意思和易學考古考證等諸多資料彙集

1. 廷 (註九十四) 甲骨文造字意思，官員向君王行禮時所站立的
   地方。

二、爻位所處情況解析

水澤節

　　二樓陽坐不正位，位於下卦兌卦的中央，獲得了一顆星星 (臣子)，卻和五樓陽 (君王) 不相應溝通，按理一樓陽代表室內，那二樓陽就在室外，二樓陽應該走出去，尤其是二樓陽往上遇到三、四樓陰將順利行走，更是出外的時機。可是二樓陽如果躊躇不前，欲行又止，自我拘束，徒然坐失良機，會有危險。

六三：不節若，則嗟若，無咎。（王弼本周易）

六三：不節若，則□□，□咎。（馬王堆帛書）

【甲骨文造字思考與古籍比對校讀】

六三：不節若，則嗟若，無咎。

【白話】六三，不自我節制，會嗟嘆不止，但知過悔過，則可平安無事。

一、爻位所處情況解析

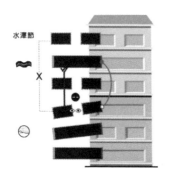

三樓陰坐不正位，和六樓陰不相應溝通，三樓陰往上面對上卦坎卦水險陷坑，三樓陰本身就處於危險邊緣，加上三樓陰如果要往上也會受到四樓陰同性相斥，偏偏三樓陰據了底下兩個陽覺得很得意，再加上三樓陰居陽位不正位且偏位 (下卦最上端)，使得三樓陰驕縱不知節制，則將會踏入險境而禍害臨身，如果三樓陰能夠退居省察，改正自新，凡事注意節制之道，就不會有事了。

六四：安節，亨。(王弼本周易)

六四：□□，□。(馬王堆帛書)

【甲骨文造字思考與古籍比對校讀】

六四：安節，亨。

【白話】六四，舒徐從容地自我節制，亨通。

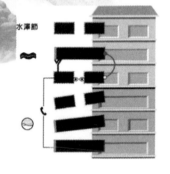

水澤節

一、爻位所處情況解析

四樓陰坐得正位，和一樓陽經常打電話溝通，四樓陰往上輔助五樓陽（君王），四樓陰又陰居陰位得正位，四樓陰和五樓陽一內一外，一體一用，相得益彰，則萬事亨通。

九五：甘節，吉，往有尚。（王弼本周易）

□□：□□，吉，往有尚。（馬王堆帛書）

【甲骨文造字思考與古籍比對校讀】

九五：甘節，吉，往有尚。

【白話】九五，能適度節制從而讓人感到美而適中，吉祥；前行，會得到友人幫助。

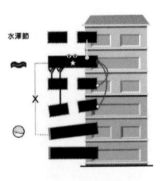

水澤節

一、爻位所處情況解析

五樓陽坐得正位，位於上卦坎卦的中央，獲得了一顆星星（君王），和二樓陽不打電話溝通，五樓陽（君王）陽剛得正位，又有底下四樓陰大臣的柔順相助，五樓陽可以成其大功，大行其中正之道。

上六：苦節，貞凶，悔亡。（王弼本周易）

尚六：枯節貞凶，悔亡。（馬王堆帛書）

【甲骨文造字思考與古籍比對校讀】

上六：苦節，貞凶，悔亡。

【白話】上六，以自我節制為苦，占問凶險，晦氣消亡。

一、甲骨文造字意思和易學考古考證等諸多資料彙集

1. 苦（通假字），枯（本字），根據其他古籍研究，疑為通假字。[393]

二、爻位所處情況解析

六樓陰坐得正位，和三樓陰不相應溝通，六樓陰已經位於最高樓，位極而時窮，加上六樓陰也位於上卦坎卦陷坑內，六樓陰又不適當地據五樓（陰據陽為凶），更是苦不堪言，有危險之象；所以六樓陰要及時覺悟，不能自己這麼苦節過甚，要做適當的改正與變通，合乎人情事理的節制，才可以避免危亡。

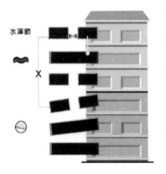

---

393 范紅麗 (2012)。《銀雀山漢木竹簡 [貳]》通假字研究。

［巽上兌下］風澤中孚（帛書：中復）（海昏竹書易占：中俘，中俘）

第六十一卦：《中孚卦》 ䷼

中孚：豚魚吉。利涉大川，利貞。（王弼本周易）

中復，豚魚吉，和涉大川，利貞。（馬王堆帛書）

【甲骨文造字思考與古籍比對校讀】

中孚（復）：豚魚吉。利涉大川，利貞。

【白話】中孚：誠信如豚魚，吉利，利於涉越大河，利於占問。

一、甲骨文造字意思和易學考古考證等諸多資料彙集

1. 孚（註二十）甲骨文造字意思，引申有誠信的意思。

2. 复（註二十四）甲骨文造字意思，復，有「反覆」、「往復」的意思。會腳圍繞城邑往來之意。

3. 孚，復，疑為通假字。[394]

4. 在雞卦名中，卦名一、卦名二的卦義都是相同的。即咱們卦怎麼說，你卦也就怎麼說，完全是鸚鵡學舌。做人做到這個份上，只有完全相信了對方，然後才有類似的舉動。卦中的雙方完全是在充分信任的基礎上，說出同樣的話，做出同樣的事。[395]

---

394 呂佩珊 (2011)。《上海博物館藏戰國楚竹書（一～六）》通假字研究。國立台灣師範大學國文學系博士論文。

395 黃懿陸 (2007)。中國先越文化研究：從壯族雞卦看《易經》起源。昆明：雲南人民出版社。

5. 豚魚：對信風很敏感，江面起風，豚魚浮出水面；南風來，豚
    魚向南張口；北風至，豚魚向北張口。

6. 吉（註七十一）甲骨文造字意思，原始的意思是使鑄件更為光
    滑美善，後來延伸為表達良善的意義。

二、爻位所處情況解析

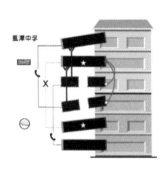

風在上，澤在下，風在澤上流動，風
輕拂池澤的水面上，引發陣陣漣漪的共
鳴，因而跟隨順從，有誠懇、信實之意。

整棟樓風吹於上而澤在下應之，就像
是豚魚一感知起風，必然跳躍出水面而
拜，所以只要有中道之心，誠信感動，就
是涉險渡大川也可。

三、爻辭建議

王弼本全部將帛書之「復」改為「孚」，按，「孚」甲骨文造
字原意為一隻手捉著小孩的頭，從而對主人效忠，而引申為誠信之
意。但是觀諸卦象，以陰為動的定義來看，這個卦的中間兩個陰往
來於下卦和上卦之間，正是「復」甲骨文造字意思。雖然「孚」和
「復」古代通假，意思相近，但是字義發展至今日，已經兩樣，究
其造字原意、卦象，以及爻辭並無多少誠信之言，所以改以「復」

字為宜，就是胸懷誠信也是反覆行之。

再考量其他卦爻的「孚」字並不全是誠信之意，反而傾向於

「復」字意思，所以本書即將所有
「孚」字皆改為帛書之「復」字。
但考量卦名為大眾熟知，若改卦名
反而混淆認知，因此仍沿用既有的
卦名，後面加個「復」字，即中孚
(復)卦，懷有「復」之念想即可，
至於爻辭就直接改為「復」字。

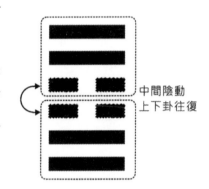

中間陰動
上下卦往復

初九：虞吉，有它不燕。（王弼本周易）

初九：杅吉，有它不寧。（馬王堆帛書）

【甲骨文造字思考與古籍比對校讀】

初九：虞吉，有它不燕。

【白話】初九，安守誠信，吉祥，可能有變故，得不到安寧。

風澤中孚

一、爻位所處情況解析

一樓陽坐得正位，和四樓陰經常打電
話溝通，一樓陽居陽位得正位，誠信安居
則吉祥，如果心有他念或偏私，就會心不
安。

九二：鳴鶴在陰，其子和之。我有好爵，吾與爾靡之。（王弼本周易）

九二：鳴鶴在陰，其子和之；□□□□，□□□贏□。（馬王堆帛書）

【甲骨文造字思考與古籍比對校讀】

九二：鳴鶴在陰，其子和之。我有好爵，吾與爾靡之。

【白話】母鶴在山的北面背面鳴叫，小鶴應聲相和；我有醇香的酒漿，願與你們一同暢飲。

一、甲骨文造字意思和易學考古考證等諸多資料彙集

1. 好（註一百二十）甲骨文造字意思，有子可繼承家業是美好的事。

二、爻位所處情況解析

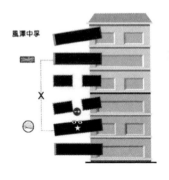

二樓陽坐不得位，位於下卦兌卦的中央，獲得了一顆星星（臣子），二樓陽和五樓陽不互相溝通，二樓陽居陰位，上有三樓陰相合，象徵母子之象，也象徵志同道合的朋友，皆出於二樓陽中位的孚信至誠所致。

六三：得敵，或鼓，或罷，或泣，或歌。（王弼本周易）

□□：□□，或 或皮，或汲或歌。（馬王堆帛書）

【甲骨文造字思考與古籍比對校讀】

六三：得敵，或鼓，或罷，或泣，或歌。

【白話】六三，面臨強勁的敵人，有人敲起戰鼓追擊，有人停下來，有人哭泣，有人高聲歌唱。

一、甲骨文造字意思和易學考古考證等諸多資料彙集

1. 皮（通假字），彼（本字），根據其他古籍研究，疑為通假字。[396]

二、爻位所處情況解析

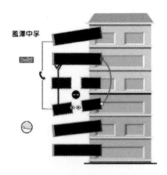

三樓陰坐不得位，和六樓陽經常相應溝通，三樓陰往上遇到四樓陰同性相斥，而三樓陰據二樓陽為凶象，加上三樓陰與六樓陽相應，偏偏六樓陽位極尊位但是不正位（陽居陰位），六樓陽的偏執傾向一直影響著三樓陰，讓三樓陰毫無己見，時而鼓舞，時而罷廢，時而憂泣，時而歌唱，三樓陰失去了誠信的形象。

396 范紅麗 (2012)。《銀雀山漢木竹簡 [貳]》通假字研究。
397 張政烺 (2011)，李零等整理。張政烺論易叢稿。北京：中華書局。
398 王康瑋 (2012)。戰國秦漢簡牘帛書通假字誤識現象例析。南京大學漢語言文字學碩士論文。

六四：月幾望，馬匹亡，無咎。（王弼本周易）

六四：月既望，馬必亡，無咎。（馬王堆帛書）

六四：月幾（望）……（阜陽漢簡）

【甲骨文造字思考與古籍比對校讀】

六四：月幾望，馬匹亡，無咎。

【白話】六四，月亮快要滿圓了，好馬丟失了，沒有禍患。

一、甲骨文造字意思和易學考古考證等諸多資料彙集

1. 既（註一百一十七）甲骨文造字意思，已進食完畢，轉頭表示可撤去食物之意。

2. 既，王弼本作幾。《釋文》云：「幾，荀作既。」按既望是過望，幾望是近望，疑。[397]

3. 既，即。[398] 經比對古籍疑為通假字。

二、爻位所處情況解析

四樓陰坐得正位，和一樓陽相應支持，四樓陰已經位於上卦最低端，已經快要接近五樓陽尊位，就好像是月亮快要圓了，四樓陰得正位是一位大臣，可以輔佐五樓陽（君王）陰陽諧協，但三樓陰和四樓陰同時位居整棟樓的中位人位，雖然

三、四樓陰同樣是同僚，但是四樓陰為了要輔佐五樓陰君王，必須放棄與三樓陰相合，猶如讓自己經常陪伴的馬丟失一樣，四樓陰的誠信感人，不會有事。

> **九五：有孚攣如，無咎。**（王弼本周易）
>
> **九五：有復論如，無咎。**（馬王堆帛書）
>
> **【甲骨文造字思考與古籍比對校讀】**
>
> **九五：有復攣如，無咎。**
>
> **【白話】**九五，具有誠信之德並以其牽繫天下人心，沒有禍患。

一、甲骨文造字意思和易學考古考證等諸多資料彙集

1. 孚 (註二十) 甲骨文造字意思，引申有誠信的意思。

2. 复 (註二十四) 甲骨文造字意思，復，有「反覆」、「往復」的意思。會腳圍繞城邑往來之意。

3. 孚，復，疑為通假字。[399]

4. 論 (註一百五十五) 甲骨文造字意思，蓋簡冊。

---

399 呂佩珊 (2011)。《上海博物館藏戰國楚竹書 (一～六)》通假字研究。國立台灣師範大學國文學系博士論文。

二、爻位所處情況解析

風澤中孚

五樓陽坐得正位，位於上卦巽卦的中央，獲得了一顆星星（君王），卻不和二樓陽（臣子）相應支持，但是五樓陽（君王）得位尊位，底下有兩個陰（三、四樓）陰陽相合，五樓陽君王也以誠信團結眾民，上下互信維繫，則不會出事。

三、爻辭建議

1. 孚和復用字理由，請見需卦和中孚卦的解釋。

   上九：翰音登於天，貞凶。（王弼本周易）

   尚九：鸓音登於天，貞凶。（馬王堆帛書）

   【甲骨文造字思考與古籍比對校讀】

   上九：翰音登於天，貞凶。

   【白話】上九，雞兒飛上天，占問凶險。

一、甲骨文造字意思和易學考古考證等諸多資料彙集

1. 登（註三十三）甲骨文造字意思，雙手扶持矮凳讓他人上登之狀。

二、爻位所處情況解析

風澤中孚

六樓陽坐不得位，和三樓陰經常打電話溝通，六樓陽已經位於最高樓，卻用已盡，時已極，就如一隻雞鳴叫的範圍有限，但是位於六樓陽的雞妄想鳴叫到天際，等於是自不量力，在力量已盡之地仍然想要表現求顯，是會發生問題的。

〔震上艮下〕 雷山小過（帛書：少過）（海昏竹書易占：小過，有小過也）

第六十二卦：《小過卦》

　　小過：亨，利貞。可小事，不可大事。飛鳥遺之音，不宜上，宜下，大吉。（王弼本周易）

　　少過，亨，利貞；可小事，不可大事，翡鳥遺之音，不宜上，宜下，泰吉。（馬王堆帛書）

　　……不可大吏，（飛）鳥遺音，不宜上，宜下，大吉。（阜陽漢簡）

　　【甲骨文造字思考與古籍比對校讀】

　　小過：亨，利貞。可小事，不可大事。飛鳥遺之音，不宜上，

宜下，大吉。

【白話】小過：亨通，利於占問；可以去做小事，但不可去涉足一些大事；飛鳥要留下鳴叫聲，不應該向上強飛，而應該向下飛，大為吉祥。

一、甲骨文造字意思和易學考古考證等諸多資料彙集

1. 少(通假字)，小(本字)，根據其他古籍研究，疑為通假字。[400]

2. 過(註八十三)甲骨文造字意思，表示有人在路上走過。

3. 在雞卦名中，卦名一的意思是：你要吃飯之前，正在揩桌子，咱們還在。卦名二的意思是：咱們在房子的角落裡，你卻朝前，往口走出去了。這就說明，你沒有叫咱們吃飯，你卻朝前走了，這不是什麼大的過錯，但卻是小小的過失。最起碼是對人的不禮貌吧！[401]

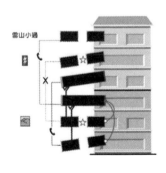

雷山小過

二、爻位所處情況解析

上卦為震卦、為震動之雷，下卦為艮卦，表示停止的山，第三、四樓兩個陽被第一、二、五、六樓四個陰包在裡面，顯得客多於主(陰多於陽)，更有反客為主

---

400 廖燕 (2015)。里耶秦簡通假字、古今字研究。吉首大學碩士學位論文。
401 黃懿陸 (2007)。中國先越文化研究：從壯族雞卦看《易經》起源。昆明：雲南人民出版社。

之意，是有些小小的過份了。

　　整棟樓從外形來看就像一隻鳥，三、四樓陽像鳥的身軀，而下面一、二樓陰，上面五、六樓陰則是鳥的雙翼，所以小過卦會使用鳥來比喻。飛鳥在天上鳴叫，飛去而鳴叫聲仍然遺留一些，而且飛鳥不宜往上飛，最好是往下飛，因為往下可以隨時找到棲息地。二樓和五樓都是陰，所以不適合做大事，只能做小事。

初六：飛鳥以凶。（王弼本周易）

初六：翡鳥以凶。（馬王堆帛書）

【甲骨文造字思考與古籍比對校讀】

初六：飛鳥以凶。

【白話】初六，鳥兒飛過，有凶險。

一、爻位所處情況解析

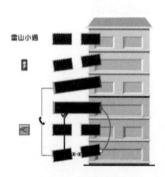

雷山小過

　　一樓陰坐不得位，和四樓陽經常相應溝通，一樓陰不正位是一位小人，應該安分在底層，可是因為一樓陰和四樓陽有交情，所以一樓陰很想要一躍上四樓陽，因為四樓陽（大臣）鄰近五樓陰（君王），可是一樓陰的力量與身分仍然無法勝任，冒然上行是有風險的。就好像是一隻飛鳥自恃雙翼之勇，不自量力弱，一心往上高飛，最終因為無處棲息而墜

落死亡。

> **六二：過其祖，遇其妣；不及其君，遇其臣，無咎。**（王弼本周易）
> **六二：過其祖，愚其比；不及其君，愚其僕，無咎。**（馬王堆帛書）
> **【甲骨文造字思考與古籍比對校讀】**
> **六二：過其祖，遇其妣；不及其君，遇其臣，無咎。**

【白話】六二，專程去面見祖父，結果卻遇到祖母；專程去拜見君王，結果卻遇見大臣，沒有禍患。

一、甲骨文造字意思和易學考古考證等諸多資料彙集

1. 過 (註八十三) 甲骨文造字意思，表示有人在路上走過。

2. 禹 (註七十八) 甲骨文造字意思，用手捏住蛇頭頸。通「禹」字。

3. 帛書有寫禹和愚，應係簡筆，王弼本改為遇，較貼近爻辭意思，以「遇」解釋為宜。

4. 比 (註一百五十六) 甲骨文造字意思，親密。

5. 君 (註六) 甲骨文造字意思，持筆寫字的人是發號施令的長官。

6. 臣 (註四十三) 甲骨文造字意思，罪犯以及低級官吏。

二、爻位所處情況解析

二樓陰坐得正位，位於下卦艮卦的中央，獲得了一顆星星 (臣子) 和五樓陰 (君王) 不相應溝通，二樓陰之上是父親 (三樓陽)，

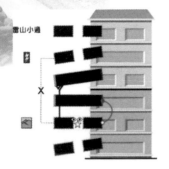

再上是祖父（四樓陽），再上就是祖母（五樓陰），所以二樓陰想要去見本來不應該去見的五樓陰（二、五樓不相應，小過之一），要先拜訪父親、祖父才能見到祖母；二樓陰（臣子）又想專程去拜見五樓陰（君王），真的見面就是大事了，因為五樓陰（君王）不理會二樓陰，沒有見到君王，倒是遇見了四樓陽大臣（小過之二），這些小過失其實都不是二樓陰故意所為，二樓陰只是想要克盡孝道和臣事而已，所以不會有禍患。

三、爻辭建議

臣和僕在古代同樣是底下之人，本爻辭依照其他爻辭慣例應改為「僕」，但本爻辭對應於君，還是以「臣」較為適宜。

九三：弗過防之，從或戕之，凶。（王弼本周易）
九三：弗過仿之，從或臧之，凶。（馬王堆帛書）
【甲骨文造字思考與古籍比對校讀】
九三：弗過防之，從或戕之，凶。
【白話】九三，沒有越界，但要存有防備之心，如果縱容，有可能遭到殺身之禍，凶險。

一、甲骨文造字意思和易學考古考證等諸多資料彙集

1. 弗(註三十七)甲骨文造字意思,矯正。

2. 過(註八十三)甲骨文造字意思,表示有人在路上走過。

3. 仿(註一百五十七)甲骨文造字意思,遊蕩無定。

4. 臧(註一百零九)甲骨文造字意思,以戈刺瞎奴隸的眼睛,反抗能力減低不得不順服。

二、爻位所處情況解析

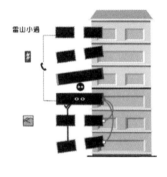

三樓陽坐得正位,和六樓陰經常打電話溝通,三樓陽位於下卦艮卦最上端,是可以不需要往上走,但是三樓陽居陽位過於剛強,有志往上走,可是會遇到四樓陽同性敵視,三樓陽要懂得防備;因為三樓陽和六樓陰交情很好,三樓陽就想要往上去和六樓陰相應,殊不知在上卦的四樓陽拒於前,三樓陽沒有防範而去可能會受到四樓陽所傷害,必須謀定而後動。

九四:無咎,弗過遇之。往厲,必戒,勿用永貞。(王弼本周易)

九四:無咎,弗過愚之;往厲必革,勿用永貞。(馬王堆帛書)

【甲骨文造字思考與古籍比對校讀】

九四:無咎,弗過遇之。往厲,必戒,勿用永貞。

【白話】九四,沒有禍患,還未越界,和他遇上了。前去有危

險，必須心存戒惕，不要占問長遠的事情。

一、甲骨文造字意思和易學考古考證等諸多資料彙集

1. 弗 (註三十七) 甲骨文造字意思，矯正。

2. 過 (註八十三) 甲骨文造字意思，表示有人在路上走過。

3. 禺 (註七十八) 甲骨文造字意思，用手捏住蛇頭頸。通「禹」字。

4. 帛書有寫禺和愚，應係簡筆，王弼本改為遇，較貼近爻辭意思，以「遇」解釋為宜。

5. 革 (註一百一十八) 甲骨文造字意思，將一張動物表皮撐開晾曬，皮革經過晾曬變硬，頭部、身部、尾巴都表現得清清楚楚。

二、爻位所處情況解析

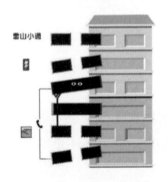

雷山小過

四樓陽坐不得位，和一樓陰相應溝通，四樓陽鄰近五樓陰輔佐君王，整個型態沒有問題，四樓陽要往上走是很順利（陰陽相合），但是只要去見五樓陰即可，不要再往上與六樓陰相合，因為六樓陰位於窮極之位且是小人，恐怕會有危險。四樓陽要知道自己的處境，陽居陰位不正位，不要往上，適宜安守或往下與一樓相應，果真如此，則不會有事。

六五：密雲不雨，自我西郊。公弋取彼在穴。（王弼本周易）

六五：密雲不雨，自我西茭；公射取皮在穴。（馬王堆帛書）

【甲骨文造字思考與古籍比對校讀】

六五：密雲不雨，自我西郊。公弋取彼在穴。

【白話】六五，烏雲密佈在天空卻不下雨，這些烏雲是從城的西邊飄過來的；公侯們射取在那洞穴的禽獸。

一、甲骨文造字意思和易學考古考證等諸多資料彙集

1. 自 (註二十五) 甲骨文造字意思，鼻子。

2. 取 (註八十五) 甲骨文造字意思，殺死敵人後割下死者的左耳，以便領賞。

3. 皮 (通假字)，彼 (本字)，根據其他古籍研究，疑為通假字。[402]

二、爻位所處情況解析

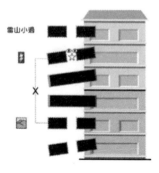

雷山小過

五樓陰坐不得位，位於上卦震卦中央，獲得了一顆星星 (君王)，卻和二樓陰不相應溝通，五樓陰雖然位居尊位，五樓陰陰柔過盛並不是一位有作為的君王，不能做大事，這種情況就好像是烏雲密佈

---

402 范紅麗 (2012)。《銀雀山漢木竹簡 [貳]》通假字研究。

卻不降下甘霖，看見雲從西方過來，可是西方過來的雲水氣不多，沒有下雨的條件，甚至公侯們要去打獵，打不到鳥，乾脆出其不備跑去洞穴裡面捉鳥，這都不是光明正大的行為，他們不能做大事，只能做些小事。

> 上六：弗遇過之，飛鳥離之，凶。是謂災眚。（王弼本周易）
> 尚六：弗愚過之，翟鳥羅之凶，是謂茲省。（馬王堆帛書）
> 【甲骨文造字思考與古籍比對校讀】
> 上六：弗遇過之，飛鳥離（羅）之，凶。是謂災省。

【白話】上六，沒有遇上，讓他過去了，飛鳥網羅，凶險，這是災殃禍患。

一、甲骨文造字意思和易學考古考證等諸多資料彙集

1. 弗（註三十七）甲骨文造字意思，矯正。

2. 禹（註七十八）甲骨文造字意思，用手捏住蛇頭頸。通「禹」字。

3. 帛書有寫禹和愚，應係簡筆，王弼本改為遇，較貼近爻辭意思，以「遇」解釋為宜。

4. 過（註八十三）甲骨文造字意思，表示有人在路上走過。

5. 羅（註二十七）甲骨文造字意思，用網捕飛鳥。

6. 離（註二十六）甲骨文造字意思，一隻鳥被捕鳥的網子捉住。

7. 茲（註八十一）甲骨文造字意思，束絲相併之形。「茲」字用

口語化說明，就是廣泛的「此」。「案古『災』與『薔』字互通。帛書作『茲』，當是與『薔』字同音相假也。」[403]

8. 災 (註八十二) 甲骨文造字意思，表達大水為災的概念，或大川受到阻塞而氾濫之意。

9. 省 (註八十九) 甲骨文造字意思，用目視察田獵、禾苗、草木等農事。通「眚」字。

二、爻位所處情況解析

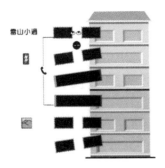

六樓陰坐得正位，和三樓陽經常打電話溝通，六樓陰已經位於最高樓窮極之位，往下遇到五樓陰同性相敵，雖然六樓陰可以和三樓陽陰陽相應，但是偏偏三樓陽位於下卦艮卦的最上端，高山之巔止而不動，六樓陰如果要往下會受到抵抗，六樓陰已經前無進路，如果要往上，就像飛鳥執意要再飛上去，自己能夠飛的高度本來就有極限，再往上飛恐遭致災禍。

三、爻辭建議

「省」字合乎現代認知，所以從帛書「省」。

---

403 劉大鈞。今、帛、竹書《周易》疑難卦爻辭及其今、古文辨析 (一)。文章取自蔡運章、董延壽、張應橋主編 (2016)。洛陽市文物管理局，洛陽易經學會編。易學考古論集。北京：中華書局。

［坎上離下］水火既濟（海昏竹書易占：氣濟，濟，已也）

第六十三卦：《既濟卦》 ䷽

既濟：亨小，利貞。初吉，終亂。（王弼本周易）

既濟，亨，小利貞；初吉，冬乳。（馬王堆帛書）

【甲骨文造字思考與古籍比對校讀】

既濟：亨小，利貞。初吉，終亂。

【白話】既濟：小有亨通，利於占問；開始時是吉祥的，但最終階段必導致混亂。

一、甲骨文造字意思和易學考古考證等諸多資料彙集

1. 既（註一百一十七）甲骨文造字意思，已進食完畢，轉頭表示可撤去食物之意。

2. 在雞卦象一的卦名中，卦名一的意思是：咱們自己問卜，咱們念五，有出路，咱們出來。卦名二的意思是：你自己問卜，你念五，有出路，你出來。

   我們知道，五是天地之一半。兩雞卦中，天卦為「妻」，在天卦中，地卦的象徵——「晚」，則有關你的話語沒有出現，都是咱們在說，而咱們代表天，說的是念五，就是自己的那一部分已在掌控之中，而且前景看好，有路可出，無限風光。反之，代表地卦的你也是一樣。那就說明，各自的份內的事業已完成

了。[404]

3. 終 (註七) 甲骨文造字意思，終結、結束的意思。

4. 乳 (註七十五) 甲骨文造字意思，一婦女給懷中的嬰兒授乳之狀。

二、爻位所處情況解析

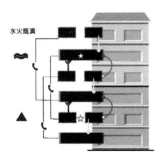

水在上，火在下，水往下與火往上合而為一，水火相交而完成，是六十四卦中最完美的一卦；象徵事已成功，發揮相輔相成的效果，也代表全盛時期已過，目前正處於亨通安泰之狀。

整棟樓打電話溝通無礙，每一層樓都得正位，完美至極，就是太圓滿了，不能再有做大事的空間了，所以只可以做小事；然而要注意的是，六樓陰居陰位最高樓，六樓陰據五樓陽，有小人乘凌得勢弄權的情況，而且六樓最高位物極必反要轉往未濟卦，要當心順利會轉為混亂。

---

404 黃懿陸 (2007)。中國先越文化研究：從壯族雞卦看《易經》起源。昆明：雲南人民出版社。

初九：曳其輪，濡其尾，無咎。（王弼本周易）

初九：抴其綸，濡其尾，無咎。（馬王堆帛書）

【甲骨文造字思考與古籍比對校讀】

初九：曳其輪，濡其尾，無咎。

【白話】初九，小狐過河，拖曳自己四條蹄子，弄濕了自己的尾巴，沒有禍患。

一、甲骨文造字意思和易學考古考證等諸多資料彙集

1. 濡(註七十三)甲骨文造字意思，可會意人沐浴濡身。通「需」。

二、爻位所處情況解析

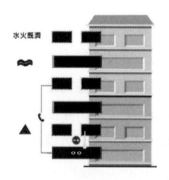

水火既濟

一樓陽坐得正位，和四樓陰經常打電話溝通，一樓陽和四樓陰兩相牽引，猶如車輪滾動，但是四樓陰位於上卦坎卦之內，一樓地面難免浸到水而泥濘，必須更加用力拖曳才行，還好二樓陰相應支持一樓陽，協助一樓陽繼續往前走，不會有禍患。

六二：婦喪其茀，勿逐，七日得。（王弼本周易）

六二：婦亡其發，勿遂，七日得。（馬王堆帛書）

【甲骨文造字思考與古籍比對校讀】

六二：婦喪其茀，勿逐，七日得。

【白話】六二，婦人丟掉了髮縷，不用去尋找，第七天就會失而復得。

一、甲骨文造字意思和易學考古考證等諸多資料彙集

1. 發 (註七十) 甲骨文造字意思，發出。

2. 遂 (錯字)，逐 (本字)[405] 由，逐，疑為通假字。[406]

二、爻位所處情況解析

二樓陰坐得正位，和五樓陽經常相應溝通，二樓陰位於下卦離卦是次女，雖然五樓陽相應，但是也因此招引了盜賊下來 (上卦坎卦水險盜賊)，使得婦人的車窗簾被偷走了，還好二樓陰和五樓陽都得正位，不需要急得去尋找，七天就會找到了。

九三：高宗伐鬼方，三年克之，小人勿用。(王弼本周易)

---

405 成蒂 (2006)。《張家山漢墓竹簡 · 二年律令》通假字研究。國立成功大學中國文學研究所碩士論文。

406 呂佩珊 (2011)。《上海博物館藏戰國楚竹書 (一～六)》通假字研究。國立台灣師範大學國文學系博士論文。

□□：高宗伐鬼方，三年克之，小人勿用。（馬王堆帛書）

【甲骨文造字思考與古籍比對校讀】

九三：高宗伐鬼方，三年克之，小人勿用。

【白話】九三，殷高宗武丁征伐地處西北的鬼方國，費時三年才獲得勝利。小民不得任用。

一、爻位所處情況解析

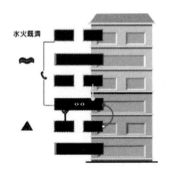

水火既濟

　　三樓陽坐得正位，和六樓陰經常打電話溝通，三樓陽位於下卦離卦的最上端偏位，陽剛過甚而想要往上走，卻遇到上卦坎卦水險陷坑，異常困頓，這就好像是商朝高宗（武丁）征伐鬼方，勞師動眾歷經三年才戰勝克服，已經師老財困，這時候不能重用小人再亂朝綱，國家已經沒有資源再做無謂的耗盡了。

六四：繻有衣袽，終日戒。（王弼本周易）

六四：襦有衣茹，冬日戒。（馬王堆帛書）

【甲骨文造字思考與古籍比對校讀】

六四：繻有衣袽，終日戒。

【白話】六四，就像在冬天穿著破衣一樣，整天都要保持戒備，戰戰兢兢。

一、甲骨文造字意思和易學考古考證等諸多資料彙集

1. 終(註七)甲骨文造字意思，終結、結束的意思。

2. 冬(通假字)，終(本字)[407] 終，中，疑為通假字。[408]

二、爻位所處情況解析

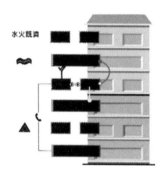

水火既濟

　　　　四樓陰坐得正位，和一樓陽相應溝通，但是四樓陰上鄰五樓陽要輔佐君王，四樓陰又相應於一樓陽，四樓陰在上下兩個陽之間擺盪，有不安定之象；四樓陰必須時時戒慎恐懼，兢兢業業，要穿件破衣在外面以防賊人搶劫。

　　　　九五：東鄰殺牛，不如西郊之禴祭，實受其福。（王弼本周易）

　　　　九五：東鄰殺牛以祭，不如西鄰之濯祭，實受其福，吉。（馬王堆帛書）

　　　　【甲骨文造字思考與古籍比對校讀】

　　　　九五：東鄰殺牛，不如西郊之禴祭，實受其福，吉。

　　　　【白話】九五，東邊鄰居殺牛羊舉行盛大祭禮，倒不如西邊鄰居舉行簡單而樸素的祭祀，這樣才更能得到上天的保佑，吉祥。

407 林瑞能(2009)。甲骨刻辭與上博楚竹書通假字比較研究。國立東華大學中國語文學系碩士論文。
408 呂佩珊(2011)。《上海博物館藏戰國楚竹書(一～六)》通假字研究。國立台灣師範大學國文學系博士論文。

一、甲骨文造字意思和易學考古考證等諸多資料彙集

1. 東鄰殺牛以祭。王弼本無「以祭」二字。[409]

2. 濯 (註一百二十一) 甲骨文造字意思，洗滌。

3. 實受其福吉。王弼本無吉字。按《象傳》曰「實受其福吉大來也」，則應有吉字。[410]

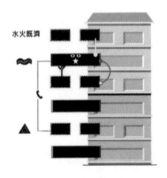

水火既濟

二、爻位所處情況解析

五樓陽坐得正位，和二樓陰經常相應溝通，五樓陽君王已經位於尊位功成業就，接下來當然要祭祀上天，但是祭祀要得時、得地，也要心誠，即使只有準備薄禮也沒有關係。所以如果在東邊不修德行，雖然殺牛也不得神明所歆饗；倒不如到西邊君王的本位之處祭祀，雖然只準備簡薄祭品，但只要虔誠盡禮，終可獲神明保佑。

三、爻辭建議

依研究，爻辭加「吉」字。

---

409 張政烺 (2011)，李零等整理。張政烺論易叢稿。北京：中華書局。
410 張政烺 (2011)，李零等整理。張政烺論易叢稿。北京：中華書局。

上六：濡其首，厲。（王弼本周易）

尚六：濡其首，厲。（馬王堆帛書）

【甲骨文造字思考與古籍比對校讀】

上六：濡其首，厲。

【白話】上六，小狐過河，弄濕了頭，有危險。

一、甲骨文造字意思和易學考古考證等諸多資料彙集

1. 濡(註七十三)甲骨文造字意思，可會意人沐浴濡身。通「需」。

二、爻位所處情況解析

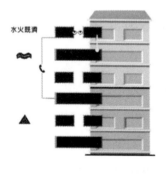

水火既濟

六樓陰坐得正位，和三樓陽相應溝通，六樓陰已經位於最高樓坎險之極，而且六樓陰居於最高位自得意滿，只想再向上衝，就好像頭部被淋濕了一樣，恐有危難，物極必反，六樓陰已經快要轉成未濟卦，既濟圓滿之局勢必難以持久。

［離上坎下］火水未濟（海昏竹書易占：未濟）

第六十四卦：《未濟卦》 ䷿

未濟：亨。小狐汔濟，濡其尾，無攸利。（王弼本周易）

未濟，亨，小狐气涉，濡其尾，無攸利。（馬王堆帛書）

【甲骨文造字思考與古籍比對校讀】

未濟：亨。小狐汔濟，濡其尾，無攸利。

【白話】未濟：亨通，小狐渡河快到對岸了，卻浸濕了尾巴，則沒有什麼好處。

一、甲骨文造字意思和易學考古考證等諸多資料彙集

1. 雞卦名一是說：你向咱們問卜，咱們卜出是好卦，有口，表示前程無量，但由於咱們離你很遠，咱們未能把占卜結果向你傳遞出去。所以，你未能知道咱們的占卜結果。卦名二是說：咱們向你問卜，你卜出的是好卦，有口，表示前程無量，但由於你離咱們很遠，你未能把占卜結果向咱們傳遞出去。所以，咱們未能知道你的占卜結果。

   從雞卦名的意思可以看出，他們都是在做同一件事，但都沒有把這事做完，或者說這件事做得還不算成功。因為消息還未傳遞出去，彼此之間都還不知道這件事的結果。

與上卦「既濟」比較，「既濟」是已經知道了事情的結果，而「未濟」是還不知道事情的結果。[411]

2. 濡(註七十三)甲骨文造字意思，可會意人沐浴濡身。通「需」。

3. 攸(註十)甲骨文造字意思，手持杖打擊一人之背部，後加流血之狀。

二、爻位所處情況解析

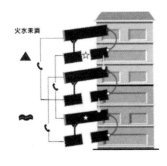

上卦離卦火往上，下卦坎卦水往下，不會結合，難以相容，無法相濟使用。

整棟樓上下都在打電話溝通無礙，所以亨通。但是每一層樓都不正位，所有人的才能都不稱職，不會做出什麼事出來，就好像一隻小狐想要過河，快要上岸尾巴也弄濕了，卻因為後勁不足身疲力竭，而前功盡棄，沒有任何成果。

初六：濡其尾，吝。（王弼本周易）

初六：濡其尾，闍。（馬王堆帛書）

---

411 黃懿陸 (2007)。中國先越文化研究：從壯族雞卦看《易經》起源。昆明：雲南人民出版社。

【甲骨文造字思考與古籍比對校讀】

初六：濡其尾，吝。

【白話】初六，小狐過河，浸濕了尾巴，前途艱難。

一、甲骨文造字意思和易學考古考證等諸多資料彙集

1. 濡(註七十三)甲骨文造字意思，可會意人沐浴濡身。通「需」。

二、爻位所處情況解析

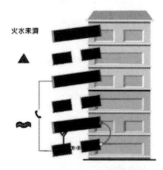

火水未濟

一樓陰坐不得位，和四樓陽經常打電話溝通，但是四樓陽自己也是不正位(陽居陰位不正)，一樓陰力量薄弱(陰居陽位不正位)，又身處於下卦坎卦之內，如果不安分卻冒然前進，將會有艱難的情況發生，就好像是小狐想要渡河卻不知水性與暗流，以致於弄濕了尾巴。

九二：曳其輪，貞吉。（王弼本周易）

九二：抴其綸，貞。（馬王堆帛書）

【甲骨文造字思考與古籍比對校讀】

九二：曳其輪，貞吉。

【白話】九二，小狐過河，拖著自己四條蹄子，占問吉祥。

一、爻位所處情況解析

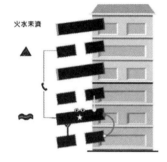

火水未濟

　　二樓陽坐不得位，和五樓陰相應溝通，二樓陽位於下卦坎卦的中央，獲得了一顆星星(臣子)，二樓陽居陰位雖然不得位，但是剛柔並濟並且和五樓陰(君王)相應支持，二樓陽如果循序前進，會有三樓陰相合支持，吉祥。

六三：未濟，征凶。利涉大川。（王弼本周易）

六三：未濟，正凶，利涉大川。（馬王堆帛書）

【甲骨文造字思考與古籍比對校讀】

六三：未濟，征凶。利涉大川。

【白話】六三，事情未完成，征行，有凶險，但有利於渡過大河。

一、甲骨文造字意思和易學考古考證等諸多資料彙集

1. 征(註四十)甲骨文造字意思，向目標進發或征討。

2. 正(註四十一)甲骨文造字意思，指腳步向城邑等目標行進。

3. 正(通假字)，征(本字)[412]

---

[412] 林瑞能 (2009)。甲骨刻辭與上博楚竹書通假字比較研究。國立東華大學中國語文學系碩士論文。

二、爻位所處情況解析

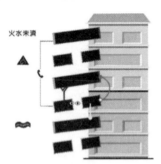

火水未濟

三樓陰坐不得位，和六樓陽經常打電話溝通，三樓陰位於下卦坎卦最上端，三樓陰自身陰居陽位不正位且力量薄弱，如果想要前進到上卦離卦的境地，三樓陰冒險前進是有危險的。三樓陰支持四樓陽，四樓陽據三樓陰，四樓陽也是順比，三樓陰可以順利往上走。

九四：貞吉，悔亡。震用伐鬼方，三年有賞於大國。（王弼本周易）

九四：貞吉，悔亡；□□□□方，三年有商於大國。（馬王堆帛書）

【甲骨文造字思考與古籍比對校讀】

九四：貞吉，悔亡。震用伐鬼方，三年有賞於大國。

【白話】九四，占問吉利，晦氣消亡。以雷霆萬鈞之勢征討鬼方國，經過三年得到了勝利，受到大國的獎賞。

一、甲骨文造字意思和易學考古考證等諸多資料彙集

1. 商（通假字），賞（本字）[413] 經比對古籍疑為通假字。

---

413 林瑞能 (2009)。甲骨刻辭與上博楚竹書通假字比較研究。國立東華大學中國語文學系碩士論文。

二、爻位所處情況解析

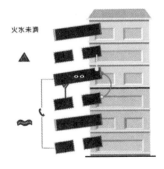

火水未濟

四樓陽坐不得位，和一樓陰經常打電話溝通，四樓陽已經脫離下卦坎卦險境，而身處於上卦離卦之內，四樓陽雖然不得位但是剛柔並濟，往上輔佐五樓陰（君王），又有一樓陰往上支持，不會有事，也有條件可以成事，就好像是商朝高宗（武丁）征伐鬼方，三年得勝立大功，得到大國的賞賜。

六五：貞吉，無悔。君子之光，有孚，吉。（王弼本周易）

□五：貞吉，悔亡；君子之光，有復，吉。（馬王堆帛書）

【甲骨文造字思考與古籍比對校讀】

六五：貞吉，無悔。君子之光，有復，吉。

【白話】六五，占問吉祥，沒有晦氣；有誠實守信的德行，是君子的光榮，吉祥。

一、甲骨文造字意思和易學考古考證等諸多資料彙集

1. 孚（註二十）甲骨文造字意思，引申有誠信的意思。

2. 复（註二十四）甲骨文造字意思，復，有「反覆」、「往復」的意思。會腳圍繞城邑往來之意。

3. 孚，復，疑為通假字。[414]

二、爻位所處情況解析

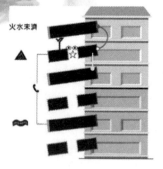

火水未濟

五樓陰坐不得位，和二樓陽相應溝通，五樓陰位於上卦離卦的中央，獲得了一顆星星(君王)，陰居陽位所發出的光是柔和慈愛的輝光，讓二樓陽(臣子)剛健正直的君子甘願獻身成就其大業，吉祥。

三、爻辭建議

1. 孚和復用字理由，請見需卦和中孚卦的解釋。

上九：有孚於飲酒，無咎。濡其首，有孚失是。（王弼本周易）

尚九：有復，於飲酒，無咎；濡其首，有復失是。（馬王堆帛書）

【甲骨文造字思考與古籍比對校讀】

上九：有復於飲酒，無咎。濡其首，有復失是。

【白話】上九，滿懷信心，充分信任眾人，安閒自得地飲酒作樂，沒有禍患；縱情濫飲，像小狐過河弄濕了頭一樣，實際上就過份了。

一、甲骨文造字意思和易學考古考證等諸多資料彙集

1. 孚(註二十)甲骨文造字意思，引申有誠信的意思。

2. 复 (註二十四) 甲骨文造字意思，復，有「反覆」、「往復」的意思。會腳圍繞城邑往來之意。

3. 孚，復，疑為通假字。[415]

4. 濡(註七十三)甲骨文造字意思，可會意人沐浴濡身。通「需」。

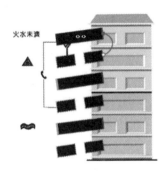

火水未濟

二、爻位所處情況解析

　　六樓陽坐不得位，但是和三樓陰經常打電話溝通，五樓陰已經竟其功，六樓陽位於最高樓已經不需要做什麼事了，有了三樓陰不斷地支持供應好酒(三樓陰位於下卦坎卦有酒)，六樓陽飲酒作樂而過於貪飲，當然會酒醉而窘狀百出，就好像頭部被酒淋濕了一樣；當然，物極必反，六樓陽要轉為既濟卦了，雖窮而不窮，失窮反而轉為通，失終反而轉為始，是失反而得其成，六樓陽的生機沒有滅失，有失反為是。

三、爻辭建議

1. 孚和復用字理由，請見需卦和中孚卦的解釋。

414 呂佩珊 (2011)。《上海博物館藏戰國楚竹書(一～六)》通假字研究。國立台灣師範大學國文學系博士論文。

415 呂佩珊 (2011)。《上海博物館藏戰國楚竹書(一～六)》通假字研究。國立台灣師範大學國文學系博士論文。

肆、

甲骨文造字意思

肆、　甲骨文造字意思

（註一）　**貞**，甲骨文，屬象形字。甲骨文像鼎形，鼎屬古人炊器，有兩耳、碩腹，後為銘刻功績的禮器，以象徵吉祥，卜辭用鼎為「貞」字。西周晚期鼎簡化後訛為「貝」，另加「卜」為義符，可會意卜骨問吉。[416]

（註二）　**享**，甲骨文造字意思是在夯土臺基上的建築物形，為享祭鬼神之所。是兩周金文。商朝只有貴族才能用夯打得方法修建房屋，而且必是較大型、特別的建築物才使用。享祭的意義來自於它是種祭祀鬼神的廟堂建築而非一般的家屋。[417]

（註三）　**利**，甲骨文從刀，像刀之形；從禾，像禾穗之形；帶點畫的表示收割禾的碎屑。可會意用刀收割禾穀。[418]

（註四）　**潛**，甲骨文，屬形聲字。甲骨文從水，像水流之形；從鬵，像獸肉、心、耳等肉在鬲、皿中，下有火燃煮之形，這裡作標聲。疑為水名之義。[419]

（註五）　**咎**，甲骨文，一個人的頭上被另一隻腳所踐踏，代表一種災殃，後來加上「口」的裝飾符號。[420]

---

416 王本興 (2019)。甲骨文讀本：全 3 冊。北京：北京工藝美術出版社。
417 許進雄 (2014)。文字小講。臺北市：台灣商務。
418 王本興 (2019)。甲骨文讀本：全 3 冊。北京：北京工藝美術出版社。
419 王本興 (2019)。甲骨文讀本：全 3 冊。北京：北京工藝美術出版社。

（註六）君，甲骨文造字意思是手持筆沾墨書寫的人是統治者。這個是兩周金文。持筆寫字的人是發號令的長官。[421]

（註七）終，甲骨文，屬象形兼會意字。甲骨文像一段絲或者一根繩索，兩頭都打結，表示紡線結束處，也就是終結、結束的意思。[422]

（註八）非，通「飛」字，甲骨文，屬會意字。甲骨文像截取飛鳥的兩隻張開的翅膀之形，此可會相背之意。「非」本意指相背。[423]

（註九）亢，甲骨文從大，像人正視之形；一短橫表示兩腿之間加著桎(古代卡住兩腳的刑具)，是「桎」的初文。以「亢」作聲符兼義符有「抗」字。[424]

（註十）攸，甲骨文造字意思是手持杖打擊一人之背部，後加流血之狀。這是兩周金文。[425]

（註十一）履，甲骨文造字意思是一個人穿著一隻鞋子，這是小篆移位訛變得字形。履的意思就是鞋子，強調高級貴族的形象。[426]

420 許進雄 (2020)。新編進階甲骨文字典：甲骨文發現 120 週年紀念版。新北市：字畝文化。
421 許進雄 (2014)。文字小講。臺北市：台灣商務。
422 王本興 (2019)。甲骨文讀本：全 3 冊。北京：北京工藝美術出版社。
423 王本興 (2019)。甲骨文讀本：全 3 冊。北京：北京工藝美術出版社。
424 王本興 (2019)。甲骨文讀本：全 3 冊。北京：北京工藝美術出版社。
425 許進雄 (2014)。文字小講。臺北市：台灣商務。
426 許進雄 (2014)。文字小講。臺北市：台灣商務。

（註十二）禮，甲骨文初文為「豊」，從珏，像兩串玉器；從豆，表示盛玉以奉神祇之器。可會意祭祀時用的豆形器皿中放著兩串玉器，奉神祭祀乞福。後在豊字左側加了示字偏旁成「禮」字，表示祭臺，使敬神的含意更為明確。**427**

（註十三）直，甲骨文造字意思是以眼睛檢驗標竿是否筆直，這是兩周金文。**428**

（註十四）章，金文，表現儀仗隊伍前導的儀仗形象。儀仗是表現某人身分的標識，引申有彰顯的意義。**429**

（註十五）使，甲骨文初文為「事」，上方像是狩獵工具獵叉之形；下從又，像手之形，表示手持捕獵工具去田獵、做事之意。通「使」、「吏」字。**430**

（註十六）籌，篆字，由「竹」、「玉」、「廾」三個構件組合，創意與「筮」字有關。使用雙手（廾）搬弄筮占的竹（竹）籌（玉），以求得一個單或雙的數目，做為計算吉凶的占卜依據。**431**

---

427 王本興 (2019)。甲骨文讀本：全 3 冊。北京：北京工藝美術出版社。

428 許進雄 (2014)。文字小講。臺北市：台灣商務。

429 許進雄 (2020)。新編進階甲骨文字典：甲骨文發現 120 週年紀念版。新北市：字畝文化。

430 王本興 (2019)。甲骨文讀本：全 3 冊。北京：北京工藝美術出版社。

431 許進雄 (2020)。新編進階甲骨文字典：甲骨文發現 120 週年紀念版。新北市：字畝文化。

（註十七）頻，瀕，甲骨文造字意思是一位貴族，面臨一條大河流（兩隻腳都在河岸的這一邊）皺起眉毛思考是不是涉水過去。[432]

（註十八）兌，甲骨文，屬會意字。甲骨文從人，像人側立之形；從口，像人嘴巴形；從八，表示分開。此可會意人咧嘴嘻笑、心情喜悅。[433]

（註十九）奪，甲骨文，構件較為複雜的字，有衣、手、隹，以及衣裡頭的三個小點，表現誘騙鳥類前來啄食的米粒。字形描繪以衣物做為陷阱，這時鳥已被使用衣服做的網所罩住，被人捕捉而持拿在手中，掙扎想要脫逃的樣子。[434]

（註二十）孚，甲骨文，一隻手捉著一個小孩的頭，意指補擄小孩為奴隸。小孩比較容易被洗腦而對主人效忠，「孚」字便引申有誠信的意思。[435]

---

432 許進雄 (2020)。新編進階甲骨文字典：甲骨文發現 120 週年紀念版。新北市：字畝文化。
433 王本興 (2019)。甲骨文讀本：全 3 冊。北京：北京工藝美術出版社。
434 許進雄 (2020)。新編進階甲骨文字典：甲骨文發現 120 週年紀念版。新北市：字畝文化。
435 許進雄 (2020)。新編進階甲骨文字典：甲骨文發現 120 週年紀念版。新北市：字畝文化。

（註二十一） 歸，![字形]甲骨文造字意思可能是土塊與掃帚，古時歸嫁時隨行所帶的東西？![字形]這是兩周金文。掃地是婦女的工作，土塊可能是故鄉的泥土防止居外地水土不服。[436]

（註二十二） 妹，![字形]甲骨文從未或從木，甲骨文「木」與「未」相通，像木重枝葉形，此處應為聲符；從女，像一跽跪女子之形。有表示女子的輩份之意。[437]

（註二十三） 師，![字形]金文，左邊是土堆的形象，右邊是軍隊駐在處所立的標幟。選擇在山丘上駐軍，地勢高、利於偵查，用來表達人數眾多的軍隊。[438]

（註二十四） 复，復，![字形]甲骨文，一隻腳在操作一個鼓風袋的樣子。鼓風袋的操作，是利用壓縮皮囊，反覆把空氣送入煉爐，幫助燃燒，提高溫度。因此有「反覆」、「往復」的意思。[439] 「復」屬會意字，甲骨文上方像穴居兩側有臺階出入之形，亦像古代城邑之形；下邊從倒止字形，為腳形。會腳圍繞城邑往來之意。[440]

（註二十五） 自，![字形]甲骨文造字意思是人的鼻子之形。![字形]這是兩周金文。甲骨文卜辭的自就是鼻子。[441]

436 許進雄 (2014)。文字小講。臺北市：台灣商務。
437 王本興 (2019)。甲骨文讀本：全 3 冊。北京：北京工藝美術出版社。
438 許進雄 (2020)。新編進階甲骨文字典：甲骨文發現 120 週年紀念版。新北市：字畝文化。
439 許進雄 (2020)。新編進階甲骨文字典：甲骨文發現 120 週年紀念版。新北市：字畝文化。
440 王本興 (2019)。甲骨文讀本：全 3 冊。北京：北京工藝美術出版社。
441 許進雄 (2014)。文字小講。臺北市：台灣商務。

（註二十六）**離**，[甲骨文字形]甲骨文，一隻鳥被捕鳥的網子捉住。有的網子會架設在固定的地方，靜待鳥兒自己前來投網。活捉的鳥兒可以拿來關在籠子裡觀賞，鳥身上的羽毛也比較能保持完整，可以拿來裝飾服裝。[442]

（註二十七）**羅**，[甲骨文字形]甲骨文，屬會意字。甲骨文從网形；從隹，像飛鳥之形。有的還從人，像張開雙手用網捕鳥之狀。可會意用網捕飛鳥。[443]

（註二十八）**同**，[甲骨文字形]甲骨文從凡，像盤口之形；從口，表示口形。會兩口相合之意。表示齊心合力。[444]

（註二十九）**伏**，[甲骨文字形]甲骨文，屬會意字。甲骨文像人側面俯伏之形，即「伏」字初文。秦以後承甲骨文結構，演變為從人，從犬。會意犬趴伏伺機襲擊人。[445]

（註三十）**服**，[甲骨文字形]甲骨文，屬會意字。甲骨文上部從又，下部像一人跪之形，表示用手壓跪跽之人，使其降服。[446]

（註三十一）**莽**，[甲骨文字形]甲骨文，屬會意字。甲骨文從犬，像犬之形；從草或從林，像草叢與樹叢之形。可會意犬在長滿樹與草的曠野裡追逐。[447]

---

442 許進雄 (2020)。新編進階甲骨文字典：甲骨文發現 120 週年紀念版。新北市：字畝文化。
443 王本興 (2019)。甲骨文讀本：全 3 冊。北京：北京工藝美術出版社。
444 王本興 (2019)。甲骨文讀本：全 3 冊。北京：北京工藝美術出版社。
445 王本興 (2019)。甲骨文讀本：全 3 冊。北京：北京工藝美術出版社。
446 王本興 (2019)。甲骨文讀本：全 3 冊。北京：北京工藝美術出版社。
447 王本興 (2019)。甲骨文讀本：全 3 冊。北京：北京工藝美術出版社。

（註三十二）升，**升** 甲骨文，屬象形兼指事字。甲骨文像古時帶手柄的量器。從斗，帶小點的為指事浮，表示拋灑的穀物。另外上升、升遷等意義用字，便另造了「昇」與「陞」表示。[448]

（註三十三）登，**登** 甲骨文造字意思是雙手扶持矮凳讓他人上登之狀。**登** 這是兩周金文。登本來是上車的動作，後來引申為一切上升的動作和形勢。[449]

（註三十四）歲，**歲** 甲骨文造字意思是大型之鉞形，為處罰之刑具，用以名歲星。**歲** 這是兩周金文。斧鉞在商朝是處刑的用具，不是戰鬥的兵器。漢朝的歲字已演變不像斧鉞形狀，但仍以為歲星是處罰罪人的預示，可能是繼承自前朝的觀念。[450]

（註三十五）興，**興** 甲骨文造字意思是四手共舉起一輿架，口為後來無意義的填空。**興** 這是兩周金文。已有出土的商朝長方形肩輿盤，這個四個人各舉起一隅，更有威勢。[451]

（註三十六）乘，**乘** 甲骨文造字意思是一人站立在樹上之狀。**乘** 這是兩周金文。甲骨文的乘字做一個人站在一棵樹上之狀，後來大概人的形狀已經不太容易被瞭解，所以金文時代

---

448 王本興 (2019)。甲骨文讀本：全 3 冊。北京：北京工藝美術出版社。
449 許進雄 (2014)。文字小講。臺北市：台灣商務。
450 許進雄 (2014)。文字小講。臺北市：台灣商務。
451 許進雄 (2014)。文字小講。臺北市：台灣商務。

就加上兩隻腳。[452]

（註三十七）弗，![弗甲骨文] 甲骨文，屬會意字。甲骨文從｜｜形，像箭杆之形。從己，像纏繞之繩索。表示捆束箭杆使之變直狀，以此會意矯正。[453]

（註三十八）墉，![墉甲骨文] 甲骨文造字意思是四面有看樓的城牆建築，![墉金文] 這是兩周金文，甲骨文本來有做一四個方向都有看樓的城牆之狀，後來也省略了左右兩個方向的看樓。[454]

（註三十九）有，![有甲骨文] 甲骨文像牛頭形狀，以畜牛為有，以擁有牛表示佔有財富。後世以借「又」持肉表示有。[455]

（註四十）征，![征甲骨文] 甲骨文，屬會意兼形聲字。甲骨文從彳，表示行走的道路或路口；從正，像腳在步行，這裡兼作標聲。可會意向目標進發或征討。[456]

（註四十一）正，![正甲骨文] 甲骨文，屬會意字。甲骨文從口，表示村落或城邑，也表示方向與目標；從止，像腳形，指腳步向城邑等目標行進。[457]

---

452 許進雄 (2014)。文字小講。臺北市：台灣商務。
453 王本興 (2019)。甲骨文讀本：全 3 冊。北京：北京工藝美術出版社。
454 許進雄 (2014)。文字小講。臺北市：台灣商務。
455 王本興 (2019)。甲骨文讀本：全 3 冊。北京：北京工藝美術出版社。
456 王本興 (2019)。甲骨文讀本：全 3 冊。北京：北京工藝美術出版社。
457 王本興 (2019)。甲骨文讀本：全 3 冊。北京：北京工藝美術出版社。

（註四十二）益，甲骨文，器皿中的水滿溢出來。**458**

（註四十三）臣，甲骨文，一隻豎起的眼睛形，表達處在低處的下級人員，要抬頭才能見到位在高處的管理者，用來指罪犯以及低級官吏。**459**

（註四十四）介，甲骨文，由許多鱗片般的小甲片連綴而成的護身裝備，將穿戴者的身體包覆起來，所以介字有「介甲」、「纖介」等與小物件有關的意義。**460**

（註四十五）剝，甲骨文，屬會意字。甲骨文從刀，像刀之形；從录，像井轆轤汲水器之形，這裡做標聲。可會意用刀刮刻、剝割。「剝」的本意指刀刻剝裂。**461**

（註四十六）賁，篆字，字形像是某物具有多件繁盛裝飾的樣子，或許是供祭的鼎有插花一類的裝飾，也或許是鼓一類的用具。**462**

（註四十七）奔，兩周金文造字意思是做擺動的雙手和三個腳步，疾奔於眼前的連續快速腳步狀。**463**

---

458 許進雄 (2020)。新編進階甲骨文字典：甲骨文發現 120 週年紀念版。新北市：字畝文化。

459 許進雄 (2020)。新編進階甲骨文字典：甲骨文發現 120 週年紀念版。新北市：字畝文化。

460 許進雄 (2020)。新編進階甲骨文字典：甲骨文發現 120 週年紀念版。新北市：字畝文化。

461 王本興 (2019)。甲骨文讀本：全 3 冊。北京：北京工藝美術出版社。

462 許進雄 (2020)。新編進階甲骨文字典：甲骨文發現 120 週年紀念版。新北市：字畝文化。

463 許進雄 (2014)。文字小講。臺北市：台灣商務。

（註四十八）夷，甲骨文，以夷人蹲坐的姿勢表達其民族，也是表現進行二次葬時，將屍體腐化後的白骨重新撿拾起來排列再埋葬的樣子。**464**

（註四十九）去，甲骨文造字意思是一人蹲在淺坑之上排除體內廢物。這是兩周金文。所以有去除、離去的意義。**465**

（註五十）湯，金文造字意思是祈雨時，賜宴臣民。**466**

（註五十一）輿，甲骨文做四手共舉一個另一形式的肩輿之形，其輿座是圓形的，把手是只有通貫前後的一根粗杆，恐怕還得再套上繩子，用手扶著輿座而以肩膀扛著才能穩定。**467**

（註五十二）尸，甲骨文造字意思是夷人坐姿，蹲坐，亦為屈肢葬之姿勢。這是兩周金文。中國古代在室內採用跪坐的方式，而蹲踞是東方夷人的坐姿。二次葬所採用的葬姿。**468**

（註五十三）次，甲骨文造字意思是說話或用食時，口噴出殘餘物為不良的行為。是兩周金文。跪坐的人張口而有東西

---

464 許進雄 (2020)。新編進階甲骨文字典：甲骨文發現 120 週年紀念版。新北市：字畝文化。
465 許進雄 (2014)。文字小講。臺北市：台灣商務。
466 王泰權 (2014)。巫帝國藏在甲骨文裡。臺北市：橡實文化出版。
467 許進雄 (2014)。文字小講。臺北市：台灣商務。
468 許進雄 (2014)。文字小講。臺北市：台灣商務。

濺出之狀，不是可嘉許的行為，故有次等的意義。[469]

（註五十四）禽，甲骨文造字意思是長柄田網形，用以捕捉鳥獸，後來加今聲。這是兩周金文。[470]

（註五十五）執，甲骨文造字意思是犯人雙手上桎梏之形。這是兩周金文。出土過一件商朝罪犯上械具的陶塑，其刑具和執字表現的一模一樣，前後端的三角形木塊把手上的木板卡住，罪犯本人是解不開的。[471]

（註五十六）恆，甲骨文，屬會意字。甲骨文從二橫，為指事符號，上表示天、下表示地；中間從月，像彎月之形。可會意天地之間彎月到滿月，滿月到彎月，亙古不變。[472]

（註五十七）德，甲骨文造字意思是有以目檢驗築路是否平直的才幹。這是兩周金文。[473]

（註五十八）臨，甲骨文，屬會意字。甲骨文從人，像人的側立之形；從臣，像豎目之形；從Y形，表示所見眾多草木等並列物，周朝以後訛變為「三個口」，表示臨下，品作標聲。突出豎目，會意居高處面向低處。[474]

469 許進雄 (2014)。文字小講。臺北市：台灣商務。
470 許進雄 (2014)。文字小講。臺北市：台灣商務。
471 許進雄 (2014)。文字小講。臺北市：台灣商務。
472 王本興 (2019)。甲骨文讀本：全 3 冊。北京：北京工藝美術出版社。
473 許進雄 (2014)。文字小講。臺北市：台灣商務。
474 王本興 (2019)。甲骨文讀本：全 3 冊。北京：北京工藝美術出版社。

（註五十九）林，**㳘**屬會意字，甲骨文從二木，雙木為林，古代以二為多數，此可會有很多樹木之意。**475**

（註六十）吝，**㳘**甲骨文造字意思是一位有身分做胸前畫刀放血投生紋身的人在一個坑陷之上，卻不能正常地躺在棺內床上加以安葬，覺得惋惜。（文，商朝只用於死去的人，如文父，文字有刻紋代表古代在死人胸前刀劃放血儀式，後來文字演變到許慎無法認識造字原意）**476**

（註六十一）根，**㳘**甲骨文，屬會意字。甲骨文上從止，但與表示足的止字寫法有別，疑似植物枝叉；下從个字形，表示植物長在地下的部分，指樹根、草根、麥根、花木之根等，帶的點表示根系旁的泥土屑。**477**

（註六十二）句，**㳘**甲骨文，「口」的形象主要表達嘴巴、容器或坑陷，因外形都是彎曲的，藉以表達「彎曲」的狀況。現多寫為「勾」。**478**

（註六十三）平，甲骨文沒有看到平字，**㳘**這是兩周金文，造字意思是秤重物的天平式秤竿形象。**479**

波（通假字），陂（本字）**480**

---

475 王本興 (2019)。甲骨文讀本：全 3 冊。北京：北京工藝美術出版社。
476 許進雄 (2014)。文字小講。臺北市：台灣商務。
477 王本興 (2019)。甲骨文讀本：全 3 冊。北京：北京工藝美術出版社。
478 許進雄 (2020)。新編進階甲骨文字典：甲骨文發現 120 週年紀念版。新北市：字畝文化。
479 許進雄 (2014)。文字小講。臺北市：台灣商務。
480 成蒂 (2006)。《張家山漢墓竹簡・二年律令》通假字研究。國立成功大學中

（註六十四）泰，[篆字圖] 篆字，兩隻手扶著一個大人，在有水的地面走動。有水地滑，表達「滑溜」的意義。[481]

（註六十五）疾，[甲骨文圖] 甲骨文造字意思是一人有箭傷之病痛。[金文圖] 這是兩周金文。甲骨文的疾字有兩種寫法，一作一個人被箭矢所傷，另一作一個人生病而睡在床上，身上還流汗水或血液的樣子，不同的表現手法似乎表現不同的病痛原因。[482]

（註六十六）載，[甲骨文圖] 甲骨文，屬會意字。甲骨文像人伸出兩臂手持熟食祭神。[483]

（註六十七）即，[甲骨文圖] 甲骨文造字意思是一人跪坐食物之前，即將進食之意。[金文圖] 是兩周金文。[484]

（註六十八）厚，[甲骨文圖] 甲骨文，屬會意字。甲骨文從厂，像山崖伸展之形；從郭省形，實為「塘」之本字，像傍山崖而建造的城垣之形。可會垣塘之意。[485] 版築施工法也延伸出一個字，即厚薄的「厚」。拆解甲骨文「厚」字的組成，厂底下是一種上古版築技術。[486]

國文學研究所碩士論文。

481 許進雄 (2020)。新編進階甲骨文字典：甲骨文發現 120 週年紀念版。新北市：字畝文化。

482 許進雄 (2014)。文字小講。臺北市：台灣商務。

483 王本興 (2019)。甲骨文讀本：全 3 冊。北京：北京工藝美術出版社。

484 許進雄 (2014)。文字小講。臺北市：台灣商務。

485 王本興 (2019)。甲骨文讀本：全 3 冊。北京：北京工藝美術出版社。

486 王泰權 (2014)。巫帝國藏在甲骨文裡。臺北市：橡實文化出版。

（註六十九） 蒙，![蒙甲骨文]甲骨文，被罩蓋、養在籠中的鳥兒，視界受阻，有「覆蓋」的意義。在甲骨卜辭中，藉視線不清，表示「陰天」。**487**

（註七十） 發，![發甲骨文]甲骨文，屬會意字。甲骨文從二止，表示兩腳趾形；從又，表示手。手中之｜為物省，或像手持棍棒。整個字形結體表示腳踏實地，並將兩腿腳叉開，以手持棍棒向前擲去，代表發出的意思。**488**

（註七十一） 吉，![吉甲骨文]甲骨文造字意思是置型範於深坑，使散熱慢而冷卻時間久，可使金屬鑄件精良。![吉金文]是兩周金文。在深坑內鑄造青銅器，銅錫才有充裕的時間充分混合，所做出來的青銅器品質才會好，如果在地上容易受到冷風吹襲而快速冷卻容易型範爆裂或走範而品質劣等。原始的意思是使鑄件更為光滑美善，後來延伸為表達良善的意義。**489**

（註七十二） 寇，![寇甲骨文]甲骨文造字意思是強寇手持利器破壞屋中之物。![寇金文]這是兩周金文。**490**

（註七十三） 濡，![濡甲骨文]甲骨文，屬形聲兼會意字。甲骨文從水，像用水

---

487 許進雄 (2020)。新編進階甲骨文字典：甲骨文發現 120 週年紀念版。新北市：字畝文化。
488 王本興 (2019)。甲骨文讀本：全 3 冊。北京：北京工藝美術出版社。
489 許進雄 (2014)。文字小講。臺北市：台灣商務。
490 許進雄 (2014)。文字小講。臺北市：台灣商務。

　沖洗沐浴之水滴；從大，像人正立之形，兼作標聲。可
　會意人沐浴濡身。通「需」。[491]

（註七十四）需，𩂉篆字，「濡」的字源。表達一個人全身濕透，連
　　　　　　鬍鬚（而）也被雨淋濕了。[492]

（註七十五）乳，𡣇甲骨文造字意思是一婦女給懷中的嬰兒授乳之狀。
　　　　　　[493]

（註七十六）涉，𣥳甲骨文造字意思是兩腳跨越水流之狀。𣥳這是
　　　　　　兩周金文。[494]

（註七十七）考，𦒴金文，一位頭髮鬆散的老人家，手裡拿著拐杖走
　　　　　　路。意義是死去的父親，也有「拷打」、「拷問」的意義，
　　　　　　或許與棒打老人的遠古喪俗有關。[495]

（註七十八）禺，𫢷甲骨文從虫，像蛇之形，蛇頭大都呈三角形，疑
　　　　　　為毒蛇之義；從又或從二又，皆表示人之手。可會意用
　　　　　　手捏住蛇頭頸。通「禹」字。[496] 帛書有寫禺和愚，應係
　　　　　　簡筆，王弼本改為遇，較貼近爻辭意思，以「遇」解釋
　　　　　　為宜。

491 王本興 (2019)。甲骨文讀本：全 3 冊。北京：北京工藝美術出版社。
492 許進雄 (2020)。新編進階甲骨文字典：甲骨文發現 120 週年紀念版。新北市：
　　　字畝文化。
493 許進雄 (2014)。文字小講。臺北市：台灣商務。
494 許進雄 (2014)。文字小講。臺北市：台灣商務。
495 許進雄 (2020)。新編進階甲骨文字典：甲骨文發現 120 週年紀念版。新北市：
　　　字畝文化。
496 王本興 (2019)。甲骨文讀本：全 3 冊。北京：北京工藝美術出版社。

（註七十九）折，甲骨文造字意思是以斧頭橫截樹木成為二段之狀。這是兩周金文。[497]

（註八十）沬，甲骨文初文為「盥」字，從人，像屈膝彎臂之形；從皿，像盛水器皿之形，帶點的表示水滴。可會意一人跪跽在盛水器皿旁邊洗面。通「沬」字。[498]

（註八十一）茲，甲骨文，屬假借字。甲骨文從二幺，像束絲相併之形。構形同「絲」，卜辭借絲為「茲」字。[499] 甲骨文故意不刻成標準垂直形，有隱含隨意插於插於地上之意，若是絲形應為底下有三條線之垂絲狀，兩者截然不同。「茲」字用口語化說明，就是廣泛的「此」。[500]

（註八十二）災，甲骨文造字意思是重疊二或三道水波表達大水為災的概念，或大川受到阻塞而氾濫之意。[501]

（註八十三）過，甲骨文，屬形聲字。甲骨文從彳，像行至道路口之形；從戈，像古代長柄戈兵器，這裡作標聲；從止，像腳形。表示有人在路上走過。[502]

（註八十四）建，甲骨文造字意思是手持筆規劃道路的修建，

497 許進雄 (2014)。文字小講。臺北市：台灣商務。
498 王本興 (2019)。甲骨文讀本：全 3 冊。北京：北京工藝美術出版社。
499 王本興 (2019)。甲骨文讀本：全 3 冊。北京：北京工藝美術出版社。
500 王泰權 (2014)。巫帝國藏在甲骨文裡。臺北市：橡實文化出版。
501 許進雄 (2014)。文字小講。臺北市：台灣商務。
502 王本興 (2019)。甲骨文讀本：全 3 冊。北京工藝美術出版社。

這是兩周金文。這是甲骨文律字，甲骨文的建和律同一字，都是做手持毛筆策劃便利交通之道路藍圖，以便依之修建。行道的營建有一定的規格及要求，故有規律的意思。[503]

（註八十五）取，甲骨文造字意思是耳朵被拿在手中之狀。這是兩周金文。殺死敵人後割下死者的左耳，以便領賞。[504]

（註八十六）娶，甲骨文，屬形聲兼會意字。甲骨文從女，像兩手交叉置於胸前而做跪跽之形的女子；從取，像用手抓住耳朵之形，這裡兼作標聲。可會戰爭中抓女俘，或以手取女之意。[505]

（註八十七）困，甲骨文，一形是一棵樹被困在一個小範圍內，也有一形是樹苗被腳踩住，沒有空間可以充分成長，表現「困難」、「困頓」的意義。[506]

（註八十八）言，甲骨文的造字意思是用長管樂器形，用以宣告。下頭的口是吹口，上頭的三角形是音管。這是言的兩周金文，後來字形演變失真，以致許慎看不出真相來。[507]

---

503 許進雄 (2014)。文字小講。臺北市：台灣商務。
504 許進雄 (2014)。文字小講。臺北市：台灣商務。
505 王本興 (2019)。甲骨文讀本：全 3 冊。北京：北京工藝美術出版社。
506 許進雄 (2020)。新編進階甲骨文字典：甲骨文發現 120 週年紀念版。新北市：字猷文化。
507 許進雄 (2014)。文字小講。臺北市：台灣商務。

（註八十九）省，甲骨文，屬會意兼形聲字。甲骨文從目，像人眼睛之形；從生，生兼表聲，像小草之形。可會意用目視察田獵、禾苗、草木等農事。通「眚」字。[508]

（註九十）慶，甲骨文造字意思是得到麕獸的心，值得慶祝。是兩周金文。獬麕的心臟在古代大概被認為具有藥用或美食，所以有得之則可慶祝的意思。[509]

（註九十一）旅，甲骨文，二人(代表多人)聚集在同一支旗幟之下的樣子。相對於「族」、「旅」是有萬人成員的大組織。[510]

（註九十二）巽，甲骨文，屬會意字。甲骨文從二卩，像一前一後跪跽之人形。可會意從順、並列。[511]

（註九十三）武，甲骨文造字意思是持干戈之舞，古代重要之舞容，或表現持戈行走的雄武狀。是兩周金文。甲骨文做一把戈及一個腳印形，大半就是表示持戈與盾，宣揚武功的舞蹈。[512]

（註九十四）廷，甲骨文造字意思是官員向君王行禮時所站立的地

---

508 王本興 (2019)。甲骨文讀本：全 3 冊。北京：北京工藝美術出版社。
509 許進雄 (2014)。文字小講。臺北市：台灣商務。
510 許進雄 (2020)。新編進階甲骨文字典：甲骨文發現 120 週年紀念版。新北市：字畝文化。
511 王本興 (2019)。甲骨文讀本：全 3 冊。北京：北京工藝美術出版社。
512 許進雄 (2014)。文字小講。臺北市：台灣商務。

方，上下廳堂之間的臺階，以斜畫表示。[513]

（註九十五）夬，篆體，一隻手的拇指上，套有一件幫助拉開弦線的扳指形。[514] 夬、玦，甲骨文，從又（手）戴扳指，會意。本指拉弦射箭時套在拇指上的護套，俗稱「扳指」。扳指是拉弦器，扳指扣動，箭矢則快速發射而出，引申而有沖破、突破義，如洪水沖開堤岸或掘堤放水，疾流而出，後來寫作「決（决）」；又引申為決斷、決心、果決。用作副詞，音變為 xue ˋ，有迅速、突然義，再引申為挖出、挑出、選取，後來寫做「抉」。[515]

（註九十六）且，甲骨文造字意思是男子性器形，為繁殖的根源，用以表達人倫。是兩周金文。「祖」字的源頭是且。[516]

（註九十七）干，甲骨文，頂端有格架敵人攻擊及殺敵的矛尖，中間的「回」字形，代表防身的盾牌，下面是長柄。原是防禦兼攻擊性的裝備，引申為「干犯」的意思。[517] 干屬象形兼會意字。甲骨文像一帶權的木棍形，有的在丫權

513 許進雄 (2020)。新編進階甲骨文字典：甲骨文發現 120 週年紀念版。新北市：字畝文化。

514 許進雄 (2020)。新編進階甲骨文字典：甲骨文發現 120 週年紀念版。新北市：字畝文化。

515 陳年福編著 (2019)。實用甲骨文字典。成都：四川辭書出版社。

516 許進雄 (2014)。文字小講。臺北市：台灣商務。

517 許進雄 (2020)。新編進階甲骨文字典：甲骨文發現 120 週年紀念版。新北市：字畝文化。

的兩端和分叉處捆上石頭，以便擊打他物，屬原始的狩獵工具，是一種像叉子一類的武器。[518]

（註九十八）淵，甲骨文，有一定範圍的淵潭中的水波。先是增加水的符號，後來將淵的形狀分解成兩半。[519]

（註九十九）鴻，甲骨文，屬形聲字。甲骨文從隹，像鳥之形；從工，此為標聲。古「鴻」字即豆雁，因常在水邊，後加了水旁。[520]

（註一百）威，金文，字形以「戌」和「女」組合，戌形兵器大都用於儀仗，表現婦女手持儀仗的形象，代表非常有威儀的掌權者。[521]

（註一百零一）委，秦小篆經比對甲骨文季年等字形，其造字意思是女子搬運農作物而不勝負荷，委屈、委弱之意。[522] 委，甲骨文，屬會意字。甲骨文從女，像雙手交叉置於身前，做跪跽狀的女子；從禾，像成熟的禾苗。可會意禾穀成熟彎曲下垂，表示順從。[523]

---

518 王本興 (2019)。甲骨文讀本：全 3 冊。北京：北京工藝美術出版社。
519 許進雄 (2020)。新編進階甲骨文字典：甲骨文發現 120 週年紀念版。新北市：字畝文化。
520 王本興 (2019)。甲骨文讀本：全 3 冊。北京：北京工藝美術出版社。
521 許進雄 (2020)。新編進階甲骨文字典：甲骨文發現 120 週年紀念版。新北市：字畝文化。
522 許進雄 (2014)。文字小講。臺北市：台灣商務。
523 王本興 (2019)。甲骨文讀本：全 3 冊。北京：北京工藝美術出版社。

（註一百零二）乖， 小篆字，表現樹根根部糾結的狀態。表示不順暢的狀況。[524]

（註一百零三）劓， 甲骨文，一把刀和已被割下來的鼻子。金文的字形在鼻子下面加一個樹木的符號，表達把切割下來的鼻子高高掛在樹上，警告其他人不要違犯法令。[525]

（註一百零四）解， 甲骨文，中間畫的是牛角，解字就是雙手要把牛角拔起來的模樣。牛角是古代很有用的材料，剖取牛角在當時常見。而後假借為「分解」、「解析」的概念。[526]

（註一百零五）宿， 甲骨文造字意思是做一人睡臥於屋中席上之意。 這是兩周金文。加上一個房子的符號，表示睡覺的場所。[527]

（註一百零六）巳， 甲骨文，屬象形字。甲骨文初為「子」字，象徵神主小孩，後為區別「子」字，乃將「子」省形，下畫稍作彎曲似跪跽之狀，以專用為祭祀「巳」字。[528]

---

524 許進雄 (2020)。新編進階甲骨文字典：甲骨文發現 120 週年紀念版。新北市：字畝文化。

525 許進雄 (2020)。新編進階甲骨文字典：甲骨文發現 120 週年紀念版。新北市：字畝文化。

526 許進雄 (2020)。新編進階甲骨文字典：甲骨文發現 120 週年紀念版。新北市：字畝文化。

527 許進雄 (2014)。文字小講。臺北市：台灣商務。

528 王本興 (2019)。甲骨文讀本：全 3 冊。北京：北京工藝美術出版社。

（註一百零七）卒，甲骨文，由很多小塊的甲片縫合起來的衣服。在西周以前，卒是指穿戴甲冑的高級軍官，當甲冑成為士兵的普遍裝備後，「卒」就用來稱呼普通士兵。其後，地位變得更低下，成為罪犯了。[529]

（註一百零八）位，金文初以「立」字表達，加上「胃」的聲符，大概是筆劃太多，後改為「位」字，表示人所立之處。[530]

（註一百零九）臧，甲骨文造字意思是以戈刺瞎奴隸的眼睛，反抗能力減低不得不順服。這是兩周金文。左邊豎立的眼睛是一個臣字，臣代表有罪犯和低階官吏的兩個意思，都要抬頭仰視位於高處的高階管理人員，服從上級的管理。[531]

（註一百一十）蔑，甲骨文造字意思是象徵貴族受刖刑而致心情沮喪。是兩周金文。甲骨文的刖字，就是做一手持鋸鋸掉一人腳脛的樣子。而這個蔑字畫一位有眼睛及眉毛的人像，在早期的文字，這是有意表達貴族的形象。這位貴族受刑，各方面一定不順，所以就精神頹廢，勞目無精了。[532]

529 許進雄 (2020)。新編進階甲骨文字典：甲骨文發現 120 週年紀念版。新北市：字畝文化。
530 許進雄 (2020)。新編進階甲骨文字典：甲骨文發現 120 週年紀念版。新北市：字畝文化。
531 許進雄 (2014)。文字小講。臺北市：台灣商務。
532 許進雄 (2014)。文字小講。臺北市：台灣商務。

（註一百一十一）敦，甲骨文造字意思有可能是羊於宗廟前，表現出發攻敵之前以熟羊供祭於宗廟前之習慣？這是兩周金文。這個字的用意不能確定，但是有可能是與羊的烹煮有關。[533]「敦」的本義指以羊祭祀，引申為厚實、勉力、督促等義。[534]

（註一百一十二）遲，甲骨文造字意思是一人背負一人在行道行走，比一般人行走遲到。是兩周金文。[535]

（註一百一十三）允，甲骨文像一突顯頭面碩大肥實躬身的人形，側立做點頭允諾狀。回顧表示言行相允之意。[536]

（註一百一十四）冥，甲骨文，字形是兩隻手往外掰開子宮，讓胎兒順利生產出來。「冥」有「黑暗」的意義，古代醫學不發達，人們害怕有妖邪之氣入侵產房，就在暗房生產嬰兒。[537]

（註一百一十五）明，甲骨文，由「窗子」與「月亮」組合而成，充分說明是利用照進窗內的月光使室內明亮的意思。窗子大多簡寫有如「日」。[538]

---

533 許進雄 (2014)。文字小講。臺北市：台灣商務。

534 王本興 (2019)。甲骨文讀本：全 3 冊。北京：北京工藝美術出版社。

535 許進雄 (2014)。文字小講。臺北市：台灣商務。

536 王本興 (2019)。甲骨文讀本：全 3 冊。北京：北京工藝美術出版社。

537 許進雄 (2020)。新編進階甲骨文字典：甲骨文發現 120 週年紀念版。新北市：字畝文化。

538 許進雄 (2020)。新編進階甲骨文字典：甲骨文發現 120 週年紀念版。新北市：字畝文化。

（註一百一十六）畜，甲骨文，動物的胃連帶有腸子的形象。古代未有陶器之前，人們常以動物的胃做為容器，用來儲存水、酒以及食物，方便行旅使用。所以還有收容、保存等引申意義。[539] 屬於會意字，甲骨文從田，像田疇之形，形不方者乃後之小訛，其中加小點者為草木之形；從幺，即為系，像束絲之形。可意會田獵所得而拘繫之，豢為家畜。[540]

（註一百一十七）既，甲骨文造字意思是已進食完畢，轉頭表示可撤去食物之意。是兩周金文。[541]

（註一百一十八）革，甲骨文，象形字。將一張動物表皮撐開晾曬，皮革經過晾曬變硬，頭部、身部、尾巴都表現得清清楚楚。[542]

（註一百一十九）共，甲骨文，屬會意字。甲骨文從廾，像雙手之形；從口，像古代帶口的食器之形。兩形組合像雙手捧器，會意供奉。通「供」字。[543]

（註一百二十）好，甲骨文造字意思是婦女抱子，有子可繼承家業

---

539 許進雄 (2020)。新編進階甲骨文字典：甲骨文發現 120 週年紀念版。新北市：字畝文化。
540 王本興 (2019)。甲骨文讀本：全 3 冊。北京：北京工藝美術出版社。
541 許進雄 (2014)。文字小講。臺北市：台灣商務。
542 許進雄 (2020)。新編進階甲骨文字典：甲骨文發現 120 週年紀念版。新北市：字畝文化。
543 王本興 (2019)。甲骨文讀本：全 3 冊。北京：北京工藝美術出版社。

是美好的事。是兩周金文。周朝好字使用為愛好、喜好。**544**

（註一百二十一）濯，甲骨文，屬會意字。甲骨文從彗，像掃帚之形，帶點的表示水。可會洗滌之意。**545**

（註一百二十二）辰，甲骨文，屬象形字。甲骨文像用蜃殼做的農具，縛在拇指上，以割取禾穗，可會蚌鐮類農具之意。**546**

（註一百二十三）幽，甲骨文，「火」與兩股絲線，表達火燒燈芯，光線幽暗的意思。**547**

（註一百二十四）于，甲骨文造字意思是稱桿之形，或做複式增固。是兩周金文。早期的天平因所稱的東西以袋裝的粟米一類重物為主，支架有加固的必要，所以常做複體的形象。**548** 甲骨文的「于」字，左邊偏旁像用圓規畫地，右邊符號則代表開挖後的土堆土方。兩個符號組合起來就是土圩（土堡）。後世則用「于」字表示「所在」之義。**549**

（註一百二十五）惠，金文，以「心」與紡磚組合。心智足以使用紡

---

544 許進雄（2014）。文字小講。臺北市：台灣商務。
545 王本興（2019）。甲骨文讀本：全3冊。北京：北京工藝美術出版社。
546 王本興（2019）。甲骨文讀本：全3冊。北京：北京工藝美術出版社。
547 許進雄（2020）。新編進階甲骨文字典：甲骨文發現120週年紀念版。新北市：字畝文化。
548 許進雄（2014）。文字小講。臺北市：台灣商務。
549 王泰權（2014）。巫帝國藏在甲骨文裡。臺北市：橡實文化出版。

磚織布，是細心又聰明的人。[550]

（註一百二十六）立，甲骨文上部像正面站立的人，下方一條橫線表示大地，象徵人站立在地面上之意。「立」做聲符的字有延伸至「位」字。[551]

（註一百二十七）屯，甲骨文造字意思是捆縛兩片肩胛骨而套成一對之形，為計算甲骨的單位。

甲骨卜辭第一期到方國進貢甲骨材料，一隻牛只有兩片肩胛骨，所以兩骨成一對，第四期成為一片甲骨的側面形象，底下斜的一橫線表示捆綁。所以這個屯字就是把東西包裹起來。這是兩周金文。從捆綁起來引申為困苦、困難一類的意義。[552]

（註一百二十八）嘉，甲骨文造字意思是婦女生產可用耒耜耕作之男孩，值得嘉美。是兩周金文。商朝卜辭表現得很明顯，當問及生男孩是生女時，男嬰稱為嘉，女嬰稱為不嘉。[553]

（註一百二十九）戚，甲骨文造字意思為戉戚皆為儀仗兵器之形，儀仗隊的喊叫有訓練，整齊而宏亮。是兩周金文。以

550 許進雄 (2020)。新編進階甲骨文字典：甲骨文發現 120 週年紀念版。新北市：字畝文化。
551 王本興 (2019)。甲骨文讀本：全 3 冊。北京：北京工藝美術出版社。
552 許進雄 (2014)。文字小講。臺北市：台灣商務。
553 許進雄 (2014)。文字小講。臺北市：台灣商務。

後延伸為全部、一起的意思。[554]

（註一百三十）　觀，甲骨文初文為「萑」，表示一種鳥，上方像是兩隻角，兩邊的口代表兩隻眼睛，類似貓頭鷹的形象，因突出眼睛，表示有目的地仔細審視。通「觀」字。[555]

（註一百三十一）　繁，甲骨文造字意思是「每」與「系」的組合，是表意字。一位婦女的頭髮上，除了裝飾笄釵一類的飾物之外，還有彩色絲帶，表達繁多的抽象意義。[556]

（註一百三十二）　編，甲骨文從系，像細絲之形；從冊，像簡冊之形。可會意用絲繩編竹冊。[557]

（註一百三十三）　樂，甲骨文造字意思是木上安弦線之樂器。這是兩周金文。甲骨卜辭還沒有使用樂字於有關音樂的場合，西周金文則在兩條弦線之間多了個白字。[558]

（註一百三十四）　北，甲骨文，兩個人相背對，假借為北方。太陽每天從東方升起，所以人們先有「東、西」的方向感，後來才有「南、北」。而或許古人建屋多取面南向，

---

554 許進雄 (2014)。文字小講。臺北市：台灣商務。

555 王本興 (2019)。甲骨文讀本：全 3 冊。北京：北京工藝美術出版社。

556 許進雄 (2020)。新編進階甲骨文字典：甲骨文發現 120 週年紀念版。新北市：字畝文化。

557 王本興 (2019)。甲骨文讀本：全 3 冊。北京：北京工藝美術出版社。

558 許進雄 (2014)。文字小講。臺北市：台灣商務。

因此「北」為屋子背對的方向。[559]

（註一百三十五）釘， 其初文為「丁」，像釘子的形象，以丁為聲符延伸有「頂」字。[560]

（註一百三十六）習， 甲骨文從羽，羽即彗字，像掃帚形，這裡表示鳥雙翅在空中飛翔之意；從日，像太陽之形，這裡表示晴日、白天。可會意飛鳥在天氣晴好的空中展翅反覆練習。[561]

（註一百三十七）昃， 甲骨文，屬會意字。甲骨文從日，像太陽之形；從大，像人正面之形。人正面形而帶歪斜之勢則表示日偏斜，而人影亦隨之側斜，以側斜的人影表示日之傾昃。[562]

（註一百三十八）棄， 甲骨文造字意思是雙手捧箕丟棄新出生的嬰兒，或加雙手持繩索示絞殺之動作。 這是兩周金文。[563]

（註一百三十九）戚， 甲骨文，屬象形字。甲骨文像長柄斧鉞帶針刺狀的兵器形。[564]

---

559 許進雄 (2020)。新編進階甲骨文字典：甲骨文發現 120 週年紀念版。新北市：字畝文化。
560 王本興 (2019)。甲骨文讀本：全 3 冊。北京：北京工藝美術出版社。
561 王本興 (2019)。甲骨文讀本：全 3 冊。北京：北京工藝美術出版社。
562 王本興 (2019)。甲骨文讀本：全 3 冊。北京：北京工藝美術出版社。
563 許進雄 (2014)。文字小講。臺北市：台灣商務。
564 王本興 (2019)。甲骨文讀本：全 3 冊。北京：北京工藝美術出版社。

（註一百四十）晉，甲骨文，兩枝箭在一個日形的東西上。表達用
鑄造箭鏃、器鐵的雙片模型，是表意字。[565]

（註一百四十一）炙，金文造字意思是在薄石板上面煎魚或焙肉乾，
可以說是遠古時代的鐵板燒或或燒烤肉。[566]

（註一百四十二）刖，甲骨文造字意思是一人被鋸子截斷一腳的刑法。
[567]

（註一百四十三）赤，甲骨文，屬會意字。甲骨文從大，像正面人之形；
從火，像燃燒的火苗形，「赤」字像燒人之形。可會
火光映紅了人面之意。[568]

（註一百四十四）敝，甲骨文，屬會意字。甲骨文從巾，像古人掛在
身前的巾或衣物；從攴，像手持棍棒之形，巾上加點的，
表示破洞或擊落之碎屑。可會意以木棍抽打巾。[569]

（註一百四十五）洌，甲骨文，屬形聲字。甲骨文是合體構形，從歹，
本像殘骨之形，這裡做標聲；從水，像水流形。表示
水流清澈的樣子。[570]

565 許進雄 (2020)。新編進階甲骨文字典：甲骨文發現 120 週年紀念版。新北市：
字畝文化。
566 王泰權 (2014)。巫帝國藏在甲骨文裡。臺北市：橡實文化出版。
567 許進雄 (2014)。文字小講。臺北市：台灣商務。
568 王本興 (2019)。甲骨文讀本：全 3 冊。北京：北京工藝美術出版社。
569 王本興 (2019)。甲骨文讀本：全 3 冊。北京：北京工藝美術出版社。
570 王本興 (2019)。甲骨文讀本：全 3 冊。北京：北京工藝美術出版社。

（註一百四十六）戾，甲骨文，屬形聲字。甲骨文是合體構形，從犬，像犬之形；從立，此做標聲。可會意犬身曲戾。[571]

（註一百四十七）鼎，甲骨文，最上部分表現口沿上的兩個提耳，最下部分是兩個不同形式的支角。最常見的鼎是圓腹三腳，後來為了書寫方便，只以兩支腳表示。[572]

（註一百四十八）震，甲骨文，屬形聲字。甲骨文上從辰，像犁、蚌鐮類農具之形，這裡兼作標聲；下從止，代表人的腳，帶點的表示震動落下的泥土之物。可會震動農具之意。[573]

（註一百四十九）匕，甲骨文造字意思是匙匕之形，家務之器具，故用以代表雌性。[574] 是兩周金文。甲骨文像伏拜的人形，是柔順婦女的形象，是「妣」的初文。[575]

（註一百五十）昔，甲骨文造字意思是大水為患之日，已是往昔之事。 是兩周金文。[576]

（註一百五十一）艮，篆字，一個人因怨恨而轉頭不屑顧盼或瞪眼的樣子。[577]

---

571 王本興 (2019)。甲骨文讀本：全 3 冊。北京：北京工藝美術出版社。
572 許進雄 (2020)。新編進階甲骨文字典：甲骨文發現 120 週年紀念版。新北市：字畝文化。
573 王本興 (2019)。甲骨文讀本：全 3 冊。北京：北京工藝美術出版社。
574 許進雄 (2014)。文字小講。臺北市：台灣商務。
575 王本興 (2019)。甲骨文讀本：全 3 冊。北京：北京工藝美術出版社。
576 許進雄 (2014)。文字小講。臺北市：台灣商務。
577 許進雄 (2020)。新編進階甲骨文字典：甲骨文發現 120 週年紀念版。新北市：字畝文化。

（註一百五十二）**濩**，甲骨文，屬形聲字。甲骨文從水，水滴有三點、四點、五點不等，義同，皆像水滴之形；從隹，像鳥之形，這裡做標聲。可會意檐水流下貌。[578]

（註一百五十三）**豐**，金文，表現敬神，食豆（容器）上面的食物疊得滿滿的，或是再插上裝飾物，非常豐盛的樣子。[579]

（註一百五十四）**史**，甲骨文從又，像手之側視之形；從中，表示捕捉禽獸的長柄網具，狩獵工具「畢」之省文。可會意一手執狩獵工具，如同手執筆一樣，記載狩獵。[580]

（註一百五十五）**論**，甲骨文初文為「侖」，像器物之蓋形，像用繩編連的竹木簡，兩形會意蓋簡冊。通「論」、「倫」字。[581]

（註一百五十六）**比**，甲骨文，在甲骨卜辭，相從的「从」有時會寫成「比」（兩把湯匙並列）。金文的兩字都是「隨從」的意義，後來才有分別，「从」是相從，「比」是親密，不再意義混淆。[582]

578 王本興 (2019)。甲骨文讀本：全 3 冊。北京：北京工藝美術出版社。
579 許進雄 (2020)。新編進階甲骨文字典：甲骨文發現 120 週年紀念版。新北市：字畝文化。
580 王本興 (2019)。甲骨文讀本：全 3 冊。北京：北京工藝美術出版社。
581 王本興 (2019)。甲骨文讀本：全 3 冊。北京：北京工藝美術出版社。
582 許進雄 (2020)。新編進階甲骨文字典：甲骨文發現 120 週年紀念版。新北市：字畝文化。
583 王本興 (2019)。甲骨文讀本：全 3 冊。北京：北京工藝美術出版社。

（註一百五十七）**仿**，甲骨文，屬形聲字。甲骨文從行，像行路道口之形；從方，像帶尖農耕之耒形，這裡做標聲。可會意遊蕩無定。[583]

（註一百五十八）**膏**，甲骨文，從肉，高聲。指肥肉、油脂，泛指膏狀物，引申為甘美、豐潤。[584]

（註一百五十九）**俞**，甲骨文，從余，轉注，表示木中空之意。借用做答應、允許，多用為表示首肯、感慨地嘆詞。[585]

（註一百六十）**枹**，甲骨文，從又(手)持枹，會意。同「桴」，鼓槌。[586]

（註一百六十一）**真**，甲骨文，從匕，即今之勺子，鼎/貞表食器兼表形，所謂染指而知真味之意。[587]

（註一百六十二）**否**，甲骨文，從口，不聲。不，不然。卜辭用作句末語氣助詞，表示選擇語氣，相當於是不是，能不能。[588]

（註一百六十三）**何**，甲骨文，從人，兼表所扛物之形。1.「以肩承物、扛物」義的本字，後來借「荷」字記錄此義。2.借

584 陳年福編著 (2019)。實用甲骨文字典。成都：四川辭書出版社。
585 陳年福編著 (2019)。實用甲骨文字典。成都：四川辭書出版社。
586 陳年福編著 (2019)。實用甲骨文字典。成都：四川辭書出版社。
587 陳年福編著 (2019)。實用甲骨文字典。成都：四川辭書出版社。
588 陳年福編著 (2019)。實用甲骨文字典。成都：四川辭書出版社。
589 陳年福編著 (2019)。實用甲骨文字典。成都：四川辭書出版社。

用作疑問代詞「何」。[589]

（註一百六十四）戔，[甲骨文字形] 甲骨文，從二戈相向，會殘殺、戰鬥之意。1.「殘」字初文，殘殺。2.「戰」字初文，指戰鬥。3.淺、小、少。[590]

（註一百六十五）荑，[甲骨文字形] 甲骨文，從中（艸），夷聲。1.茅草的嫩芽。2.割除田裡的野草。[591]

（註一百六十六）𪇰，[甲骨文字形] 甲骨文，1.從佳（鳥），内聲。2.佳（鳥）口中或添加表示鳴叫聲的指事符號。3.子規，即杜鵑鳥。常夜鳴，聲音淒切。[592]

（註一百六十七）工，[甲骨文字形] 甲骨文，像矩之形。本義為矩，又叫曲尺，畫方形或直角的用具，引申為工作、工匠，又引申為精巧、擅長。[593]

（註一百六十八）狗，[甲骨文字形] 甲骨文，從犬。即犬，或說小犬曰狗，今多稱狗而不稱犬。[594]

（註一百六十九）萃，[甲骨文字形] 甲骨文，從中（艸），卒聲。草叢生、茂盛的樣子，引申為聚集。[595]

---

590 陳年福編著 (2019)。實用甲骨文字典。成都：四川辭書出版社。
591 陳年福編著 (2019)。實用甲骨文字典。成都：四川辭書出版社。
592 陳年福編著 (2019)。實用甲骨文字典。成都：四川辭書出版社。
593 陳年福編著 (2019)。實用甲骨文字典。成都：四川辭書出版社。
594 陳年福編著 (2019)。實用甲骨文字典。成都：四川辭書出版社。
595 陳年福編著 (2019)。實用甲骨文字典。成都：四川辭書出版社。

（註一百七十）　豸，甲骨文，從豕貫一，字形構意尚不明。卜辭用作祭牲名，具體不詳。[596]

---

596 陳年福編著 (2019)。實用甲骨文字典。成都：四川辭書出版社。

國家圖書館出版品預行編目資料

易經爻辭改回原意：從上古考證入手／原來著.
－－第一版－－臺北市：知青頻道出版有限公司出
版；紅螞蟻圖書有限公司發行, 2023.10
　　面　；　公分－－(Easy Quick；204)
　　ISBN 978-986-488-249-6（平裝）

1. CST：易經 2. CST：易占 3. CST：研究考訂

292.1　　　　　　　　　　　　112014965

Easy Quick 204

易經爻辭改回原意：從上古考證入手

作　　者／原　來
發 行 人／賴秀珍
總 編 輯／何南輝
校　　對／周英嬌、原來
美術構成／沙海潛行
封面設計／引子設計
出　　版／知青頻道出版有限公司
發　　行／紅螞蟻圖書有限公司
地　　址／台北市內湖區舊宗路二段121巷19號（紅螞蟻資訊大樓）
網　　站／www.e-redant.com
郵撥帳號／1604621-1　紅螞蟻圖書有限公司
電　　話／(02)2795-3656（代表號）
傳　　真／(02)2795-4100
登 記 證／局版北市業字第796號
法律顧問／許晏賓律師
印 刷 廠／卡樂彩色製版印刷有限公司
出版日期／2023年 10月　第一版第一刷

定價 600 元　港幣 200 元

敬請尊重智慧財產權，未經本社同意，請勿翻印，轉載或部分節錄。
如有破損或裝訂錯誤，請寄回本社更換。

ISBN　978-986-488-249-6　　　　　　　**Printed in Taiwan**